# 중종을 움직인 사람들

누가 현자이고 누가 권신인가

# 중종을 움직인 사람들

| 김재영 지음

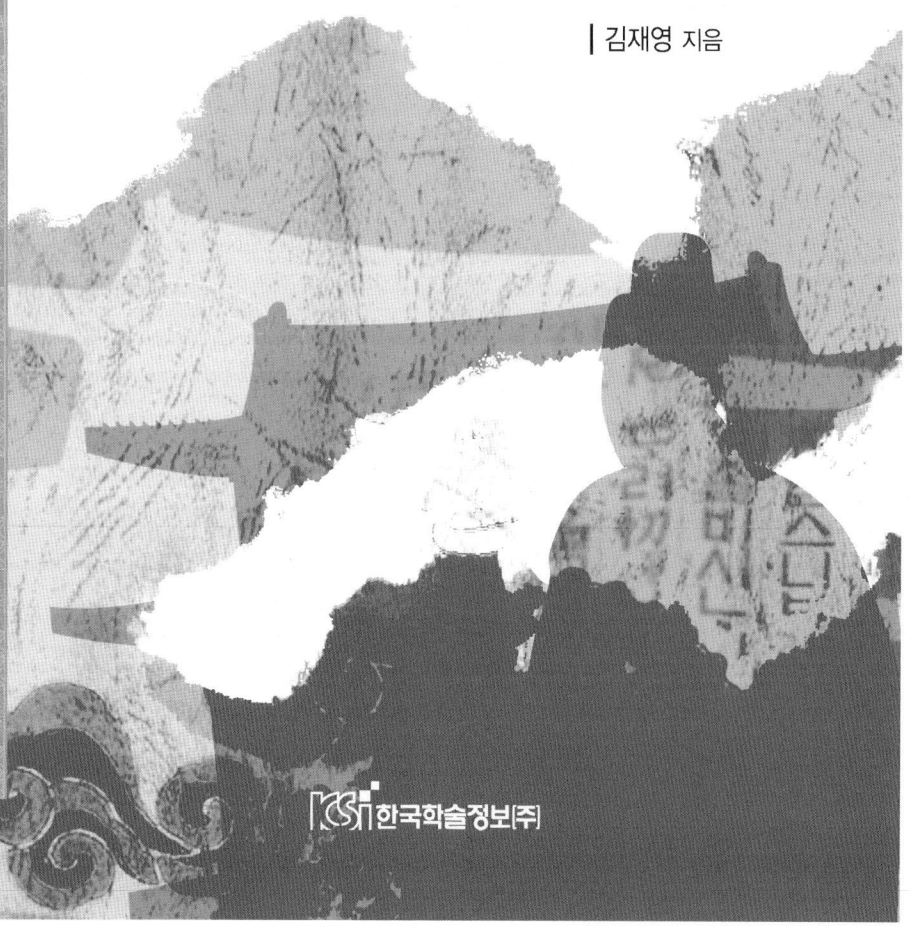

KSI 한국학술정보㈜

# 저자의 글

중종반정은 조선의 역사를 바꾸어 나갈 수 있는 가장 중요한 시기였다. 반정의 동력을 타고 등장한 사림들은 조정의 새로운 변화를 기대하고 있었다. 특히 혁명의 주체였던 세 대신(박원종, 성희안, 유순정)이 일찍 죽고, 남은 무대는 새 인물들의 차지였다.

그동안 우리는 중종시대를 이끌었던 대표적인 인물로 조광조와 정광필을 손꼽았다. 이언적은 대개 퇴계 이황에게 학문적으로 영향을 미친 학자이고, 김안로는 권신으로 치부하여 논외로 하였다. 또 대개의 역사에서 조광조와 이언적, 정광필을 사림에 속한 인물로, 김안로는 철저한 훈구로 이분화하여 대립시켜 논하여 왔다.

사림의 대표적 인물인 조광조가 과감한 개혁을 시도하였지만 남곤, 심정 등 훈구대신들의 방해로 좌절되었다. 그리고 대개 야사를 보면 권신 김안로가 사림인 박소, 이언적, 정광필을 몰아내고 정치를 독단하다가 사사 당하였다 한다.

지금도 이런 피상적 논리로, 사림은 옳고 훈구는 부패 수구 세력이라는 이분법적 사고를 갖고 있는 사람들이 있다. 다시 말하여 진보 대 보수의 대립구도가 얽혀서 우리를 헷갈리게 하고 있는 오늘날의 상황과 비슷하다.

현재 국사편찬 위원회의 노력으로 [조선왕조실록]이 인터넷에 개방되었다.

이제 컴퓨터만 열면 누구나 손쉽게 조선왕조시대에 행하여졌던 왕실의 대화 내용을 정확히 접할 수 있게 되었다.

그 결과, 근거 없는 야사나 이를 바탕으로 서술한 오류가 만천하에 공개되고 있다.

시중에 간행된 수많은 역사 서적들이 잘못된 야사나 이차자료(二次資料)들의 인용으로 우리의 역사를 왜곡시킨 지 오래이다.

한 가지 근사한 예로, 율곡 이이가 주장했다는 '10만 양병설'을 들 수 있다.

율곡의 '10만 양병설'이 그 제자인 김장생이나 송시열에 의하여 각색되었다 함은 요즘의 식자들은 모두 알고 있다.

하지만 불과 몇 년 전만 해도 학자들 논문이나 사전류 그리고 거의 모든 역사책들에서 '율곡' 하면 '10만 양병설'로 알려져 왔다.

위와 같은 맥락에서 필자가 특히 유념하고 싶은 것은 다음 세 가지이다.

첫째, 가능한 한 [실록]에 나오는 명확한 사실만을 논거로 삼았다. 인용한 글은 일일이 각주를 달아 다른 역사 관련 서적과 차별화하였다.

둘째, 사람을 평가함에 있어서, 사림과 훈구, 군자와 소인, 현자와 권신, 어진 이와 간사한 자 등 이분법적 극단적 대비를 지양하려고 노력하였다. 그 구체적인 예로, [실록]의 내용에 걸맞지 않게 과도한 미화(美化)나, 폄하(貶下)에 대하여는 [반론]을 제기하고 [변명]으로 논박하였다.

셋째, 될수록 필자의 주관적 가치판단에 의한 추측과 상상을 자제하고 가치 중립적 태도를 유지하도록 노력하였다.

이 책의 중요한 쟁점은 다음과 같다.

조광조는 결단력 있고 청아한 사림으로 개혁의 과제를 성취했다. 하지만 왜 그 일이 결국 원점으로 돌아가게 되었을까.

정광필은 노성한 정치가로 연산, 중종 시기의 모든 옥사를 치르면서도 정승에 오른 사람이다. 그가 그토록 오랜 기간 높은 관직을 유지하게 된 이유는 무엇일까.

이언적은 훈구대신으로서 을사사화 때 추관까지 지냈지만 현자로서 문묘에 배향되었다. 어떤 모습이 그의 진면목인가.

김안로는 과연 권력을 독점하고 사람을 함부로 죽이고 내쫓았던 흉간이었던가.

임금은 '사람 살리기를 좋아하는 성군'이던가 아니면 '왕권을 빌미로 사람을 죽인 한낱 패자(覇者)'에 불과했던가 등 문제들이다.

끝으로 이 책을 읽는 독자들에게 당부하고 싶은 말이 있다.

책의 구성상 인물을 중심으로 썼기 때문에 가계의 족보관계가 복잡하다. 또 설명의 편의를 위하여 같은 사건이나 말들이 중복해서 나오는 경우가 있어 지루할 때가 있으리라 예상된다.

끝으로 [실록]에 나오는 글은 너무 어려운 단어가 많아서 괄호 안에 풀이를 썼지만 그래도 난해한 대목이 있는 점 양해를 바란다.


2008년 5월
전주 인후동 기린봉 자락에서
저자 김재영 씀

# 목 차

# 제1장
## 조광조(趙光祖, 1482 – 1519)

중종 14년 11월 15일

겨울답지 않게 날씨는 유난히 따뜻하였다.

강릉부에서는 겨울장마가 그치지 않고 계속 비가 내리더니 동백꽃이 피었다.[1]

고달픈 하루 일이 끝나고, 사람에 따라서는 벌써 잠자리에 들고 있을 때였다.

밤 2고(鼓; 밤 9시에서 11시까지의 시간, 2경(更)이라고도 함), 조정에서도 하루 일과가 끝나고 당직 승지들만이 궁궐을 지키고 있었다.

웬일일까?

궐내가 뒤숭숭하고 소란스러운 것이 예삿일이 아닌 것 같다.

승지 윤자임(尹自任)이 밖을 나가보니 연추문(경족궁 서문)이 활짝 열려 있었다.

그곳에는 문졸들이 배치되어 나름대로 잔뜩 긴장하고 있었다.

급히 근정전(임금이 조회를 행하던 정전)으로 들어가 바라보니 푸른 군복을 입은 군졸들이 전폐(殿陛; 전각의 섬돌) 아래 좌우로 열을 지어 있었다.

곧바로 경연청으로 들어갔다. 이미 합문(閤門; 임금이 평상시 거처하는 궁전의 앞문)의 안팎에 등불이 밝혀졌고, 문밖에는 삼공육경(三公六卿; 삼정승 육판서)과 그 외의 중요 벼슬아치들이 앉아 있었다.

새로 승지가 된 성운(成雲)이 나와서 종이쪽지를 내보이며 말하기를,

---

1) 중종실록 37권, 중종 14년 11월 15일 1번째 기사.

"이 사람들을 모두 의금부에 내리라." 하였다.

그 쪽지에 적힌 사람 중에는 승지(承旨; 왕의 비서관급)인 자신과 그 날 밤 같이 당직을 섰던 승지 공서린(孔瑞麟)의 이름도 있었다.(윤자임은 바로 그 사흘 전인 11월 12일 좌승지에 제수된 사람이다)

왕은 또 의금부에 명하여, 우참찬 이자(李耔), 형조판서 김정(金淨), 대사헌 조광조, 부제학 김구(金絿), 대사성 김식(金湜)과 승지들(도승지 유인숙, 좌부승지 박세희, 우부승지 홍언필, 동부승지 박훈)을 잡아 가두게 하였다. 승정원에 있는 승지들을 모두 구속시킨 것이다. 이후에는 사관(史官)들의 참여가 금지되었다.[2]

청천벽력(靑天霹靂; 맑은 하늘에 벼락 치듯 뜻밖의 일)과 같은 일이었다.

도대체 하늘의 명(命)을 받고 하늘의 이(理)와 도(道)를 공부한 군주로서, 이 하늘 아래 감히 이런 끔찍한 일을 어떻게 저지를 수 있단 말인가.

정암 조광조는 아무리 생각하고 또 고쳐 생각해 보아도 기가 막힐 뿐이었다.

정말 왕의 참모습이 무엇인지 자신의 눈으로 직접 확인하고 싶었다.

다음날 그는 옷소매를 찢어 옥중(獄中) 상소(上訴)를 왕께 올렸다.

"모두 망령되고 어설프며 우직한 자질로 성조(聖朝; 어진 임금이 다스리는 조정, 즉 중종의 통치)를 만나 경연(經筵)에 출입하여 경광(耿光; 덕이 높은 모습)을 가까이할 수 있었습니다. 우리 임금의 성명(聲明; 임금의 밝은 지혜)만을 믿고 충정을 다하여, 뭇사람의 시기를 범하였습니다. 임금이 계신 줄만 알고 다른 것을 헤아리지 못했습니다. 우리 임금이 요(堯). 순(舜) 같은 성군이 되게 하고자 한 것인데 이것이 어찌 제 몸을 위한 꾀이겠습니까? 하늘 아래 다른 사심(邪心)이 없었습니다.

신(臣) 등의 죄는 만 번 죽어도 마땅하나 사류(士類; 선비)의 화(禍)가 한 번 시작되면 뒷날 국가의 명맥(命脈)이 염려됩니다. 천문(天門; 대궐

---

2) 위의 실록 3번째 기사.

문의 별칭)이 멀어서 생각을 아뢸 길이 없습니다.

다행히 친히 국문하시는 것을 한번 허가해 주시면 만 번 죽더라도 한이 없겠습니다. 뜻은 넘치고 말은 막혀서 아뢸 바를 모르겠습니다."³⁾ 하였다.

그날 전라도 동복현에서는 한 필의 베를 깔아 놓은 듯한 흰빛이 동쪽에서 서쪽으로 해를 통했고, 무지개 같은 두 줄기 무늬가 해를 휘감고 남북으로 뻗었다. 동쪽과 서쪽에서 샛별만한 붉은 점이 해 주변에 나타났다가 모두 차례로 살아졌다. 이런 이변은 남원(南原)과 해남(海南)에서도 있었다.⁴⁾

하지만, 정암의 일은 기상의 이변과 상관없이 진행되었다.

그 한 달 후 의금부도사 유엄(柳渰)이 사사(賜死)의 명을 가지고 유배지에 당도했다.

정암이 땅바닥에 앉아 묻기를,

"나는 참으로 죄인이요, 사사(賜死; 사형)의 명(命; 명령)만 있고 사사의 글은 없소." 하니, 유엄이 글을 적은 쪽지를 보였다.

정암은 그 순간까지도 임금을 믿고 싶었던 것이다. 결국 그는,

"그렇다면 내 죽음은 틀림없소." 하고 글을 썼다.

[임금을 어버이처럼 사랑하였고, 나라를 내 집처럼 근심하였네, 해가 아래 세상을 굽어보니 충정을 밝게 비추리.]⁵⁾ 하였다.

정암은 타고난 재질이 아름답고 강직하였다.

그의 말과 행실은 항상 옛 성인의 훈계에 따랐고, 의복과 태도는 조금도 법도에 어그러짐이 없었다.

정암은 유자(儒者)들의 영수답게 생활의 모든 면에서 조금도 빈틈이

---

3) 중종실록 37권, 중종 14년 11월 16일 11번째 기사.
4) 위의 실록 22번째 기사.
5) 중종실록 37권, 중종 14년 12월 16일 2번째 기사.[사신은 논한다]

없었다. 그는 자신이 마지막 순간에 유언으로 남긴 말처럼 오직 임금과 나라를 위하여 최선을 다했을 뿐이다.

도대체 이처럼 착하고 어진 선비를 누가 왜 죽여야 했던가, 그의 죄는 무엇이고 그의 공과(功過)는 어떻게 볼 것인가? 다음에서 그의 성장 배경과 사상, 개혁의 내용 등을 중심으로 그에 관한 객관적인 실체를 살펴보겠다.

## 1. 가계(家系; 집안 계통), 조선조 개국에 공이 큰 조상들

조광조의 자는 효직(孝直)이고 호는 정암(靜菴)이며 본관은 한양이다. 정암은 성종 13년(1482년) 8월에 태어났다.

그의 선계(先系)는 한양이지만, 본래 함경남도 용진에서 이주해 왔다.

정암의 가계를 보면 5대조 조인벽(趙仁璧), 고조부 조온(趙溫, 1347-1417), 증조부 조육(趙育), 할아버지 조충손(趙衷孫) 그리고 아버지 이름은 조원강(趙元綱)이다.

조인벽은 일찍이 그의 아버지 조돈(趙暾, 1308-1380)과 함께 동북병마사 유인우를 도와 쌍성을 회복하는 공을 세웠다. 삼사좌사(三司左使)를 지내고, 창왕 때에는 판의덕부사가 되어 조선 태조의 위화도 회군에 공을 세웠다.

환왕(桓祖, 태조의 아버지)이 본부인(태조의 어머니) 외에 삼취(三娶; 세 번 장가감)를 했는데, 조인벽이 그중 의비(懿妃)가 난 딸을 재취로 얻어,[6] 태조 이성계와 이복 남매가 되었다.

조온은 태조가 아직 왕위에 오르기 전에 잠저에 있을 때부터 섬기어 개국 정사 좌명공신이 되었다. 태조, 정종, 태종의 삼조(三朝; 세 임금)

---

6) 태종실록 25권, 태종 13년 4월 26일 4번째 기사.

에 역사(歷仕; 임금을 섬김)하여 여러 관직을 거쳤으며 의정부 찬성사에 이르렀다.

그는 사람됨이 바르고 조용하며 성품이 온화 순량하였다. 그는 항상 몸을 공손히 하고 말이 적었으며 귀(貴)하였다. 가산을 탐하지 아니하고 근검절약하였다.[7)]

조선조 개국공신인 조인옥(趙仁沃, ?-1395; 개국좌명공신 한산군)은 조인벽과 형제이고, 조연(趙涓, 1374-1429; 개국좌명공신 한평군)은 조온과 형제이니, 정암의 선대는 조선조 개국에 공이 큰 집안이다.

정암의 할아버지 조충손은 단종 1년 10월에 일어난 계유정난의 반대파로 몰려 귀양살이를 했다. 결국 세조(수양대군)가 죽은 뒤에야 겨우 풀려나 고신(告身; 벼슬아치의 직첩)을 돌려받았다.

당시 사헌부에서는 그의 사면을 반대하였는데, 태비(太妃; 왕의 어머니, 즉 세조비인 정희왕후 윤씨)의 청에 의하여 조충손은 사면되었다. 즉 왕(예종)이 전교하기를,

"조충손이 만일 자신이 큰 죄악을 범하였다면, 어찌 오늘날까지 연명을 할 수 있었겠는가? 조충손은 태비의 친족(조충손의 고모부 尹希夷와 정희왕후가 6촌 형제간임)이라 태비께서 일찍이 사면하기를 청하므로 이미 그 뜻을 따랐는데, 만일 고신을 도로 빼앗는다면 이는 불효이다. 다시는 그런 말을 말라."[8)] 하였다.

정암의 아버지 조원강은 사헌부 감찰을 지냈고, 후에 이조참판으로 증직되었다.

어머니는 여흥 민씨로 현감 민의(閔誼)의 딸인데, 임인년(성종 13년, 1482년) 8월 10일에 정암을 낳았다.

정암의 아내는 첨사 이윤형(李允泂)의 딸로 두 아들을 낳았다. 장남

---

7) 태종실록 33권, 태종 17년 윤 5월 19일 1번째 기사.
8) 예종실록 4권, 예종 1년 3월 25일 2번째 기사.

정(定)은 일찍 죽었고, 둘째인 용(容)은 전주의 판관을 지냈다. 용은 아들이 없어서 당질(4촌의 아들, 5촌 조카)인 순남(舜男)을 양자로 들였다.

정암의 작은아버지 조원기(趙元紀, 1457-1533; 의정부 좌참판)는 청백리로 이름이 높았다. 실록에 나오는 그에 관한 평을 보면 알 수 있다. 즉 '조원기는 평생 동안 사소한 물건 하나도 남에게서 받지 않았다. 집안이 가난하여 이부자리 하나 변변한 것이 없고 방이라곤 겨우 비바람을 막을 뿐이었는데도 조금도 근심하는 빛이 없었다. 이는 그의 천성이 고결했기 때문이다.'[9]고 하였다.

정암의 아버지는 그가 19세 때 작고하였고, 어머니는 정암보다 8년 전에 세상을 떠났다. 숙부 조원기는 항상 조카 정암의 일을 걱정하였다고 한다. 정암도 그러한 숙부의 청렴한 태도를 보고 영향을 받았으리라 믿는다.

정암이 17세에 분연히 도학을 공부할 뜻을 세웠다.

그때에 아버지가 어천 찰방(魚川 察訪)이 되었고, 때마침 한훤당 김굉필(金宏弼, 1454-1504)이 희천(熙川; 평안북도)에 귀양 가 있었다. 정암이 당시 어천에서 부모님을 모시고 있었기 때문에 희천으로 가서 한훤당으로부터 학문하는 방법을 배웠다.

사제(師弟) 간에 일어났던 유명한 일화가 있다.

한훤당 김굉필이 일찍이 그의 어머니에게 보내려고 꿩 한 마리를 볕에 말리고 있는 중이었다. 그때 지키던 사람의 부주의(不注意)로 고양이 한 마리가 그 꿩을 물고 갔다.

한훤당이 이를 알고 화가 난 것은 당연하다. 그는 약간 흥분한 소리로 지키던 자를 꾸짖었다.

이를 지켜보던 정암이 선생(한훤당) 앞으로 가서 말하기를,

"부모님을 봉양하시는 정성은 비록 간절합니다만, 군자(君子)란 말과

---

9) 중종실록 75권, 중종 28년 8월 7일 2번째 기사.[사신은 논한다]

기색을 잘 살펴서 해야 하는 것인데(실수를 하셨습니다). 소생이 적이 의혹되어 말씀드리는 것입니다." 하니, 한훤당이 이 말을 듣고 일어나, 정암의 손을 잡으면서,

"나도 바로 뉘우쳤는데 네 말이 또한 이와 같으니 부끄럽다. 네가 스승이지 내가 네 스승이 될 수 없다."10)고 하였다.

정암은 그가 19세 때 아버지의 상을 당하여 집으로 돌아와 어머니를 모시고 있었다. 그 후(연산 10년, 1504년) 김굉필은 갑자사화가 일어나 효수되었다.11)


## 2. 관직생활: 고속승진을 거듭한 대사헌

정암은 중종 5년 진사시험에 장원하였다. 당시 나이 29세였다.

곧바로 (생원으로) 성균관에 들어가 학문에 전념할 수 있게 되었다. 그때부터 그는 이미 '사림의 영수'라는 말을 들었다.

당시 [사신]은 말하기를,

"생원 김식, 조광조 등이 김굉필의 학문을 전수하여 함부로 말하지 않고 관대를 벗지 않으며 종일토록 단정하게 앉아서 빈객(賓客; 점잖은 손님)을 대하는 것처럼 하였다. 유생 중에는 그들을 본받는 자가 있어서 말이 자못 특이하였다. 이런 일들로, 성균관에서 '이들이 스스로 사성십철(四聖十哲)이라 일컫는다.'고 말하면서 예문관, 승문관, 교서관과 통모하여 그들을 죄에 몰아넣으려고 하였다."

당시 경연의 참찬관 김세필은 [대학]을 진강하다가 정암의 일을 힘써 변호한 일이 있다.12)

---

10) 정암연보, [연려실기술 2], p.361.
11) 연산군일기 56권, 연산 10년 10월 7일 11번째 기사.

왕은 그다음 해(중종 6년) 성균관에 명하여 유생 조광조 등을 천거하
게 하였다.[13] 이에 대하여 사경(경연청) 황여헌, 시강관 구지신이 반대
의견을 내놓았다.

그 이유는 다음과 같다.

황여헌이 아뢰기를,

"조광조가 학문에 뜻을 두니 쓸 만하기는 하지만, 학문을 폐지하고 벼
슬길에 나가는 것을 그 역시 원하지 않습니다."라 하였고.

구지신은 아뢰기를,

"신이 듣건대 이번에 천거된 사람들은 특별한 재주와 조행이 없으니
쓸 수 없습니다."[14] 하였다.

사간원 헌납 이언호는 정암의 나이 30이 못되었다는 이유로 반대하였
고 사헌부 지평 이빈도 같은 뜻으로 아뢰었다.[15](당시 정암의 나이는 만
29세였다)

정암은 그해에 어머니의 상을 당하여 벼슬길에 나서지 않고 3년간 시
묘살이를 했다.

그 후 중종 10년에, 이조판서 안당(安瑭)이 조광조 등을 선무랑으로 올려
삼도록 추천하여, 왕은 그를 조지서 사지(종6품직)의 관직을 제수하였다.[16]

그해 가을에 정암은 문과 전시(文科 殿試)에서 장옥(張玉) 다음의 성
적으로 합격하였다.[17] 그 일주일 후인 8월 29일 성균관 전적이 되었고,
11월 20일 사간원 정언을 제수받았다.

정암은 정언직을 제수받고 그 이틀 후인 11월 22일, 자신이 속한 양

---

12) 중종실록 12권, 중종 5년 10월 10일 1번째 기사.[사신은 논한다]
13) 중종실록 13권, 중종 6년 4월 1일 4번째 기사.
14) 중종실록 13권, 중종 6년 4월 3일 3번째 기사.
15) 중종실록 13권, 중종 6년 4월 11일 6번째 기사.
16) 중종실록 22권, 중종 10년 6월 8일 2번째, 동 5번째 기사.
17) 중종실록 22년, 중종 10년 8월 22일 5번째 기사.

사(兩司; 사헌부, 사간원)의 파직을 요구하고 나섰다.

그 중요한 내용은 박상(朴詳), 김정의 상소(폐비 신씨의 복위를 주청함)를 둘러싼 문제인데 김안로편에 자세히 나온다.

이 문제는 쉽게 풀이하여 박상 등을 죄로 다스려야 한다는 대간(대사헌 권민수, 대사간 이행)과 그들을 용서해야 한다는 이조판서(안당)의 대립으로 요약할 수 있다.

전자(이행 등)의 명분은 '종묘사직의 후일을 염려한다'는 것이고, 후자는 언로가 중요하며 대간의 말에 (왕이) 너무 의존할 필요가 없다고 하였다.

신씨를 복위하라는 주장은 중종반정의 대의명분에 어긋나며, 이미 그 문제는 재론의 대상이 될 수 없다. 신씨가 복귀한다면 그녀가 반역 죄인이 된 신수근의 딸일 뿐 아니라, 만일 왕자가 태어날 경우 동궁(후의 인종)과도 심각한 문제가 생길 가능성이 있다. 여기서 반정이라는 명분은 본(本)이다.

왕은 이런 입장에서 관례를 어기고, 밀봉해서 보내온 박상 등의 구언을 공개하였고 이들에게 죄를 준 것이다. 즉 왕은 언로(言路)를 보호하는 일을 말(末)로 본 것이다. 그리고 대간은 그 왕의 기미를 살피고 박상 등의 죄를 청한 것이다.

정암이 언로라는 원칙을 내세워 대간을 파직하고 박상 등의 석방을 요구한 것은 분명 기존의 입장에 대한 도전이다.

반정공신들(박원종, 유순정, 성희안)은 이미 고인이 되었다.(박원종은 중종 5년 4월 17일, 유순정은 7년 12월 20일, 성희안은 8년 7월 27일 각각 별세했음)

정암은 아마도, 반정공신도 모두 가고 반정의 세월도 이미 10년이 흘렀으니 조정이 지향하는 원칙 혹은 본말(本末)관도 달라져야 한다고 생각했을 것이다.

이 문제는 그 후 양비양시론으로 비화되어 조정을 시끄럽게 하였다.

왕은 결국 정암의 언로에 관한 원칙을 존중하여 그의 손을 들어주었다. 하지만 정암은 그때부터 자신의 관직행로에 큰 부담을 껴안게 되었다.

첫째, 신씨의 일로 마음이 상한 왕을 자극하여 왕을 더욱 난처하게 했다.

둘째, 자신이 속한 조직의 지휘계통을 흔들어 놓은 결과를 가져왔다.

셋째, 안당, 박상, 김정 등 자신과 가까운 인물을 챙겼다는 비난을 면할 수 없게 되었다.

넷째, 장경왕후의 사망으로 조정의 의론이 분분하여 어려운 시기에 양비양시론이라는 불필요한 논쟁을 일으키는 원인을 제공하였다.

하여튼 정암은 그 뒤 벼슬이 승승장구하여 홍문관 부수찬으로부터 수찬, 교리, 응교, 전한(종3품)에 이르렀다.[18]

정암이 전한(典翰)에 오른 것은 당시 이조판서로 있던 남곤의 추천에 의한 것이었다.[19] 정암은 그동안에 경연의 검토관, 시독관, 시강관을 겸하면서 왕으로 하여금 성리학에 힘쓰고 바른 정치를 이끌도록 보좌하였다.

검토관 조광조가 아뢰기를,

"경연관이 진강(進講; 임금 앞에 나아가 글을 강론함)만 하고 논란하는 일이 없으니 이는 경연을 설치한 본의가 아닙니다.

만일 하문(下問; 질문)하여 논란하신다면, 말하는 사이에 정의(情誼; 서로 사귀어 가까워진 정)가 통하고 상하가 신임하며 심지가 더욱 고명 광대해질 것입니다."[20]

"임금은 마땅히 도덕을 근본으로 삼아야 하는데, 성리서(性理書; 성리학에 관한 책)는 시문 따위와 다른 것이니, 좋아하고 숭상함을 신중히 해야 합니다."[21] 하였다.

---

18) 중종 12년 2월 3일 부교리, 12년 7월 29일 응교, 동 8월 22일 전한에 임명됨.
19) 중종실록 28권, 중종 12년 7월 29일 5번째 기사.
20) 중종실록 26권, 중종 11년 9월 20일 2번째 기사.
21) 중종실록 26권, 중종 11년 10월 19일 6번째 기사.

또 홍문관이 지어 올린 계심잠(戒心箴; 마음을 경계하는 글)을 고과 (좌찬성 김전, 판서 남곤에게 명하여)하니 수찬 조광조가 장원하였다.[22]

경연에서 <대학연의>를 강하면서 조광조가 아뢰기를,

"<대학>, <중용>은 상하 누구나 힘써야 되는 것이지만 대체는 임금을 위해 지은 것입니다. 임금은 제자리를 얻어야 하고, 이를 위해서는 학문에 힘쓰고 요, 순을 본받아야 합니다. 학문이 고명하여지면 다른 일은 자연히 노력하지 않아도 다스려지는 것입니다."[23]고 하였다.

정암은 그 뒤 13년 5월에 통정대부 승정원 동부승지에 승진하였는데, 여러 의논이 "옥당(홍문관)의 장이 되어 임금의 덕을 기르는데 이 사람이 아니면 불가하다."고 하므로 다시 옥당으로 돌아와 부제학이 되었다.[24]

하지만 정암은 하고자 하는 일을 너무 서둘렀다.

무릇 건의하고 시설하는 데 조급하고 장황하고 과격하였다. 또한 젊고 일 좋아하는 사람들이 있어 함부로 날뛰는 자가 그 사이에 끼어 있었고 늙은 신하들이 새로운 시의(時宜; 당시의 사정)에 배척되어 공박을 당한 자들의 원망이 골수에 사무쳤다.

정암은 이미 그 기미를 알고 도학정치 실행의 어려움을 감지하였기에 한사코 직위 사퇴를 청하였으나 윤허받지 못하였다.[25]

정암은 중종 13년 가선으로 승진되고 11월 21일 드디어 사헌부 대사헌에 올랐다.[26]

---

22) 중종실록 26권, 중종 11년 11월 29일 2번째 기사.

23) 중종실록 27권, 중종 11년 12월 12일 3번째 기사.

24) "정암 조선생 행장" [퇴계집](서울, 민족문화추진회, 1977), p.83. 중종 12년 윤 12월 13일 직제학, 중종 13년 5월 6일 부제학에 임명함.

25) "정암 조선생 행장" p.85.

26) 중종실록 34권, 중종 13년 11월 21일 2번째 기사.

## 3. 성품과 사상

### 1) 정암은 타고난 자질이 특이하고 뛰어났다

정암의 자태는 화려한 봉황새와 새하얀 백조가 우뚝 선 것과 같고, 금옥처럼 깨끗하고 빛이 났다. 또한 난초 향기처럼 은은하고 달빛처럼 밝았다. 마음의 수양이 쌓여서 밖으로 빛이 나타나 풍채가 사람을 움직였다.[27]

어렸을 때에도 이미 장성한 사람의 풍도가 있었고, 사람의 잘못을 조금이라도 보면 지적해 말하였다. 성장하여 글을 읽고 학문을 닦을 줄 알면서부터는 의연하게 큰 뜻이 있으나 오직 과거 보는 글에는 뜻을 두지 않았다. 성현의 위풍을 사모하여 넓게 배우고 힘써 행하여 성공할 것을 기약하였다.

정암은 [소학]을 독실하게 믿고 [근사록]을 존중하여 모든 경전에 적용하였다.

평상시 거처할 때에는 밤낮으로 살피고, 삼가서 의연하고 늠름한 태도가 조금도 법도에 어그러지지 않았다.

말과 행실이 반드시 옛 훈계에 따른 것은, 경(敬)을 지니는 태도였다.

일찍이 천마산에 들어갔고 또 용문산에 들어가 공부하는 동안에 종일 바로 앉아서 마음을 가라앉혀 상제(上帝; 하느님)를 대하듯 했다.

효도하고 우애하는 행실은 천성에서 나온 것이었다. 바람이 불거나 비가 오거나 날마다 가묘(家廟; 집안의 사당)에 절하고, 어버이를 봉양하는 뜻을 어김없이 받들었다.

가정을 바르게 다스려 안과 밖의 분별이 엄하고 사랑과 훈계를 함께 베풀었다. 지조를 깨끗하게 다듬고 자신은 가난한 선비로 행동했다.

일찍이 부인에게 말하기를, "나는 나라 일에 전심하여 집일은 생각할

27) "정암 조선생 행장" 앞의 책, p.87.

겨를이 없다." 하고 가산(家産; 집안 재산)을 경영하지 않았다.

청탁이 통하지 않았고, 몸을 살피고 극기하는 데는 항상 남이 따르지 못할 점이 있었다.

젊을 때 여색(女色)을 멀리했고, 술이 성품을 해친다는 경계를 지켰다. 친구가 술을 마시고 체통을 잃는 것을 보면 준절(峻節; 정중)하게 책망했다.

상중(喪中)에는 지극히 슬퍼하고 제사에 정성껏 공경을 다했다.

후생(後生; 후배)은 그 재질에 따라 장려하여 이끌고, 이단(異端; 자신이 믿는 바와 다른 사상, 옳지 않는 도)을 물리칠 것을 논하되, 먼저 근본을 바르게 하고자 하였다.

평소에 행동이 소문난 데다가 재주가 세상을 영도하기에 충분하고, 영특한 기품이 밖에 들어나 풍채가 능히 사람을 움직일 만하였다.[28]

한편 정암 자신에 대한 비판의 글도 있다.

대개 그 내용은 그가 학력(學力)이 부족하다든가, 습성(習性)이 과격하다는 것, 그리고 임금을 잘 모른다는 내용들이었다.

퇴계의 언행록에,

"조정암은 타고난 자질이 비록 아름다웠으나, 학문에 충실하지 못하여 그의 하는 일에 지나침이 있었기 때문에, 마침내 일에 패하였다.

만일 학문에 충실하고 덕기(德器)가 이루어진 뒤에, 세상에 나가 일을 담당하였다면 그 성공은 쉽게 이루어졌을 것이다.(김성일)"[29]고 하였다.

또 야사에 다음과 같은 글들이 있다.

"옛사람들은 학문이 이루어지는 것을 기다려서 도(道)를 행하기를 구했고, 도(道)를 행하는 데 가장 앞서는 것은 무엇보다 임금의 마음을 바

---

28) 위의 책, p.88.
29) 퇴계선생문집, 언행록(五) 논인물 [퇴계집](서울, 미족문화추진회, 1977), p.356, p.597.

로잡는 데 있었다.

정암은 현철한 자질과 경세제민의 재능을 가졌으나, 학문이 대성하기 전에 너무 급하게 요직에 올랐다. 위로는 임금의 마음을 바로잡지 못하였고 아래로 권문세가(權門勢家)의 비방을 막지 못하여 그가 충성을 바치려 하자 참소(讒訴; 남을 헐뜯고 없는 죄를 꾸밈)하는 입들이 벌어져 목숨을 잃었다."30)

"어떤 숨어 사는 군자가 정암을 만나 말하기를,

'공(公; 정암)의 재주는 족히 일세를 건질 수 있으나 임금을 만난 후에야 할 수 있다. 지금 임금이 비록 이름을 취하여 공을 쓰고 있으나, 공을 잘 모르고 있다.

만일 소인이 이간(離間)을 붙이면 공은 (죽음을) 면하기 어려울 것이다.'"31) 하였다.

또 다른 글에서는,

"정암은 천품이 높았으나 학력은 깊은 경지에 이르지 못한 것 같다. 요, 순(堯, 舜)의 정치를 실행하려는 것은 군자의 뜻이기는 하다. 하지만 당시의 형세와 역량을 헤아리지 않고서 무슨 일을 할 수 있었겠는가, 기묘의 실패는 바로 여기에 기인하였다. 당시 정암은 일이 실패할 것을 깨닫고 조화하려 하였으나, 사람들은 도리어 그를 비난하고 창끝을 돌려 공격하였으니 정암으로서도 어찌할 수 없었던 것이다."32)고 말하고,

"세상에서 전하기를 '정암이 일을 점진적으로 하지 아니하고 과격한 습성을 길러내어 필경 화를 자취(自取)했다.' 하지만 이는 그를 모르는 소리다. 그가 성수침, 허백기 등과 시사를 논할 때 깊이 근심하는 기색을 보인 일이 있었으니, 시세를 모르고 망동한 것은 아니다. 다만 김식

30) "석담일기", [연려실기술 2], p.365.
31) "기묘록" 위의 책, p.365.
32) "퇴계언행록" 위의 책, p.366.

과 같이 지나치게 조급한 사람들이 있어 화의 기틀을 촉성했고, 또 일 좋아하는 후진들이 따라 붙었기에 정암도 어쩔 수 없었다.”[33])고 하였다.

필자의 의견으로, 퇴계가 ‘정암이 학문에 충실하고 도기가 이루어진 뒤에 세상에 나가 일을 담당했다면,’라고 전제한 말은 극히 무책임한 말이라고 본다.

정암은 항상 언행이 일치하도록 노력했고, 왕을 위해 최선을 다하여 충성했다.

정암은 시세를 모르는 사람도 아니었고, 너무 조급하거나 경솔한 행동을 했다고 볼 수도 없다. 정암은 충분히 임금의 마음을 바로잡았고 임금도 그를 누구보다도 깊이 믿고 있었다.

다만 그가 충성을 다하여 받들고 있는 임금이 그토록 어리석고, 의리가 없고, 소인배보다도 못한 인간이라는 것을 믿고 싶지 않았을 뿐이다.

퇴계의 언행록이나 야사에 나온 글들에는 이러한 왕의 위인(爲人; 사람의 됨됨이)에 관한 내용을 빼놓았다. 한쪽이 없는 그림을 그렸다고나 할까.

## 2) 정암의 사상과 이론

정암의 생각은 그의 진사시험, 문과시험 때의 글과 [계심잠], [경연중기사], [실록] 등에 나타나 있다. 이들의 내용을 차례로 살펴보자.

첫째, 이(理)가 기(氣)를 타고 서로 교감한다(理乘氣而相感兮)고 하였다.

먼저 이(理)와 기(氣)의 관계에 관하여, 독자를 위하여 편의상 간단히 설명하자면 다음과 같다.

퇴계 이황은, 이기선후호발(理氣先後互發; 이와 기가 서로 발동하지만 어디까지나 이가 우선한다는 뜻)을 주장하였다.

퇴계와 7년간에 걸쳐 이기(理氣)문제를 놓고 논쟁을 벌였다는 고봉 기

---

33) “축수편” 위의 책, p.366.

대승(奇大升)은 처음에 이승기발(理乘氣發; 기가 발하고 그 위에 이가 타고 든다는 뜻)을 주장했다가 후에 이기 동시 공발(理氣 同時 共發; 이와 기가 같이 발한다는 뜻)로 바꾸었다.

율곡 이이는 기발이승일도설(氣發理乘一途說)만을 철저하게 고수하였다.

예를 들어 퇴계의 이론에 의하면, 어린이는 태어나면서부터 효도해야 할 이치가 발생하며, 그에 따라 효도를 해야 한다. 하지만 율곡의 이론은, 어린이가 부모의 끊임없는 보살핌을 받다 보면(즉 부모가 자녀를 양육하는 기가 발하면) 효도해야 한다는 이가 타고 든다(理가 乘한다)는 논리다.

퇴계가 명종대에 혼탁해진 반상간(班常間; 양반과 상인 간) 규범 질서를 염두에 둔 것이라면, 율곡은 그 현실에 초점을 두었으리라고 생각한다.

다시 정암에 관한 이론으로 돌아가서 위의 제목(理가 氣를 타고 서로 교감한다)은 그가 진사시험에서 장원한 글 구절 중 한 대목이다. 좀 더 자세히 설명하자면,

"음양(陰陽)의 서로 변화하는 작용에는 이기(理氣)의 묘한 요체(要諦; 중요한 것)가 있다. 이(理)가 기(氣)를 타고 서로 교감하며, 끊임없이 쉬지 않고 원형이정(元亨利貞 혹은 춘하추동)이 계속된다."라는 글이 있다.

둘째, 하늘의 이치와 도에 순응하여 마음 바르게 행동하라.

이 글은 중종 10년 8월 22일, 정암이 문과 전시에서, 왕의 책문에 대하여 쓴 답변서의 일부이다.

책문의 제목은 길어서 소개할 수 없지만 편의상 한마디로 요약하면,

"짧은 기간(예를 들어 3년) 동안에 조정의 기강과 법도를 세우려면, 무엇을 우선해야 하겠는가?"라 할 수 있다.

이 문제에 대한 정암의 답안은 대략 다음과 같다.

[하늘과 사람은 근본으로 하나의 이치로 살고 있으며 하늘이 그 이치를 사람에게 부여했습니다. 임금과 백성도 그 이치가 하나이며 임금의 도(道)가 백성에게 행하여지고 있습니다.

옛날 성인들은 천지의 이치를 도로서 베풀었고 마음에 세워 인륜의 차례를 행하여 왔습니다.

군주가 진실로 천리(天理)를 깨닫고 그 도에 이르기 위해서는 성(誠)으로 비롯되어야 합니다. 성을 실행하면 나라를 위해서 어려울 일이 없습니다.

부자간의 도는 천지의 도요, 부자간의 마음은 천지의 마음입니다.

천지의 도와 만물 속에 담긴 마음이 도를 좇아서 행한다면 이루어지지 않는 일이 없습니다.

천지의 마음과 음양(陰陽)의 감동하는 것이 이러한 도와 마음으로 인하여 화(和; 조화로움)하지 않는 것이 없고, 음양이 화하고 만물이 이루어진 후에는 하나의 물건도 그 사이에 이루어지지 않는 것이 없습니다.

도(道) 밖에는 물건이 없고, 마음 밖에는 일이 없습니다. 그 도를 마음에서 나오게 하면 인, 의, 예, 지(仁, 義, 禮, 智)에 이르지 않는 것이 없습니다.

대개 도(道)라는 것은 하늘에 근본해서 사람에 의하여 행하여지고, 그 일이 바로 나라를 다스리는 방법에 통하는 것입니다. 그리고 나라를 다스림에 그 도를 얻으면 사람이 보지 못하는 사이에 기강이 세워지고, 사람이 힘써 노력하지 않아도 법도가 정하여 집니다. 즉 근본이 서면 말단이 이루어지는 것입니다.

옛날 임금의 천변만화(千變萬化)가 임금의 마음에 근본하지 않는 것이 없으니, 임금이 마음을 바르게 하면 그것이 도(道)입니다. 정치를 하는데 인(仁)을 얻으며, 이러한 이치가 바로 서면, 천지간에 경륜이 제대로 행하여질 것입니다.

전하께서 진실로 도를 밝히고 마음을 다스리는 것이 중요합니다. 도(道)로써 조정을 이끌어 나간다면 기강과 법도를[34] 세우는 일은 어렵지 않을 것입니다.] 하였다.

천지간에 이(理)가 있고 기(氣)가 있으며, 그 기의 작용이 음양 동정의 조화를 이루어야 한다. 그리고 인간이 이러한 이(理)와 도(道)에 순응하여 마음을 바르게 행동하면 그것이 순리라는 뜻이다.

셋째, 기(氣)가 통하여 형상을 이루고 이(理)가 그 진수를 잇는다.

중종 11년 11월 29일, 홍문관에서 정암이 장원한 계심잠(戒心箴)의 내용 중에 다음과 같은 글이 있다.

"천지의 기운이 서로 어울려 큰 덕으로 감화를 주니, 오직 순하도다. 기가 통하여 형상을 이루고 이가 그 진수를 이어간다. 이기(理氣)가 마음속에 모아져 삼라만상(森羅萬象)을 두루 혼연하니 밝게 비춰고, 그 신묘한 작용이 어긋남이 없네."

넷째, 이(理)가 주(主)이고 기(氣)는 이의 부림을 받는다.

조광조가 경연에 입시하여 안자(顔子)의 학문을 좋아함을 논하여 말하기를,

"안자는 사사(私事)로움을 극복하였기에, 이(理)가 기(氣)의 움직이는 바가 되지 아니하므로 능히 노여움을 옮기거나 허물을 두 번 이상 범하지 않는다.

따라서 이기(理氣)의 구분을 논한다면 이가 주가 되고 기는 그 부림이 된다 함이 옳을 것이다."[35]고 하였다.

---

34) "정암선생문집" 권지 2, 알성시책(을해), [정암집] 한국사상전집(서울, 동아출판공사, 1972), pp.345-350, p.534.
35) "정암선생문집" 권지 5, 연중기사 2(11월), [정암집] 앞의 책, p.395, p.551.

[실록]에 나타난 사상.

성리학, 태극도, 이기론 등에 관한 정암의 주장을 추려 보면,

첫째, 성리학이 위기(爲己; 자신의 수신제가를 위한)의 학문임을 강조하였다.

"임금은 마땅히 도덕을 근본으로 삼아야 하고 성리서는 시문(詩文) 따위와 다른 것이니, 여기서 좋아하고 숭상함을 신중히 해야 합니다."

"성리학은 위기(爲己)의 학문이고 위인(爲人; 남을 위한)의 학문이 아닙니다. 지금 학문하는 사람들이 모두 남을 위한 학문만 하고 자신을 위한(수신제가를 위한) 학문을 모르는데, 만일 위에서 (위기의 학문을) 숭상하여 좋아하는 바를 보인다면, 아랫사람들이 스스로 기뻐하여 (따라서) 하게 될 것입니다."36) 하였다.

둘째, [근사록]에 나오는 태극도의 원리를 잠심 연구해야 한다고 하였다.

"전일 야대에서 [근사록]을 진강할 때 좀 더 계속하라고 분부하셨는데. [근사록]은 학문에 가장 긴절합니다. 이 책에는 [태극도]가 갖추어져 있어 궁리하는 학문을 하지 않으면 능히 그 묘리를 탐구하지 못하니 마땅히 잠심 연구하셔야 합니다."

그리고 계속해서 아뢰기를,

"학문은 많이만 해야 되는 것이 아니라, 요는 스스로 이회(理會; 깨달아 터득함)하는 데 있습니다."고 하였다.37)

[태극도설]에 관하여,

시독관 채침은, "천지만물의 이치가 모두 그 속에(태극도설 속에) 갖추어졌다."고 하였고, 기사관 유용근은, "태극설은 미묘하다. 사람의 한 몸

---

36) 중종실록 26권, 중종 11년 10월 19일 6번째 기사.
37) 중종실록 26권, 중종 11년 10월 8일 6번째 기사.

에도 하나의 태극이 있고 만물도 또한 각각 하나의 태극을 갖추었다."[38] 고 하였다.

[근사록] 도체편을 보면, 주돈이의 태극도설을 들어서 만유의 생성과 구조를 설명한 바 있다. 우주만상의 본체는 태극이고 태극에서 음과 양이 생겼다. 이러한 음양의 원리와 수. 화. 목. 금. 토의 오행 등 우주만물이 생기는 우주생성론을 말한 것이다.

그 내용을 인용하면 다음과 같다.

"염계 선생이 말하기를, '무극이 곧 태극이다. 태극이 동(動)하여 양(陽)이 생기고, 그 움직임이 극에 이르면 정(靜)이 된다. 정(靜)에서 음이 생기고 정이 극에 이르면 다시 움직이게 된다. 동과 정이 뿌리가 되어 음과 양으로 나뉘고 양의(兩儀)를 이룬다. 양이 변하고 음이 합하여 오행(수. 화. 목. 금. 토)이 생기고, 오행의 기운이 순조롭게 퍼져서 사시(四時; 사계절)의 운행이 되풀이된다."[39]

태극설은 이언적 편에서 자세히 설명하였다.

셋째, 천지간에는 이(理)와 기(氣)가 있고, 이(理)는 지정(至正; 지극히 옳음)한 신(神)이 되는 것이다. 즉 홍문관 부제학 조광조가 아뢰기를,

"천지 사이에는 이와 기가 있을 뿐이라, 사람이 태어날 적에는 기(氣)를 타고 나기 때문에 혹 잘못이 있지만, 죽으면 기는 흩어지고 이(理)만 남아 있어 지정한 신이 되는 것이니, 신을 비례(非禮)로 섬기면, 신은 반드시 흠향(歆饗; 신이 제물을 받음)하지 않을 것입니다."[40] 하였다.

여기서 신(神)이란 신묘한 것이지만 서양의 여호와 신과 그 개념이 다르다.

---

38) 위의 책 10월 13일 2번째 기사.
39) 최대림 역 [근사록](서울, 홍신문화사, 1995), p.23.
40) 중종실록 32권, 중종 13년 4월 5일 3번째 기사.

[근사록]에서는 신을 일고신(一故神)이라 하여 이치가 오직 하나이기 때문에 신이라 하였다. 이에 관련된 [근사록]의 구절을 보면 다음과 같다.

하늘과 땅 사이에는 변함없는 도(道)가 있다.

천하 만물은 변함없이 계속되는 이치에 의하여 움직인다.

그 신묘한 이치가 도(道)요, 이(理)요, 신(神)이다. 그런데 이러한 이치는 상대적이다. 즉 천지 만물은 음양, 남여, 청탁(淸濁), 강약(强弱), 장단(長短), 정동(靜動) 등 그 대응하는 상대가 있다.

음양의 기(氣)가 어지럽게 엉키고 섞이면서 질(質)을 이루고 사람과 만물이 여러 가지로 다르게 태어난다.

천하 만물은 모두 원기의 현상으로, 음양 두 기운의 순환이 계속되어 천지의 대의(大義)가 확립된다. 결국 삼라만상의 조화현상은 모두 음양 두 기(氣)의 작용이다.

넷째, 이러한 논리를 바탕으로, 정암은 음양의 조화를 강조하였다.

음양의 조화가 깨지면 재변이 일어난다. 군주는 재변이 일어나지 않도록 밝은 정치를 해야 한다. 즉 지치(至治)를 해야 한다고 하였다.

이에 관련된 [실록]의 내용들을 보면 다음과 같다.

홍문관 부제학 조광조가 아뢰기를,

"지금도 음양이 고르지 못하니 어찌 이런 폐단이 없다고 하겠습니까?"[41]

"옛날의 밝은 임금은 하늘에 순응하여 기미를 알았고, 왕도정치를 미덥고 도탑게(인정이나 사랑이 넘치게) 하매, 음양이 화창하고 만물이 생육되어 조그마한 사악도 그 사이에 끼지 못하게 하였습니다."[42] 하였다.

음양의 조화가 이루어지지 않고, 즉 양이 동하고 음이 정(靜)하는 이치가 어그러지면 재이(災異)가 온다는 것이다. 즉 검토관 조광조가 아뢰기를,

---

41) 중종실록 34권, 중종 13년 7월 22일 1번째 기사.

42) 중종실록 34권, 중종 13년 8월 1일 1번째 기사.

"정양의 달(음력 4월 혹은 1월, 양기가 가득하여 음기가 오지 않는 달), 만물이 크게 성장하는 때를 당하여 음이 위로 진동하고 양에 항거하는 것은 일상의 이치에 어긋나는 것입니다. 대저 재이가 오게 하는 데는 음양이 서로 항거하는 것보다 더 심한 것이 없습니다."[43]

"지금 조정이 청명하고 밖으로 수령들도 법을 지킬 줄 아니 '양기가 굴복하고 음기가 성한 것'이라고 할 수 없습니다."[44]

"근래에 괴물과 겨울 천둥은 지극히 경악스럽습니다.

하늘과 사람의 사이가 비록 언제나 먼 것 같지만 실은 가까운 것입니다.

하늘이 재변으로 견고(譴告; 꾸짖고 훈계함)함은 곧 두 가지 뜻이 있습니다. 그 하나는 나라가 무도하여 국가에 장차 위험이 닥치게 되는데도 미혹하여 깨닫지 못하면 재이를 내려 경고하고, 그 둘은 시사(時事)가 점차 좋아져 지치(至治)를 이룰 기미가 있는데도 상하가 주저하면 또한 재변을 내려 경성(警省; 자신의 행동을 깨우쳐 돌아봄)을 더욱 힘쓰게 하는 것입니다.

이런 때를 당하여 상하가 서로 닦기를 더욱 힘쓰지 않으면 천심은 무상한 것이므로 마침내 패망하고 말 것이니 두려워하지 않을 수 있습니까?"[45] 하였다.

정암은 음양을 사대(事大; 큰 나라를 섬김)와 상하질서, 선악의 개념과 같은 맥락의 것으로 보았다. 즉 중국은 양, 오랑캐는 음이고 임금과 군자는 양, 후비(后妃; 왕비)와 소인은 음이다.

홍문관 부제학 조광조 등이 상소하기를,

"옛사람은 음(陰)이 성하고 양(陽)이 약해지는 징조를 가리켜 '첩부(妾婦; 첩실)가 그 남편을 넘보고, 소인이 군자를 능멸하며, 오랑캐가 중국

43) 중종실록 34권, 중종 13년 7월 15일 2번째 기사.
44) 중종실록 33권, 중종 13년 5월 18일 2번째 기사.
45) 중종실록 27권, 중종 12년 1월 11일 1번째 기사.

을 침노하는 것'이라 하였습니다. 첩부가 궁위(宮闈; 궁전의 내전)에 있는 것과 소인이 조정에 있는 것과 오랑캐가 변방에 있는 것은 모두 걱정을 해야 되는 일입니다.

신등은 듣건대 임금은 양이요 후비는 음이라, 임금은 양도(陽道)를 다스리고 후비는 음도(陰道)를 다스리는 것이라 합니다. 양이 작용하여 만물을 낳고 음이 조화하여 만물을 성장시켜 변화를 이루는 것입니다. 하늘은 높아서 아래로 임하고 땅은 얕아서 위로 순(順)하여 각각 그 분수가 정해지는 것입니다.

대개 귀천의 분수는 침범할 수 없고 적서(嫡庶; 적자와 서자)의 윤리는 엄해야 합니다. 형제와 처첩으로 하여금 명백히 질서를 지키게 하여 감히 범하지 못하게 된 뒤라야, 능멸하는 마음이 없어지고 분수없이 넘겨다보는 일이 끊어지게 되는 것입니다.

또 군자는 양이요 소인은 음이라 하며 중국은 양이요 오랑캐는 음이라 합니다.

궁위(내전)에서 일어나는 여알(女謁; 후비가 임금의 총애를 믿고 권세를 부리고 청탁을 하는 일)의 폐해가 없도록 임금이 정심수신(正心修身)해야 합니다.

조정에서 할 일은 군자 소인을 가려서 진퇴시키는 것보다 더 급한 일이 없습니다.

우리나라는 좁고 작은 국가로서 삼면에서 적을 받고 있는데, 서북이 더욱 심합니다. 지금의 계책으로서는 장수를 잘 가려 뽑는 일이 가장 긴요합니다.

이와 같은 모든 일은 국가의 큰 정책이요 정사의 급무로서 모두가 양(陽)을 돕고 음을 누르는 일이 아닌 것이 없습니다. 전하께서 이 일들을 잘 수행하신다면, 위로 하늘의 견책에 응답할 수가 있고, 양을 돕고 음을 누르는 효과 또한 만세 태평의 터전이 될 수 있을 것입니다. 양을 돕

고 음을 누르는 실효는 반드시 전하의 한마음을 극진히 하신 뒤라야 그
것이 모든 일에 미칠 수 있을 것입니다."46) 하였다.


다섯째, 지치(至治)의 이상주의(理想主義) 정치를 지향하였다.

지치(至治; 세상을 매우 잘 다스림, 즉 훌륭한 정치)를 하려면 학술이
밝고 인(仁)의 덕을 닦아야 한다.

지치란 말은 [서경] 주서(周書) 군진(軍陣)편에 나오는 글, 즉 "아문
지치형향 감우신명(我聞 至治馨香 感于神明; 지치는 꽃답고 향기로워
신명을 감동케 한다는 뜻)"에서 유래한다.

이와 관련하여 [실록]에 나오는 정암의 주장을 간추려 보면 다음과 같다.

검토관 조광조가 아뢰기를,

"성상께서 먼저 덕을 닦아 감동시킨다면 아래서도 감동되지 않는 사람
이 없어, 지치(至治)가 이루어지는 것입니다. 덕을 닦는 것이 근본이니,
이를 힘쓰면 그 나머지는 수고할 것이 없이 스스로 다스려지는 것입니다.

맹자는 말하기를, '위에서 좋아하는 바가 있으면 아래서는 반드시 더
좋아하는 것이다' 하였고, <대학>에 이르기를 '요순이 천하를 인(仁)으로
써 거느리매 백성이 따랐고 명령하는 것이 스스로 좋아하는 것이 아니
면 백성이 따르지 않는다' 하였습니다."47) 하였다.

참찬관 조광조가 아뢰기를,

"먼저 임금이 자신의 덕을 닦고 나서 그 방법을 사물에 옮겨 행한다면
사람들이 모두 감화하여 자연히 덕을 닦을 것입니다. 또는 그 덕을 가만
히 지키고만 있을 것이 아니고 예악형정(禮樂刑政)을 곁들여 시행하여
무슨 할 만한 일이 있을 경우에는 마땅히 분발해서 행해야 합니다."48)

---

46) 중종실록 33권, 중종 13년 6월 2일 2번째 기사.
47) 중종실록 27권, 중종 11년 12월 12일 3번째 기사.
48) 중종실록 31권, 중종 13년 1월 27일 3번째 기사.

"춘추(나이)가 한창일 때 지치(至治)의 효과를 보아야 합니다. 때는 두 번 얻기 어렵고 기회는 잃어버릴 수 없는 것이니 이때야 말로 성상께서 학문하실 때요, 지치를 이룰 때입니다."[49] 하였다.

홍문관 부제학 조광조 등이 상소하기를,

"도(道)가 전일하면 덕(德)이 밝지 않음이 없고, 정치가 순수하면 나라가 다스려지지 않음이 없습니다.

아, 왕도는 전일하지 않을 수 없고, 왕정도 순수해야 합니다. 전일하고 바르면 백성의 뜻이 정해지고, 순수하고 간편하면 백성이 따르기 쉽습니다.

순일(純一)한 덕을 따라 백성을 바른 데로 교화하면 왕도에 매우 다행이겠습니다."[50] 하였다.

<대학>을 강론하면서 부제학 조광조가 아뢰기를,

"임금은 천하에 임금 노릇하고 일국을 다스리므로 인덕(仁德)을 체득하여 만물이 각각 그 본성을 얻게 한 뒤에라야 천지에 동참할 수가 있습니다. 인(仁)은 사덕(四德; 인, 의, 예, 지)을 모두 다 포함하고 있으므로 인도(仁道)를 다 시행하게 되면 예, 의, 지 세 가지는 자연 그 속에 있게 됩니다.

인도를 다하게 되면 부당한 일이 없는 것입니다. 임금이 지공지정(至公至正)하고 광명정대하여 사의(私意)가 털끝만큼도 없으면 힘을 쓰지 않고도 일마다 다 이치에 합당하게 되는 것입니다."[51] 하였다.

## 3) 평 가

첫째, 정암의 이기론(理氣論)에 관한 입장에 관하여 학자마다 혹은 주리

---

49) 중종실록 33권, 중종 13년 5월 4일 2번째 기사.
50) 중종실록 34권, 중종 13년 8월 1일 1번째 기사.
51) 중종실록 34권, 중종 13년 9월 15일 3번째 기사.

론(主理論)에 가깝다 혹은 이승론(理乘論)이다 하여 의견이 서로 다르다.

이에 관하여 정암이 임금께 아뢰기를,

"우리나라는 예부터 지금까지 성리학 하는 사람이 간혹 있었으나 한스럽게도 연원(淵源)이 없기 때문에 마침내 지극한 경지에 이른 사람이 없었습니다."[52]하여 성리학 이론에 관한 깊은 논의가 없었음을 확인한 바 있다. 그리고 정암 자신도 이기(理氣)에 관한 명확한 입장을 밝히지 않는 것으로 보아 이 분야에 별로 크게 관심을 가지지 않았다고 생각한다.

둘째, 음양론에 관하여 정암은 특히 음양 동정(陰陽 動靜)의 변화와 결합보다는 사대(事大; 중국과 오랑캐)와 상하적 신분질서(귀천이나 적서 등), 선악(善惡; 군자와 소인 등) 등 유교적 차별윤리를 중히 여겼다.

결국 그의 도덕정치론은 양반 관료계급의 입장이라는 한계를 벗어나지 못하였다. 그가 여러 가지 개혁안을 제시하였지만 그것은 사실상 조선왕조 반상(班常; 양반과 상인)적 차별 질서를 보강하기 위한 방편에 불과했다는 비판을 면할 수 없었다.[53]

군자와 소인의 구별은 공자의 [논어]나 주자의 [근사록]에 나온다. 이들 책에서는 군자의 처신에 관한 규범을 제시하고 있다. 하지만 정암 등 조선조 유학자들은 군자, 소인의 차별 논리를 정치의 화두로 논쟁을 벌였다.

군자는 선(善)하고 청빈하고 어진 사람이며, 소인은 흉악(凶惡)하고 부패 타락한 간사한 사람으로 되어 있다. 하지만 이들을 구별할 명확한 기준이 없기 때문에 그 평가는 자의적(恣意的; 제멋대로 함)일 수밖에 없다. 결국 승자(勝者)는 군자로 남고 패자(敗子)는 소인으로 역사 속에 숨겨져야 했다.

자기 자신들의 이익을 중심으로 자신과 뜻을 같이한 사람은 군자이고 자신과 입장을 달리한 사람들은 당연히 소인이 되어야 했다. 이러한 이

---

52) 중종실록 27권, 중종 11년 12월 12일 3번째 기사.

53) 김만규, [한국의 정치사상](서울, 현문사, 1999), p.187.

분법적 행태는 후일 당파를 만들고 국론을 분열시키는 중요한 동인이
되었다.

셋째, 정암은 왕에게 학문과 덕망을 갖춘 성군이 되기를 바라고, 경연에
서 경사(經史; 경전과 역사)에 관한 진강(進講)에 모든 정성을 다하였다.

이에 관한 야사에 다음과 같은 이야기가 나올 정도였다. 즉

"그들(기묘의 선비들)은 매양 경연에 모일 때 글 한 장(章)을 진강하고
는 의리를 인용하여 비유하고 경서를 두루 끌어내어 미묘한 이치를 캐었
는데, 아침에 강론을 시작하면 해가 기울어서야 파하므로, 임금이 몸이 피
로하고 괴로워했다. 하품을 하고 기지개를 펴고 고쳐 앉기도 하고 때로는
용상(龍床; 임금이 앉은 평상)에서 퉁 하는 소리를 내며 넘어지기도 하였
다. 남곤과 심정 두 사람이 임금의 뜻에 선비들을 싫어하는 기색이 있는
것을 짐작하고 드디어 꾀를 내어 일을 꾸미기 시작하였다."[54]고 했다.

## 4. 정암의 개혁정책

정암 등 기묘 사림들은 소격서 혁파, 현량과 실시, 향약 보급, 정국공
신 삭훈 등 다양한 개혁 정책을 과감하게 추진하였다. 이들을 차례로 논
의하면 다음과 같다.

### 1) 균전(均田)을 주장하고,
### 서얼(庶孼) 등 신분주의 개량책을 내놓았다

유명종 교수는 "정암의 철저한 애민사상(愛民思想)은 훈구(勳舊; 사림
의 반대)들의 토지겸병(土地兼倂; 둘 이상의 땅을 합쳐 소유함)에 반대

---

54) 기묘당적보, [연려실기술 2](서울, 민족문화추진회, 1982), p.285.

하여 균전(均田)을 주장하고 과거제의 모순을 지적하여 현량과를 설치하였다.

서얼(庶孽)의 통사책(通仕策; 벼슬길을 터주는 방책)은 뒷날 율곡 이이에 이어진다55)고 하였다.

하지만 그의 주장은 약간 과장되었다. 다음에서 이들 내용을 차례로 살펴보자.

첫째, 균전론은 정암이 내놓은 것이 아니고 <근사록>을 강하다가 정전(井田) 봉건이란 구절에 이르러, 시강관 기준(奇遵)이 내놓았다. 즉

시강관 기준이 아뢰기를,

"옛적에 반드시 정전을 중요하게 여겼음은, 그로 인해 위로는 부모를 섬길 수 있고 아래로는 처자를 먹일 수 있어, 자연히 교화가 행해졌기 때문입니다. 인자한 정사는 정전보다 나은 것이 없어, 백성이 모두 유여(有餘; 넉넉하고 여유가 있음)해지게 하려면 정전을 시행하는 것만 같지 못합니다." 하니 상이 이르기를,

"이는 진실로 지극히 좋은 것이나, 우리나라는 땅이 판판하지도 넓지도 못하여 시행하지 못할 듯하다." 하였다. 그러자 다시 기준이 아뢰기를,

"정전은 하기 어렵지만 균전은 쉽사리 할 수 있습니다. 전토가 균등하지 못하기 때문에 부유한 사람은 더욱 부유해지고 가난한 사람은 송곳 하나 꽂을 땅도 없어, 이리저리 떠도는 것이 제도가 공평하지 못하기 때문입니다." 하였다.

그리고 참찬관 정순붕이 아뢰기를,

"정전제는 지극히 방대하여 쉽사리 할 수 없으니, 모름지기 한전법을 세워 과도하게 겸병(兼倂; 합쳐 소유함)하는 사람이 있으면 억제함이 가할 듯합니다."56) 하였다.

---

55) 유명종, [한국사상사](서울, 이문출판사, 1983), p.274.
56) 중종실록 36권, 중종 14년 7월 2일 2번째 기사.

이에 대하여 임금은 아무 말도 하지 않았다.

기준은 국가 재정의 가장 근간이라 할 수 있는 토지에 관련한 문제를 정전이란 어휘를 설명하면서 내놓았음에 불과하다.

처음에 정전제가 아주 좋은 제도라고 했다가, 임금이 시행하기 어렵다고 하자 다시 균전(均田)은 쉽사리 할 수 있다고 하였다. 그리고 정순붕은 또 한전법을 내놓았다.

그로부터 백년이 더 지난 뒤 유형원(1622 - 1673)이 균전론을 주장하였는데 이익(1681 - 1763)은 그 제도가 실현하기 어렵다고 비판하고 한전법(限田法)을 내놓았다. 하지만 이익이나 박지원의 한전론, 정약용의 여전론(閭田論) 등 실학자들이 내놓은 그 어느 개혁안도 현실성 있는 토지제도의 대안으로서 채택되지 못했다.

토지문제의 해결이 이토록 어렵고 복잡함을 이들도 물론 잘 알고 있었을 것이다. 따라서 이들이 제시한 균전이나 한전론 등은 단지 언어 해설에 불과할 뿐 그 이상의 의미가 없다 할 것이다.

여기서 잠깐, 균전(均田)제도는 중국의 수(隋), 당(唐)시대의 농지제도이다. 즉 토지 국유제도로 백성들에게 농토를 고루 나누어 주었는데 18세 이상의 남자에게 농토 1백 묘(3천 평 정도)를 주었다. 그중 20묘는 영업전(永業田; 세습할 수 있는 땅)으로 하였다. 한전법은 토지 소유를 제한하는 법이다.

둘째, 서얼의 통사책과 관련하여 참찬관 조광조는 다음과 같이 아뢰었다.

"우리나라는 땅이 좁아 인물이 본래 적은데다가 서얼(庶孼)이나 사천(私賤)은 임용하지 않습니다. 중국은 귀천을 가리지 않고 오히려 골고루 쓰지 못함을 걱정합니다. 하물며 작은 나라에서의 일이겠습니까.(우리나라는 작은 나라이니 인재를 발굴하려면 적서의 차별이 없어야 한다는 뜻) 향리에서 천거하는 일은 시대가 오래되어 다시 실시할 수 없습니다.(귀천 서얼의 일도 마찬가지입니다)

만약에 이와 같이 한다면 대 현인(大 賢人)도 얻을 수 있을 것입니다."고 하자,

영사 신용개가 아뢰기를,

"이 일은 조종의 법을 변혁하는 것은 아니니, 경사(京師; 서울) 팔도로 하여금 많이 천거하도록 하는 것이 좋겠습니다."[57] 하였다.

정암은 중국과 비교해서 우리나라 인재 발굴의 범위가 그만큼 한정되어 있음을 말하였을 뿐 그 이상의 개혁을 주장한 것은 아니다. 정암 자신의 입으로 '시대가 오래되어 다시 실시할 수 없다'고 하였다.

신용개는 이에 대하여 '조종의 법을 바꾸지 않는 것'이라고 하여 정암의 말을 다시 확인하였다.

정암은 그 3개월 후인 6월에, "귀천의 분수는 침범할 수 없고 적서의 윤리는 엄해야 한다."(앞에서 인용하였음)고 말한 것을 보면 알 수 있다.

## 2) 소격서를 혁파하였다

\* 밤을 지새우며 소격서 혁파를 아뢰었다.

정암은 소격서 혁파를 아뢴 지 한 달여 만에 드디어 왕의 윤허를 얻어냈다.

홍문관 부제학 조광조가 아뢰기를,

"소격서를 설치한 것은 도교(道敎)를 펴서 백성들에게 사교(邪敎)를 가르치는 것입니다. 이는 실로 임금 마음의 그릇됨과 올바름의 갈림 길이요, 정치 교화의 순수하고 잡스러움의 원인이요, 상제(上帝; 하느님)의 기뻐하고 성냄의 기미이니, 왕정으로서는 끊고 막아야 할 것입니다.

도교를 신봉하는 것이 민간에서 성행한다 하더라도 임금 된 이로서는 진실로 예를 밝히고 의리를 보여 바른 방향으로 나아가 끝까지 정도를

---

57) 중종실록 32권, 중종 13년 3월 11일 1번째 기사.

보여야 합니다.

그런데 도리어 사도(邪道)를 존숭하여 관사(官司; 관청)를 두어 받들고 초제(醮祭; 별에게 지내는 제사)를 거행하여 섬기고 있습니다. 마치 당연히 제사로 모시는 신(神)처럼 공경하고, 축수와 기도가 더욱 빈번하여 음귀(陰鬼; 도깨비 등 요물)가 간악을 빚어냅니다.

만일 도를 어기는 일이 있으면 하늘이 노하여 재변을 내리게 될 것입니다. 재앙에 대응하는 방법은 천리(天理; 하늘의 이치)를 따르고 정도를 닦고 인심을 화하게 하는 것만 한 것이 없습니다."[58] 하였다.

왕이 홍문관에 전교하기를,

"소격서는 그 유래가 오래되었다. 아조(我朝)의 세종과 성종께서 태평의 정치를 이룬 것은 본디 우연한 것이 아닌데도 오히려 혁파하지 않았으며, 이는 지금 창설한 것이 아니니 혁파하는 것은 마땅하지 않다." 하매, 조광조 등이 재차 아뢰기를,

"가령 세종 성종께서 대성(大聖)이라 하더라도 이 소격서를 격파하지 않으신 것은 큰 잘못입니다."[59] 하였다.

조광조가 이와 같이 간곡히 아뢰고, 영의정 정광필, 좌의정 신용개, 우의정 안당, 우찬성 최숙생, 좌참찬 조원기 등이 부름을 받고 와서 아뢰기를,

"신 등은 다 이의가 없습니다. 여러 사람의 심정을 아셨으니, 속히 혁파하여야 합니다." 하니 드디어 왕이 혁파의 전교를 내렸다.[60]

이 일에 관하여 야사를 보면 다음과 같은 평이 있다.

"당시 정암은 동료들을 거느리고 합문 밖에 엎드려 네 번이나 장계를 올렸으나 허락이 내리지 않자, 승지를 보고 '이 일의 허락을 얻지 못하면

---

58) 중종실록 34권, 중종 13년 8월 1일 1번째 기사.
59) 중종실록 34권, 중종 13년 8월 28일 4번째 기사.
60) 중종실록 34권, 중종 13년 9월 3일 1번째 기사.

오늘은 물러가지 않겠다.' 하고 닭이 울 때까지도 아뢰기를 그치지 않으니 임금이 '내일 대신들을 불러 의논해서 소격서를 파하리라.' 하였다.

이때 승지 등이 책상에 기대어 졸고 있으매, 모두 괴로워하고 싫증을 내었다. 임금이 자는 엄밀한 곳에 중사(中使; 왕명을 전하는 내시)가 밤새도록 출입하여 번거롭게 아뢰기를 그치지 않으므로 임금이 어찌 듣기 싫은 마음이 없겠는가.

신하로서 임금에게 간(諫)할 때에는 마땅히 기회를 보아 점진적으로 깨닫도록 할 것이요 이처럼 핍박(逼迫)해 가지고는 무사할 수가 없는 것이다."61) 하였다.


* 소격서 혁파는 이미 성종 때부터 시작되었다.
성종이 승정원에 전교하기를,
"소격서를 혁파할 만한가? 아니한가?" 하니,
좌승지 권건, 좌부승지 이덕숭이 아뢰기를,
"나라의 큰일은 제사와 군사에 있는데 초제(醮祭; 별에게 제사함)도 사전(祀典; 제사의 예전)의 큰 것으로 그 유래가 또한 오래되었으니, 가볍게 없앨 수 없습니다."62) 하였다.

그 후 경연을 강하다가 <중용> 귀신장에서, 시독관 이달선이 아뢰기를,
"소격서는 도교를 위하여 설치한 것으로, 마치 유교국가인 송나라에서 노자를 천자로 삼아 제사한 것과 같습니다. 이는 함부로 상제를 속이는 것으로서 정도(正道)에 누가 됩니다." 하였고, 영사 심회가 아뢰기를,
"신은 불가와 도가의 도(道)는 모두 허망하고 상도에 위배되므로 족히 믿을 것이 못된다고 생각합니다."63) 하니, 임금이 좌우에게 아뢰기를,

---

61) 사재척언 동각잡기, [연려실기술 2], p.277.
62) 성종실록 162권, 성종 15년 1월 16일 2번째 기사.
63) 성종실록 261권, 성종 23년 1월 12일 2번째 기사.

"소격서 제사는 과연 정도가 아니다. 그러나 조종조로부터 있었으니, 갑자기 혁파할 수는 없다."고 하였다.

연산군 때에는 심정이 소격서 혁파를 주장하였다.

석강에서 검토관 심정이 강하여 아뢰기를,

"우리나라에는 소격서가 있는데 모두 이단(異端)으로서 국고의 소비도 적지 않습니다. 성종께서 폐지하려 하였는데 조종 때부터 실시한 지 오래되었다 하여 반대하였습니다. 소격서를 혁파하소서." 하자, 역시 성종 때와 같은 이유로 반대하였다.[64]

중종대에 들어와서 정암이 소격서 혁파를 주장하기 이전에, 시독관 유관, 참찬관 김안로 등이 먼저 주장하였고,[65] 좌의정 신용개도 소격서에서 제사지낼 근거가 없음을 이유로 그 철폐를 아뢴 바 있다.[66]

하지만, 이들은 소격서 철폐의 당위성을 주장하면서도 그것을 실행에 옮기는 결정은 절대자인 왕의 소관임을 인정하고 왕의 의견을 존중하였다.

반면, 정암은 그 일이 너무나 옳은 것이기에 이를 기필코 관철해야 한다는 일념으로 당시의 정치적 상황을 크게 고려하지 않았을 것이다. 목적이 옳으면 그 방법이나 상황은 크게 고려하지 않아도 된다는 극히 이상주의적 태도를 가지고 있었다.

* 소격서를 다시 세우다.

정암이 제거된 후, 아직 한 달도 채 지나지 않았는데 왕은 소격서의 일을 다시 제기하였다.

왕이 이르기를,

"근래 조정의 구장(舊章; 옛 제도와 문물)을 변란시킨 것이 많았으나

---

64) 연산군일기 51권, 연산 9년 10월 13일 5번째 기사.
65) 중종실록 25권, 중종 11년 6월 3일 2번째 기사.
66) 중종실록 32권, 중종 13년 4월 5일 3번째 기사.

지금은 한결같이 구장을 따르고 있다. 소격서는 이미 혁파하였다가 다시 세우는 것이 편치 않은 듯하나, 기우(祈雨) 기청(祈晴; 장마가 그쳐 날이 맑기를 비는 일)하는 데 관계되는데, 만일 구장을 따른다면 어느 것을 준행하고 어느 것은 준행하지 않아서야 되겠는가?" 하였다.

이에 대하여 남곤, 정광필, 김전, 고형산, 홍숙, 한세환, 심정, 신상 등 중신들이 모두 반대한 바 있다.[67]

그 2년 뒤 왕은 자전의 체후가 매우 긴급하다는 이유로 소격서에서 제사드리는 문제를 또다시 제기하여 이를 복구하였다.

왕이 전교하기를,

"자전께서 편찮으셔서 음식을 들지 않으시려는 지가 여섯 달이나 된다. 체후가 날로 쇠약해지시어 혼수상태인데 증세가 가볍지 않고 약도 효험이 없으므로 내가 어찌할 바를 모르겠다."

상이 비망기를 정광필에게 전해 주며 이르기를,

"요사이 자전의 체후가 긴급하기 때문에 내가 곁에 모시고 있으면서 청하기를 '분부하고 싶은 일이 없으십니까?' 했더니 자전께서 '다른 할 말은 없으나 내가 평소에 불평스러운 일이 있는데 지금까지 해결되지 못하여 마음이 쓰이는 증세가 겹쳐 생기게 된 것이오. 소격서가 비록 정도는 아니지만 조종들이 개국한 이후 열성들이 이어 받아 온 것을 주상이 지난달 신진들의 말을 듣고 하루아침에 갑자기 혁파한 것이오.

이것이 비록 좌도(左道; 그릇된 도, 邪道)에 관한 것이지만 부처와 같이 사람의 마음을 현혹하고 혼란하게 하는 것은 아니오. 더구나 사람이 천지 사이에 살면서 일월성신(日月星辰)에 대한 제사를 경홀히 할 수 있겠소. 삼광(三光; 해와 달, 별)에 대한 제사만은 대략 갖추어 놓아야 하오.' 하였다."[68] 이어서

---

67) 중종실록 38권, 중종 15년 1월 21일 4번째 기사.
68) 중종실록 46권, 중종 17년 12월 14일 2번째 기사.

"옛적에 효자가 아버지의 병에 대해 북극성에 빌어 효험을 보았으니, 이는 정성이 하늘을 감동시켰기 때문이다. 만일 소격서를 복구하게 된다면 자전을 위해 거기에서 빌 수 있을 것이다. 이는 새로 설치하는 것이 아니고 다만 옛것을 복구하는 것뿐이니 모두 의논하여 아뢰어라."[69] 하였다.

이러한 과정을 거쳐 왕이 전교하기를,

"성종조의 예대로 종묘사직, 소격서, 삼각산, 백악산, 목멱산, 한강 등에 관원들을 보내 빌고, 아울러 영녕전에도 제사해야 하며, 또 간략한 예로 다시 소격서를 설치해야 한다." 하였다.

그 후 약 두 달 동안 대간에서 거의 매일같이 소격서 설치 반대 상소를 올렸지만 왕은 윤허하지 않았다.


* 소격서는 원래 하늘에 제사지내는 명분으로 설치되었다.

명종 때 특진관 최연(崔演)이 아뢴 바에 의하면,

"소격서는 하늘에 제사지낸다는 명분으로 설치되었습니다. 위의 단에는 옥황상제, 가운데 단은 노자(老子), 아래 단은 염라왕이 있습니다."[70] 고 아뢴 일이 있다.

또 인조 때 음성현감 정대붕이 올린 소장에 의하면,

"소격서는 일월성신의 초제(醮祭; 별에 지내는 제사)를 맡고 있습니다. 무릇 산천이 높고 낮은 곳에는 모두 영(靈)이 있는 것인데 더구나 하늘에서 밝게 빛나는 일월성신이겠습니까, 삼청(三淸; 도교에서 신선이 산다는 궁의 이름), 즉 천청(天淸), 지청(地淸), 인청(人淸) 등 그 이름이 이미 정해져서 사사(祀事; 제사에 관한 일)에 드러난 것입니다. 그런데 (소격서는) 임진왜란 이후 폐지시킨 채 회복되지 않고 있습니다."[71] 하였다.

---

69) 위의 책, 3번째 기사.
70) 명종실록 5권, 명종 2년 5월 26일 3번째 기사.

소격서는 임진왜란 이후 폐지되었는데, 정종 때 초제(醮祭)에 제사지
내는 문제가 다시 제기되었다.

규장각이 아뢰기를,

"신들이 삼가 <오례의(五禮儀; 세종 때부터 편찬한 책, 길(吉), 흉(凶)
등 오례에 관련된 것)> 서례(序例)를 상고하니 영성(靈星; 농사를 관장
하는 별)과 노인성(혹은 壽星; 장수를 비는 별)을 소사(小祀; 제사의 일
종) 첫머리에 열거하였습니다.

대저 영성에 제사를 지내어 풍년을 맞이하고 수성에 제사를 지내어
복을 비는 것은, 경전이나 전기를 상고하고도 증거가 있으니 국가와 국
민을 위하여 빠뜨리는 것이 용납되지 않습니다.

두 별에 대한 제사는 성조(聖祖)께서 일찍이 시행하였고 예전에 분명
히 기재되어 있습니다. 현종 10년(1669년)에 태복시 구단(舊壇)에 천사
성과 방성(말의 신을 관장한 별)의 신에게 제사지내도록 하였습니다. 지
금 태상 신실(太常 神室) 동쪽의 다섯 위(位)가 이것입니다. 이것 또한
별에 제사지내는 의식의 근거로 삼을 수 있습니다."[72] 하였다.

도교의 초제가 이처럼 농사의 풍작과 백성의 만수무강(萬壽無疆)을 비
는 목적으로 행하여졌다. 하지만 이는 어디까지나 왕실의 수호와 연명을
목적으로 한 종교로 받아들여졌을 뿐, 일반 민중의 종교로 퍼진 것은 아
니었다. 서민들은 불교나 무속을 신봉하였고 도교를 숭상하지 않았다. 오
직 국가만이 소격서를 두어 천신과 성수(星宿; 별들)를 모셨을 뿐이다.[73]

이 대목에서 야사에는 다음과 같은 글이 있다. 즉

"조광조가 패한 뒤 가정(嘉靖; 명 세종의 연호) 을유년에 대비가 병이
나자 대신들을 불러 <소격서>를 새로 세울 뜻을 말하였다. 이에 정광필

48

등이 "이미 파하였으니 세울 것이 없습니다." 하였다. 임금이 다시 의논하라 하니, 광필 등이 재삼 불가하다고 하다가 마지막에 아뢰기를 "전하께서 그 불가함을 모르시는 것이 아니라 자전을 위해 이와 같이 말씀하시기에 신등이 감히 의논을 드리는 것입니다." 하였다.[74] 또 기묘년의 여러 어진 사람들이 죄를 얻고, <소격서>는 마침내 파하지 않았으니 사람들이 말하기를, "기묘년의 화가 이 일에서 싹트기 시작했다."[75] 하였다.

위의 글에서 을유년(중종 20년)은 임오년(중종 17년)을 잘못 썼고, 정광필 등이 재삼 불가하다고 했다는 말은 약간 과장되었다. 즉 [실록]에 기록된 사실은 다음과 같다.

정광필은, 처음 "<소격서>를 다시 세운다면 조정이 시끄러워지게 될까 싶으니 궐내에서도 어찌 이렇게 될 것을 헤아리지 않을 수 있겠습니까?" 했고, 다음에는

"상께서 다시 세우려고 하시는 것은 매우 미안한 일이니 보류해 두고 깊이 생각하시기 바랍니다." 했다가 마지막에 아뢰기를,

"전하께서 그 불가함을 모르시는 것이 아니라, 이와 같이 말씀하시기에 신등이 감히 아뢸 수가 없으니, 상께서 짐작하여 재단하소서."[76]라고 하였다.

이러한 여러 사실들을 종합해 보면 정암의 소격서 철폐 주장은 유교적 차원에서 극히 당연한 일이었다. 다만 그 방식이 자신의 정치적 운명을 내걸 정도로 과격했음은 앞에서 이미 언급하였다.

왕은 자전의 강녕을 이유로 소격서를 복귀했지만, 자전의 병이 쾌유된 후에도 끝내 그 복귀를 철회하지 않았다.

---

74) 사재척언, 동각잡기, [연려실기술 2], pp.277-278.
75) 지봉유설, 위의 책, p.278.
76) 중종실록 46권, 중종 17년 12월 14일 2번째 기사.

## 3) 정암 자신도 향약 실시의 문제점을 시인하였다

* 향약 실시에 관한 논의

향약은 그동안 지방의 자치조직으로 그 부침을 거듭해 오던 유향소(留鄕所) 제도의 혁파를 전제로 한다.[77]

유향소는 고려 때 이래로 지방 수령을 돕고 백성들의 풍속을 교화하기 위해 설치된 교화 기관이었다. 이 제도가 조선조에 들어와서 그 폐단이 심하여 혁파되었다.

태종 6년 대사헌 허응 등이 올린 시무 6조 중 그 넷째에,

"주, 부, 군, 현에 각각 수령이 있는데, 향원(鄕愿; 악질 토호) 가운데 일을 좋아하는 무리들이 유향소를 설치하고, 때 없이 무리지어 모여서 수령을 헐뜯고 사람을 올리고 내치고, 백성들을 핍박하는 것이 교활한 향리보다 더 심합니다. 원컨대 혁파하여 오랜 폐단을 없애소서." 하니 왕이 그대로 따랐다.[78]

이 제도는 세종 세조조를 거쳐 성종대에 다시 부활되어 또다시 폐지론이 나오는 등 논의가 거듭되었다.[79]

중종대에 들어와서 정병 최숙정이 아뢰기를,

"(유향소가) 지금은 풍속을 바르게 하지 못할 뿐 아니라 하급관리를 침해하는 폐단이 있습니다. 청컨대 유향소를 폐하소서." 하고 상소를 올렸고,[80] 그 뒤 조광조가 경상도 생원 최홍제의 상소를 들어 아뢰기를,

"유향소를 혁파하자는 말은 시행할 만합니다."[81] 하였다.

이러한 상황에서 정암 등 기묘의 사림들이 향약 실시를 주장하였다.

---

77) 한우근, 이태진, [한국문화사](서울, 일지사, 1996), p.203.
78) 태종실록 11권, 태종 6년 6월 9일 3번째 기사.
79) 성종실록 165권, 성종 15년 4월 23일 1번째 기사.
80) 중종실록 31권, 중종 12년 12월 17일 2번째 기사.
81) 중종실록 34권, 중종 13년 7월 19일 1번째 기사.

참찬관 조광조가 아뢰기를,

"신이 듣건대, 온양군 사람이 향약을 행한다 합니다. 만약 향약을 잘 이행한다면 진실로 아름다운 일입니다."고 하자, 영사 정광필이 아뢰기를,

"향약이 좋기는 하지만, 모인 무리가 착한 일을 하지 않으면 수령의 권세가 도리어 약해질 것이니 살펴서 경계해야 할 것입니다." 하였다. 조광조가 아뢰기를,

"향약을 행하는 고을에서는 양민을 강압하여 천인으로 만들고 관청의 채무 납부를 막는 일은 모두 보지 못했습니다. 지난번에 김안국이 경상 감사로 있을 적에 비로소 향약을 행하게 되었는데, 그때에는 전처럼 싸우는 일이 있었으나 시초였기 때문입니다." 하였다.

이에 대하여 집의 김희수는 찬성의 의견을 그리고 참찬관 유인숙은 앞으로 오래 기다리는 것이 좋다는 의견을 각각 아뢰었다.[82]

여씨향약이란 원래 <소학>에 나오는 말로, 제6편 선행, 제7장을 보면,

남전 여씨의 향약에 말하기를, '이 향약에 참가한 모든 사람은 덕업상권(德業相勸), 과실상규(過失相規), 예속상교(禮俗相交), 환난상휼(患難相恤)한다. 착한 일이 있으면 서적에 기록하고, 과실이나 약속 위반자도 기록한다. 세 번 향약을 어기면 벌을 주되 고치지 않는 자는 제명한다.'[83] 하였다.

'향약'이란 용어에 대하여, 현대의 서적들이나 [실록]의 주(註)에는 다음과 같은 설명이 있어 의문이 제기된다.

"향약이란 한 향리의 사람들이 함께 지키는 규약을 말한다.

향약은 북송(北宋) 말엽에 여대균이란 사람에 의하여 창시되었다.

그 강령은 덕업을 서로 권하고(덕업상권), 과실을 서로 바로잡으며(과실상규), 예속(禮俗)으로 서로 사귀고(예속상교), 환란(患難)을 서로 돌보

---

82) 중종실록 34권, 중종 13년 9월 5일 1번째 기사.
83) 이기석 역해, [소학](서울, 홍신문화사, 2004), p.333.

는(환난상휼), 네 가지였다. 그 뒤 주자(朱子; 주희)에 의하여 확충되었고 명나라 때에는 주, 현에 향약소를 두어 여씨 향약의 일 외에 향내의 공동사무와 수세(收稅)의 일 등을 맡아보았다.

우리나라에는 고려 말에 주자학과 함께 전해온 것으로 추측된다.

조선에서는 태조 7년, 왕이 친히 그의 향리인 풍패 향에 향헌 41조(혹은 14조)를 정하고, 효령대군을 시켜 증보케 하여 각 고을에 반포 시행한 것이 우리나라 최초의 향약이었다. 한편 지방의 풍기와 악리(惡吏)의 폐단을 바로잡기 위하여 유향소를 두었으나 자체 내의 모순으로 폐지되어 대신 향약의 실시가 불가피하게 되었다."[84]고 하였다.

여기서 태조의 고향인 풍패향은 현재의 전주시를 말한 것 같다.

원래 풍패(豊沛)는 한고조 유방의 고향이다. 그런데 전주에 풍남문과 패서문이 있었고 현재 전주 객사(客舍)의 현판에 '풍패지관(豊沛之館)'이란 글씨가 있어 사람들은 전주를 풍패향이었다고 추측하고 있다. 전주 풍남문(豊南門)은 원래 명견루였는데 영조 43년 전라도 관찰사 홍낙인이 재건하여 지은 이름이라 한다. 태조가 당시 자신의 고향 전주를 풍패향이라고 했는지 여부는 확인할 수가 없다.

그리고 태조가 향헌 41조를 효령대군을 시켜 증보케 하였다고 하나 당시 그의 나이 겨우 3세(만 2세)에 불과했다.

향약의 시초는 앞서 조광조가 말한 대로 김안국이 경상감사로 있을 때 행한 일에서부터였다.

이와 관련된 실록의 기사를 보면, 동지중추부사 김안국이 아뢰기를,

"신이 경상도 관찰사가 되었을 때 그 도의 인심과 풍속을 보니 퇴폐하기 형언할 수 없었습니다. 성상께서 풍속을 변화시킴에 뜻을 두시므

---

84) 이홍직 편, [국사대사전](서울, 삼영출판사, 1984), p.1706.
중종실록 37권, 중종 14년 10월 10일 1번째 기사 주) 9520, 중종실록 101권, 중종 38년 10월 27일 1번째   기사 주) 20677, 이현종, [한국의 역사](서울, 대왕사, 1982), p.276.

52

로, 신이 그 지극하신 의도를 본받아 완악한 풍속을 변혁하고자 그 방법을 생각하였습니다. 옛사람의 책 중에서 풍속을 바로잡을 수 있는 것을 택하여 거기에 언해(諺解)를 부쳐 도내에 반포하여 가르치게 하였습니다. <여씨향약>이 비록 <성리대전>에 실려 있으나 주해(註解)가 없어 우리나라 사람들은 쉽게 이해하지 못합니다. 그러므로 신이 그 언해를 상세하게 만들어 사람마다 보는 즉시 이해하게 하였습니다."[85] 하였다.

이에 따라 조광조가 아뢰었고(앞서 언급함), 그 후 정언 이인(李認)이 아뢰기를,

"전에 김안국이 감사로 있을 적에 군, 읍에 향약을 시행하자 풍속이 아름답게 되었습니다. 상께서 마땅히 권장하시어 행하지 않는 자는 죄를 주고 잘 행하는 자는 여문(閭門; 동네 어귀에 세운 문)에 정표(旌表; 어진 행실을 칭송하고 세상에 알림)하도록 하소서" 하고, 또 영사 신용개가 아뢰기를,

"신이 듣건대, 향약을 시행하는 곳에는 사송(詞訟; 민사의 소송)도 줄고 풍속도 점차 아름다워진다고 합니다."[86] 하였다. 이에 왕이 전교하기를,

"<여씨향약>을 전교하도록 하라"[87]고 하였다.

그 후 왕이 주강에서 글에 임하여 이르기를,

"향약은 매우 아름다운 것이니, 외방은 관찰사가 권면하여 시행해야 한다." 하자,

참찬관 김식이 아뢰기를,

"주(周)나라 때에는 당정, 족사, 비장(모두 지방관청 소속의 관원임)을 두고 서로 권면하게 하여 그 규모가 천하에 시행되었습니다. 마땅히 성상께서 주나라 제도를 모방하여 크게 규모를 세우소서."[88] 하고 그 규모

85) 중종실록 32권, 중종 13년 4월 1일 1번째 기사.
86) 중종실록 35권, 중종 14년 4월 5일 1번째 기사.
87) 위의 책, 2번째 기사.
88) 중종실록 36권, 중종 14년 5월 19일 3번째 기사.

를 전국에 확대할 것을 주장하였다.

  * 향약의 문제점과 정암의 태도

  향약을 실시하는 과정에는 여러 부작용이 있어, 훈구대신뿐 아니라 조
광조 자신도 신중론을 제기하였다.

  그 문제점에 관하여 [사신]의 글을 보면 다음과 같다. 즉

  "김안국이 경상도 관찰사 때 풍속의 교화에 뜻을 두어, 온 도에 <여
씨향약> 시행하기를 주장하였다. 그는 수령들을 감독하여 책망하고 아전
들을 매질하므로 이를 번폐스럽게 여기는 사람들이 많았다.

  서울 및 다른 도에서도 모방하여 시행하는 데가 많아졌다.

  당시의 공론이 '서울은 정교(政敎)의 본 고장이어서 향당(享堂; 祖師
의 위패를 모시고 제사지내는 곳)에 다 시행하는 것을 거행할 수 없다'
고 하였다.

  마을의 서민들은 망동하여 오직 모임에 가는 것만 일삼는 사람, 더러
는 생업을 폐하고 분주히 쏘다니는 사람이 있어 온 도성이 시끄러웠다.

  김식은 이런 폐단을 바로잡으려 하면서도 마침내 건의하는 일이 없었
고 임금 또한 유의하지 않았다."[89]고 하였다.

  사실, 향약뿐 아니라 유향소도 문제가 있어, 이를 혁파하라고 주장하
였는데,[90] 자치의 문제란 대략 같은 맥락에서 이해할 수 있다.

  이 문제와 관련하여 남곤이 아뢰기를,

  "만일 서울에서 향약을 시행한다면 매우 사체에 어그러집니다. 여씨
(呂氏)는 한 필부(匹夫; 신분이 낮은 남자)여서 향촌에도 법을 시행할
수 없어 향약이라고 이름한 것입니다.

  서울은 삼공(三公) 이하가 예법으로서 인도하고 형벌로써 정제하여,

---

89) 중종실록 36권, 중종 14년 5월 19일 3번째 기사.[사신은 논한다]
90) 중종실록 34권, 중종 13년 7월 19일 1번째 기사.

그중에 착한 자가 있으면 본래부터 표창한 법이 있고 착하지 못한 자가 있으면 법사(法司)가 금하게 됩니다. 만일 도성 안에서 이런 한 향촌의 일을 시행한다 함은 매우 불가합니다." 하자, 안당이 아뢰기를,

"신의 생각도 남곤과 같습니다."[91] 하였다.

그 후 대사헌 조광조가 아뢰기를,

"향약의 본뜻은 그렇지 않는데 지금의 향약은 대단히 촉박한 듯하니, 왕도에 매우 어그러지는 일입니다. 그 까닭은 감사가 구박해서 행하게 하기 때문입니다. 서울 내에서 그러하므로 신이 오부(五部)를 불러서 말하였습니다.

치도(治道)는 급박해서는 아니 되고, 덕으로 여유를 두고서 백성을 교화시켜야 올바른 정치라고 말 할 수 있습니다."[92]고 하여 향약을 시행함에 있어서, 너무 서두르기만 하고 요령을 얻지 못했다는 비판을 하였다.


* 향약의 폐단이 조광조 탓이다.

조광조가 제거된 뒤, 조정에서는 향약의 폐단이 오로지 조광조, 김식 등의 탓이라고 앞을 다투어 주장하였다.

장령 서후가 아뢰기를,

"근일 사습(士習; 선비들의 풍습)이 그릇된 것은 조광조와 김식 때문이었습니다." 하였고, 정언 조진은 아뢰기를,

"만약 김안국을 속히 체직시키지 않으면 화가 반드시 닥칠 것입니다.

이른 바 향약이라는 것은 무상(無狀; 예절이 없음)한 무리들을 모으는 것이니, 마땅히 금해야 합니다." 하였다. 이에 상이 이르기를,

"[소학]과 향약은 모두 좋은 것이다. 단 근래 조광조 등의 소위가 명실상부(名實相符; 명분과 실상이 서로 부합함)하지 않았으므로 좋다는

---

91) 중종실록 36권, 중종 14년 5월 20일 1번째 기사.
92) 중종실록 37권, 중종 14년 10월 10일 1번째 기사.

일이 도리어 좋지 않는 것이 되었다."고 하였다.

영사 정광필도 이에 동조하여 아뢰기를,

"향약은 모두 저들 무리(조광조, 김식 등을 가리킴)가 단서를 만들었습니다."[93] 하였다. 이런 과정을 거쳐서 향약을 실행하는 일도 다시 원상으로 돌아갔다.

이에 대하여는 정광필 편에 좀 더 자세히 서술하였다.

그 후 선조 4년 6월, 율곡 이이(李珥)가 해주부사로 제수되었을 때, 그는 백성들의 교화에 힘써 손수 향약을 거느렸다.

다음 해 3월에 병으로 사직하면서 중단되었다. 당시 그는 관청과의 관계를 가지지 않고 그 문인을 비롯하여 주민 중 희망자를 상대로 실시하였다.[94]

선조 6년, 이이가 직제학으로 부름을 받아 향약에 관하여 아뢰기를,

"향약을 오늘날에 거행하기는 참으로 어렵습니다. 뭇 정사가 제대로 시행되지 않고 백성이 고달픈데 교화하는 일부터 시작하면 쉽게 이루어지지 못할 것 같습니다.

전하께서 거행하라 명하셨으니, 전하의 뜻이 장차 큰일을 할 수 있음을 알겠습니다. 앞으로 더욱 힘써 몸소 실천하신다면 무엇을 행한들 쉽지 않겠습니까?"[95] 하였다.

하지만 다음 해 1월에 올린 [만언소] 가운데, 이이는 향약 실시의 어려움을 토로하였다.

즉 '우부승지 이이가 만언소를 올려 시폐(時弊; 시대의 못된 폐단)에 관한 것과 재변을 없애고 덕을 진취시키는 일'을 극진히 아뢰었는데, 그 중 일곱 번째 항목 중 다음과 같은 글이 있다.

---

93) 중종실록 38권, 중종 15년 1월 4일 2번째 기사.
94) [율곡집](서울, 민족문화추진회, 1977), p.485.
95) 선조실록 7권, 선조 6년 9월 21일 4번째 기사.

"널리 향약을 일으킨 것은 비록 아름다운 일이오나, 소인의 생각으로 지금 이런 인심에 향약을 곧 행한다 하더라도 양속(良俗)을 이룰 효과가 없을 것입니다."96) 이이는 다음 달, 또 왕에게 아뢰기를,

"향약은 상께서 본디 시행하고 싶지 않았기 때문에, 소신의 한마디 말에 상께서 이와 같이(중지한다는) 결단하신 것입니다."97) 하였다.

결국 왕은 향약의 실시를 중지시켰다. 즉 왕이 예조에 전교하기를,

"향약은 곧 백성을 교화하고 아름다운 풍속을 만드는 요법이니 거행해서 인도하는 방도를 삼아야 한다. 다만 민생의 시달림이 이때보다 심한 적이 없으므로 무엇보다 백성들을 시급히 구제하여야 한다. 백성들의 거꾸로 매달린 것과 같은 고통을 풀어 준 다음에야 향약을 실행할 수 있다. 백성을 먹여 살리는 것이 먼저이고 가르치는 것은 다음이다. 아직은 향약의 실행을 중지하라."98) 하였다.

그 후로도 향약은 조정 대신들의 관심사로 끊임없이 그 실시를 주장해 왔다.

예를 들어 정조 때 좌의정 송인명은,

"근래 풍속이 크게 무너져 윤상(倫常; 인륜의 도리)의 옥사가 매우 많으니 이는 교도하는 술책이 없는데서 말미암은 것입니다. 김안국의 경민편(警民篇)이나 이이의 향약은 백성을 교화하는 데 효과가 없지 않을 것입니다. 청컨대 여러 신하 가운데 문식(文識)이 있는 자로 하여금 절목을 강정(講定; 강론하여 결정함)하여 계하(啓下; 임금의 재가를 받음)해 반포하게 하소서."99)라고 하였다.

조선조 말엽인 고종 32년(1895년)에도 이에 관련된 조규를 정한 일이 있다. 즉

---

96) 선수 8권, 선조 7년 1월 1일 3번째 기사.
97) 선수 8권, 선조 7년 2월 1일 4번째 기사.
98) 선조실록 3권, 선조 7년 2월 7일 3번째 기사.
99) 영조실록 61권, 영조 21년 1월 22일 3번째 기사.

"내부에서 향약 판무규정과 향약 조규에 대하여 아뢰니, 윤허하였다."
[단지 백성은 해당 규정과 조규를 준수하여 이회(里會), 면회(面會), 군회(郡會)를 열 수 있다]100)는 내용이 고종 실록에 있다.

향약이 마을 주민의 뜻에 따른 것이 아니고, 조정의 필요에 의하여 실시되었기 때문에 결국 유향소나 마찬가지로 그 부작용을 극복할 수 없었던 것이다.

### 4) 유일 천거제와 현량과 실시

* 정암은 유일 천거제인 현량과를 실시하였다.

정암이 이 제도를 실시한 것은 참신한 인물을 등용하여 정치개혁을 실현하려는 것이었다.

유일(遺逸) 천거제란, 숨은 인재를 천거하는 제도로, 본래 자질이 훌륭한데도 추천에 빠진 자, 즉 유일(遺逸; 등용되지 못하고 숨어 있는)의 선비를 발탁하는 제도이다.

중종은 집권 초기부터 유일 천거제에 관심을 가지고 있었다.

중종 4년 왕이 전교하기를,

"근일에 천변이 있으니, 사방(四方) 유일의 선비들을 각도의 감사로 하여금 탐문(探問; 더듬어 물어보다)해서 찾아 주문(奏聞; 임금께 아룀)하도록 하라."101) 하였고 그다음 해에도

"유일의 선비를 천거하라."102)고 명하였다.

그 후 참찬관 이자(李자)가 먼저 천거의 일을 꺼내고 뒤이어 조광조가 현량과의 일을 제기하였다.

---

100) 고종실록 33권, 고종 32년 11월 3일 4번째 기사.
101) 중종실록 9권, 중종 4년 윤 9월 25일 3번째 기사.
102) 중종실록 12권, 중종 5년 9월 26일 4번째 기사.

참찬관 이자가 아뢰기를,

"조정에 인물이 부족하다는 걱정이 있으니 이것은 괴이한 일입니다.

국가가 사람을 선택하는 길이 극히 협소하기 때문에 많이 막히고 있으니, 전조(銓曹; 인사를 담당하는 이조, 병조)에서 사람 쓰는 것을 책망할 수 없습니다.

대신과 시종으로 하여금 분명히 그 천거를 의논하여 재행(才行)이 쓸 만한 사람을 얻게 할 수는 없겠습니까?

별시(別試; 나라에 경사가 있을 때 실시하던 과거시험)도 조종조의 일이나, 한번 이와 같이 하면 매우 유익할 것입니다." 이어 조광조가 아뢰기를,

"이자가 아뢴 말은 신등이 늘 하고 싶었던 일입니다.

외방의 경우는 감사, 수령이, 서울의 경우는 홍문관 육경, 대간이 재행이 있어 임용할 만한 사람을 천거하여 뜰에 모아 놓고 친히 대책(對策; 市政의 문제를 제시하고 답을 구하는 시험)하게 한다면 인물을 많이 얻을 수 있을 것입니다.

이는 조정이 하지 않았던 일이요, 한(漢)나라 현량과(賢良科)나 방정과의 뜻을 이은 것입니다.

덕행은 여러 사람이 천거하므로 헛되거나 그릇되지 않을 것이요, 대책에서 그가 하려고 하는 방법을 알게 될 것이니, 이 두 가지가 모두 손실이 없을 것입니다."[103] 하였다.

이 일에 관하여 시강관 신광한, 사경 이희민 등은 찬성을 했으나,[104] 동지사 남곤(南袞)은 역사적 실례를 들어가며 체계적인 반론을 제기하였다.

즉 남곤이 아뢰기를,

"천거의 의논이 일어난 후부터 신은 제 나름대로 이 문제를 어떻게

---

103) 중종실록 32권, 중종 13년 3월 11일 1번째 기사.
104) 중종실록 32권, 중종 13년 3월 12일 3번째 기사.

처리했으면 좋을 것인가 생각하고 널리 고사(古事)를 상고(詳考; 상세히 참고함)해 보았습니다.

향리(鄕里)에서 천거하여 뽑던 삼대(중국의 고대 하, 은, 주)의 제도가 폐지된 후, 한(漢)나라에서 현량과를 실시하여 그 이름을 구품중정(九品中正)이라 하였는데 그 후에 남발되었습니다. 수(隋)나라에서는 호명(糊名; 답안지의 이름을 가림)의 제도를 만들었으니 이는 시험의 공정을 위한 것입니다. 당(唐)나라에서는 명경과, 진사과(과거시험)를 으뜸으로 삼았으며, 당시의 대인 선사(大人 善士; 큰 인물 착한 사람)가 모두 과목(科目; 과거)에서 나왔습니다. 송나라 때도 진사 시험까지 과거를 치렀습니다.

지금 만약 천거하여 큰 뜰에서 대책(對策; 국가 정책에 대한 시험)으로 시험한다면 현량과(賢良科)와 비슷하지만 반드시 과람(분수에 넘침)할 것입니다.

누구에게나 공천(共薦; 다 같이 추천받음)을 받을 사람은 지극히 적을 것이요, 잘못 천거한 사람을 아울러 처벌하는 것 역시 어려울 것입니다.

비록 과거로 사람을 뽑아도 훌륭한 사람은 스스로 도리를 다하게 될 것입니다.

수나라 이후, 모두 과거로 사람을 뽑았으며, 지금은 삼대(하, 은, 주)와 다른 시대입니다. 천거로 사람을 뽑는 일은 어쩌다 한번은 할지언정 늘 시행할 수는 없습니다."[105] 하였다.

* 조광조와 남곤의 천거제에 관련한 의견을 비교하여 보면,

첫째, 정암은 한(漢)나라 현량과를 본받자고 하였고, 남곤은 수나라 이후 실시해 온 중국의 과거제도만이 가장 바람직한 대안이라 했다.

둘째, 정암은 여러 사람이 천거했으므로 그릇되지 않을 것이라 했고,

---

[105] 중종실록 32권, 중종 13년 3월 22일 1번째 기사.

남곤은 여러 사람의 공천(같이 추천함)받기가 극히 어렵다고 하였다.

셋째, 정암은 대책에서 인물을 많이 얻을 수 있다 하였고, 남곤은 외방 사람들로 하여금 천거하게 하는 것이니 과람(분수에 넘치는 일)하게 될 것이라 하였다.

하여튼 왕은 의정부와 예조가 올린 서계(書啓; 글로 아룀)대로 '그리하라'는 전교를 내렸는데 그 서계의 내용은 다음과 같다.

"지난번 전교에 이르시기를 '나라를 다스리는 도(道)는 어진 인재를 얻는 데 달려 있다. 옛날의 현량과 효렴과(현량과와 같이 한시대에 실시하던 과거의 일종) 등을 본받아서 서울과 지방에서 재행(才行)이 쓸 만한 사람을 널리 천거하게 하고, 내가 친히 나아가 책취(策取; 책문으로 시험을 치름)하여, 그의 온축(蘊蓄; 학식을 쌓아 마음속에 간직함)한 포부를 본다면 거의 대체에 밝은 쓸 만한 실재(實才)를 얻어 나의 다스림에 도움이 될 것이다. 천거 책취에 관한 절목이 소홀하거나 번잡하지 않고 적절하도록 거듭 신중히 연구하여 해당 부서와 함께 의논할 것을 정부에 전교하라' 하시었습니다.

고제(古制; 옛날 제도)에 선거하는 방법을 역사 서적에서 살펴보면, 건무(후한 광무제) 12년(36년, A.D.)에는 삼공과 광록훈, 감찰어사, 사례, 주목(州牧)들은 해마다 무재(茂才; 재주가 뛰어난 수재)와 사행(四行; 순박하고 인정 있는 순후, 진실하고 꾸밈이 없는 질실, 겸곤, 절검 등 네 가지 인품)을 갖춘 자 각 1인씩을 추천하라는 조서를 내렸습니다.

이 제도를 본따서 재행을 겸비하여 쓸 만한 사람을 중앙과 지방에서 명실(名實)을 살펴 추천하게 하소서."[106] 하였다.

드디어 왕은 장령 김식 등 28인과 무과에 정인 등 46인을 뽑았다.[107]

---

106) 중종실록 33권, 중종 13년 6월 5일 2번째 기사.
107) 중종실록 35권, 중종 14년 4월 13일 1번째 기사.

왕은 정청에 다음과 같은 전교를 내려 28인의 현량을 뽑은 것을 축하
하였다.

"금년에는 인재가 많이 배출되어 조정의 백직(百職)에 임용함에 있어
넉넉할 것이니 차차로 승서(陞敍; 벼슬을 올림)하여야 한다. 내가 기뻐하
는 것은 김식이 장원이 된 것뿐이 아니고 같은 방(榜)에서 쓸 만한 사람
을 얻었기 때문이다."108) 하였다.


* 당시 현량과에 합격된 28명은 다음과 같다.
장령 김식, 38세, 청풍 김씨, 생원 숙필의 아들이다. 벼슬이 대사성에
　　　　　이르렀다.
　　　　　지리산 등지에서 피신중 목매어 죽었다. 세상에서 기묘 팔
　　　　　현 중 하나라고 불렀다.
좌랑 조우, 36세, 좌랑 영석(조광조의 8촌 형제)의 아들, 교리에 발탁
　　　　　되었다. 파과(罷科; 현량과 파과) 후 여러 번 과거에 응시
　　　　　했으나 낙방했다.
좌랑 이연경, 36세, 이세좌(판중추부사)의 손자. 도사(都事) 수원의 아
　　　　　들 이준경의 4촌 형, 교리에 이르렀으나 파과 후 종신토
　　　　　록 벼슬하지 않았다.
생원 안처근, 30세, 좌의정 안당의 아들, 홍문관 박사, 신사년(중종 16
　　　　　년) 안처겸 옥사에 곤장 50대를 맞고 절명하였다.
진사 안처겸, 34세, 좌의정 안당의 아들, 성균관 학유, 아버지 안당과
　　　　　함께 교사되었다.
진사 김명륜, 27세, 우찬성 김극핍의 아들, 홍경주의 사위, 파과 후 과
　　　　　거에 급제하고, 을사사화의 고변자로 여러 번 몸을 바꾸
　　　　　었다.

---

108) 중종실록 35권, 중종 14년 4월 17일 4번째 기사.

진사 안정, 26세, 병조좌랑 안처선(안당의 7촌 조카)의 아들, 을사년에
　　　　복과되어 전한에 임명되었다가 또 파과되어 양성현감으로
　　　　좌천된 지 얼마 안되어 벼슬을 버렸다.

생원 권전, 30세, 참판 권주의 아들, 기묘사화 때 곤장 170대를 맞고
　　　　죽었다. 수일 후 시체에 대하여 형벌하였다.

진사 신잠, 20세, 신숙주의 손자. 참판 종호의 아들, 안처겸 사건에 관
　　　　련되어 매 맞고 귀양 갔다. 그 뒤에 풀려 상주목사로 그곳
　　　　에서 죽었다.

정랑 정완, 47세, 봉사 진의 아들, 이조정랑으로 있다가 현풍으로 귀
　　　　양 가 중종 16년에 죽었다. 김식과 친했다.

좌랑 민희현, 48세, 사직 질의 아들, 정언을 지냈다. 파과한 뒤 귀향하
　　　　여 20년 동안 한가로운 세월을 보냈다.

유학 안처함, 32세, 안당의 아들, 안처겸 옥사에서 겨우 살아남아 22
　　　　년 동안 자유롭게 살았다.

지평 박훈, 36세, 박중손(좌찬성)의 증손자, 신용개(좌의정)의 당질녀
　　　　서, 교리 증영의 아들, 중종 28년 유배에서 풀려나 귀향하
　　　　였다.

진사 김익, 34세, 안동 김씨, 경력 언홍의 아들, 현량과를 파한 뒤에도
　　　　다시 기용되어 용담 현령을 지냈다.

유학 신준미, 29세, 평산 신씨, 서령 신원의 아들, 을사년 복과되어 전
　　　　한 벼슬을 주었으나 나가지 않았다.

참봉 김신동, 35세, 상주 김씨, 생원 거의 아들, 을사년 복과 후 주부
　　　　에 임명됨.

진사 강은, 28세, 강자인의 아들, 복과 후 전적에 임명되었다. 인종의
　　　　빈전에 곡 하고 돌아갔다.

전 참봉 방귀온, 55세, 부사 정계문의 아들, 정언에 이르렀다.

생원 유정, 29세, 진주 유씨, 교위 자공의 아들, 명종 4년 기유년 옥사
　　에 장형을 받고 죽었다.

생원 박공달, 50세, 강능 박씨, 장학정 시행의 아들, 병조좌랑에 이르
　　렀고 파과한 후 귀향하였다.

유학 이부, 38세, 고성 이씨, 사과 금의 아들, 정언을 지내고, 을사년
　　에 복과되자 사은하고 돌아갔다.

전 직장 김대유, 41세, 김일손의 조카, 직제학 준손의 아들, 벼슬이 좌랑
　　에 이르렀다. 기묘년 이후 종신토록 벼슬하지 않았다.

유학 도형, 33세, 진사 맹령의 아들, 호조좌랑, 을사년에 전적이 되었
　　다가 다시 파과되어 고향으로 돌아갔다.

정랑 송호지, 46세, 부사 자강의 아들, 송일(영의정)의 9촌 조카, 수찬
　　으로 있다가 파과되기 전 삭탈되었다.

현감 민세정, 49세, 사용 홍의 아들, 함경도 도사로 발탁되었다.

직장 김옹, 36세, 상주 김씨, 전력 삼산의 아들, 을사년에 전적으로 임
　　명되었다.

생원 경세인, 29세, 현령 상의 아들, 홍문박사로 파직, 은둔 생활로 여
　　생을 보냈다.

진사 이령, 36세, 함안 이씨, 대사헌 인형(김종직의 문인)의 아들, 전적
　　을 지냈다.[109]

현량과 천목에 적힌 이들 28명의 공통적인 특징은 대개 다음과 같다.

행실이 순실하고 착하고 순후 방정하다.

총명하고 재기가 있으며, 학덕과 재행(才行)을 겸비하다.

지조가 있고 기국과 도량이 크다.

효행이 지극하다 등이다.[110]

---

109) [연려실기술 2]에서 인용.
110) 위의 책, pp.323-328.

* 현량과의 파과(罷科)와 복과(復科)

조광조가 하옥되자 새로 임명된 대간에서는 즉각 현량과를 파할 것을 아뢰었다.

대간이 아뢰기를,

"근래 조종(朝宗)의 법을 변란(變亂; 소란)한 것이 많은데, 이를테면 현량과는 변란한 것 중에서도 심한 것입니다. 과거는 조종조로부터 행해 왔고 가장 공평한 방도인데 이제는 이러하니 이 과(科)를 파하소서.

안당은 당초 현량과를 설치할 것을 의논할 때에 건의하였고 정부에서 마감할 때는 세 아들을 다 천거하였는데도 거의 피혐하지 않았으니 그 벼슬을 파하소서."111) 하였다.

영의정 정광필은 아뢰기를,

"신이 당초에 이 과를 설치하는 것을 바라지 않는 까닭은 우리나라 사람이 중국 사람처럼 순박하지 않아서 뒤 폐단이 많을 것이기 때문이 었습니다.

모두 파한다면 인재를 잃는 것도 심할 것입니다. 재주를 가려 서용하여 화평하게 하는 것이 곧 왕자의 정치입니다." 하였고, 특진관 이유청이 아뢰기를,

"처음 이 과를 의논할 때에 신도 설치해야 한다고 하였고, 신뿐 아니라 육조가 모두 천거하였습니다. 조광조가 뜻에 맞지 않으면 다 삭제하였으니 이것은 매우 공평하지 않습니다."고 하는 등 의론이 진행되었다.112)

며칠 후 조광조 등 4인(김구, 김정, 김식)을 사사하라는 왕명이 떨어지던 날, 대간(대사헌 이항, 대사간 이빈)에서, 또다시 "현량과는 혁파해야 합니다." 하고 합사하여 아뢰었다.

의정부 좌참찬 이유청이 아뢰기를,

111) 중종실록 37권, 중종 14년 12월 2일 2번째 기사.
112) 중종실록 37권, 중종 14년 12월 3일 1번째 기사.

"그 천거가 매우 공정하지 않았으니 혁파하는 것이 마땅합니다." 하자, 임금은 마치 기다렸다는 듯이 이르기를,

"대간과 대신의 의논이 그러하니 혁파하도록 하라."113)고 하였다.

한편, 왕이 과거에 대해 전교하기를,

"접때 말하는 사람이 '사체에 밝고 쓰기에 마땅한 인재를 얻으려면, 옛 현량과 등을 본떠서 재행이 겸비되고 덕기가 성취된 사람을 널리 천거하게 하여 따로 한 과시를 실행하면, 쓸 만한 인재를 얻어 내 정치를 돕고 직무와 일 처리를 잘 해낼 수 있을 것이라' 했다.

이제 와서는 대신, 대간이 다 말하기를 '천거는 조종의 제도가 아니며 당초 천거할 때는 공정하지 않는 폐단이 있었고 책시하여 뽑을 때도 사적으로 치우친 일이 많았다. 그러므로 국가에서 과거를 시행하는 뜻에서 그 이름과 실속을 비교하면 크게 서로 어긋나니 혁파해야 한다'고 한다. 천거 별시는 파방하고 무과만 그대로 두라."114) 하였다.

그 후 현량과는 인종의 임종 무렵에 복과되었다.

인종이 대신들에게 이르기를,

"이제는 내 병이 위독하여 다시 살아날 가망이 없어 비로소 유언하여 뒤미처 인심을 위로한다. 조광조 등의 벼슬을 일체 전일의 중의처럼 회복할 수 있으면 다행이겠다. 현량과도 전에 아뢴 대로 그 과를 회복하여 거두어 등용하도록 하라."115) 하였다.

당시 복과할 때 살아 있는 자가 14명이었으나 파과 후 새로 과거에 합격했거나 지방관으로 내려가고, 관직에 있지 않는 자는 11명이었다. 이들은 벼슬은 주었어도 나가지 않았고 혹은 사은만 하고 돌아왔다. 이연경, 김대유, 신준미 등은 종신토록 벼슬에 오르지 않았다.116)

---

113) 중종실록 37권, 중종 14년 12월 16일 1번째 기사.
114) 위의 책 3번째 기사.
115) 인종실록 2권, 인종 1년 6월 29일 7번째 기사.
116) 기묘당적보, [연려실기술 2], p.332.

66

애석하게도 인종은 그 다음날(7월 1일) 세상을 떠나고 명종이 즉위하였다.

우의정 이기가 아뢰기를,

"지난날 천거과는 현량으로 이름지어, 미처 한편의 글을 이루지 못한 자라면 모르거니와 한 편의 글을 이루어서 올린 자는 다 뽑았습니다.

이것이 어찌 과거의 본뜻이겠습니까, 중종께서 부정한 것인 줄 알았기 때문에 폐지한 것입니다. 선왕이 혁파한 것을 인종의 명이라 해도 쓸 수 없습니다. 천거과를 혁파하소서." 하자, 영의정 윤인경이 이에 동조하였다. 왕이 전교하기를,

"천거과는 혁파하고 그중 쓸 만한 사람은 수서(手署; 손수 서명함)하도록 하라." 하였다.117)

그로부터 20여 년이 지난 선조 2년, 삼공(三公)이 재이(災異; 천재와 지이, 재해로 인한 괴이한 일)로 인하여 아뢰기를,

"기묘년 천거과는 궁중 안에서 시험을 치러, 명분이 바르고 공정한데도 파과한 후 복과시켰다가 또 혁파했으니 다시 복과시키소서." 하자,

왕이 "아뢴 대로 하라."118) 하였다.

이때 현량과에 참여했던 사람이 다 죽고 김명륜만이 생존해 있었으나 그는 몸을 여러 번 변화하여 세상에서 버림받았다 한다.119)


* 현량과는 꼭 필요한 제도였던가

과거제도는 이미 중국과 고려 조선조에 이르는 동안, 가장 신뢰할 만한 인사 채용의 원칙으로 제도화되어 왔다. 최근에 와서는 공인된 기관에 의한 시험제도가 있어 그 기준에 따라 사람의 능력을 판단하는 것이

---

117) 명종실록 2권, 명종 즉위년 10월 10일 1번째 기사.
118) 선조실록 2권, 선조 1년 10월 9일 1번째 기사.
119) 기묘당적보, 앞의 책, p.334.

세계적 추세로 되어 있다.

당시 남곤이 천거과를 반대한 이유도 바로 이런 차원에서 이해할 수 있으며, 따라서 그의 주장은 극히 합리적이었다.

다만 천거를 찬성하고 반대했던 남곤과 조광조의 주장 중, 남곤의 '공천(共薦)받을 사람이 극히 적을 것이라는 말'과 조광조의 '여러 사람이 추천한 것이므로 헛되거나 그릇되지 않을 것이라'는 주장은 모두 적중되지 않았다.

안당의 세 아들은 쉽게 공천되었고, 이 일은 그 후에 사람들의 비난의 대상이 되었다.

[사신]이 말하기를,

"안당의 세 아들이 일시에 급제하자 임금이 술과 고기를 많이 하사하여 하례의 뜻을 보였다. 사람들은 모두 이를 영광으로 여겼으나, 식자(識者)들은 이것이 안씨의 복이 아니라는 것을 알았다. 한형윤이 말하기를, '이것이 참으로 급제한 것이라면 매우 좋겠지만.' 하면서 천거가 공도로 한 것이 아니라고 여겼던 것이다.[120]

그 2년 후 아직 신사년(중종 14년)의 참변이 일어나기 두 달 전에, 안당은 이미 수난을 당하기 시작하였다. 즉 집의 채소권이 아뢰기를,

"근간에 안당이 군소(群小)의 괴수가 되어서 연소배(年少輩)를 추천 인진(引進; 인재를 끌어 등용함)하고, 자기의 아들 안처겸, 안처함, 안처근 3인을 현량과에 추천하여 천총(天聽; 왕의 귀)을 기망하기에 이르렀습니다. 반드시 그 관작을 삭탈한 뒤라야 물론(物論; 물의)이 진정될 것입니다."[121]고 하였다.

이윽고 안처겸의 옥사가 일어나, 안당의 세 부자가 목숨을 잃었고 처함만이 겨우 살아남았다.

---

120) 중종실록 35권, 중종 14년 4월 20일 1번째 기사.[사신은 논한다]
121) 중종실록 42권, 중종 16년 8월 3일 1번째 기사.

68

결국 나라에 인재가 없어서가 아니라, 인재를 너무 함부로 죽이는 조정 분위기가 더 큰 문제였다.

정암이 당시 제기했던 천거는 귀천이나 적서를 가리지 않고 널리 숨은 인재를 발굴하는 것이 아니었고, 널리 알려진 양반 계급에 한정된 것이었다. 그중에 특히 사림에 가까운 사람들이 다소 포함되어 있어, 훈구파에서 그를 비난하는 또 하나의 구실이 되었다.

## 5) 정국공신 개정

* 비록 찬축이나 극형을 당한다 해도 이 길을 택하겠습니다.
중종반정이 일어난 지도 어언 14년이 지났다.
그동안 세상인심(世上人心)은 너무 야속하게 변했다.
아니 변하지 않았다고 하는 것이 더 이상한 말일 것이다. 공신들은 반정의 정신은 전혀 안중에 없고 오직 자신들의 기득권을 더욱 키우는 일에만 정신이 있었다. 항간에서는, '반정이 종묘사직을 위한 것이냐, 아니면 자신의 이익을 위한 것이냐' 하는 비판의 여론이 일어난 지가 이미 오래였다.

오래 전에 신문에서 읽은 글이다.
어느 명문대학에 다니는 대학생 두 명이 대화를 주고받았다.

갑 학생, "이봐 친구, 나도 애국을 좀 해야 할까 봐."
을 학생, "뭐? 그게 무슨 소리야 자네답지 않게."
갑 학생, "내가 요즘 돈이 필요하거든."
을 학생, "돈과 애국이 무슨 상관이야."
갑 학생, "그래, 나도 그렇게 믿고 있었어, 그런데 우리 아버지를 보면 돈

　　　　이 없다 싶으면 그럴 때마다 애국을 웨치고 돈을 챙기시거든."
을 학생, "?"(사실, 갑의 아버지는 청빈하기로 유명한 정치가였다.)


　정암이 제기한 것은 바로 이러한 돈, 즉 이(利)의 문제였다.

　정암은 당시 종묘사직을 바로잡기 위해 나섰다는 이른바 공신들이, 사실은 "염불보다 잿밥"에 관심이 많았다고 생각했다.

　이 어처구니없는 정국공신 책정의 일을, 아무도 말하지 못한 채 14년이 흘렀던 것이다. 이제 오랜 세월이 흘렀으니 더더욱 말할 사람이 없어졌다.

　참고로, 나라를 창업한 태조 당시, 개국공신의 수는 58명이고, 1차, 2차 왕자의 난 때, 정자, 좌명공신은, 각각 29명과 46명 도합 75명이었다.

　수많은 사람을 죽이고 왕위에 오른 수양대군은, 정난공신 43명, 좌익공신(왕위옹립포상) 45명으로 도합 88명이었다.

　중종반정에 기여한 정국공신은 무려 117명이다. 1등 8명, 2등 13명, 3등 30명, 4등 54명을 책정하고 그 뒤에 또 12명을 아울러 기록하였다.[122]

　이들에게 내린 상격의 내용은,

　1등 - 토지 150결, 노비 30명, 은 50냥, 옷감 1단, 말 한 마리.

　2등 - 토지 100결, 노비 23명, 은 30냥, 옷감 1단, 말 한 마리.

　3등 - 토지 80결, 노비 17명, 은 20냥, 옷감 1단, 말 한 마리.

　4등 - 토지 60결, 노비 12명, 은 10냥, 옷감 1단, 말 한 마리.


　이외에도 이들에게는, 1등의 경우 3자급(관원의 위계)을 높여 주고, 부모처자에게 관작을 주었으며, 아들이 없는 경우 사위나 생질에게 두 위계를 높여 주었다. 2등, 3등, 4등에게도 그 단계를 낮추어 본인과 부모처자, 사위와 생질에게 품계를 더하여 주었다.[123]

---

122) 중종실록 1권, 중종 1년 9월 8일 2번째 기사, 4번째 기사.

70

여기서 토지 1결은 대개 그 토질에 따라 3000평 내지는 4000평에 해당된다.

100여 명의 공이 없는 사람들에게 수여한 이러한 특혜는 국가 재정의 파탄을 가져오고 조정 질서의 위계를 혼란케 한다.

정암은 바로 이러한 부정한 일을 그냥 지나칠 수가 없었던 것이다.

정암은 드디어 개혁의 마지막 카드로 정국공신의 일을 아뢰었다.

대사헌 조광조, 대사간 이성동이 아뢰기를,

"정국공신은 세월이 오래 지나기는 하였으나, 공신에 참여한 자 중에는 폐주(연산군)의 총신(寵臣; 임금의 총애를 받은 신하)이 많습니다. 그 죄를 논하자면 워낙 용서되지 않습니다. 폐주의 총신이라도 반정 때에 공이 있었다면 기록되어야 하지만 이들은 그다지 공도 없습니다.

대저 공신을 중히 여기면 공을 탐내고 이(利)를 탐내어 임금을 죽이고 나라를 빼앗는 일이 다 여기에 근원합니다.

사람은 부귀를 꾀하는 마음이 있는데 이의 근원이 크게 열렸으니 이 때에 이런 근원을 끊지 않으면 누구인들 부귀를 꾀하려는 마음을 갖지 않겠습니까?"124) 하였다.

헌납 송호지, 사간 유여림, 정언 이부, 집의 박수문, 장령 김인손, 지평 조광좌, 승지 박훈 등이 정암의 뒤를 이어 공신록 개정을 아뢰었다.125)

헌부, 간원의 장관을 입대하게 하매, 조광조, 이성동이 공신에 관한 일을 극진히 논하여 반복하였고, 왕은 이를 받아들이지 않았다. 그때 이미 밤 3고(한밤중)였다.126)

대사헌 조광조가 아뢰었다.

"생사 간에. 신은 마음에 각오를 했습니다. 비록 극형이나 찬축(竄逐;

123) 중종실록 1권, 중종 1년 9월 10일 6번째 기사.
124) 중종실록 37권, 중종 14년 10월 25일 2번째 기사.
125) 위의 책, 같은 기사.
126) 중종실록 37권, 중종 14년 10월 29일 4번째 기사.

멀리 귀양 감)을 당하더라도 달게 받겠습니다. 실로 국가의 큰일인데도 대신들은 태연하게 말 한마디도 없으니 이 나라가 장차 누구를 의지하겠습니까.

신은 귀양 가거나 죽더라도 좋으니 빨리 들어주소서." 하였으나, 임금 역시 "개정할 수 없다."고 일렀다.[127]

이런 중대한 문제를 놓고 조정 중신들이 고심을 거듭하고 있는 와중에, 원로대신 남곤의 모습이 보이지 않았다. 정암은 이 일도 놓치지 않고 지적하였다.

대사헌 조광조가 아뢰기를,

"남곤은 1품직에 있는 재상으로서 육경의 반열에 있으면서(당시 이조판서), 나라의 일을 염려하지 않고 영능(세조대왕 내외분의 능)에 향사(제향에 쓸 향목 축문을 받들고 가는 사신)로 차출되어 갔습니다. 변을 보고 교묘히 피하였으니 그 마음 쓰는 것이 매우 간사합니다."[128] 하였다.

며칠 후 대간이 아뢰기를,

"4등은, 아들이나 혼인관계로 얻은 자가 30여 명, 유자광에게 뇌물을 바쳐서 얻은 자가 5-6명, 환관으로서 얻은 자가 7-8명, 재상의 위세로 얻은 자가 10여 명입니다. 더욱 추한 자는 최유정인데 그는 영안도 사람으로 재상에게 뇌물을 많이 주어 기록되었습니다. 모두 삭제해야 합니다. 대신이 구차한 생각을 갖더라도 결코 따르지 마소서, 또 대간도 함께 들어가 의논하도록 허용하소서." 하였다.

임금이 영의정 정광필, 우의정 안당, 우찬성 이장곤, 좌참찬 이유청, 이자, 대사헌 조광조, 대사간 이성동을 인견(引見; 윗사람이 아랫사람을 불러들여 만남)하였다.

임금이, "정미수, 이손, 구수영" 등의 이름을 거론하여 적절치 않다고

127) 중종실록 37권, 중종 14년 11월 1일 5번째 기사.
128) 위의 책, 같은 기사.

말하였다.

이어서 영의정 정광필이,

"구수영, 정미수, 이손, 운수군 이효성, 운산군 이계, 변준, 변사겸, 운희평, 강윤희, 장온, 이석번, 유경, 최유정, 유순, 김수동" 등의 이름을 열거하며, 그 공(功)이 부당하다고 하였다.

이장곤도 "장온, 유경, 이석번 등 모두 삭제하는 것이 옳습니다."고 하였다.

이런 과정을 거쳐, 정광필 등은 빈청(賓廳; 궐내에 있는 대신 등의 회의 청사)에 나아가 공신 중에서 삭제할 자의 이름을 단자로 써서 아뢰었다. 그 수는 2등 8명, 3등 12명, 4등 전부(56명)[129]라고 하였다.

이틀 후 왕은 전지를 내려 76명의 정국공신 개정의 일을 결단하였다.

정국공신 117명 중 12명의 기록은 이미 삭제하였고 이때 76명을 삭제하였으니, 이제 29명만이 공신의 기록에 남은 셈이다.

왕은 이들 76명의 "외람된 것을 추가로 바로잡아서 공권을 밝게 하라"고 전교하면서, "아, 잘 다스리기를 바라는 임금은 인의(仁義)를 중하게 여기고 도(道)를 말하는 선비는 공리를 천하게 여긴다. 나는 시종(始終) 여기에 유념하니, 모든 우리 벼슬아치와 선비들은 내 뜻을 잘 알라."[130] 하였다.

마치 세상이라도 뒤집듯이 차가운 회오리바람이 조정 안팎을 휩쓸고 나서 사흘이 지났다. 하루는 이자, 이장곤 등에 관직을 수여했고, 다음날은 별시 문무과 합격자 명단을 발표하였다. 그 다음날은 조강에서 <자치통감강목>을 강독했다.[131]

---

129) 중종실록 37권, 중종 14년 11월 9일 4번째 기사.
130) 중종실록 37권, 중종 14년 11월 11일 2번째 기사.
131) 중종실록 37권, 중종 14년 11월 12일, 13일 14일 1번째 기사.

동짓달 보름날이다. 칠흑같이 어두운 밤, 궂은비가 내리고 있었다. 조광조와 그 가까운 사람들이 하옥되었다.

며칠 후 왕은 정국공신을 다시 개정하지 말도록 하는 일을 의논하라 하였다.

먼저 이조판서 남곤이 아뢰기를,

"녹공을 책정할 때 외람하게 했다 하더라도 삽혈동맹(歃血同盟; 피로 맺은 동맹)은 매우 중하니, 당초의 동맹을 개정하지 말았어야 했습니다." 하였다.

이에 영의정 정광필이 아뢰기를,

"이미 개정하라고 명하였다가 또 개정하지 말라고 명하는 것은 번요(煩擾; 번거롭고 요란스러움)한 듯합니다." 하였다. 하지만 좌우가 다 아뢰기를,

"개정하지 않는 것이 마땅합니다." 하였다.

왕이 승지를 불러 전교하기를,

"이제 대신들의 말을 듣건대, 다들 그대로 두고 개정하지 않기를 바라고 있으며, 또 녹훈(錄勳; 훈공을 장부에 기록함)을 한 지가 이미 오래되었으니 추후에 개정할 수가 없다. 승전(承傳; 임금의 뜻을 전함)을 봉행(奉行; 받들어 행함)하라." 하였다.

정암이 목숨을 걸었던 개혁의 꿈이 물거품처럼 사라진 것이다.

정국공신 개정의 일은 꼭 필요한 일이었다. 하지만 오히려 그 사건을 계기로 정암은 자신이 미리 공언한 대로 목숨을 잃고 말았다.


* 정국공신에 관한 변명

과연 이들 공신들은 아무 공적 없이 국가의 녹봉만을 축낸 사람들일까?

대간에서 주장한 대로 이들 79명은, 폐주의 은총을 배반하고, 별다른 공훈도 없으면서, 단지 자신의 이익만을 챙긴 사람들일까?

중종반정은 요즘 용어로 표현하면 일종의 친위 쿠데타와 같다. 기왕에 왕의 신임을 받고 있던 사람들에 의하여 임금만을 바꾼 것이다.

다시 말하여, 반란에 의한 권력 탈취가 아니고, 이미 지배권을 상실한 임금을 폐하고 새 임금을 맞아들이는 절차에 불과했다.

반정으로 의해 목숨을 잃은 자는 왕과 왕의 가족, 신수근 형제, 임사홍 등 극히 소수에 불과했다.

어느 면에서 공신들은 싸움판(임금의 교체)보다는 전리품(이권을 챙기는 일)에 더 큰 관심을 가지고 있었는지 모른다.

다음에서 이런 몇 가지 일을 전제로 하고, 공신들의 인맥을 중심으로 이들 상호의 이해관계를 살펴보자.

박원종(1467 - 1513; 1등 공신)


[실록]에 의하면, "평성군 박원종과 전 참판 성희안이 한마을에 살았다. 이들이 서로 만나 시사를 논할 적마다 '우리들은 함께 성종의 두터운 은혜를 입었는데, 어찌 차마 앉아서 보고만 있겠는가, 천명과 인심을 보건대 이미 촉망된 바 있거늘, (새 임금을) 추대하여 사직을 바로잡지 않을 수 있으랴' 하고 드디어 계책을 정했는데 모사에 참여할 사람이 없었다.

유순정을 끌어들이고, 장정, 박영문을 불러 신윤무와 더불어 무사를 모을 것을 언약하였다. 9월 1일 밤 모두가 훈련원에 모이고 성희안이 달려가 김수동과 김감의 협조를 얻었다."132)고 하였다.

한편, 야사에 의하면, "박원종의 누이 박씨 부인(월성대군의 미망인)이 임금(연산군)에 의하여 몸을 더럽혀, 병을 얻어 죽었는데 박원종은 이 일로 인하여 마음속으로 불평을 품고 분하게 여겼다."고 한다.133)

---

132) 연산군일기 63권, 연산 12년 9월 2일 1번째 기사.

사실, 박원종과 성희안은 6촌 남매 사이(박원종의 아내가 성희안의 6촌 누이)이고, 박원종과 유순정의 할머니 심씨는 세종비 소헌왕후와 자매간으로 모두 세종 국구 심온(沈溫)의 딸이다.

박원종 남매는 연산군의 총애를 받았다.

박원종은 부귀한 집에서 자랐으나 배운 것이 없고 방탕하여 구속됨이 없는 자였다.[134] 그런 탓이었는지 그가 관직을 제수받을 때마다 물의가 있었고, 그럴 때마다 연산군은 항상 그를 비호하였다.

연산 9년 박원종이 의금부 동지사로 임명되었을 때다.

박원종이 전에 강원도 감사가 되었는데 하직하는 날, 창기(娼妓)와 성 밑에서 잠을 자며 불경을 했다. 그런데도 '그를 죄 주지 않았다'고 하면서, 그 임명을 개정하라는 상소가 들어왔다. 그러나 왕은 이를 들어주지 않았다.[135]

그의 누나인 박씨 부인의 경우도, 그 기록들이 믿을 수 없는 부분이 많다.

첫째, 당시 박씨 부인의 나이는 적어도 53세 이상이라 추정된다. 박씨 부인은 죽은 그녀의 남편인 월산대군(1454-1488, 향년 35세)보다 동갑이거나 연상일 가능성이 있기 때문이다.

박씨 부인은 슬하에 소생이 없고, 다만 월산대군의 측실(첩실)에서 서자(庶子) 둘이 있을 뿐이다. 말하자면 박씨 부인은 아이를 생산할 능력이 없는 여인인데, 느닷없이 53세 무렵에 잉태했다는 것은 믿을 수 없다.

둘째, [실록]에 "월산대군의 처 승평부 부인 박씨가 죽었다. 사람들이 왕에게 총애를 받아 잉태하자 약을 먹고 죽었다고 말했다."[136]고 하였다.

하지만, 그보다 13일 전 왕(연산군)은 전교하기를,

---

133) 음애일기, 동각잡기, [연려실기술 2], p.125.
134) 위의 책, p.125, p.483, 참조.
135) 연산군일기 51권, 연산 9년 12월 25일 1번째 기사.
136) 연산군일기 63권, 연산 12년 7월 20일 1번째 기사.

"승평부 대부인(박씨 부인)의 병세가 매우 위중하니, 북도절도사 박원종은 머물러 (누이의 병을) 간호하라."[137]고 말한 기록으로 보면, 그녀가 자살한 것 같지는 않다.

17일 동안 옆에서 간호하면서도 약을 먹고 자살하도록 방치했을까.

셋째, [사신]은 "왕(연산군)이 박씨에게 명하여 세자를 입시케 하고, 드디어 간통을 한 다음 은(銀)으로 승평부 대부인이란 도서를 만들어 주었다."[138]하고,

그 후에 또 "월산대군 부인은 세자의 양모라는 핑계로 항상 궁중에 머물게 하였고, 추한 소문이 바깥까지 퍼졌다."[139]고 했다.

이들의 기록들은 단지 [사신]의 글로, 항상 사실의 근거가 없이, "사람들이 － －했다고 한다."라든가 혹은 "소문이 퍼졌다"는 정도다.

월산대군은 생전에 그의 조카인 연산군을 몹시 귀여워했다고 한다.

그래서 연산군은 큰 어머니인 박씨 부인을 특히 우대하였다.

부인은 불교를 독실하게 믿어 자주 절에 나갔다. 언젠가 그녀가 흥복사에서 관등놀이를 하며 여승들과 거처하는 등 풍교를 해친다는 상소가 들어왔을 때 왕은 그녀를 두둔하였다.[140] 부인의 댁에 쌀과 콩, 면포 등을 자주 보냈으며,[141] 부인은 아마도 그 대가로 자주 궁중에 들려 세자를 돌보았을 수도 있다. 주변에서 보면 연산의 행실이 (너무 방종하여) 아마도 자신의 큰 어머니까지 여인(女色)으로 여겼으리라는 의심을 주었겠지만, 남녀간의 일이야 그 누가 알 수 있으랴.

다만 박원종 남매가 연산군으로부터 특별한 총애를 받았음은 부정할 수 없다.

---

137) 연산군일기 63권, 연산 12년 7월 3일 3번째 기사.
138) 연산군일기 62권, 연산 12년 6월 9일 3번째 기사.[사신은 논한다]
139) 중종실록 1권, 중종 1년 9월 2일 2번째 기사.[사신의 논찬]
140) 연산군일기 29권, 연산 4년 6월 6일 1번째 기사.
141) 연산군일기 34권, 연산 5년 8월 20일 6번째 기사.

하여튼 반정을 성공시킨 뒤, 박원종은 다시 중종으로부터 분수에 넘칠 정도로 특별히 후한 상을 받았다.

야사를 보면, 중종은 그에게 흥청(기녀) 3백을 주고, 온갖 보화를 그런 정도로 주어 생활이 지나치게 분수에 넘친 것이 많았다[142]는 글이 있다.

성희안(1461-1513; 1등 공신)

성희안은 연산 10년 이조참판에서 좌천된 후,[143] 박원종과 의기 상통하여 반정을 주도했다.

그는 덕천군(정종의 아들)의 외손자이고 박원종과 6촌 남매지간이다.

야사를 보면, "박원종, 성희안, 유순정 모두 중흥의 원훈으로서 임금의 신임을 많이 얻었으나 그들의 공적이 세상에 남을 만한 것이 없었다.

이들은 모두 한때 자기들의 정욕을 마음대로 다 하다가 연달아 죽으니 온 조정이 해괴히 여기고 물의가 있었다. 성희안이 일찍이 평양 기생 신가를 총애하여 정에 못 이겨 병을 얻은 것이 실상 죽은 원인이 되었다. 심지어 임종하는 날 아들 율에게 그 기생을 부탁할 정도였다."[144]고 했다.

성희안은, 17세 된 아들 성률, 동생 성희옹, 매제 신수린를 공신에 넣었다.

운수군 이효성은 그의 외숙이다.

유순정(1459-1512, 영의정), 홍경주(?-1521)

유순정(1459-1512)은 그의 아들 유홍을 공신에, 그리고 홍경주는 그

---

142) 기재잡기 [연려실기술 2], p.484.
143) 연산군일기 56권, 연산 10년 12월 17일 3번째 기사.
144) 기재잡기, [연려실기술 2], p.488.

78

의 형 홍경림을 공신에 넣었고, 딸은 중종 후궁으로 삼았다. 유순정의
아들 유홍의 며느리는 영의정 한효원의 딸이고, 홍섬(명종조 대제학)과
해안군(중종의 아들)이 그의 사위다. 좌의정 유보는 유순정의 조카다.

공신 윤탕로, 윤형노는 중종의 친 외삼촌이고 윤여필은 외당숙 그리고
윤탄은 종조부이다.

그 외에 김수동과 김수경, 신윤무와 신윤문, 박영문과 박영창, 그리고
이심과 이감, 조계상과 조계은, 조계상과 이심, 이감 등은 모두 한집안
형제 남매간이 공신이 되었다.


앞에서 대강 살펴보았듯이 반정의 주역들은 대개 연산의 신임을 받던
신하들이었다. 그들은 연산이 정치에 대하여 자신감을 잃고 방종하자 하
루아침에 등을 돌렸다. 그 얄량한 얼굴을 바꾸고 새 주인 앞에 다투어
열을 섰다.

재빨리 공신 대열에 끼어들어 그의 아들 형제자매 족친들을 챙겼다.

반정이 일어나던 날 밤, 당직을 섰던 도총관 민효증과 참지 유경, 승
지 이우는 (반정의 기미를) 눈치 채고 어느새 몸을 피했다.

임금의 총애를 받던 윤장과 조계형은, 자신의 옷소매를 부여잡고 애원
하는 임금의 손길을 뿌리치고 도망쳐 나갔다.

당직 군졸들은 혹은 물구멍으로 혹은 밧줄을 타고 담을 넘어, 반정 대
열로 달려갔다. 환관과 색인(궁중의 잡무를 맡은 자들) 등도 모두 나갔다.

다만 후궁과 기생의 무리만이 서로를 부여잡고 목 놓아 울었다. 여인
들의 처절한 통곡 소리가 담 밖을 넘었다.[145]

이런 상황에서 뚜렷한 공훈도 없이 공신명부에 기록된 자들을 도대체
정암은 인정할 수가 없었던 것이다. 이 일은 정말 하루속히 고쳐져야 할
개혁의 과제였다.

---

145) 위의 책, p.132.

하지만, 이들이 결국 중종을 세웠고 현재의 왕조를 차지하고 있은 지 14년이란 세월이 흘렀다.

아무리 불로소득(不勞所得)으로 얻은 공훈이라고 하지만, 일단 그것이 기정사실화되면, 그 공훈은 마치 자신의 생명처럼 소중한 것이다. 그리고 이러한 일을 바탕으로 세상의 이해가 얽히기 마련이다.

왕은 자신이 언문으로 된 밀지에 쓴 대로,

'조광조 등이 정국공신을 삭제한 후에, 겨우 20여 명의 공신만 남기고, (나머지 다른 사람들을) 연산을 폐한 죄로 성토하고 보면, 훈구대신 (남곤, 심정, 홍경주 등)들은 어육(魚肉; 짓밟히고 으깨어짐)이 될 것이요. 그다음은 나(왕)에게 미칠 것이로다.'라는 마음을 품게 되었다.

남곤 등 훈구세력들이 왕의 이토록 허전한 심정을 모르고 지나갈 이가 없다. 바로 이러한 상황이 정암을 사지(死地)로 내몰고 있었던 것이다.


## 5. 과연 누가 정암을 죽였는가?

### 1) 남곤, 심정 등이 참소(讒訴; 없는 죄를 있다고 고해바침)하였다

필자는 중 고등학교 때부터 남곤, 심정, 홍경주가 정암을 무함해서 죽였다고 배웠다. 필자뿐 아니라, 아마 지금까지도 그렇게 믿고 있는 사람들의 수가 많을 것이다. 이에 관련된 야사의 기록들을 보면 다음과 같다.

"남곤과 심정 두 사람이 임금의 뜻에 <선비들>을 싫어하는 기색이 있는 것을 짐작하고 드디어 꾀를 내고 일을 꾸미기 시작하였다.[146]

조광조가 법을 공정하게 다스리니, 그가 시정(市井)에 나가면 사람들이 모여서 엎드려, '우리 상전(上典)이 오셨다.'고 하자, 남곤 등이 조광

---

146) 기묘당적보, [연려실기술 2], p.285.

조가 인심을 얻었다고 유언비어를 만들어냈다.[147]

홍경주가 찬성에서 파면되어 항상 분하게 여기고 있음을 이용하여 남곤, 심정이 그와 서로 통하였다.

홍경주가 딸 희빈을 시켜 '온 나라 인심이 모두 조씨(趙氏)에게 돌아갔다.' 하고 밤낮으로 임금께 말하여 마음을 흔들었다.

또 벌레가 좋아하는 나무 열매의 감즙을 가지고 [주초위왕(走肖爲王)] 네 자를 나무 잎에 새겨 벌레가 갉아먹게 하였다. 그 흔적을 가지고 부적서와 같은 것을 만들어 임금께 바쳤다. 이들은 '조씨가 나라를 마음대로 하매 사람들이 모두 칭찬한다.'는 말을 궁중에 퍼트려, 임금으로 하여금 이를 듣고 두렵고 위태롭게 여기도록 하였다."[148]

다음으로 [실록]에 나오는 [사신]의 기록을 보면 다음과 같다.

"남곤이 홍경주를 부추겨 '화(禍)가 조석에 다가왔다'고 위협하니, 임금이 의구(疑懼; 의심하고 두려워함)심을 품고 홍경주에게 여러 번 밀지를 내렸다.

그 밀지는 글의 뜻이 알기 어려운 것이 있고 언서(한글)를 섞은 것도 있으므로 이제 기록하지 않았으나 그 대개는 이러하다.

'임금이 신하와 함께 신하를 제거하려고 꾀하는 것은 모사(謀事)에 가까운 일이다. 하지만 간당(奸黨; 간사한 무리)이 이미 이루어졌고, 임금은 고립하여 제재하기 어려우니, 함께 꾀하여 제거해서 종사를 안정코자 한다.'"[149] 하였다.

남곤에 관한 [실록]은 야사와 약간 차이가 있다.

우선 야사의 한 대목을 보면 다음과 같다.

"날이 밝기 전에 남곤이 미복(微服; 미행할 때 입는 남루한 옷)으로

---

147) 석담일기, 위의 책, p.286.
148) 기묘당적보, 위의 책, p.286.
149) 중종실록 37권, 중종 14년 12월 29일 4번째.[사신은 논한다]

초립(풀로 엮어 만든 갓)에, 떨어진 베옷을 입고 찢어진 신을 신은 채 걸어서 정광필을 찾았다. 남곤이 말하기를, '이들(조광조 등)을 하나라도 남겨 두면, 그 해(害)가 무궁할 것이요, 오늘 임금께서 반드시 공을 불러 의논할 것이니 공은 가히 힘써 전하의 뜻을 순종하시오, 하나라도 남김 없이 제거한 연후에야 나라 형세가 편안할 것이요, 그렇지 않으면 후회함이 클 것이니 깊이 생각해서 처리하시오.' 했다.

이에 정광필이 말하기를, '공이 높은 벼슬에 있으면서 천한 옷을 입고 시가를 지내 왔으니 놀랄 일이요, 사림을 모해하는 일은 본래 내 마음이 아닌데 참아 이 일을 하겠소.' 하니 남곤이 크게 노해서 옷을 뿌리치고 가버렸다."[150] 하였다.

[실록]에 나오는 기록을 보면 다음과 같다.

임금이 이르기를,

"이제 대간의 말을 들으니 과연 아랫사람의 참소인 듯하다. 유생의 소에도 참언이 들어왔다고 여기고 있다." 하였다.

정광필이 아뢰기를,

"아랫사람들은 다 이 사람들(홍경주, 남곤을 가리킴)이 한 것이라고 합니다. 간사한 자로 지목되면 장차 사림들에게 용납되지 못할 것이니, 명백히 알리셔야 합니다." 하자, 홍경주가 아뢰기를,

"사림을 해치려고 신이 앞장섰다고 한다면 옳지 않습니다. 임금께서 저들이 지나치다 하여 바로잡으려고 생각하시는 것을 신이 알았으므로, 신이 남곤, 김전 등에게 말하여 그 죄를 분명히 밝힐 것을 청하였습니다.

또 남곤을 만나서 말하기를, '사습이 온통 이토록(조광조의 일로) 잘못되었고 임금도 폐단을 바로잡고자 하신다' 하니, 남곤이 말하기를, '나도 그 잘못을 환히 보았으므로 임금의 뜻을 안다면 후세에 소인이 군자를 해쳤다고 말하더라도 아뢰겠다' 하기에 신이 임금의 뜻을 상세히 말했습

---

150) 사재척언, [연려실기술 2], p.288.

니다.

　남곤과 의논하기를, '이 일을 조정의 삼공(三公; 세 정승)이 하면 좋을 것이다.' '조정의 일을 바로잡으시려는 임금의 뜻을 수상(정광필)이 알고 능히 바로잡으면 좋겠다.' 하고 남곤이 정광필에게 가서 말하였습니다." 하였다.

　이에 대하여 정광필이 아뢰기를,

　"이 일에 대하여 신은 늘 '경연에서 한 두 사람이 지나친 말을 한다 하여 단속하면 그 과격한 폐단이 절로 없어지겠으나 (이번 조광조의 일을)신은 능히 선처하지 못한다'고 생각하여 왔는데, 남곤이 와서 말하기에 신이 '내가 평소에 생각한 것은 이러하나, 이제 말한 일에 대하여 나는 못나서 꾀를 낼 줄 모르므로 감히 할 수 없으니, 그대들이 잘하라.'고 말하였을 뿐입니다."151) 하였다.

　그 뒤 무인 정귀아, 박배근 등을 추국하는 일을 의논한 끝에 임금이 이르기를,

　"조광조 등의 일은 대신도 그르다 한다. 그 죄대로 죄를 준다면 여기에 그치지 않을 것이다."152) 하였다.

　왕이, 조광조 등의 죄를 추고하라고 의금부에 전지를 내리자,153)

　안당, 홍경주, 한세환, 심정, 이유청, 신상, 손주, 김전, 이장곤, 홍숙 등과 함께 정광필이 아뢰기를,

　"중벌을 가한다면 언로에 크게 관계될 것입니다." 하였다.

　안당, 이유청, 한세환에 이어 심정이 아뢰기를,

　"조광조 등의 일은 중론을 널리 채용하고 멀리 후폐를 염려하여 중도를 잃지 않도록 해야 합니다." 하였고, 홍경주가 아뢰기를,

---

151) 중종실록 37권, 중종 14년 11월 18일 2번째 기사.
152) 위의 책, 3번째 기사.
153) 중종실록 37권, 중종 14년 11월 15일 7번째 기사.

"신등은 지나치게 죄 주게 될까 염려되므로 아뢰는 것이니 군의(群議)를 모아서 다시 더 짐작해야 합니다."154) 하였다.

그날, 임금은 조광조의 죄를 감사(減死; 사형죄의 형을 감함)하여 고신을 빼앗고 장 일백에 먼 곳에 유배시키라는 명을 내렸다.155)

그로부터 한 달 후, 생원 황이옥, 유학 윤세정 등이 조광조를 사사할 것과 재상들의 책임을 묻는 상소를 올렸다.156)

이에 대하여 대간은 다만 "사람의 말을 기다릴 것 없이 결단하셔야 합니다."고 아뢰었을 뿐이었는데, 왕은 조광조의 죄를 다시금 환기시키면서,

"정광필과 김전은 빨리 갈라." "남곤, 이유청을 명소하여 정승으로 삼으라."고 하였다.

이에 부름을 받고 들어간 남곤은, 그 부당함을 수차례 간곡히 아뢰었다.

"정광필은 숙성한 덕이 이미 들어났고 수상 자리에 오래 있어 국사에 힘을 다하였으며 뚜렷한 허물이 없는데, 한 달 안에 이미 안당을 갈고 또 이 두 사람(정광필과 김전)을 갈면 신등도 매우 미안합니다.

조광조 등은 임사홍과 다르며 백성에게 은택을 입히는 임금이 되게 하려 하였으니 어찌 문득 왕법으로 다스릴 수 있겠습니까, 그렇게 하면 인심도 안정시킬 수 없을 것입니다."

"율문대로 죄 준다면 마땅한 일이 아닐 듯합니다.

율문대로 다스려서는 안 됩니다. 조광조 등 4인은 절도에 안치하고 그 아래 4인은 먼 곳에 유배하는 것이 옳습니다." 하고 거듭 아뢰었으나,

임금은 이를 거절하고 끝내, "조광조 등 4인(조광조, 김구, 김정, 김식)을 사사하라"는 명을 내렸다.157)

---

154) 중종실록 37권, 중종 14년 11월 16일 9번째 기사.
155) 위의 책, 16번째 기사.
156) 중종실록 37권, 중종 14년 12월 14일 1번째 기사.
157) 중종실록 37권, 중종 14년 12월 16일 1번째 기사.

남곤을 평가는 야사에, 모제 김안국(1478 - 1543)의 다음과 같은 말이
있다.

"남곤이 기묘년에 사류(士類)를 배척하고 모함할 적에, 근본 뜻은 그들
의 세력만 꺾고 파직시켜 내쫓는 데 그치려 했던 것이고 살해할 뜻은 없
었다. 다만 임금이 자기 말을 들어주지 않을까 두려워하여 장황스럽게 죄
를 만들었는데, 그 처분이 지나치게 중하여 선비들이 생명을 보전하지 못
하였다. 남곤은 비록 뉘우쳤으나 자기가 만든 함정을 능히 돌이켜 구할
수 없으므로, 눈으로 그들의 죽음을 보고 종신토록 한탄하였다."[158] 한다.

### 야사의 문제 점

첫째, 야사에 나오는 [주초위왕(走肖爲王)]의 일에 관하여, 그 벌레가
갉아먹은 풀이 언제 나타났을까 궁금하다. 조광조가 탄핵을 당한 날(11
월 15일)은 벌레들이 모두 들어가고 없는 엄동설한(嚴冬雪寒)인데, 도대
체 언제, 어디에서, 어떤 벌레가 그런 희귀한 풀을 만들어냈단 말인가.

둘째, 야사에 '정광필이 드디어 남곤과 틀려서 즉시 정승에서 파면되
고 조정에 다시는 말하는 자가 없어 조광조가 마침내 죽음을 면치 못했
다.' 한다.

하지만, [실록]을 보면 앞서 기술한 바와 같이 남곤은, 조광조를 사사하
는 일과 두 정승의 체직이 부당함을 극력 주장하였다. 그리고 정광필은
바로 다음날 영중추부사의 직을 제수받아 계속 조정 일에 참여하였다.

셋째, 또 야사에 '이날, 남곤, 이유청을 제수하여 좌. 우상을 삼고 김
전을 올려서 영상을 삼아 즉시 비현각에 불러 광조들에게 죄줄 뜻을 말
했다.'[159]고 했다.

그러나 김전은 정광필과 함께 체직되어 판중추부사가 되었고,[160] 그가

---

158) 월정만필, [연려실기술 2], p.503.
159) 동각잡기, 황토기사, 위의 책, p.312.

영의정이 된 것은 그다음 해 2월 14일이었다.[161]

야사는 아마도 구전(口傳)으로 전해온 이야기들이 많고, 사건이 발생한 훨씬 후에 써졌기 때문에, [실록]보다 신빙성이 부족하다고 본다.

## 2) 임금은 시종 조광조를 죽일 마음을 갖고 있었다

앞서 김안국의 말 가운데에도 임금의 처분이 지나쳤다. 즉 사사(賜死; 사약을 내림)했다는 기록이 있다.

조광조에게 사사의 전교를 내린 날, [사신]의 한 대목을 보면,

"이번에는 대간도 조광조를 더 죄 주자는 청을 하지 않았는데 문득 이런 분부(사약을 내리라는 전교)를 내렸다. 하루아침 사이에 변이 일어나자 용서 없이 엄하게 다스렸고 이제 (조광조를)죽인 것도 임금의 결단에서 나왔다."[162]고 하였다.

임금은 조광조를 잡아들이라고 한 첫날부터 그를 죽이고자 한 결심이 확고했던 것 같다.

그 과정을 간단히 살펴보면 다음과 같다.

중종 14년 11월 15일 밤, 왕은 연추문(경복궁 서문)을 통하여 대신들을 불러들였다(밝은 낮에 승정원을 통하여 대신들과 의논하지 않고 편법으로).

성운을 새 승지로 임명하고, 구속자의 명단을 내놓은 뒤,

"이 사람들을 모두 의금부에 내리라."[163] 하였다. 같은 날,

"조정에 큰 일이 이미 정해졌으니 빨리 전지하라."[164]

---

160) 중종실록 37권, 중종 14년 12월 17일 5번째 기사.
161) 중종실록 38권, 중종 15년 2월 14일 5번째 기사.
162) 중종실록 37권, 중종 14년 12월 16일 2번째 기사.
163) 중종실록 37권, 중종 14년 11월 15일 3번째 기사.
164) 위의 책, 4번째 기사.

"조정에서 정하였으니 빨리 정죄(定罪; 유죄로 단정함)하라."[165] 하고, 의금부에 전지를 내려 죄를 추고하라 하였다.[166]

그 다음날은, 영의정을 비롯한 정승, 판서와 한성부, 육조의 참판들, 홍문관, 사헌부, 사간원의 중신들이 모두 나서서 조광조의 선처를 바라는 간곡한 상소를 올렸다.[167]

이어서 정부. 육조. 한성부가 합동으로 아뢰었으나 왕은 여전히 정암의 사사를 확인하는 데 그쳤다.

성균관에서 유생 이약수 외 150여 명이 대궐문을 밀고 난입하여 엎드려 통곡하였다. 이들의 괴수 몇을 구속하고 군대를 동원하여 나머지 사람들을 쫓아냈다.

대사간, 육조판서들이 면대를 청하였으나 윤허하지 않았다.

승지 김근사와 성운이 형벌의 재고를 아뢰자, 왕이 말없이 있다가 이윽고 분부를 내려 조광조의 감사(減死; 사형을 감함)를 명하였다.[168]

하지만, 중신들의 상소는 그치지 않았다.

정광필 등과 육조 한성부에서는, 장형(杖刑; 매질하는 형)을 가하는 것을 면하기를 청하였으나 윤허하지 않았다.[169]

그 뒤 성균관 생원 임붕 등 240명이, 그리고 다시 성균관 유생 이약수 등 300명이 조광조의 억울함을 상소하고, 같이 옥에 가겠다고 청하였다. 이에 덩달아 무인들도 나섰다.[170]

대간에서는 합동으로 취직할 수 없음을 아뢰고, 남곤도 사직을 청하였다.[171]

---

165) 위의 책, 6번째 기사.
166) 위의 책, 7번째 기사.
167) 중종실록 37권, 중종 14년 11월 16일 3번째-10번째 기사 참조.
168) 위의 책, 11번째-16번째.
169) 위의 책, 19번째 기사.
170) 중종실록 37권, 중종 14년 11월 17일 5번째 기사. 동 19일 2번째 기사. 18일 3번째 기사.
171) 중종실록 37권, 중종 14년 11월 17일 10번째. 동 19일 1번째 기사.

이런 와중에서 전라도 동복현, 남원, 해남 등지에서 해의 이변이 일어
났다, 장흥 등 34읍에서는 눈이 내리고 번개가 쳤다. 구례현에서도 이변
이 일어났다.172)

조광조가 귀양간 지 한 달이 지났건만 임금의 노여움은 아직 풀리지
않았다.

그 누구도 조광조를 죽이자고 청하는 사람이 없어서 쾌하게 결단하지
못하였다.

드디어 생원 황이옥이 이를 알아차리고 유학 윤세정, 이내와 함께 상
소하니 임금이 곧 결정하여 조광조의 사사를 명하였다.173)

이상의 과정을 대강 살펴보면 조광조를 제거하려는 왕의 확고한 결심
을 엿볼 수 있다.

고래로 아무리 기국(器局; 사람의 도량과 재간)이 뛰어난 제왕이라 해
도 자신의 통제력을 벗어난 신하는 옆에 두지 않았다. 필요할 때 등용했
다가, 얼마 후 자신의 통치에 걸림돌이 된다고 생각될 때는 잔인하게 제
거했다.

중종도 예외는 아니었다. 그는 조광조뿐 아니라, 자신의 사랑하는 처
자(경빈 박씨와 복성군)를 죽였고, 자신에게 충성을 다했던, 이항, 심정,
김안로 등도 죽여 없앴다.

## 3) 정암 자신이 죽음을 자초했다

옛 속담에 '믿는 도끼에 발등 찍힌다.'는 말이 있다.

당시 [사신]이 쓴 기록들을 보면 다음과 같은 글이 있다.

---

172) 중종실록 37권, 중종 14년 11월 16일 22번째. 동 24일 4번째 기사. 동 11월 30
    일 6번째 기사.
173) 중종실록 37권, 중종 14년 12월 14일 1번째 기사. 동 16일 2번째 기사.

　"조광조가 옥에 갇혔을 때에 죄를 얻게 된 까닭을 모르고 간신(奸臣)이 오폐(壅蔽; 임금의 총명을 가림)해서 한 것이라고 생각하였다.

　조광조가 귀양 가고 나서, 신상, 유운 등이 상의하기를 '정암이 모르고 떠났으니 일러주지 않을 수 없다' 하여 마을의 유생을 시켜 과천까지 쫓아가게 했다.

　정암을 만나보고, '남곤, 홍경주, 심정 등이 남곤의 집에서 회의하여 먼저 참설로 임금의 마음을 요동했다. 거사하던 날 저녁에는 임금을 모셔 의논한 뒤, 대신들을 불러 마치 조정에서 죄 주기를 청한 것처럼 하였다.'는 시말(始末)을 자세히 알렸다.

　조광조가 그 말을 듣고 말하기를, '임금께서 어찌 그렇게 하려 하셨겠는가, 조금도 의심할 것이 없다.'"174)고 하였다.

　정암의 주변 사람들은 정암의 죄가 어디까지나 간신들의 참소에 의한 것이라 믿고 일부러 과천까지 사람을 보내 알린 것이다. 정암도 그 말을 듣고 '역시 임금은 믿을 수 있는 분이다.'고 말했다.

　하지만 정암을 죽인 것은 남곤이 아니라 임금이었다.

　진정 남곤 등의 참소가 그 원인이었다면, 왕으로서 어떻게 삼공육경과 대간, 그리고 수백 명에 이르는 유생들의 거듭된 상소를 외면할 수 있었을까?

　필시 정암이 왕의 선의를 너무 믿었다는 데 문제가 있었던 것이다. 말하자면 '믿는 도끼에 발등을 찍힌 것'이다.

　이 점에 관하여 다시 [사신]의 기록을 보면,

　"황효헌이 홍문관 박사로 있을 때에 유독 말하기를, '임금이 선(善)을 좋아하시기는 하나 곧은 말에 대해서 반드시 자세를 고치고 얼굴색을 바꾸시니 매우 의심스럽다.' 하였는데 이제 과연 그 말이 옳았다."175)고

---

174) 중종실록 37권, 11월 18일 3번째 기사.[사신은 논한다]
175) 위의 기사.[사신은 논한다]

지적하였다.

정암은 임금을 오직 착하기만 한 군자로 생각하고, 그를 성군으로 만들고 싶은 집착을 가지고 있었던 것이다.

정암 자신이 잘못을 스스로 만들었을까.

[사신]의 글에 의하면,

"당초에 임금이 조광조, 김정(金淨) 등을 가두어 다스린 것이 매우 엄했다.

그 후 조광조의 죄를 말감(末減; 가장 경한 죄로 감함, 즉 사사를 유배로 감함)하였으니 혹시 그의 죄를 용서할지 모른다고 여겼다. 그런데 왕의 태도가 날로 심해져서 죽이고 귀양 보내어 불쌍히 여기는 뜻이 전혀 없었으니 무슨 까닭인가.

이것은 다 조광조가 자취(自取; 제 스스로 만든 잘못)한 것이다. 조광조는 이미 논할 것도 없거니와, 조광조에 붙좇는 자들이 한갓 시세(時勢; 당시의 정치상황, 즉 정권)를 길게 보전할 수 있다고만 생각하였다. 이들은 서로 저희끼리 높이고, 다투어 위를 격렬히 헐뜯으므로 미움을 산 지가 오래이다. 또 다른 뜻을 품은 꼬투리가 있었으므로 임금의 노여움을 샀으니 요행히 면하기를 바란들 되겠는가."176) 하였다.

* 그 병폐가 자전(自專)에서 나왔다는 주장이 있다.

[사신]의 글에, "이 세 사람(조광조, 김정, 김식)은 다 사림의 영수이고 갈고 닦아서 선한 일들을 했으니, 그 과격한 일을 삼가 덕과 재능을 성취하면 크게 성취했을 것이다.

그런데 점점 새로운 조목들을 내세워 옛 신하들을 많이 배척하였으므로 기뻐하지 않는 자가 많아서 음모하고 구함(構陷; 계획적으로 죄를 덮

176) 중종실록 37권, 중종 14년 11월 17일 1번째 기사.[사신은 논한다]

어찌움)하게 되었다.

처음에는 발탁하여 신임하였으나, 마침내 그 붕당이 성하고 권세가 중한 것으로 의심하여 밀모하여 제거하기에 이르렀다. 그 화가 당고(党錮)보다 참혹하였으니 아깝도다." 하였다.

참고로, '당고의 화(禍)'란 후한말(後漢末), 환관(宦官)과 반환관의 대립으로 인한 '당고의 금'을 말한다. 당시 제1차, 제2차 당고의 금(각각 166년, 169년 AD)에서 청류(淸流; 깨끗한 선비) 200명이 투옥되고 100명이 사형, 600명이 유배 혹은 금고되었다.

또 [사신]이 말하기를, "어떤 사람이 방유령(方有寧)에게 조광조에 관하여 물었다. 그가 답하기를, '조광조는 선한 사람이다. 그가 어찌 악한 일을 하였으랴마는 그 병폐는 자전(自專; 스스로 독차지함)에서 생겼다.'고 하였다.

관작을 임명함에 있어서도 다 그 무리가 추천함에서 나왔다. 임금일지라도 관리를 임명하는 데는 통상의 관례를 따르고 혼자 독차지하면 오래 가지 못 하는데 항차 신하가 그래서야 되겠는가."177) 하였다.

정암이 처형된 후 조정은 다시 개혁 이전의 상황으로 되돌아갔다.

그 1년 후, 집의 윤인경이 아뢰기를,

"접때(조광조가 일을 맡아 할 때)에는 탄핵과 논박이 크게 벌어졌습니다. 조정의 온갖 벼슬아치들과 외방의 수령들이 두려워 움츠려서 늘 하루도 보전하기 어려울 듯이 염려하여 탐오하고 백성을 침학하는 따위 일을 감히 자행하지 못하였습니다.

지금 외방의 관원은 감사에게 맡기고, 들은 바 있더라도 혹 사실에 어그러질까 염려되므로 논계하지 않으니, 그 가운데 외람(분수에 넘치는)한 사람이 어찌 없다 하겠습니까?" 하였다.

또 [사신]의 말에 의하면, "조광조가 용사(用事)할 때에는 민간에 침탈

---

177) 중종실록 37권, 중종 14년 11월 18일 3번째 기사.[사신은 논한다]

하는 걱정이 없고 조정에서도 뇌물을 보내는 사람이 없었다. 이때에 와서 사류가 화를 입고 청렴한 절조가 무너지니, 조정이 부정한 재물을 탐내고 군현도 이에 휩쓸려 (부패가) 극심하였다."[178]고 하였다.

한편 훈구 대신들은 자신들의 권위에 도전하는 인물의 출현을 철저히 막았다.

그들의 비위에 거슬리는 인물이 나타나면, "전에 조광조 등을 상께서 미리 막지 않았으므로 마침내 크게 실패했다"는 식으로 그를 폄하하였다.

끝으로 정암의 숙부인 조원기(趙元紀; 중종조 좌참찬)가 그의 조카가 천거를 받았을 때 걱정이 되어 보낸 글을 소개하고 이 장을 마치려 한다.

"효직(조광조)이 천거를 받은 것은 진실로 하례할 일이나 기쁜 중에 근심이 따른다. 특히 말할 것이 있노라.

'천거하는 것은 사람에게 있고 쓰이는 것은 하늘에 있는 것이니 대개 사람으로서는 자기의 도리를 다할 뿐이라. 성(盛)한 이름 아래에는 그 실지를 맞추기 어려운 것이다. 대개 칭찬하는 자가 있으면 훼방이 있는 것은 고금의 공통된 우환이며, 행동을 삼가는 것이 더욱 어려운 것이다.

위태로운 말과 지나치게 교만한 것으로 몸을 해치고 실패한다는 것은, 효직(조광조)이 잘 알고 있을 것이다. 나의 조심하는 바는 여기에 있는 것이 아니다.

대개 사람들이 천지 사이에서 같이 더불어 살아가야 하는데, 새처럼 높이 날거나 짐승처럼 멀리 달아날 수는 없는 것이다. 반드시 조금이라도 세속과 같이 함께 살아야 남의 미움을 면할 수 있다.

옛날 두기공(杜기公)이 문인들에게 경계하여 말하기를,

'마땅히 자기 재주를 숨기며 감추고 모난 것은 헐어 둥글게 만들어 옥이 되지 말고, 보통 기와 노릇을 하여 규각을 나타내지 말 것이다. 그렇지 않으면 일에 아무 이익이 없고 화를 취할 뿐이니라.' 하였다.

---

178) 중종실록 40권, 중종 15년 10월 16일 1번째 기사.

지금 때가 두(杜)의 시절과 판이하게 다르고 세상 험한 것이 만 배나 더되니, 경계할지어다."179) 하였다.

이 글은 정암뿐 아니라 오늘날 크고 작은 지도층에 있는 모든 사람들에게 귀감이 되는 주옥같은 충고다.

정암이 죽고 25년의 세월이 지났다.

시독관 이영현, 특진관 임권이 정암의 일을 간곡히 아뢰었지만,

왕은, "지금 경솔히 의논할 수 없다."180)고 하는 말로 거부하였다.

또 대사헌 이해가 아뢰었을 때도, "다른 사람들은 서용할 수 있지만 조광조는 다르다."181)고 하면서 거듭 거절하였다.

마지막으로 마전군수 박세무가 아뢰었지만,182) 왕은 그가 숨을 거둘 때까지 그의 죄를 용서해 주지 않았다.

정암은 그 후 문묘에 배향되었고, 조선조 사람들은 그를 진정한 현자로 존숭해 왔다.

정암은 겨우 4년동안 중요한 개혁들을 일거에 성취하였다. 그의 개혁은 결국 수포로 돌아갔어도 그의 숭고한 개혁정신은 지금까지도 우리의 가슴속에 길이 남아 있다.

---

179) 병진정사록, [연려실 기술 2], pp.519－521.
180) 중종실록 102권, 중종 39년 4월 7일 1번째 기사.
181) 중종실록 102권, 중종 39년 4월 13일 2번째 기사.
182) 중종실록 103권, 중종 39년 5월 29일 3번째 기사.

# 제2장

# 이언적(李彦迪, 1491-1553)

경주시 강동면 양동 민속마을에는 가끔씩 역사 탐방객들이 찾아온다. 그곳은 회재 이언적이 살던 집들로 유명하다.

회재는 그의 외가에서 태어났다. 그 집이 서백당이다. 마을에서 약간 떨어져 있다. 서백당은 1454년 건립되었고 현재는 월성 손씨들의 종가가 되었다. 서백당(書百堂)은 인(忍)자를 하루에 백 번 쓴다는 뜻을 갖고 있다.

회재는 무첨당에서 자랐다. 그 집은 1460년에 건립되었다. 역시 회재 후손들이 그들 종가로 거주하고 있다.

회재가 경상도 관찰사로 있을 때 지었다는 향단은 당시에도 규모가 꽤 큰 호화저택이었다. 6·25 때 그 일부가 파손되어 1976년에 복구되었다. 56칸으로 축소하여 유지 보존되고 있다.

민속 마을에서 한참을 가면 독락당과 옥산서원이 있다.

독락당은 중종 27년(1532년), 그가 관직에서 물러나 있는 동안 건축하였다. 정면 4칸, 측면 2칸의 8작집(八作집, 네 귀에 모두 추녀를 달아 지은 집)이다. 주변에 그를 배향하고 있는 옥산서원이 있다.

독락당은 꽤 그 규모가 크다. 연보에 의하면 돈이 모자라서 오래 걸려 지은 집이라고 한다.

정조는 회재 이언적의 학문과 덕성을 널리 알리기 위하여 옥산서원에서 초시과(初試科; 과거 1차 시험)를 보게 했고, 태학생(성균관에서 공부하는 생원 진사)들에게 시험을 치르게 했다.

서원은 멀고 가까운 곳에서 찾아든 사림들과 서책 발간 사업으로 그

규모가 방대하여 가까운 정혜사에서 그 일을 분담했다.[1]

이언적은 그 후 문묘에 배향되었다.

문묘란 학문과 덕망이 높은 유교 학자들의 신주를 공자 사당에 모시는 것을 뜻한다.

신라, 고려, 조선시대를 통하여 모두 열여덟 분을 중앙과 전국 향교의 문묘에 모셔 매년 2월과 8월의 상정일(上丁日)에 석전대제를 지낸다.

문묘 배향 명현들(동국 18현이라고도 함)의 이름은 다음과 같다.

신라: 설총, 최치원

고려: 정몽주, 안향(안유)

조선: 김굉필, 정여창, 조광조, 이언적, 이황, 김인후, 이이, 성혼, 김장생, 조헌, 김집, 송시열, 송준길, 박세채

문묘에 배향된 18현 중, 현재 성균관에는 김집과 조헌의 이름이 빠져 있다. 그들은 고종 때 배향되었기 때문이다.


# 1. 출신 배경과 생애

이언적은 경주 사람으로 그의 자는 복고(復古)요, 호는 회재(晦齋) 또는 자계옹이라고 스스로 정하였다.

회재는 남달리 영특하고 타고난 재질이 도(道)에 가까웠다.

효성이 지극하였고 학문에 뜻을 두어 잠심(潛心; 마음을 가라앉힘) 노력하였다. 예(禮)가 아니면 행하지 아니하였고 과묵하여 힘써 재능을 숨기었다.[2]

---

1) 이종호, [회재 이언적](서울, 일지사, 2001), pp.172-193. 이신성, '회재 이언적의 기행', http://blog.joins.com/choys56/8184649

2) 명종실록, 15권 명종 8년 11월 30일 이언적 졸기.

회재는 어려서 부친을 잃은 뒤 외숙 손중돈(孫重暾, 1463 - 1529)에게서 수학하였다.

그는 중종 8년 생원시에, 중종 9년(1514년) 문과에 급제하였다.(당시 24세)

중종 13년 망기당에 대한 4회에 걸친 서신을 교환했다. 중종 14년 기묘사화 당시 활동한 기록은 없다. 중종 16년 경연의 사경과 춘추관 기사관을 겸했다. 중종 17년 세자시강원 설서, 중종 18년 병조좌랑, 이조좌랑, 중종 19년 인동현감, 중종 21년 사헌부 지평, 병조정랑, 이조정랑, 중종 22년 사헌부 장령, 중종 23년 성균관 사성, 중종 25년 사간원 사간, 중종 26년(당시 41세) 성균관 사예에서 파직되었다.

고향에 돌아가 독락당을 짓고 중종 32년까지 6년간 향촌 생활을 했다.

중종 32년 장락원 첨정에서 홍문관 부교리, 응교, 직제학을 거쳐 중종 33년(당시 48세) 전주부윤에 부임했다.

그때 임금께 일강 십목소(一綱十目疏)를 올렸다.

그 후 중종 37년 사헌부 대사헌, 형조판서, 예조판서, 의정부 좌참찬을 역임했다. 중종 38년 경상도 관찰사 때 향단(香壇; 99칸 건물)을 지었다. 중종 39년 경상감사 사임 후, 의정부 좌찬성(인종 원년)에 이르렀다.

명종이 즉위 하자 [정부 서계 십조]를 올렸다.

을사사화 때는 겸 의금부사로 숭록대부 여성군에 제수되었다.

명종 2년 강계로 유배되어 그곳에서 명종 4년에(당시 59세), [대학장구보유], [속 대학혹문]을 완성했다. 명종 5년에 [구인록], [진수팔규]를 완성했고, 명종 8년(당시 63세), [중용구경연의]를 집필 중 사망했다.

회재의 아버지 이번(李蕃)은 안강현(경주 소속 지역)에 살았다.

이번은 자질이 준수하고 얼굴이 단정하였다. 나이 20세가 되어 경주부 향교에서 배웠다. 스승을 존경하고 친구 간 우애가 깊었다.

이번은 또한 경학에 통달하였고 문장이나 글씨도 정묘하였다.

임금께서 그가 향시에서 장원한 글을 보고 크게 칭찬하였다. 그에게 즉시 역마를 타고 올라오라고 명하여 다시 시험해 보았다.

임금은 그에게 의복과 식품의 비용을 내려 주고 성균관에 머물러 학업을 마치게 하였다.

많은 선비들이 그를 영광스럽게 여겼다. 후에 진사가 되었다.[3]

회재의 어머니는 손씨이고, 손중돈은 그녀와 친 남매간이다.

손중돈은 회재의 외숙이면서 스승으로 그의 정치적 진출이나 사상의 형성에 많은 영향을 미쳤다.

손중돈은 학파로서는 김종직의 직계이지만, 정파로서는 세조 이래의 훈구 양반 관료 출신이었다.

손중돈의 아버지 손소는 세조 때 '이시애의 난'을 평정한 적개공신이고, 할아버지 손사성은 세종 때 참의를 역임했다.

손중돈은 사간원 헌납(연산군 때)을 필두로, 중종 때 상주목사, 대사간, 대사헌을 거쳐 이조판서 의정부 참찬에까지 올랐다.

그는 영남 사림의 학통을 이은 사람이다. 하지만 훈구 세력에 편입되어 활동하였기 때문에 기묘사화 당시 화를 면하였다.[4]

손중돈은 정병(政柄; 정권)은 잡았어도 청검하여 뇌물이 통하지 않았다. 만년에는 권세에 빌붙는다는 비방이 있었으나 사람들은 믿지 않았다고 하였다.[5]

3) 민족문화추진회 편, [연려실 기술 2](서울, 민족문화 문고 간행회, 1982), pp.35-36.
4) 김만규, [한국의 정치사상](서울, 현문사), p.190.
5) 중종 24년 4월 10일 손중돈의 졸기.

## 2. 현자로서 회재 이언적

### 1) 회재의 사상

회재의 사상은 앞서 말한 '망기당 조한보에 대한 답서'와 [대학 장구 보유], [구인록], 그리고 임금에게 올린 글 등에 나타나 있다.

그의 사상이 퇴계가 말한 바와 같이 '독창적인 것인가(獨得之妙)', 아니면 주자학 그대로를 인용함에 불과한 것인가는 학자에 따라서 의견이 다르다.

다만 그 일에 관하여 김안국이 한 말이 생각나서 한마디 소개하겠다.

조광조가 화를 당한 뒤 아무도 성리학을 말하는 사람이 없었다. 다만 모제(金安國, 1478－1543)만이 여주에 물러가 있으면서 선비를 만나면 성현 사업 강론을 게을리 하지 않았다.

이언적은 멀리 영남으로부터 왕래하면서 성리학에 관하여 묻고 배웠다. 이항(李沆)은 단양으로 갈 때 그의 집을 방문하였다.

세상 사람들은 이에 관하여 잘 모르고 있었다.6)

이언적이 24세 때 모제는 그를 왕좌재(王佐才; 왕을 도와 큰일을 맡을 재목)라 하여 높이 칭찬하였다 한다. 이 글을 보면 그의 학문적 자세에 관하여 몇 가지 의심이 제기된다. 즉

이언적이 후에 성리학의 대가로 성현의 대열에 올랐는데, 모제가 그를 '왕좌제'라고 말한 이유는 무엇일까.

그리고 회재는 한창 학문에 열중해야 할 40대의 황금 시기에(중종 26 년부터 32년까지 6년간), 왜 하필이면 그토록 거창한 집을 짓는 데 많은 세월을 보냈을까, 아마도 그는 학문보다 훈구 대신으로서 역할이 더 돋보이지 않았을까 등이다.

---

6) [연려실 기술, 2], p.384.

다음에서 '망기당에게 보낸 답서'와 그의 저서 그리고 임금에게 올린 글을 소개하면서 앞의 의문들을 풀어보려고 한다.

## 2) 망기당 조한보에게 보낸 답서

* 조한보와 주, 장, 이정(周, 張, 二程)에 관하여.

회재의 기본 사상은 주돈이(염계)의 '무극이 태극(無極而太極)'의 원리를 기본으로 한다.

그의 이러한 경향은 조한보(曺漢輔)와의 논쟁에 나타나 있다.

우선 조한보란 인물에 관하여 간단히 살펴보면 다음과 같다.

조한보는 주자학에 대하여 매우 비판적인 선비로, 성종 때 죄를 얻어 관직에서 쫓겨났다. 당시 [실록]을 보면, 사헌부에서 아뢰기를,

"생원 조한보 등은 장관 생원(長官 生員; 요즘 말로 책임 연구원)이 재사(齋舍; 독서하는 방)에 기숙하는 것에 격분하여 똑같이 회초리로 때렸으며, 눈을 부릅뜨고 큰소리로 말하여 오만무례하였습니다.

그는 온당치 못하고 격렬한 말을 끄집어내어 여러 생원들을 부추겼습니다.

또한 그는 쇠퇴한 세상의 권당(捲堂; 동맹휴학)의 일을 본받아 성균관을 비우고 가버렸습니다.

그리하여 그는 조정을 경멸하고 명교(名敎; 인륜의 가르침, 유교)를 크게 허물었습니다. 이처럼 그의 죄가 깊고 무겁습니다.

장 90대를 속바치게(매를 맞는 대신 속전을 내다) 하되 영영 과거를 정지하게 하소서." 하니, 왕이 그대로 따랐다.[7]

위의 내용을 대개 살펴보면, 조한보는 일관된 이론이나 생활 태도를 갖고 있는 사람 같지 않다.

---

7) 성종실록 32권, 성종 4년 7월 28일 1번째 기사.

회재는 망기당의 주장이 '육상산(陸象山) 설'이라 하고, 또 망기당 답서에서는 '주염계(周濂溪)에 근거하고 있으나 유가(儒家)의 적감(寂感)계통을 무시하고 불가의 적멸(寂滅)계통으로 보았으니 이단(異端)'이라고 지적했다.8)

그리고 조한보가 '성균관 생원으로 양주설(楊朱說)을 극력 찬양하여 유생들을 선동하였다'는 주장도 있다.9)

이 글을 쉽게 이해하기 위하여 참고로 양주설과 주, 장 이정(周, 張, 二程; 주자 이전의 신유학자)의 이론을 잠깐 소개할 필요가 있다.

첫째, 양주에 관하여,

양주의 생존 연대는 분명치 않다. 단 묵자(墨子; B.C. 479 - 381경)와 맹자(孟子; B.C. 371 - 289)의 시기에 생존했다고 한다.

<열자(列子)> 양주 편에 나타난 그의 사상은 극단적 쾌락주의자로 기술되어 있다.

<회남자(淮南子)>에서는 양자(楊子)가 말한 내용, 즉

'내 몸을 온전하게 보전하고 물질 때문에 내 몸을 손상하지 않겠다'는 구절을 주목하였다.10)

한마디로 양주의 근본 사상은 '천하의 대리(大利; 큰 차원의 이익) 때문에 내 몸, 털 한 울도 뽑지 않겠다'는 위아주의(爲我主義; 이기주의), 경물중생(輕物重生; 물질을 가벼이 하고 생명을 중히 여김)의 두 가지이다.11)

둘째, 주, 장, 이정(주돈이, 장재, 정이, 정호 형제)에 관하여,

주자(朱子) 이전의 유학자(儒學者)로, 주돈이(周敦頤; 周濂溪, 1017 - 1073) 장재(張載; 張橫渠, 1020 - 1077), 정이(程頤; 程伊川, 1033 - 1108), 정호(程顥; 程明道, 1032 - 1085) 형제가 있다. 정이, 정호 형제의 아버지

---

8) 유명종, [한국사상사](서울, 이문 출판사, 1983), p.291.
9) 김만규, 앞의 책, p.193.
10) 양문길, [중국사상 대계](서울, 신화사, 1983), <회남자> 범논훈(氾論訓), p.243.
11) 정인재 역, 팽우란, [중국 철학사](서울, 형설 출판사, 1989), 제6장.

는 주돈이(주염계)의 친구이고 장재(장횡거)의 사촌이다.

주돈이(주염계)는 우주론적 철학의 개창자로 태극도설(太極圖說)을 내놓았다.

그의 태극설은 주역(周易)의 계사(繫辭)에 나오는 일생이법(一生二法)의 원리에 근거를 두고 있다. 즉 '역(易)에 태극이 있는데 이것이 양의(兩儀)를 낳고 양의가 사상(四象)을, 사상이 팔괘(八卦)를 낳는다.'는 구절에 근거를 갖고 있다.

주염계의 태극도설을 요약하면,

무극이면서 태극(無極而太極)이다.

태극이 동(動)하여 양(陽)을 낳고, 동(動)이 극(極)해지면 정(靜)해지고, 정(靜)하여서 음(陰)을 낳는다. 정이 극해지면 동으로 되돌아간다.

이 같은 동, 정, 음, 양(動, 靜, 陰, 陽)으로 양의(兩儀)가 성립한다.

양의 변화와 음의 결합으로 인하여 수, 화, 목, 금, 토(水, 火, 木, 金, 土)가 생겨난다.

주염계의 태극도설은 주자(朱子, 1130-1200)의 우주론의 기초적 개요를 제공하여 주었다.

이들 신유학자들은 성불(成佛; 사회나 인간세계를 떠난 정신수양) 대신에 성인(聖人; 人倫에서 수양하는)이 되는 것을 주요 과제로 한다.

주돈이는 도가(道家)나 선가(禪家)의 무위(無爲) 무심(無心)이란 말 대신에 무욕(無慾)이란 말을 썼다.

장재는 태극을 기(氣) 이상의 아무것도 아니라고 생각하였다.

정이천(程伊川)은 형이상자(形而上者)를 도(道)라 하고, 형이하자(形而下者)를 기(器)라 했다.

형이상자로서 이(理)는 영원하며 그 자체로 완벽하여 결코 그 속에 조그만 결함도 없다.

장재의 기(氣)와, 정호, 정이 형제의 이(理) 개념이 주자(朱子)에 이르러 이기론(理氣論)으로 체계화되었다.

정이는 수양함에 있어서는 경(敬)으로 해야 하고 학문의 진보를 위하여 지식을 넓혀야 한다(致知)고 하였다.

주돈이가 정신 수양 방법을 위해 사용한 용어는 정(靜)이다. 정이(정이천)는 정(靜)을 경(敬)으로 바꾸었으며 이는 신유학이 선종(禪宗)의 개념을 발전시킨 것이다.[12]

주자는 이상 열거한 주돈이, 장재, 정호, 정이 형제의 태극 이론에 의하여 영향을 받았다.

이언적의 사상은 주염계의 태극도설을 주로 인용하고 있다. 회재가 말한 다음 구절, 즉

'무극이 태극이며, 태극은 쉬지 않고 움직인다. 태극은 세상만사와 그 변화를 주관하는 동적 우주생성의 원리요, 도덕 창조의 실체이다.'라는 내용은, 주염계의 사상으로 이(理)를 동적(動的)으로 본 것이다.

주자(朱子)는 우주의 근원인 이(理)를 정적(靜的)인 것으로 보았다.

이러한 사상적 흐름에서, 이언적은 망기당 조한보와 4회에 걸친 서한 교환을 통하여 태극 논쟁을 벌였다. 논쟁의 시기는 중종 13년, 회재의 나이 28세 때다.

논쟁의 초점은 주로 우주의 근본 원리와 인간의 도리 등으로 요약할 수 있다. 망기당 조한보에게 보낸 답서의 내용 중 몇 가지 요점을 발췌하면 다음과 같다.

* 망기당에게 답한 제1서.
[내용]
먼저 그 서두에서, "편지 내용 중(망기당이 보낸), 적멸(寂滅), 존양(存養)의 의논이 도에 맞지 않다." 하였다.

---

12) 이상 정인재, [앞의 책]에서 발췌했음.

참고로, '적멸'이란, (사전에 나오는 뜻으로 말하면) 삶과 죽음이 함께 없어져 고요하고 초월한 상태이고. '존양'은 본심을 잃지 않도록 착한 성품을 기른다는 뜻이다.

이 글에서 '적멸'은 우주의 근본 원리로, 플라톤의 [이데아], 불교의 공(空), 도가의 무위(無爲)와 같은 개념이다. '존양'은 그 하위 관념으로 인간의 수양 혹은 수행하는 태도에 해당된다.

다시 망기당에 보낸 답서의 내용으로 돌아가서 회재는,

"태극은 사도(斯道; 유교)의 본체요, 만화(萬化)의 근본이다. 주자(周子; 주염계)가 무극이라고 한 것은, 노자(老子)의 무위(無爲)나 석가의 공(空)과 다르다.

지극한 무(無) 가운데 지극한 유(有)가 들어 있기 때문에 '무극이면서 태극이라' 하였고, 이(理)가 있어야 비로소 기(氣)가 있기 때문에 '태극이 양의(兩儀)를 낳았다.'고 말한 것이다.

솔개가 하늘을 날고 물고기가 물속에서 뛰는 이치가 위아래에 밝게 나타나 있다. 예나 지금이나 (이러한 이치는) 우주에 가득하여 털끝만한 빈틈도 없고 숨 쉴 사이도 없다. 그런데 어찌하여 (망기당은) 만물이 소멸하는 것만 보고 오히려 극단적인 이유로 적멸(寂滅)이라 할 수 있는가.

자사(子思)가 말하기를, '천명(天命)이 심원하여 쉬지 않는다. 그 원리는 하나이며, 그로부터 나오는 이치는 헤아릴 수 없다.' 했거늘, 이를 적멸이라 할 수 있는가.

다만 그 지극히 비고 지극히 고요한 가운데에 이 이치가 혼연히(완전히 융합되어) 갖추어지지 않는 것이 없기 때문에 느껴서 천하의 연고를 통하는 것이다.

(망기당은)선유(先儒)들이 말한 적감(寂感)과 적멸을 분별하지 못한 것이다.

천지간에 도(道)란 하나뿐이며, 그 도라는 것은 사람의 이치이기 때문에 사람을 떠나서 도를 구할 수 없다. 그것(적멸이라고 한 것)은 우리 유가의 실학(實學)이 아니다.

그리고 존양(存養)이란 것은, "오직 경(敬)에 의하여 마음을 곧게 하는 것이다."라고 하였다.

[근사록]에서는, "존양이란 본심을 잃지 않도록 그 착한 성품을 기르는 것을 말하며, 이를 위하여 성학(聖學)이 필요하다. 그리하여 욕심을 버리고 오로지 마음을 전일(專一)하게 해야 한다."고 풀이하였다.[13]


[평가]

우주의 근본 원리로 공자는 대개 천명(天命)이나 성(性)이란 말을 자주 사용하였다. 그 뒤 신유학파들이 노자의 '무위'나 반야경에 나오는 '공' 개념을 극복하는 새로운 원리로 이(理)를 정립하였다.

이언적은 바로 이러한 이(理)의 원리에 따라 망기당을 비판했다. 그에게 있어 노장이나 석가의 원리는 당연히 이단(異端)이다.

하지만 정통과 이단은 극히 인위적인 편견이다.

노자(老子)가 말한 무위(無爲)란, 위(爲)의 부정이 아니라 위의 긍정이다.

노자의 무위(無爲)는 한정된 유위(有爲)가 초래하는 거짓(僞)이나 사람이 인위적으로 조작해서 만들어 내는 폐단을 초월하려는 차원 높은 위(爲; 大爲)를 지향한 적극적인 의미를 함축하고 있다.

노자 도덕경(老子道德經 37장, 48장)에 '무위란 하지 않음이 없다'(無爲而 無不爲)란 글이 있다.

여기서 무위(無爲)란, 인간적 감정에 따른 상대적인 행위를 하지 않는다. 즉 내게 좋은 것은 사랑하고, 내가 싫다고 느껴지는 것은 미워하는 등의 행동은 하지 않는다는 뜻이다.[14]

---

13) 주자, [근사록], 최대림 역(서울, 홍신문화사, 1995), p.213.
14) 김항배, [노자 철학의 연구](서울, 사상사회 연구소, 1987), p.88, p.323.

불경(佛經)을 보면, '적멸'이란 (회재가 말한 것처럼) 고요하여 없어지는 존재가 아니다.

적멸(寂滅)이란 생(生)과 멸(滅)을 초월한, 불생(不生) 불멸(不滅)의 세계, 즉 해탈의 세계이다.

적멸을 일심(一心)이라 부른다.

일심(一心)의 본체는 본각(本覺), 무명(無明)을 따라 모든 형태의 존재를 만든다. 반야심경에 나오는 공(空)이란 바로 위의 본각과 맥을 같이 한다.

'본각'이란 진여(眞如)를 말한다. 진(眞)은 참된 것이고, 여(如)는 모든 존재가 평등하다는 뜻이다.

'무명'이란 불교의 12연기설에서 나온 말이다. 그 뜻은 선과 악, 인과(因果)도 모르는 상태에서 존재와 분별 그리고 죄악과 불행의 근원이 되는 첫 단계이다.[15]

도(道)를 수행하기 위하여, 유가(儒家)에서는 경(敬) 혹은 성(誠)을, 도가(道家)에서는 무(無)와 허(虛)를 말한다.

정이천(程伊川)은 이에 관하여, "대개 유(有)를 주로 하면 실(實)이 있다. 실천하면 외환(外患)이 들어올 수 없어서 자연히 무사하다. 또한 무(無)를 주로 하면 허(虛)하다. 허(虛)란 거짓이 들어올 수 없음을 말한다."고 하였다.

즉 공자와 노자가 출발점은 다르지만 그 지향하고 있는 궁극적인 목적은 같다고 말할 수 있다.[16]

---

15) 이기영 역, 원효, "대승기신논소.별기", [한국의 불교사상](서울, 삼성 출판사, 1975), pp.52-61.

16) 김항배, 앞의 책, p.29.

* 망기당에게 답한 제2서
[내용]

회재가 답하기를, "'보내 준 편지에 말하기를, 망기당은 '경(敬)을 주장하고 마음을 보전하여 천리(天理)에 상달한다.' 하였다. 이 말이 좋기는 하나 천리상달 위에 하학인사(下學人事) 네 글자가 빠졌으니 성문(聖門)의 가르침과 다르다. 만일 하학의 공부를 하지 않고 상달하려고 하면 이는 석가의 각(覺)이란 말이니 어떻게 숨길 수 있을까.'" 하였다.

[평가]

여기서 (망기당이 말한) 각(覺)이란 뜻이 불교적 돈오(頓悟; 문득 깨달음, 돈오점수, 즉 문득 깨닫고 점차로 수행한다)에서 나온 것인지, 아니면 주자가 말한 경(敬)의 기능으로서 깨달음인지 분명치 않다.


* 망기당에게 답한 제3서
[내용]

"주자가 말하기를 '도(道)라는 것은 일용 사물의 마땅히 갖추어야 할 이치이다.'고 하였는데 여기에 덧붙여 말하겠다. 즉

대개 도의 근원이 하늘에서 나와서 삼극(三極; 하늘, 땅, 사람) 사이에 흩어져서 천지 안에 어디를 가나 이 도의 유행(流行; 널리 행하여짐)이 아닌 것이 없다.

사람에게 있는 것은 크게는 군신, 부자, 부부, 장유의 윤리와 작게는 움직이고 멈추고 나아가고 물러가고 먹고 잠자고 올라가고 내려가는 모든 행동에서 말하고 침묵하고 웃고 찡그리는 등의 일에 이르기까지 당연해야 할 도리가 있다." 하였다.

[평가]

여기서 주자가 말한 도(道)는 마땅히 갖추어야 할 이치, 즉 소이연(所以然)으로서 이(理)의 정적(靜的) 본체를 말함이요, 도의 근원이 하늘에

서 나와 널리 유행한다는 뜻은 주염계나 정명도가 말한 이(理)의 동태성
(動態性)을 뜻함이다. 이(理)의 동태성은 회재와 퇴계가 받아들여 주자와
차별화한 개념이다.

회재는, 군신, 부자, 부부, 장유의 상하적 원리를 하늘의 도(道)라고 강
조하였다. 하지만 망기당의 '적멸'은 모든 존재의 평등함을 함축하고 있다.

* 망기당에게 답한 제4서
[내용]
회재는 마지막 제4서에서, "만물이 한 이치(一理)에서 나오는 것처럼,
인(仁)이란 순연(純然; 순수하고 온전함)하고 천리(天理)는 밝아서, 털끝
만큼의 사욕(私慾)도 없는 까닭에 능히 천지 만물과 일체가 될 수 있다."
"인자(仁者)는 만물과 일체이며, 시비(是非)와 호오(好惡; 좋고 나쁜
것)의 밝음이 그 가운데에 행하여진다." 하였다.
[평가]
회재의 이러한 입장, 즉 천지만물의 일체와 인(仁)의 혼연성(渾然性)
을 중요시한 태도는 역시 정명도(程明道)의 이론을 따른 것이다.[17]

## 3) 진수팔규(進修八規)

고(故) 찬성 이언적의 아들 이전인(李全仁)이 회재가 찬한 진수팔규를
임금께 바쳤다.
이전인은 회재의 첩의 아들이다. 그 어미는 기생으로 회재에게서 그를
임신하고 조윤손의 첩이 되었다. 조윤손이 죽자 전인이 언적의 아들임을
그 어미가 알렸다. 전인이 아비 조윤손의 재산을 팽개치고 강계(이언적
의 유배지인)로 언적을 찾아가 부자의 관계가 되었다.

---

17) 유명종, 앞의 책, p.297.

진수팔규의 내용을 요약하면 다음과 같다.

첫째, 도리를 밝히는 일입니다.

도(道)라는 것은 날마다 쓰는 사물에서 마땅히 행할 이치이니 모두 성(性)의 덕으로 마음에 갖추어진 것입니다.

날마다 쓰는 것 중 가장 가까운 도(道)는 군신, 부자, 부부, 장유, 붕우의 이치입니다.

제왕의 학문은 이치를 궁구(窮究; 깊이 연구함)하는 일이 중요합니다.

이치를 궁구하면 천하의 사물에 대하여 소이연(所以然; 그렇게 된 까닭), 소당연(所當然; 마땅히 해야 할 규범)을 모두 알아 사소한 의심도 없이 선한 일은 따르고 악한 일은 버려, 털끝만한 하자도 없이 일관의 묘에 통달하게 됩니다. 그래야만 모든 일을 제어하고 모든 정무에 응할 수 있습니다.

전하께서는 날마다 현덕의 선비를 친근히 하고 도의의 근원을 강마(講磨; 학문, 기술을 강구하고 연구함)하되 반드시 경(敬)으로서 주를 삼으소서.

둘째, 큰 근본을 세우는 일입니다.

선유(先儒)인 주희(주자)는 임금의 마음으로 천하의 근본을 삼았습니다.

임금의 마음이 바르면 천하의 일이 바르고, 그렇지 않으면 천하가 사특(邪慝; 요사스럽고 간특함)하니 이는 자연의 이치입니다.

임금의 마음이 공명정대하기를 마치 중천에 비치는 해가 만물을 비치듯 편벽(偏僻; 한쪽으로 치우침)됨이 없어야 합니다. 어진 이를 임용하고 간사한 사람을 물리치는 것이 이치에 합해야 합니다. 조정이 올바르면 백관, 만민이 모두 올바르게 됩니다.

셋째, 천덕(天德)을 본받는 것입니다.

천덕이란 순수하고 꾸밈이 없는 것이니 한마디로 성(誠)입니다.

하늘의 덕은 강건하여 쉬지 않으니, 군자는 이를 본받아 진덕 수업에 충실해야 합니다.

넷째, 과거의 성인을 본받는 것입니다.

효는 백 가지 행동의 근본이요 만 가지 가르침의 근원입니다.

어버이 사랑하는 마음을 미루어 백성에게 어진 정치를 베풀고 백성을 육성해야 합니다.

대체로 하늘에는 네 가지 덕(德; 원(元), 형(亨), 이(利), 정(貞))이 있는데 사람이 그 원(元)의 이치를 부여받았습니다.

이것은 본심의 완전한 덕입니다. 이러한 원리는 백성뿐 아니라 사물에 미쳐서 '초봄에는 벌목을 금하여, 새들의 보금자리를 파괴하지 않고, 벌레를 죽이지 않으며, 산에 들어가거나 화전(火田)을 하는 일도 가려서 했습니다.' 공자는 '나무 가지 하나를 꺾거나, 짐승 한 마리를 죽이는 일도 제때에 하지 않는다면 효(孝)가 아니라'고 하였습니다. 이는 측은(惻隱)한 마음을 해치기 때문입니다.

다섯째, 총명의 범위를 넓히는 일입니다.

정치를 하는 방법은 총명의 범위를 넓히는 일보다 더 우선하는 것이 없다고 합니다.

정치를 잘한 임금은 언로(言路)를 열고 총명의 범위를 넓히는 일로 급무를 삼지 않는 이가 없습니다.

대체로 충언이나 정론은 신하 개인의 이익이 아니요 바로 국가의 복인 것입니다.

옛적의 성왕(聖王)이 인심을 감동시키고 세상의 의사를 소통시킨 방법은 성(誠), 신(信)뿐이었습니다. 성은 정치를 하는 근본이고 신은 임금의 중요한 보배입니다. 성과 신의 지극함은 귀신과 천지도 감동시킬 수 있는데 하물며 사람이겠습니까?

여섯째, 인정(仁政)을 베푸는 일입니다.

<역경(易經)>에 건원(乾元), 곤원(坤元)이 있어 만물의 시초를 이루고

거기서 만물이 자리하여 낳았는데, 그 원(元)이라는 것은 인(仁)이요, 인(仁)은 인심(人心)입니다.

인을 해치는 경우가 둘이 있습니다. 그것은 형벌이 번거로울 때와 백성으로부터 거두어들이는 부세가 무거울 때입니다.

전하께서는 진실로 이 두 가지 폐해를 없애고 교화를 베푼다면 태평의 정치를 다시 보게 될 것입니다.

일곱째, 천심(天心)에 순응하는 일입니다.

천리(天理)에 순응하고 인심에 일치되게 한다면 하늘이 온갖 상서(祥瑞; 복되고 길한 일이 일어날 징조)를 내려서 길이 천록(天祿; 하늘이 태어준 복록)을 보존할 것입니다.

하늘과 사람이 같은 이치이며 드러난 것과 은미(隱微; 겉으로 들어나지 않음)한 것이 간격이 없으니, 임금이 하늘을 받들고 만물을 다스려서 한마음으로 하늘의 의사에 부합하도록 한다면 하늘이 호응해 주지 않는 일이 있겠습니까?

여덟째, 중화(中和)를 극진히 하는 일입니다.

'중화를 극진히 하면 천지가 제 위치를 정하며 만물이 길러진다' 하였으며, 또 '기쁨, 노여움, 슬픔, 즐거움 등 칠정(七情)이 발(發)하지 않는 상태를 중(中)이라 하고 발해서 모두 절도(節度)에 맞는 것을 화(和)라고 한다. 중이란 천하의 대본이요, 화는 천하의 달도(達道)이다.' 하였습니다.

마음의 본체가 맑고 고요할 때에 일호(一毫; 작은 털)라도 치우치거나 흠이 있으면 그 중을 잃어서 천지가 제 위치를 정하지 못할 것이며, 생각을 표현하거나 형정을 실시할 때에 한 가지라도 의리에 어긋남이 있으면 그 화평을 잃어서 만물이 생육되지 못할 것입니다.

임금의 한마음은 만화의 근원이니 잠시라도 보존하지 않을 수 없고, 사소한 것이라도 살피지 않을 수 있겠습니까?

아홉째, 세자(명종의 아들, 일찍 죽었음)를 배양하는 일입니다.

신은 살피건대 전하께서는 마음에 성(誠), 경(敬)을 가지고 하늘을 받들고 백성을 사랑할 도리를 늘 생각하여 안일하고 태만한 때가 없었기 때문에 하늘이 그 덕을 보살펴 세자를 탄생시켰으니 종사와 신민의 무궁한 경사입니다.

세자가 착한 사람이 되는 길은 일찍 교육시키는 일과 그와 같이 있는 사람을 잘 선발하여 가르치는 데 있습니다. 좌우에 있는 사람이 올바르면 세자도 올바른 사람이 될 것입니다.

신은 어리석고 고루함을 헤아리지 않고 감히 선왕의 법으로서 시행할 만한 것을 취하여 조정을 위하여 아뢰오니 성상께서 유념하시고 다시 전편을 취해서 참고하여 시행하소서.18)

이상, 회재는 공자, 맹자, 정자, 주자 등 선유들의 말을 빌려, 명종에게 성왕(聖王)으로서 해야 할 높은 도덕 정치를 요구하였다.

그가 표본으로서 제시한 성왕은 요, 순에 이은 하(夏)의 우왕(禹王), 은(殷)의 탕왕(湯王) 주(周)의 문왕 무왕이다.


## 4) [구인록]에 나오는 인 사상(仁 思想)

회재는 그의 [구인록]에서 하늘을 만물의 창조자로 믿고 그 구체적인 원리가 인 사상이라 했다.

'천지는 만물의 부모요, 사람은 천지의 아들이다. 사람이 천지의 뜻을 마음으로 삼는다면 그것이 인(仁)이다.19)

인(仁)은 천하의 공적(公的)인 원리요 사람의 사사로운 것이 아니다.

인은 체요, 의(義)는 용(用)이다. 의(義)가 용(用) 이외에 다른 것이 아님을 알 때 도(道)를 논할 수 있다.

---

18) 명종실록 33권, 명종 21년 9월 4일 2번째, 3번째 기사.
19) 구인록(求仁錄) 三권, 논인지체용 편(論仁之體用 編).

임금의 마음이 하늘을 섬김에 없다면 사사로운 욕심이 생겨서 천도를 어기게 될 것이다.

하늘을 우러러보는 경천의 마음이 없는 임금은 나태하고 거칠고 교만하고 일신의 안일을 추구하는 폐단을 제압하지 못하여 상제의 벌을 받게 된다.'20) 하였다.

## 5) 대학장구보유(大學章句補遺)

회재는 그의 [대학장구보유]에서, 주자의 이론과 다른 의견을 내놓았다.

첫째, 그 편찬 순서를 달리했는데, 이에 대하여 이황과 이이는 대체로 부정적이었다.21)

둘째, 주자의 본말론(本末論)에 관련하여 색다른 해석을 내놓았다.

주자는 그의 [대학장구]에서 도(道)란, 명덕을 밝히고 백성을 새롭게 하고 지선(至善)에 그치는 데 있다고 하였다.

물(物)에는 근본과 말단이 있고 일(事)에는 시초와 종말이 있는 것인데 먼저 할 것과 뒤에 할 것을 알면 도(道)에 가까워질 것이다.

물이란 아래 글의 천하, 나라(國), 집(家), 몸(身), 마음(心), 뜻(意), 앎(知), 물(物)이요, 일(事)이란 평(平), 치(治), 제(齊), 수(修), 정(正), 성(誠), 치(致), 격(格)이다.

"수신(修身: 몸을 닦는 것)을 근본으로 삼는다."는 말은 일과 물을 통틀어 설명하는 것으로 "근본이 어지러우면서 말단이 다스려진 일이 없다"는 말과 같다.22)

회재에 의하면, 사물(事物)에서 물(物)과 사(事)는 같은 의미로 쓰이는

---

20) 중용구경연의(中庸九經衍義) 서(序)
21) 이지경, "주자의 [대학장구]편차 해석에 관한 이언적의 비판", [동양정치사상사] (한국, 동양정치사상학회, 제1권 2호, 2002. 9), p.54.
22) [사변록], 1(서울, 민족문화추진회, 1976), 대학, 대학고본 편.

무규정의 천하의 사물이다. 따라서 격물치지(格物致知)는 사물의 어떤 조리(본말, 종시, 선후, 완급, 本末, 終始, 先後, 緩急)의 올바른 파악과 실천이다. 사물이 중요한 것이 아니라 사물의 조리가 더 중요하다.

회재의 글을 인용하면,

"오륜(五倫)의 이(理)가 마음에 있는 것은 본(本)이고 일(事)에 나타난 것은 말(末)이다. 사귀는 예절이 있어서 어릴 때는 사랑을 알고, 장성해서 공경할 줄을 아는 것은 처음이고, 법도를 따라 그 도(道)를 종신토록 쇠하지 않는 것은 끝이니 마음에 없으면서 그 끝맺음을 잘할 수 있는 사람은 없다.

그렇다면 물에 본과 말이 있고 일에 처음과 끝이 있다는 말의 뜻이 그 포함하는 바가 매우 광범하다. 주자(朱子)는 이를 다만 '명덕신민(明德新民)'으로써 물(物)의 본말(本末)로 삼고 지지능득(知止能得)으로써 사(事)의 종시(終始)로 삼았으니 그 뜻이 매우 치우친 것이다."[23] 하였다.

회재의 [대학장구보유]는 위의 몇 가지 다른 점 외에는 거의 주자의 [대학장구]를 그대로 따랐다.[24]

독자가 쉽게 이해할 수 있도록 '격물치지 성의 정심 수신 제가 치국평천하(格物 致知 誠意 正心 修身齊家 治國平天下)'를 율곡의 풀이에 맞추어 설명하면 다음과 같다.

격물은 물(物)을 격(格)한다, 궁리(窮理)한다, 즉 사물의 이치를 연구한다는 뜻이고, 치지(致知 혹은 致止)는 지식이 극에 이름, 지식이 밝아짐을 의미한다.

예를 들어, 어두운 방안에 책은 책상 위에, 옷은 옷걸이에, 상자는 벽 아래 있다고 가정할 경우, 사물의 이치, 즉 이(理)는 원래 극치(極致; 완벽한 상태)에 있다. 다만 나의 지식이 밝고 어둠이 있기 때문에, 이에

---

23) 이언적, [대학장구보유], 이지경, 위의 글에서 인용.
24) 이지경, 위의 글, p.61.

이르고 이르지 않음이 있다.

여기서 수신 이상(격물치지 성의 정심 수신)은 명덕을 밝히는 일, 즉 명명덕(明明德)이요, 제가 이하(제가 치국평천하)는 신민(新民)의 일이다.

율곡이 말하기를,

'이것은 상, 하의 두 절(節; 명덕과 신민, 즉 격물치지 성의 정심 수신과 제가 치국평천하)을 서로 통하여 연결한 것이니, 반드시 조목을 나누어 해석할 것이 없다.'고 하였다. 송구봉(송익필)도 같은 의견이었다.[25]

다시 본론으로 돌아가서, 율곡은,

"회재의 [대학장구보유] 한 권을 가져다 보게 하면서 말하기를, '옛 글을 널리 인용하였으나, 도무지 경서(經書)의 글 뜻을 바르게 해석한 것이 없다."고 하였다.[26]

서애 유성룡은 더욱 구체적으로 이를 비판하고 있다.

[서애집]의 일부를 소개하면 다음과 같다. 그 책의 '대학 장구보유'에,

[대학]에는 격물치지의 장이 없는데 주자가 정자(程子)의 뜻으로 보충하였다. 그 후에 왕백(왕노재)과 방효유(방정학) 등 여러 사람이 격치장(格致章)은 없어진 것이 아니라고 생각하여, 경문 가운데에,

'그칠 데를 안다(知止能得)'와 '물(物)에 본말(本末)이 있다.'는 구절을 이에 해당시켰다.

우리나라 이언적의 견해도 왕(王), 방(方)과 같되, 다만 그 순서만 달랐다. 이언적은 '물에 본말이 있다'는 것을 '그칠 데를 안다.'의 앞에 두었다. 노수신(노소재)은 이를 탁견이라 했다.

나(유성룡)는 일찍이 경문(經文)의 어세(語勢)와 맥락(脈絡)을 반복해 보고, 그것이 그렇지 않음을 알았다.

그는 전문(傳文)의 결함을 보충하려 하다가 경문(經文)의 한 덩어리로

---

25) [율곡집 1](서울, 민족문화문고 간행회, 1984), p.531.

26) 위의 책, p.515.

자연스럽게 이루어진 것을 끝내 무너뜨려서, 옮기거나 바꿀 수 없다는 것을 몰랐던 것이다.

대학의 도는 '명덕을 밝히는 데 있다'는 데서부터 바로 '천하를 평정한다'는 데까지 격치설(格致說)이 아닌 것이 없다. '대학의 도는 명덕을 밝히는 데 있으며 백성을 바르게 하는 데 있으며, 지선(至善)에 머무르는 데 있다.'는 것은, 대학의 도가 다른 데 있지 않고 오직 이 세 가지에 있음을 말하는 것으로, 그 밑에 성의, 정심, 수신, 제가, 치국평천하는 곧 명덕 신민의 조목이요, 지선에 그친다는 것은 그 안에 있기 때문이다.

이는 '선유(先儒)들이 이미 정해 놓은 설명이니, 후학들이 그 만 분의 일도 엿보지 못하고, 어찌 감히 그 사이에 가벼이 논할 수 있겠는가?'[27] 라고 하였다.

## 6) 문묘에 배향된 이언적

광해군 2년, 김굉필, 정여창, 조광조, 이언적, 이황 등을 문묘에 종사(從祀)하는 일로 교서를 내렸다.

"하늘이 대현(大賢)을 낸 것은 우연치 않는 일이다. 이는 실로 소장(消長; 쇠하고 성함)에 관계되는 일이다.

우리 동방을 돌아보건대 나라가 변방에 치우쳐 정학(正學)의 종지를 전수받은 일이 드물었다. 기자, 신라시대를 지나 고려 말에 이르기까지 천 년 동안에 겨우 포은(정몽주) 한 사람을 보게 되었을 뿐이었다.

우리 조종께서 거듭 인덕을 베푸시는 때를 만나 참으로 문명을 진작시키는 운세를 맞게 되었다.

김굉필, 정여창, 조광조, 이언적, 이황과 같은 다섯 신하가 나오게 되었는데 이들이야말로 염낙관민(濂洛關閩; 염계 주돈이, 낙양의 정호 정

---

27) 유성룡, [서애집](서울, 민족문화추진회, 1986), pp.90-91.

이, 관중의 장재, 민중의 주희)의 제자(諸子)가 전한 것을 터득하고 격물치지, 성의 정심(格物致知, 誠意 正心)의 공을 이룩한 이들이다.

이들 다섯 현신을 문묘의 동무(東廡)와 서무에 종사하기로 하였다.

이 나라의 어진 대부들은 누구나 모두 상우(尙友; 옛 성인을 벗 삼는 일)하는 마음을 가질 것이고 우리 당의 문채 나는 소자(小子)들은 영원히 그 본보기로 삼고자 할 것이다."(대제학 이정귀가 지어 올렸다)[28]고 하였다.


## 3. 훈구대신으로서 이언적

회암은 현자로서 성리학자들의 모범이 되어 문묘에 배향되었다. 하지만 그의 훈구대신으로서 활동도 결코 간과할 수 없다. 선조는 이러한 그의 행동이 못마땅했던지 기어이 문묘배향의 결단을 내리지 않았다.

과연 그의 훈구대신으로서 활동이 어떠했는지 몇 가지 중요한 사례를 들어 차례로 살펴보겠다.

우선 기묘사화를 전 후한 이언적의 행적을 살펴보면,

중종 13년, 그는 망기당에 몇 차례 답서를 주고받으면서 성리학을 연마하였다. 바로 그다음 해(중종 14년)에 기묘사화가 일어나, 수많은 선비들이 억울하게 죽어 갔다.

당시 삼공, 육경에서부터 성균관 유생에 이르기까지 조정의 대소 신하가 모두 나서서 그의 목숨을 구하려고 총동원된 바 있다.

그 2년 후 신사무옥(辛巳誣獄)이 일어나 안당, 안처겸, 안처근 세 부자(父子) 등을 중심한 안씨 가족들이 무더기로 처형되었다.

기묘사화 당시 회재는 조부상을 당하여, 3년 상을 치르는 중이었고,

---

28) 광해군 일기 33권, 광해군 2년, 9월 5일 7번째 기사.

신사무옥 때는 경연의 사경(司經)과 춘추관의 기사관(記事官)을 겸하고 있었다.

회재는 이 억울하고 중대한 두 사건이 진행되는 동안, 마침 상을 당하여, 자신의 몸을 보전하였다. 이언적의 조정활동은 대개 그가 모친의 상을 치른 후의 일들이다.

## 1) 조광조의 유습에 관한 논쟁

정암이 사사된 후, 남곤 등 훈구대신들은 걸핏하면 '조광조의 유습(못된 버릇 혹은 예부터 해오던 버릇)이 있다.'고 하면서 말문을 막아 문제가 되었다. 회재는 사헌부 장령으로서 이 일을 들고 나왔다.

이언적이 이항(李沆)과 그를 영구(營救; 죄인을 구하려는 일)한 정광필(鄭光弼)을 체임시킬 것을 아뢰었다. 즉

대간(사헌부, 사간원의 총칭)이 아뢰기를,

"이항은 집정 재상으로서 지난날의 풍습(조광조 때를 가리킴)이 남았다고 핑계하여 아뢰었습니다. 이는 대간으로 하여금 말을 못하게 한 것뿐 아니라 사림을 해치려는 것으로 국가 위망(危亡)에 관계된 일입니다.

예부터 권신이 자기의 술책을 성사시키려면 반드시 이렇게 했으니 하루라도 조정에 있게 할 수 없습니다. 속히 찬축(먼 곳에 귀양 보내 쫓아냄)하소서."

"조광조 등은 궤격(언행이 상도를 벗어남)한 것으로 정사를 어지럽히다가 그 당여와 함께 모두 쫓겨나 죽고 귀양 갔습니다. 이제 더 이상 궤격한 습관이 있을 수 있겠습니까?"[29] 하였다.

이에 대하여 좌의정 정광필, 우의정 심정, 좌찬성 김극핍 등이 아뢰기를,

"근일 이항이 아뢴 뜻은 신들이 품고 있던 일입니다. 이 마음을 누군

---

29) 중종실록 59년, 중종 22년 8월 13일 2번째 기사.

들 가지고 있지 않겠습니까.

공론은 대간에게만 있는 것이 아닙니다. 재상도 생각하는 바가 있으면 또한 말할 수 있습니다."30) 하였다.

장령 이언적이 아뢰기를,

"이항이 공론을 억압하므로 대간이 바야흐로 논계하는데 대신(정광필 등)이 도리어 영구(營救; 죄인을 구해 내려는 일)하므로 서로 대립하게 되어 공론이 행하지 못하게 되었으니 재변이 거듭 일어나는 것이 괴이할 것이 없습니다."고 하자,

정광필이 아뢰기를,

"근일에 대간이 신을 이항을 영구하고 대간을 억압하였다고 말하나 신은 실로 알 수 없는 일입니다."31)라고 말하여 논쟁이 거듭되었다.

이 일이 일어난 두 달 후, 이언적 등 대간은 이줄(李茁)의 문제로 결국 모두 체임(교체)되었다.

왕이 영의정 정광필에게 전교하기를,

"근일에 헌부가 이줄의 일을 가지고 여러 날 사피(辭避; 사양, 거절)하면서 매우 시끄러우니 대신이 어찌 모르겠는가?

이줄의 일을 정계(停啓; 사헌부에 기록된 죄인의 명단에서 이름을 삭제함)한 것을 이언적이 같이 앉아 있었으면서도 듣지 못하였다고 한다.

다른 사람들은 모두 들었는데 이언적이 홀로 못 들었다는 말은 온당치 않다. 또 이언적이 오늘 사직한 뒤에 전교를 기다리지 않고 까닭 없이 물러간 것은 매우 체신을 잃은 일이다." 하였고,

정광필도 같은 뜻으로 이언적의 온당치 못함을 아뢰어 결국 대간들 모두가 체임되었다.32)

---

30) 중종실록 59권, 중종 22년 8월 14일 2번째 기사.
31) 중종실록 59권, 중종 22년 9월 10일 1번째 기사.
32) 중종실록 59권, 중종 22년 11월 2일 4번째 기사.

독자의 편의를 위하여 잠깐 이줄의 일을 간단히 알아보자.

이줄은 연산조 말, 광주 목사로 있으면서 이과(李顆)와 함께 따로 반정을 일으키려 하다가 박원종 등이 선수를 써서 좌절된 일이 있다.

그 후 대간, 홍문관에서 끊임없이 그를 탄핵하였는데, 간원이 올린 차자는 대략 다음과 같다.

"이줄은 음흉한 꾀와 간사한 계교를 잘하여 항상 선량한 선비를 모해하는 것으로 일을 삼았습니다. 지난 무진년(중종 3년)에 사류를 죄에 빠트리고 조정을 괴란시키려 하였으니 중죄로 결단했어야 했습니다.

그런데 가까운 땅에 유배하였으니 실망하였습니다. 원컨대 급히 그 직을 거두고 도로 배소로 안치하소서."[33] 하였다.

다시 본론으로 돌아가서,

이언적 등이 제기했던 '조광조의 유습'에 관한 이야기는 그 3년 전인 중종 19년의 기록에서도 볼 수 있다.

당시 남곤, 권균, 이유청 등 삼정승이 김안로를 탄핵하여 멀리 풍덕으로 귀양 보냈다. 그 이유는 그가 의논 일으키기를 좋아하고, 붕선을 하기 때문에 조정의 시비가 엇갈리고 불안하다는 것이었다.

당시 영사 정광필은 김안로가 '조광조의 유습'이 있다고 하여 왕의 신속한 결단을 촉구하였다.[34]

이에 관하여 [사신]은 '남곤이 분개했다', '남곤이 모의했다', '죄상이 뚜렷하지 않다'는 등 여러 말들을 나열한 바 있다.[35] 김안로 편에 자세히 썼다.

이언적이 대간으로 있으면서 감히 삼정승의 권위에 도전한 일은, 앞의 김안로의 경우와 비교하면 충분히 탄핵의 구실이 된다. 그럼에도 체직

---

33) 중종실록 11권, 중종 5년 4월 28일 5번째 기사.

34) 중종실록 52권, 중종 19년 11월 2일 1번째 기사, 동 11월 3일.

35) 중종실록 52권, 중종 19년 11월 18일 5번째 기사.[사신은 논한다]

정도의 가벼운 조치로 끝난 것을 보면, 그는 운이 좋았거나 특별한 수완
이 있었던 모양이다.

## 2) 회재와 성색(聲色)

야사에 의하면, "회재는 충성하고 효도한 사람이다. 옛글을 많이 읽고
글을 잘 지었다. 하지만, 집에서는 부정한 여색을 멀리하지 못하고, 조정
에서는 도를 행하는 책임을 행하지 못하였다."[36]고 했다.

[율곡집] '어록'에서도,

"축색(蓄色; 첩을 얻은 일)한 일과 을사년 일에 회재와 퇴계가 같이
과실이 있는데, 선생은 회재만을 허물하니 어떤 일입니까?" 하고 물었다.

율곡이 한참 있다가 대답하기를,

"대저, 사람을 보는 도리는 성덕(成德; 덕을 닦아 성가함)된 후와 인
격이 아직 성덕되기 전을 분간하여야 한다. 퇴계의 실수는 연소한 시기
에 있었지만 회재는 이미 늙고서 이 실수가 있었으니, 이래서 분별이 없
을 수 없는 것이다."[37]고 하였다. 퇴계 이황은 27세 때 상처를 하고 3년
후(당시 30세) 재혼했는데, 그다음 해 6월에 서자 적(寂)을 낳았다.[38]

회재는 아직 어리고 약한 세자를 가르칠 때에도, 꼭 여색을 멀리해야
한다는 말을 빼놓지 않았다.

회재가 세자시강원 문학으로 있을 때, 세자의 학문에 관하여 아뢰면서,

"사람의 심정을 가지고 말한다면 성색(聲色; 노래와 여색)이란 것은
사람이 빠지기 쉬운 것입니다. 옛사람이 '혈기가 아직 정하여지기 전에
경계해야 할 것은 여색이다' 하였습니다. 절도 있게 이를 지도하는 것이

---

36) [연려실 기술 3], p.85.
37) [율곡집 1](서울, 민족문화추진회, 1981), p.538.
38) [퇴계집 2] 퇴계연보(서울, 민족문화추진회, 1977), p.177.

필요합니다."39) 하였다.

또 그가 죽음을 앞두고 귀양지에서 쓴 [진수팔규]에서도, 세자를 잘 배양해야 한다고 한 말 가운데에, "부정한 사람, 부정한 여색, 부정한 소리 등을 태자의 이목에 접해서는 안 됩니다"40)고 강조하였다.(그 세자는 그 뒤 얼마 안 되어 죽었다)

그럼에도 정작 자신은, 앞서 지적한 바와 같이 여자관계가 깨끗하지 못했다. 그 내용을 예를 들어 소개하면, 장령 이언적이 아뢰기를,

"어제 석련(石連)이, 신(臣; 이언적)을 가리켜 권상의 종(婢)을 첩으로 삼아 집에 두었다고 했다는 말을 듣고 지극히 놀랐습니다.

아무리 생각해도 신은 평생 사비(私婢)를 첩으로 삼아 집에 둔 일이 없습니다. 다만 지난 임오년(중종 17년)경에, 사평(司評) 이면(李勉)의 집에 가서 그의 인척되는 여자와 잠을 잤던 일이 있습니다. 그 뒤로는 아주 왕래하지 않았습니다. 빨리 체직시키고 죄를 다스리소서."41) 하였다.

그리고 회재는 기생첩을 얻어 이전인을 낳았는데, 그녀가 아들을 임신한 채 다시 조윤손의 첩이 되었다. 김안로 편에 있다.

석련의 말이 사실이 아니라 해도, 이면의 인척 여인이나 이전인의 어머니인 기생 첩 등 회재의 여자관계는 도시 그의 말과 다르다.

## 3) 회재의 좌천과 파직, 전원생활

좌천과 파직

회재는 사간원 사간에서 두 달 만에 성균관 사예로 좌천되었다.

그 이유로 야사에서는,

---

39) 중종실록 59권, 중종 22년 8월 25일 1번째 기사.
40) 명종실록 33권, 명종 21년 9월 4일 3번째 기사.
41) 중종실록 65권, 중종 24년 2월 3일 2번째 기사.

"이언적이 밀양부사에서 사간이 되어 부름을 받고 서울에 도착하던 날, 먼저 박소(朴紹)를 찾아갔다가 지키던 자(김안로의 당여)에게 발각되어, 얼마 안 되어 탄핵을 받았다."[42]

"김안로가 처음으로 귀양지에서 올라오자 맨 먼저 이언적, 박소를 내쫓고 임권도 배척했으니 이들이 아마 강직하여 꺼려한 것이었다."[43]고 하였다.

최근 발간된 회재에 관한 서적을 보면,

"김안로는 경북 영주 사람이다. 그는 심정 일파와 각축을 벌이며 권력다툼에서 승리한다. 그가 심정을 사사시키며 정계에 등장한 것은 이언적이 사례로 좌천된 바로 그 시기이다."는 글이 있다.[44]

회재가 탄핵된 것은, 박소를 만났다가 지키던 자에게 발각된 때문이 아니다. 그는 정상적인 업무를 수행하다가, 박운의 사건을 잘못 알고 동료를 모함한 결과가 되어 부득이 물러난 것이다.

김안로는 영주 사람이 아니다.

그의 집안은 대대로 서울에 거주하였고 다만 그의 부친이 지병이 있어 그곳에 잠깐 머물렀을 뿐이다. 그리고 이언적이 체직된 것은 중종 26년 1월이고 심정은 같은 해 12월에 사사되었다.

"심정이 사사된 것은 중종이 항상 그를 죽이려는 마음을 가지고 있다가 특별히 그 기회를 보아 행한 것이라"는 등 기록도 있다.[45]

또 "김안로가 '아무리 보아도 군자는 될 수 없는 위인이다'는 말을, 회재가 윤안인, 윤인경 등을 붙잡고 이야기했다"는 글이 있다.[46]

회재가 진정 군자라면 하필 두 윤씨 같은 사람들과 흉금을 털어놓고

---

42) 기재잡기, [연려실기술 2], p.436.
43) 기묘당적보, 위의 책, p.437.
44) 이종호, [회재 이언적](서울, 일지사, 2001), pp.47-48.
45) 야언별집, [연려실기술 2], p.461.
46) 이종호, 앞의 책, pp.48-49.

그런 말을 했을까 의심이 든다. 만일 그 이야기가 사실이라면 회재도 이들과 같은 위인에 불과하다.

참고로 이들 두 윤씨의 행적을 간단히 열거해 보면 다음과 같다.

윤안인:

윤안인은 윤원형의 당숙이고 그의 가장 가까운 당여였다.

그는 김안로가 힘이 있을 때, 그에게 뇌물로 바친 노루가 부패되어 말썽을 일으키자, 노루를 전달한 자를 귀양 보낸 일이 있다.(당시 윤안인은 충청감사였음)[47] 그 후 그는 김안로 제거에 앞장섰지만 그도 역시 오래 살지 못하고 죽었다.

윤안인이 호서의 안찰사로 갔다가 공주의 기생과 눈이 맞아 데리고 와서 같이 살았는데, 그의 아내가 질투하다가 병이 나서 죽었다.

조정의 관료들은 모두 그를 싫어하였는데 그가 병이 나서 수일 만에 죽었으나 아무도 슬퍼하는 사람이 없었다. 그는 사람됨이 경솔하고 거짓말을 잘했기 때문에 중망을 얻지 못했다.[48]

이 글은 자신의 당질인 윤원형과 이기가 실록 편찬의 [사신(史臣)]의 기록으로 쓴 것이다.

윤인경:

"윤인경은 을사사화 때 화복(禍福)에 겁을 먹고 여러 흉악한 자들과 함께 사림을 죽이기에 힘쓴 위인이다.

사림을 얽고 모함한 것이 거의 이기(李芑)와 다름이 없었다. 한결같이 이기의 뜻만을 따르기를 마치 노예와 같이하였다. 이에 사람들이 모두 침을 뱉으며 욕을 했다."[49]는 기록을 보면 대개 이들의 인품을 알 수 있다.

---

47) 중종실록 94년, 중종 36년 2월 26일 1번째 기사.
48) 중종실록 88권, 중종 33년 9월 2일 2번째 기사.
49) 명종실록 8권, 명종 3년 7월 19일 2번째 기사.

본론으로 돌아가서 [실록]에 기록된 회재의 좌천 사유는 다음과 같다.

정언 나숙이 아뢰기를,

"정언 채무역이 요즘 실수한 것이 있고 의논이 공평치 못하니 체직시키소.서" 하니, 왕이 체직하라고 전교하였다.[50]

그 다음날, 홍문관 부제학 황사우, 직제학 허흡, 부응교 황염, 교리 박홍린과 이임, 수찬 엄흔, 박사 소봉, 저작 김노 등이 아뢰기를,

"신들이 들으니 어제 사간원이, 채무역이 박운의 일을 논한 것이 공평치 못하다는 것으로 체직하라고 논박했다 합니다. 그러나 박운은 이미 그 실정을 자복하여 그 죄가 정해졌으니, 박운의 말이 사실입니다. 대간이 듣고 본 바에 따라 아뢴 것인데 이를 공평하지 못한다고 논박한 것은 언로에 크게 방해되어 뒤 폐단이 많습니다. 속히 파방(발표를 취소함)하소서." 하니, 왕이 전교하기를,

"박운의 일은 사정이나 죄상으로 볼 때 의심의 여지가 없다."하였다. 김안로편에 있다.

사실은 사간 이언적과 정언 나숙이 함께 의논드리기를, '전날 채무역이 박운을 논한 것은 공론이 아니라 김기(김안로의 장남)의 부탁을 받고 한 짓이다.' 하였다.

들리는 말로는 김기의 처가와 박운 사이에 쟁송이 있어 김기가 남몰래 이를 채무역에게 사주하여 부탁했다 한다.[51]

하지만 이들이 아뢴 것은 어디까지나 들리는 말, 즉 풍문에 불과한 것이고 박운은 당시 국가의 중대한 범죄인 분경죄(뇌물죄)를 자백한 범인이다.

왕은 전교하기를, "박운을 정상 참작 없이 법대로(장 일백에 유 삼천리) 죄 주라" 하였고[52] 뇌물을 받은 이항도 추고하라 명하였다. 즉

---

50) 중종실록 70권, 중종 26년 1월 11일 3번째 기사.
51) 중종실록 70권, 중종 26년, 1월 11일 3번째 기사.[사신은 논한다]

"근래 분경(뇌물)이 풍속을 이루어 뇌물이 공공연히 행하여지고 있기 때문에 이 일로 이항을 추고하니, 이 사람의 죄는 다스리지 않을 수 없다."고 일렀다.53)

회재가 박운의 죄를 논한 동료(채무역)의 체직을 청한 것은 큰 실수였다.

박운은 박원종의 외아들(비록 서자이지만)로, 그 막대한 재산을 물려받았다. 박운은 보화와 재물을 이항에게 주고 응사(鷹師; 매를 관장하는 벼슬)를 받았다가 탄로가 났다. 이 일로 이항도 유배되었다.54)

홍문관에서는 바로 그 후속 조치로 이언적의 파직을 청하였다.55) 그리고 사헌부 집의 윤안인, 장령 황헌과 정만종, 지평 송인수와 김치문 등이 직분을 다하지 못한 죄를 들어 체직을 청하였고, 이어서 사간원 사간 강현, 헌납 박홍린, 정언 김광진 등 대간들이 줄을 이어 체직 상소를 올렸다.56)

박운의 뇌물 사건은, 이처럼 조정 내에서 상당한 파장을 일으켰던 문제였다. 당시 김안로는 유배지에서 돌아와 왕의 눈치만을 보며 기다리고 있는 형편이었기 때문에 아마 이들의 일에는 거의 관심이 없었을 수도 있다.

훗날 야사나 역사 소설 등에서, '이언적이 김안로의 미움을 받아 파직되었다.'는 글들을 자주 볼 수 있다.

채무역이 김기(김안로의 아들)의 부탁을 받고 죄 없는 박운을 다스렸고, 이언적은 그 일로 체직을 청했다가 김안로의 미움을 샀다는 것이다. 하지만 박운은 분명 큰 죄를 범했고, 이언적은 그 일로 파직되었다. 김안로가 회재를 미워했다는 것은 확인할 수 없는 추측에 불과하다.

---

전원생활

관직에서 파직된 후 이언적은 고향 경주로 돌아갔다. 고향 마을 자연
과 벗 삼아 보낸 6년은 그의 나이로 보면 아마 학문에 모든 정력을 쏟
을 수 있는 황금의 40대(41세-47세)였다. 하지만 그동안 회재는 그곳에
건물을 짓고 시를 읊으며 세월을 보냈다. 그 건물의 이름은 독락당으로
현재까지 보존되어 있다. 이에 관하여 이종호 박사가 쓴 글을 인용하면
다음과 같다.

"독락당은 앞에서 소개한 바와 같이 그 규모가 상상한 것보다 크다.

항상 절략과 검소를 강조하던 회재의 지론과는 맞지 않는 호화로움도
있어 보인다.

그 집의 규모가 그토록 큰 것은, 아마도 노모(老母)를 끔찍이 생각하
던 효심 탓으로, 이곳에서 살면서 생애를 마치리라 생각하고, 거느리던
노비들이 많았기 때문에, 당시 회재 정도의 고관직을 역임한 사람으로서
보편적인 규모일 수 있다." 등 네 가지 이유를 열거하고 있다.[57]

회재는 그로부터 10년 후 그가 경상도 관찰사로 있을 때, 또 99칸짜
리 집을 지었다.(앞 편을 참조)

한편, 그를 미워했다는 이른바 권신 김안로는 그 무렵 대제학에 추천되
었을 때, 임금께 올린 체직 상소에서, 다음과 같은 말을 한 바 있다. 즉

"시골에 물러가 농사지으면서 여생을 보전하는 것이 마땅하나 생활할
만한 전토와 집이 없으므로 서울에 숨어 살면서 문을 닫고 들어 앉아
있었다."고 하였다.[58]

그럼에도 [사신]은 회재를, "청렴, 근검하고 학문을 좋아하고 임금을
사랑하고 나라를 걱정하는 것을 자신의 임무로 생각하고 있었는데 권간
에게 밉게 보여 시골로 물러가 있었다."[59]고 하면서 극찬하고 있다.

---

57) 이종호, 앞의 책, p.188.
58) 중종실록 72권, 중종 26년 12월 24일 1번째 기사.

이언적은 원래 도량이 넓고 멋이 있는 성품이어서, 그의 주거지도 역시 넓고 멋있게 차리고 싶었는지 모른다.

## 4) 전주부윤 이언적이 올린 상소

김안로 사사 후, 회재는 바로 임금의 부르심을 받아, 홍문관 교리, 응교, 직제학 겸 경연 시강관을 거쳐 전주부윤에 부임했다. 전주부윤 때 회재가 나라를 다스리는 방법에 관한 상소문을 올렸는데 그 주요 내용을 발췌하면 다음과 같다.

"임금은 그의 지극한 덕이 하늘에 닿아야 합니다.(王者, 配天立極)

대개 임금의 덕은 '공경하면 순일해지고 게으르면 그렇지 못하게 되므로' 길흉과 재상(災祥; 재앙과 복됨)이 오는 것은 임금의 덕에 달렸습니다. 천심에 순응하고, 천견(天譴; 하늘의 꾸짖음)에 보답하는 것 또한 어찌 공경하여 한결같은 덕을 가지는 데서 벗어나겠습니까?

대체로 나라를 다스린 데는 하나의 강령이 있고 열 개의 조목이 있습니다.

하나의 강령이란 임금의 심술(心術)입니다.

열 개의 조목 중 그 첫째는, 가정을 엄하게 다스리는 일입니다.

가정을 바르게 하자면 내외(內外)의 한계를 엄하게 하고 존비(尊卑)의 분수를 명백히 하는 것이니, 부부의 분별과 적서(嫡庶)의 분수가 분명해야 합니다.

둘째는, 세자를 보호하는 일입니다.

세자를 교도하고 가르치는 일은 경사(經史)의 강독뿐 아니라, 학문이 몸에 배도록 함양하고 훈도(薰陶; 덕으로 사람을 감화함)하여 그 도를 터득하게 하는 것입니다.

---

59) 중종실록 92권, 중종 34년 10월 20일 2번째 기사.

셋째는, 조정을 바르게 하는 일입니다.

먼저 기강을 확립하고 풍절(風節; 거룩한 몸체와 절개)을 진작하는 일, 그리고 상하가 잘 다스려져서 인도(人道)가 정제(整齊; 단정하게 갖추어짐)되면 퇴폐하거나 쇠하여지지 않습니다.

넷째는, 용사(用捨; 취하여 쓰거나 버리는 일)를 신중히 하는 일입니다. 어진 사람을 임용하고 간사한 사람을 멀리해야 합니다.

다섯째는, 천도(天道)에 순응하는 일입니다.

하늘의 살리기 좋아하는 덕을 본받아, 형벌을 신중히 해야 합니다.

여섯째는, 인심을 바르게 하는 일입니다.

대개 인심의 옳고 그름은 교화(敎化)의 득실에 달려 있습니다. 교화가 밝으면 사람들은 모두 선한 데로 향하고 의로움을 사모하게 되며, 그렇지 않으면 사람들은 이(利)로움만 따르고 의로움을 버려 인심이 바르지 못합니다.

일곱째는, 언로를 넓히는 일입니다.

중론(衆論)을 폭넓게 받아드리고 여러 사람의 말을 널리 들어서 동이(同異)를 참고하여 중도를 가려 써야 합니다.

여덟째는, 사치와 욕심을 경계하는 일입니다.

전하께서는 세월이 흐르면서 점점 사치하는 뜻이 열려, 궁궐의 기완(器玩; 구경이나 취미용 골동품 등)이 지나치게 화려하고 왕자의 저택도 크고 또한 화려하여 낭비하는 것을 절제할 수 없게 되었습니다. 백성은 세금 내기에 곤욕을 격고 계속 영선(營繕)에 노역으로 동원되어 지쳐 있는 형편입니다.

아홉째는, 군정을 닦는 일입니다.

예부터 태평 시에도 성군들이 유념한 군정은 유비무환(有備無患)입니다.

군정에서 힘쓸 것은 장수 선출, 군졸 훈련, 군비비축, 병기 점검, 성곽 수축 등 다섯 가지였습니다. 그러나 군정의 근본은 역시 화합과 믿음입니다.

특히 보인(保人)의 수를 늘려 번휴(番休; 당번의 휴식)를 편하게 해야 합니다.

여기서 보인이란 정병(正兵)의 농작을 도와주는 보조병의 일종으로 후에는 쌀과 베를 대신 바쳤다.

열째는, 기미를 살피는 일입니다.

기미라는 것은 동(動)의 조짐이요 길흉에 앞서 나타나는 것입니다. 천하 국가의 치란 성쇠(治亂 盛衰)에 대한 발단은 모두 지극히 작은 것에서 시작되어 막을 수 없는 데까지 이르는 것입니다.

임금이 진실로 깊이 생각하고 멀리 보아, 자기에게로 돌이켜 정관(靜觀)하면서 늘 생각의 기미에, 삼가고 싹트려 하는 시초를 깊이 살펴야 합니다. 천리의 기미와 인욕의 나누임을 성찰하여 재해를 미리 예방하는 공부를 확충시키면 마음에 밝은 빛이 넘치고 어두운 그늘은 소멸될 것입니다."[60]하였다.


이 상소문의 내용을 보면,

첫째로 유난히 하늘의 명(天之命)을 많이 인용하고 주장했다.

마치 하늘에 뜻이 있고 하늘이 모든 것을 주재하는 유의 유위(有意有爲)의 유신론자와 같다. 그 용어만 해도, 배천(配天), 천지도(天之道), 천명(天命), 천위(天位), 천도(天道), 천직(天職), 경천(敬天), 신인협화(神人協和), 천지감응(天地感應), 천리(天理), 천심(天心), 천운(天運), 천덕(天德), 천자(天者), 천계(天戒), 천궤(天詭) 등 하늘에 관련된 말들이 다수 등장하고 있다.

[논어] 위정편(爲政 第二)을 보면 공자는 말하기를,

"오(吾)는 오십이 지천명(五十而知天命)이라" 했다.

---

60) 중종실록 92권, 중종 34년 10월 20일 2번째 기사.

여기서 오(吾)는 공자 자신이며, 다시 말하여 자신과 같은 스승이요.
성인(聖人)의 입장에서, 나이 50에 겨우 천명을 알 수 있었다는 뜻이다.

하지만 보통 군자의 경우, "천명을 두려워하라(畏 天命)"[61] 혹은 "명
(命)을 모르면 군자가 아니다(不知命 無以爲君子也)."[62]라는 구절이 있
을 뿐이다.

요즘 사람들은, 50이 되면 흔히 지천명(知天命)의 나이라고 한다. 하
지만 그 구절의 정확한 뜻은 공자와 같은 특수한 인물, 즉 성인을 전제
로 한 것이고 범인(凡人)들은 해당되지 않는 말이다.

공자는 신(神)에 관하여 말하지 않았다. 그리고 '사람의 일도 잘 모르
는데 어찌 귀신의 일을 안다고 하겠는가' 하였다.

[근사록]에서도, 천하만상(天下萬象)은 모두 원기(元氣)의 현상으로 만
들어진다. 음과 양 두 기운의 순환이 계속되어 천지의 대의가 확립되는
것이다.

귀신이란 음과 양의 두 기(氣)의 뛰어난 기능이라고 했을 뿐이다.[63]

회재가 망기당과의 논쟁에서 인용한 태극도설(太極圖說)도 유신론은
아니다.

태극의 이(理)와 음양의 양의(兩儀)를 낳는 기(氣)는 단지 자연현상의
조화에 관한 것이며 신(神)이 존재하여 세상을 주재한다는 뜻과는 다르다.

회재가 천명, 천도 등 용어를 자주 사용한 것은 아마도 한대(漢代) 유
교를 이론화했던, 동중서(董仲舒; B.C. 179 - A.D. 104)의 천 이론(天 理
論)에 의하여 영향을 받았는지 모른다.

풍우란(馮友蘭)에 의하면 '동중서의 천명 이론'은 '제왕(帝王)의 권위
를 옹호해 주는 동시에 또한 제왕의 역할에 제한(制限)을 가한다.'[64]고

---

61) [논어] 계손씨 제 16.
62) [논어] 요왈 제 20.
63) 주자, [근사록], pp.60 - 62.
64) 풍우란, 정인재 역, [중국 철학사](서울, 형설 출판사, 1989), p.263.

하였다.

제왕은 항상 하늘의 징조를 지켜보고 그에 따라 행동해야 한다.

기상 이변이 통치자를 불안하게 할 때, 자신의 정책을 반성하고 이를 개혁하려는 것은 한대(漢代) 제왕들의 관습이 되었고, 정도의 차이는 있지만, 후대 모든 통치자들의 관례가 되었다.[65]

회재의 배천(配天), 천도(天道) 등 주장도 바로 이러한 역사적 사실에 바탕을 두고 있다. 정유년 사건 이후의 불안정한 조정 상황에서 중종의 권위를 높이고, 또 한편으로는 왕이 사람의 목숨을 함부로 다루는 데 대한 경각심을 주겠다는 뜻이 함축되어 있었을 것이다.

둘째로, 정유년 사건에 관한 일을, 마치 사화나 역모 사건을 처단한 것처럼 말하고 있다. 그 몇 구절만 열거하면,

"삼가 간사한 무리를 제거하신 뒤로 전하의 마음이 해가 중천에 있는 것 같아서 그늘진 곳이 모두 없어졌으니,

오늘날 나라의 형편이, 비유하자면 위장이 곪아 거의 목숨이 위태로웠다가 겨우 다시 살아난 사람과 같으므로 사독(邪毒)은 비록 제거되었다 해도,

뒤이어 음흉하고 간사한 자가 권세를 잡고 정치를 어지럽히는 화가 있었습니다.

얼마 전 사림에서 우익지설을 빙자해서 음흉하고 간사한 무리의 괴수를 끌어들여 사부의 자리에 앉혀 놓았으니,

지난번 간흉이 자격도 없이 자리에 앉아 은총을 믿고 제 마음대로 하여 아랫사람의 말을 막고 위의 총명을 가렸습니다.

간신이 임금을 업신여기는 마음을 길러 오로지 제 마음대로 처단하였습니다. 온 조정이 위력을 따라 그리로 쏠려 심지어는 남에게 뒤질세라

---

65) 위의 책, p.263.

붙좇으면서도 그것이 잘못인 줄 몰랐으니, 인심이 바르지 못하고 사풍이 허물어졌습니다." 등 더러운 말들이 마구 쏟아져 나왔다.

이 말들은 현자인 회재가 아니라, 마치 패도 무식한 윤원형, 이기 같은 사람들이나 할 수 있는 어투이다.

정말 김안로가 자격도 없이 자리에 앉았고, 임금을 업신여기고, 나라를 어지럽혔던 암적 존재였던가.

그가 제거된 뒤에는 그늘진 곳이 모두 없어지고, 위장 수술을 한 것처럼 병이 치료되었으며, 정말 세자는 잘 보호되고 교육되었던가.

아니면, 더 간사하고 무능하고 사독한 사람들이 궁중에 들어와, 이제는 마음 놓고 조정을 어지럽힌 것이 아니던가. 동궁에 불을 지르고, 사화를 일으켜 수많은 사람들을 죄 없이 죽이고, 바야흐로 혼돈의 명종 20년을 시작하는 단계에 들어가고 있는 것이 아니던가?

회재의 입장에서 생각해 보면, 그가 억울하게 파직된 일 때문에 그 일로 김안로를 폄하한 것은 물론 아니라고 생각한다.

다만 당시 왕 주변에는 아직도 억울하게 죽어간 김안로의 그림자가 남아 있어, 불안한 조정을 하루속히 안정시키기 위하여 그를 '간사하고 흉사한' 권신으로 몰아세우는 일이 필요했을지도 모른다.

셋째로, 나라를 다스리는 현실적인 방법으로 힘써야 할 공무(功務) 열 조목을 제시하였으나 그 또한 애매모호하여 구체성이 없다.

회재는 일강 십목(一綱十目) 중, 국본(세자)을 보도(輔導; 보좌와 교육)하는 일, 조정을 바르게 하는 일, 인사(혹은 用捨)를 신중히 하는 일, 천도에 순응하는 일 등을 열거하였다.

이를 좀 더 구체적으로 말하여, 세자 교육은 '우선 사리에 맞는 교육이 중요하고', 인사는 무엇보다 '어진 이를 임용하고 간사한 사람을 제거하는 것이 중요하다.'고 하였다. 그것이 결국 천도에 순응하고 조정을 바르게 하는 길이다.

그런데도 '지난번 간흉이 자격도 없이 제 마음대로 하여 총명을 가렸고, 사림이 기운을 잃었고, 기강이 흔적도 없이 사라졌고, 종사가 위태로웠다.

전하께서는 위에 고립되어 있었는데 누구하나 나라를 위하여 죽을 각오로 직언과 정론을 펴 간사한 무리를 물리치려 하지 않았다.' 그래서 지금은 왕도가 탕평하여 조정이 약간 화합되었다[66]고 하였다. 하지만

첫째, 세자에게 진리의 이해와 도덕원리의 실천을 가르친 일만 가지고 그의 목숨이 보전된 것은 아니었다.

야사를 보면 회재가 김안로에 관하여, "동궁(후의 인종)으로 말하면 온 나라 백성들이 모두 마음으로 기대하는 터인데 하필 김안로가 꼭 있어야 편안하단 말이요."라 했다 한다.[67] 김안로가 제거된 뒤, 동궁에 불이 났을 때, 아무도 그를 보호하고 옹호한 사람이 없었거늘 온 나라 백성의 마음이 무슨 도움이 될 수 있었을까.

둘째, 회재가 힘써 강조하고 있던 어진 이와 간사한 사람의 기준도 너무 편의적이다. 간사한 자와 소인일수록 상대방을 폄하해 온 것이 우리의 전통이었다.

셋째, 회재는 정유년 당시 조정이 위태로웠고 전하가 고립되었다고 했다.

바야흐로 윤원형의 당여들이 왕비의 수족이 되어 서서히 나라의 기강을 무너뜨리고 있는데, 회재는 오히려 왕도가 탕평하여 조정이 화합되었다고 하였다.

참고로 당시 정승들의 면모를 보면,

"중종이 승하할 때까지 정승의 자리를 지켰던 홍언필, 윤은보, 윤인경을 그때 사람들이 수문삼공(守文三公)이라 했다." 한다.

"그들은 정승 자리를 지키고 있으면서 일을 건의하여 밝히는 일도 없

---

66) 중종실록 92권, 중종 34년 10월 20일 2번째 기사.
67) [연려실 기술 2], p.437.

고, 자리보전에만 급급했기 때문이다."[68]

홍언필은 부화뇌동(附和雷同)할 뿐 의견을 달리하지 않았고,[69] 윤은보
는 정승 10년 동안에 건명한 것이 없고, 만년에는 비첩에게 빠져, 시정
의 하찮은 백성들까지도 청탁을 해왔다[70]는 기록이 있다. 회재는 이들과
호흡을 맞추어 사건이 발생할 때마다 그들과 같이 자리하였고, 그 이름
이 빠지지 않았다.

## 5) 동궁의 화재에 대한 회재의 상소

중종 37년 12월 27일, 회재는 병상에 있는 노모를 봉양하기 위하여
사장(辭狀; 사표)을 올렸다. 중종은 그를 특별히 고려해서 안동부사를 제
수하여 고향으로 내려 보냈다.[71] 다음해(중종 38년) 1월 4일에는 회재를
'왕좌재'라 칭송했던 김안국이 죽었다.

바로 그 이틀 후인 1월 6일 밤 삼경에, 동궁에 불이 났다.

헌부에서 아뢰기를,

"동궁이 불에 탄 것은 반드시 연유가 있을 것이니 마땅히 추문하여
치죄하소서.

그날 입직한 병조와 도총부의 당상과 낭관 등은 불을 끄지도 못했고
문을 지키지도 못했으니 추고하여 치죄하소서." 하였다.[72]

왕은 치죄하는 일은 제쳐 놓고 딴 짓을 하고 있었다.

오히려 불이 나서 정신없이 이를 끄러 지붕위로 올라간 사람들과 그
종들을 '대전(大典; 나라의 기본 법전)'을 위반한 짓을 했다 하여 추고하

---

68) 중종실록 101권, 중종 39년 1월 27일 1번째 기사.
69) 위의 기사.
70) 중종실록 104권, 중종 39년 7월 5일 3번째 기사.
71) 중종실록 99권, 중종 37년 12월 27일.
72) 중종실록 100권, 중종 38년 1월 8일 3번째 기사.

였다. 그중에는 네 명의 대간도 끼어 있어서 이들은 파직되었다.(김안로 편 참조)

회재는 고향에 내려간 지 불과 보름도 되지 않아, 다시 의정부 참찬이 되어 상경하였다.[73]

그는 왕의 두터운 신임을 받는 경연의 특진관을 겸하여 맡았다.

그때 특진관으로서 이언적이 동궁의 화재 사건에 관하여 아뢴 내용은 대개 아래와 같았다. 특진관 이언적이 아뢰기를,

"근래 거듭되는 재변에는 놀랄 만한 것이 많은데, 아래에서 잘 못한 것이 있으면 위에서 즉시 반응이 있는 것이니 변이가 오는 것은 참으로 우연한 일이 아니요 반드시 그 까닭이 있는 것입니다.

상께서 어찌 실 끝만큼의 잘못이 있겠습니까. 대체로 예부터 임금이 인륜의 도리를 다하지 못한 경우는 간사한 자에게 현혹되었기 때문입니다.

전자에 복성군 이미가 사사된 것에 대해 물정은 지금까지 마음 아파하고 있습니다.

그때 나라 일을 도맡고 있었던 권간들이 자신들을 보전할 계획으로 왕을 불인 부자(不仁 不慈)의 지경에 빠지게 하는 것도 돌아보지 않았으니 그 죄가 어찌 베어 죽이는 것만으로 용서될 수 있겠습니까?"

또 언적이 아뢰기를,

"세자는 학문이 고명하시고 효우의 덕이 천성에서 나온 것이므로 터럭만큼도 그 사이에 혐의할 것이 없습니다.

그런데 당시의 권간들이 자신들의 안전을 도모할 계책으로 동궁을 빙자하여 이와 같은 일을 벌였으니 죽여도 그 죄는 남을 것입니다.

지금은 궁궐이 엄숙하고 화목하며 조정이 맑고 밝습니다.

성상께서는 변고를 많이 겪었으므로 마음 깊이 뉘우치고 계시니 저 같은 일은 다시 일어나지 않을 것입니다. 그러나 천재 시변이 지금까지 그

---

73) 중종실록 100권, 중종 38년 1월 11일 1번째 기사.

극에 달하고 있으니 두렵게 생각하지 않을 수 있겠습니까?"[74] 하였다.

이 일이 있은 후, 약 한 달 보름이 지난 뒤, 중종은 아주 구차한 말로 동궁 화재 사건을 변명하였다. 즉

"대체로 궁궐의 일은 모름지기 외부 사람들로 하여금 분명히 알게 하는 것이 옳았었다. 전에 동궁이 불에 탄 일에 관하여 끝까지 추문하려 하였으나 일이 매우 분명하므로 추문하지 않았다.

불이 처음 일어났을 때부터 와서 고하는 자가 모두 무수비(궁중에서 물과 불을 관리하는 일을 맡은 자)의 방에서 불이 났다고 하기에, 내가 젊은 환관을 거느리고 친히 나가보니 과연 그러하였다. 세자가 불을 피하여 나와서 앉아 있기에 데리고 대내로 왔는데, 그 불은 당초 밖에서 난 것이 아니었다.

그 뒤에 환관들에게 자세히 들어 보니 한 방안에 네 사람의 잡물을 함께 두고는 출입하였는데, 한 여종이 팔아야 할 제집 목면을 그 방에 보관해 두었다. 그것을 밤에 살펴보다가 저도 모르게 등불을 떨어뜨렸다고 한다. 문은 잠겼는데 불이 타올라 불길이 크게 솟자 그 여종은 어찌할 바를 모르고 열쇠를 쥐고 미친 듯이 이리저리 뛰어다녔으나 문을 열 줄 몰랐었다. 문을 바로 열지 못했으므로 불을 즉시 끄지 못하여 불길이 치열해졌다고 한다. 그 불은 처음 잠긴 방에서부터 일어난 것이 매우 분명하다."[75] 하였다.

야사들을 보면 화재의 범인은 윤원형이다, 문정왕후다 하여 여러 이야기가 전하여지고 있다.(김안로 편에 자세히 소개하였음)

예나 지금이나 정치판에서 일어나는 일들을 보면 정말 더럽고 치사하기 짝이 없다.

회재는 전부 부윤 때 그토록 세자 보양을 중요시하였지만, 정작 그가

---

74) 중종실록 100권, 중종 38년 1월 19일 1번째 기사.
75) 중종실록 100권, 중종 38년 2월 24일 1번째 기사.

조정에 들어온 뒤로 동궁화재에 관하여는 별로 관심을 보이지 않았다.

동궁화재가 발생했을 때, 목숨을 걸고 불을 끄러 올라갔던 애꿎은 대간들만 파직당하였어도 그들을 위한 바른 말 한마디가 없었다. 다만 삼공들이 아뢰어 추고를 계속하는 일을 중지했을 뿐이다.

회재는 세자가 천만다행으로 동궁 화재에서 목숨을 보전한 일을 정말 몰랐던가. 아니면 복성군의 일을 들고 나선 일이 그에 관한 대책이었던가 의심이 된다.

다음에서 회재가 세자 보호를 위한 하나의 대책으로 복성군의 일을 제시했다고 가정하고 필자가 그 일을 이야기로 꾸며 보았다.

이언적의 말,

"전하께서 복성군을 죽인 죄로 변고(동궁화재)가 일어났습니다.

지금 전하께서 뉘우치고 있다 하니 다행이지만, 몹시 두려우시죠?

다시는 동궁을 해치는 그런 일들이 일어나지 않도록 조심해야 합니다.

말로는 김안로가 죄가 있다고 했지만, 사실은 왕비의 죄를 우회적으로 표현한 것입니다. 전하께서 무슨 뜻인지 짐작하시겠지요?"

하지만 불행하게도 위의 이야기는 어디까지나 회재를 이해하는 입장에서 지어낸 허구에 불과하다.

사실은 회재가 내세운 복성군의 일로 동궁화재에 관한 잡음을 잠재우고, 논의의 초점을 바꾸기 위하여 김안로라는 '속죄양'을 다시 이용했을 가능성이 크다.

회재가 이 일을 제기하자 임금과 그의 눈치를 살피고 있는 벼슬아치들이 입을 모아 합창하였다.

왕이 이르기를,

"근래 듣기로는 복성군의 죽음은 그때 권간이 나라 일을 담당하고 있어서 대간과 시종이 그들의 응견이 되었으므로 이 일을 꾸미게 되었다."[76]

---

76) 중종실록 100권, 중종 38년 2월 6일 1번째 기사.

참찬관 유진동이 이르기를,

"온 나라의 신민이 동궁을 우러러 받들지 않는 사람이 없는데 어찌하여 김안로가 있어야만 보호할 수 있단 말입니까."[77] 하며 옛날 회재가 했다는 말을 당장 세자가 위험에 처한 상황에서도 서슴없이 토로하였다.

이들의 아첨과 치우침이 이처럼 심하였으니 과연 누가 권신이고, 누가 어진 이라고 확연이 말할 수 있겠는가.

결국 중종이 뒤늦게 변명했던 동궁화재의 진상(?)은 오히려 그 일이 실화(失火)가 아니고 방화(放火)라는 심증을 더욱 굳게 해 준다.

중종은 그 일이 '심히 분명하다(而事甚分明)'는 말을 몇 번이고 강조하였다. 항간에 "도둑이 제 말에 잡힌다."는 속담도 몰랐던가.

'덕려'라는 여종이 등불을 떨어뜨렸다는 말을 왕 자신이 직접 보거나 들은 것도 아니고 환관으로부터 전해 들었다 하고,

추국이나 자백도 받지 않고, 그 여종이 '저도 모르게(不覺)' 등불을 놓쳤다고 한 말 등은 증거 능력이 없다.

또 정말 '저도 모르게' 등불을 놓쳤는지 혹은 '그냥 시키는 대로' 등불을 놓쳤는지 '아니면' 자신도 모르는 일을 '그렇게 말하라고 해서 한 말'인지 아무도 알 수 없다. 그런 일이 어찌 분명할 수 있겠는가.

## 6) 을사사화의 공신이 된 이언적

을사사화의 과정은 편의상 다음 몇 단계로 나누어 논의하는 것이 편리하다.(순차를 둔 것은 독자들의 이해를 위하여 필자가 임의로 정한 것이다)

을사의 사화는 8월에 시작하여 10월 초까지 계속 되었다.

살육에 이르는 과정은 다음과 같다.

---

77) 중종실록 100권, 중종 38년 2월 28일 1번째 기사.

제1차 전교: 윤임의 찬축, 유인숙의 파직과 유관의 체직

명종이 즉위한 지 겨우 한 달이 지난 명종 즉위년 8월 22일, 병조판서 이기, 지중추부사 정순붕, 공조판서 허자, 호조판서 임백령이 아뢰기를,

"국가에 큰 일이 있으니 수상 윤인경과 양사의 장관(대사헌 민제인, 대사간 김광준)을 불러 면대하소서." 하니, 전교하기를,

"속히 명패(命牌; 임금의 이름으로 삼품 이상의 벼슬아치를 부를 때 그 패에 이름을 썼음)를 보내라." 하였다. 윤인경 등이 모여 아뢰기를,

"영중추부사 홍언필, 좌찬성 이언적, 좌참찬 정옥형, 우참찬 신광한, 예조판서 윤개를 모두 부르소서."78) 하였다.

이기가 아뢴 국가의 중대한 일이란, 병조판서 윤임, 좌의정 유관, 이조판서 유인숙 등이 잘못이 있으니 외방에 내쳐야 한다는 내용이었다.

임금과 대왕대비가 기다렸다는 듯이 맞장구를 쳤다.

이에 따라 홍언필과 윤인경이 제시한 내용으로,

"윤임을 유배, 유인숙을 파직, 유관을 체직시키면 중도를 얻을 수 있습니다."고 아뢰었다.

중신들은 위 처벌 내용에 대하여 대체로 동의하였으나, 사람에 따라 약간의 입장 차이가 있었다.

임백령, 신광한, 김광준 등은 대신의 말이 옳다고 하였다.

허자는, "그 죄는 크지만 먼저 인심을 살펴본 뒤에 조처하소서." 하였다.

민제인도 역시 인심의 추의를 내세워, "윤임이 아무리 무부(武夫)라 하지만 다른 계략이 있겠습니까, 인심을 안정시키고자 한다면 그 죄를 헤아려서 꼭 알맞게 조처해야 합니다." 하였다.

이언적은, "일개 윤임을 죄 주는데 무슨 어려움이 있겠습니까? 하지만 내지(內旨; 문정왕후의 밀지)는 마땅히 정원(승정원, 임금의 명령을 관장하는 관청)에 내렸어야 할 것인데 다른 곳에 내려 온당치 않게 여기니

78) 명종실록 1권, 명종 즉위년 8월 22일 1번째 기사.

사림에 화가 미치지 않을까 염려됩니다." 하였다.

대간(사헌부 사간원)은 "(이 세 사람의 죄를) 아직 논계할 때가 아니라는 이유를 들어 체직을 청하였고,[79] 홍문관에서는 승정원을 경유하여 처리할 것을 아뢰었다.[80]

왕은 당일, 죄목도 없이 윤임의 찬축, 유인숙의 파직, 유관의 체직 전지를 내렸다.[81]


제2차 전교: 윤임, 유인숙, 유관의 안치 부처

그 다음날(명종 즉위년 8월 23일), 사간원 헌납 백인걸이 '윤임의 일' 처리의 부당함을 아뢰었다.

"죄를 결정한 것은 옳았으나 그 방법이 크게 사체(事體; 사리와 체면)를 잃었습니다.

위에서 밀지를 원상에게 내리지 않고 윤원형에게 내렸고, 세 사람의 죄에 관한 전지의 사연이 없으니 역시 국법의 바른 길이 아닙니다.

대사헌 민제인은 헌부의 장관으로 밀지가 내렸다는 것을 듣고, 전령하는 군졸처럼 재상의 집으로 쫓아다녔으니 대간의 체통이 아닙니다." 등 잘못을 지적하고 체직을 청하였다.[82]

당시 휴암 백인걸은 이 일을 아뢰려고 할 때, "그의 어머니와 아내에게 말하기를 '내가 지금 가면 필시 의금부에 하옥되어 유배되는 사태가 발생할 것이니 놀라지 말라' 하였다. 이 말을 듣고 어머니와 아내가 눈물로 말렸으나 듣지 않았다."[83] 한다.

왕이 비망기(임금의 명령서)를 내려, "백인걸을 파직시키고 금부에 가

---

79) 명종실록 1권, 명종 즉위년 8월 22일 3번째 기사.
80) 위의 실록, 4번째 기사.
81) 명종실록 1권, 명종 즉위년 8월 22일.
82) 명종실록 1권, 명종 즉위년 8월 23일 8번째 기사.
83) 위의 실록.[사신은 논한다]

두어 엄하게 추문하라"고 명하였다.

그 자리에는 우의정 이기, 좌찬성 이언적, 우참찬 신광한, 이조판서 임백령, 호조판서 허자, 예조판서 윤개, 병조판서 권벌, 형조판서 정옥형, 한성부 판윤, 윤사익이 명을 받고 참석하였다.

문정왕후는, "우리 모자는 고립되어 앉아서 죽기를 기다려야 한단 말인가, 해괴하고 놀랍다, 백인걸은 반드시 간사한 무리들의 말을 듣고 이러한 논의를 내었을 것이다." 등 그 화를 감추지 못하고 격분하였다.

이어서 "집의 송희규, 사간 박광우, 장령 정희등, 이언침, 지평 김저, 민기문, 정언 김난상, 유희춘도 아울러 파직하라."고 명하였다.

윤인경 등이 아뢰기를,

"아무리 (백인걸의 아뢴 일이) 잘못이 있다 해도 어떻게 죄를 줄 수 있겠습니까. 지금 새로 정치를 하는 마당에 간관을 죄 주는 것은 관계되는 바가 크니 백인걸 한 사람을 위한 것만은 아닙니다. 신들이 어찌 범연히 헤아리고 아뢰겠습니까. 다시 자세히 헤아리소서." 하였고.

또 검열 한지원이 의논을 수합한 것을 가지고 홍언필이 아뢰기를,

"백인걸이 간관으로서 천위(天威; 제왕의 위엄)를 범하여 아뢰었으나 지금 추문하여 다스리는 것은 불가합니다." 하였다.

문정왕후는 끝내 그녀의 사독한 마음을 감추지 못하고 비망기를 내려, "윤임은 절도에 안치하고 유관은 중도부처하고 유인숙은 먼 지방에 부처하고, 윤흥인(윤임의 아들)은 먼 지방에 찬축하라."[84]고 명하였다.

윤인경은 서계(書啓)하기를,(이언적, 신광한이 지음)

"예로부터 임금이 한때의 노여움을 쾌하게 풀려고 하다가 형벌이 지나쳐서 드디어는 인심을 잃은 사람이 많았는데 후회해도 소용없는 일이었습니다. 더구나 지금은 새로 정치를 시작하고 있으니 인심을 수습하는 일보다 더 급한 것은 없습니다. 이미 윤임의 죄는 정했으나, 유관, 유인

---

84) 명종실록 1권, 명종 즉위년 8월 24일 3번째 기사

숙의 죄도 알맞게 다스린다면 인심이 안정되어 화합하게 될 것입니다.

주상께서 새로 즉위하시어 선왕의 옛 법도를 따르지 않고 다시 사림의 화를 일으킨다면 종사가 어떻게 되겠습니까. 지금 만약 끝까지 다스린다면 성덕에 허물이 될 뿐 아니라, 인심이 위구하여 안정될 날이 없을 것이니 진실로 국가의 복이 아닙니다."[85]라고 아뢰었다.

윤임, 유관, 유인숙, 윤홍인은 끝내 안치, 부처, 유배되었다.[86]

(보통 부처 혹은 중도부처는 지방 장관이 유배지를 정하지만 안치는 미리 거주지를 제한하여 귀양을 보낸 경우다.)


제3차 전교: 윤임, 유인숙, 유관 등 사사와 공신 녹공

그 사흘 후(명종 즉위년 8월 25일),

대사간 나세찬이 백인걸의 일을 거론하면서 체직을 청하였다.[87]

이어서 윤인경 등이 '우리 모자가 고립되었다'는 하교를 재량해 줄 것을 아뢰었다.[88]

다음날 병조판서 권벌이, 백인걸, 유관, 윤인숙 등의 일과 관련해서 그들에게 다른 마음이 없었음이 명백하다는 것을 아뢰기 위하여 비장한 각오로 집을 나섰다. 당시의 [실록]을 보면 다음과 같다.

"권벌이 이날 새벽 관대를 하고 바깥 마루에 나와 예궐하려고 수레 준비를 독촉하니, 아내와 자녀들이 그 까닭을 물었다. 권벌이 사실대로 말하자 그의 처자(妻子)들이 극진히 간했으나 듣지 않았다. 출발하려고 할 때에 딸이 옷을 붙들고 통곡했다. 그는 소매를 뿌리치고 나갔다.

그의 계사에 '대비는 일개 부인이며 주상은 어린 아이다. 선왕조의 대신을 유배하는데 그 죄가 불분명하니 하늘의 진노하심이 반드시 이로

85) 명종실록 1권, 명종 즉위년 8월 24일 5번째 기사.
86) 위의 실록 6번째 기사.
87) 명종실록 1권, 명종 즉위년 8월 25일 1번째 기사.
88) 위의 실록 4번째 기사.

말미암은 것이 아니라고 볼 수 없다. 윤임이 만일 두 마음을 먹었다면 어찌하여 입시(入侍; 대궐 안에 들어가 왕을 알현함)한 5-6일 기간에 하지 않고 천위(天位; 왕위)가 이미 결정된 후에 감히 다른 계책을 내었겠는가.'라고 했다.

이때 이언적이 원상으로서 있다가 계사를 가져다 보고는 말하기를,

'그대는 어찌하여 시기를 생각하지 않으시오. 윤임은 구제할 수 없소. 도움은 되지 않고 해만 있을 뿐이요.'라고 하면서 붓을 들어 지워버렸다.

그러자 권벌은 무릎을 두 팔로 안고 벽에 기대어 말하기를,

'그렇게 한다면 말하는 것이 무슨 소용이 있겠소.' 하였다. 그 뜻은 '만약 윤임이 무죄란 말을 할 수 없다면 아뢰어서 무슨 도움이 되겠느냐'는 내용이다. 이기가 이 일을 알았다면 이들은 둘 다 화를 입었을 것이다."[89]고 하였다.

유관에 관하여는 그 뒤 이조판서 임백령이 아뢰었고,[90] 대사헌 허자 등이,[91] 그리고 윤인경, 이기, 이언적, 권벌, 윤개가 '정해진 죄명이 사실과 부합되지 않음'을 들어 깊이 생각해 줄 것을 아뢴 바 있다.[92]

자전(문정왕후)은 중신들을 모아 놓고 '정순붕의 소'를 보였다.

그 내용은 윤임, 유관, 윤인숙의 흉악한 죄와 백인걸, 권벌의 잘못을 다스리라는 뜻이었다. 정순붕은,

"삼가 바라건대 세 사람의 죄를 분명히 기록하여 중외에 효유하시어 물정을 통쾌하게 하신다면 다행이겠습니다.

지금 간신을 제거할 때를 당하여 대의를 밝히는 사람은 하나도 없고, 도리어 그릇된 것을 계달하여 함께 의논한 재상들까지도 구원함으로써 비방과 원망을 면하려고 하니 신이 이해할 수 없습니다." 하였다.[93]

---

89) 명종실록 1권, 명종 즉위년 8월 26일 1번째 기사.
90) 위의 실록, 2번째.
91) 위의 실록, 4번째.
92) 위의 실록, 7번째.

이에 대하여 이기, 윤인경, 홍언필, 임백령, 허자 등은

"하교가 지당하십니다." "정순붕의 말이 옳습니다." "죄를 주는 것이 마땅합니다." 하였다.

한편 윤개, 민제인, 나세찬, 신광한, 이언적은 '살리기 좋아하는 덕으로 다시 유념하라'는 요구를 간곡히 덧붙였다.

권벌은, "평소 유관은 뱃병이 있어 앉아 있을 때도 벽에 기대야만 편했고, 유인숙은 상기증(피가 뇌로 모여 두통 현기증이 있음)이 있어 피골이 상접했는데, 그 두 늙은이가 무슨 다른 생각이 있었겠습니까." 하고 먼저 물러나갔다.

그리고 다시 이언적이 아뢰기를,

"이렇게 극도에(윤임 등의 죄가) 달한 줄은 몰랐습니다. 만약 사실이 과연 이러하다면 왕법이 있는 것이니 모름지기 분명히 조처한 뒤라야 당대의 물의도 없게 되고 후세의 견책도 없을 것입니다. 대비(인종비)는 공(功)이 많은 분이시고 이 일을 필시 몰랐을 것입니다(대비만은 살리셔야 합니다)."

"명종의 즉위 당시 대간과 시종 중 연소하여 일의 경험이 부족한 자들은 혹 '꼭 모후만이겠는가, 주공이 성왕을 업고 정사를 한 것처럼 해도 된다'라고 하여, 여러 갈래의 의견이 나오고 또 밖에서도 많이들 이렇게 의논했습니다.

이는 별 다른 사심이 있어서가 아니고 창졸간이고 일이 아직 결정되기 전이어서 그런 것이지 다른 마음이 있는 것은 아닙니다. 참작해서 처리하심이 마땅할 듯합니다.

새로운 정사의 처음에 대신들을 죄주는 성명을 한번 내리게 되면 다시 아뢸 수도 없습니다. 모름지기 사실과 죄목이 부합되게 되면 매우 다행이겠습니다."고 하였다.

---

93) 명종실록 1권, 명종 즉위년 8월 28일 1번째 기사.

이렇게 장시간의 논의에도 불구하고 왕(문정왕후)은 교서를 내려,

"윤임, 유관, 유인숙을 사사하고, 간인을 제거하는 법을 바로잡았으니 사유(赦宥; 죄를 용서함)하는 은전을 미루어 거행하라."[94] 하였다.

그 이튿날 대사헌 허자, 대사간 외 대간 9명이 공신록에 수록해 주지 말 것을 청하였으나 불허하였다.[95]

좌찬성 이언적이 공신의 대열에 낀 것이 부당함을 아뢰니 답하기를,

"경등이 함께 도모한 수고로 종사가 이에 힘입어 다시 안정되었으니 그 공이 어찌 작은 것인가. 사양하지 말라." 하였다.[96]

이런 과정을 거쳐서, 윤임, 유관, 유인숙은 사사되고, 이언적은 추성 위사 홍제 보익공신 여성군에 제수되었다.[97]


제4차 전교: 잔혹한 살육의 계절

9월에 들어서서 그 첫날부터 피바람이 불기 시작했다.

경기 관찰사 김명윤이, 계림군 이유(李瑠; 윤임의 생질)의 불궤(不軌; 모반을 꾀함)와 봉성군 이완(李岏, 중종의 아들, 홍경주의 외손)의 일을 아뢰면서 이들을 처치하라는 서계(書啓)를 올렸다.[98]

우선 김명륜과 계림군에 관한 일을 소개하면 다음과 같다.

김명윤(金明胤)은 중종초, 심정, 이항과 더불어 악명이 높았던 김극핍 의 아들이며 홍경주의 사위다.

그는 진사 때 참신한 선비로 현량과에 뽑혔었다.

---

94) 위의 실록, 3번째 기사.
95) 명종실록 1권, 명종 즉위년 8월 29일 1번째 기사.
96) 명종실록 1권, 명종 즉위년 8월 30일 1번째 기사.
97) 위의 실록, 9번째 기사. 공신의 이름은 홍언필, 윤인경, 이기, 이언적, 정순붕, 권벌, 신광한, 임백령, 윤개, 민제인, 정옥형, 허자, 심연원, 최보한, 김익수, 김광준, 송기수, 최연, 송세형, 이문건, 정원, 이윤경 등이다.
98) 명종실록 2권, 명종 즉위년 9월 1일 3번째 기사.

그 후, 그는 "시세에 따라 이익만을 취하는 술법이 늙을수록 더욱 교활하여 사람들이 분개하고 미워했다."는 평이 있고 백인걸은 그에게 "당신은 천백 억의 화신(化身)이라." 하니 사람들이 꼭 맞는 말이라 했다.[99] 한다.

계림군 유는, 월성대군의 서자 덕풍군의 아들인데 성종의 아들 계성군의 양자가 되었다. 즉 중종의 이복동생의 아들이니 그의 조카가 된다.

월산대군의 부인인 박원종의 누이가 자녀를 생산하지 못하여 부득이 서자 덕풍군이 대를 이었고, 덕풍군의 둘째 아들이 계림군 유이다.

계림군의 어머니(즉 덕풍군의 아내)는 윤여필의 딸이고, 윤임의 누이다.

야사에 의하면, 계림군은 어릴 적부터 호화스런 생활을 하였으나 사냥이나 유흥, 여색 같은 데에 조금도 마음을 쓰지 않았다.

서책을 읽고 문필을 좋아하여 여러 왕족 중에 명성이 있었다. 윤원로가 말을 꾸며대기를, '윤임이 세자를 보호한다고 하였지만 사실은 계림군을 추대하려 했던 것이다.' 하니 듣는 이마다 말 같지 않다고 비웃었다.

예조정랑 정자(鄭滋; 계림군의 처남, 후처의 오라버니)가 말하기를, '권력 잡은 무리들이 윤임에게 죄를 덮어씌우려고 당신의 이름을 들고 나와서 일을 꾸미려하는데 살길을 도모하지 않으시오, 노복들이 8도에 널려 있으니 어디를 간들 의식 걱정이야 있겠소.' 하였다.

계림군은 반신반의(半信半疑)하여 그의 첩과 상의하였다.

첩의 말이, '만일 정씨의 말을 들으면 아마도 달아났다가 잡힌 노복이나, 도둑질 혐의를 받고 도망친 사람과 같은 경우가 될까 염려스럽습니다.' 하니 계림군이 '네 말이 옳다.' 하였다.

이튿날 정자(鄭滋)가 다시 사태의 심각성을 말하면서 도망가기를 권하니, 계림군은 어찌할 바를 모르다가 하는 수 없이 머리를 깎고 도망하였다.

또 한 가지, 계림군은 효성이 지극하여 어머니 윤씨(윤임의 누이)의

---

99) "기묘당적보", [연려실기술 3], p.159.

사랑을 받았다. 윤씨는 효혜공주(중종의 딸, 김안로의 며느리)를 어려서
부터 돌보았다. 공주가 그녀를 어머니처럼 대접하였다.

공주가 죽은 뒤 그녀의 막대한 재산을 윤씨가 그의 아들 계림군에게
많이 나누어주어 형제간 분란이 생겼다. 공주의 사위 윤백원은 윤원로의
아들로 문정왕후의 조카이다.

문정왕후는 이런 관계로 계림군의 재산관계를 내사하였다. '이때에 계
림군이 그의 어머니를 변명하자 문정왕후가 화를 냈는데 이때에 간당들
이 기회를 타서 거짓을 꾸며 그를 모함했다.'100) 한다.

다시 본문으로 돌아가서,

김명윤의 서계가 전달되자, 왕은 추관과 양사 대감들을 불러 우선 계
림군의 아내를 잡아들여 힐문할 것을 명하였다.

당시 추관은, 영중추부사 홍언필, 영의정 윤인경, 우의정 이기, 좌찬성
이언적, 우참찬 신광한, 호조판서 심연원, 이조참판 신거관 등이다.

이언적, 신광한, 심연원, 신거관 등 네 명은 모두 금부당상이다.101)

참고로 이 일에 관하여 [사신]이 쓴 글을 보면 다음과 같다.

"계림군 이유는 윤임의 생질로 화가 자신에게 미칠까 두려워한 나머
지 도망쳐 사람들이 그가 간 곳을 몰랐다. 김명윤이 이를 고발하여 대
옥사가 벌어졌다. 이에 연좌되어 체포된 죄수가 수십 명으로 모두가 이
덕응의 공초(범죄 사실을 진술함)에서 나온 것이다.

이덕응은 윤임의 사위다. 당초 그가 체포되어 추문당할 때, 송세형(승
지로 추관의 대열에 있었음)이 울면서 덕응에게, '네가 윤임의 흉모를
모조리 진술하면 살아날 수 있을 것이다. 함께 죽은들 무슨 이익이 있겠
는가' 하면서 간곡히 꾀자, 이덕응이 살기를 바란 나머지 그의 말을 믿
고 하지 아니한 말이 없어 마침내 대옥이 이루어졌다."102)

---

100) 국조기사, 유분록, [연려실 기술 3], pp.38-41.
101) 명종실록 2권, 명종 즉위년 9월 2일 1번째 기사.

또 "이덕응의 형 이문응이 그 아우가 죽음을 면할 수 있는 방도를 임백령에게 물었다. 임백령이 계책을 알려주기를 '흉측한 모의와 비밀스런 계획을 자세히 다 공초하면 너의 아우는 죽음을 면할 수 있다.' 하고 백령이 거짓말을 꾸며서 말해 주었다.

이렇게 해서 이덕응이 교묘히 꾸며서 거짓 공초하여 대옥을 만들었으니 중종 40년 동안 배양된 훌륭한 선비들이 일망타진 되었다."103)고 하였다.

살육의 중요한 일지는 다음과 같다.

9월 11일.

정말 천인공노(天人共怒)할 인간 사냥의 작업은 이처럼 황당한 조작으로 꾸며져 자행(恣行)되었는데, 당시 추관들은 다음과 같이 아뢰었다.

홍언필, 윤인경, 이언적, 신광한이 아뢰기를,

"신들이 당초에는 이들의 죄악이 이 지경에 이른 줄을 모르고 그들이 붕당을 지은 것으로만 알았을 뿐입니다.

그래서 면대하는 날(8월 28일) 말이 타당성을 잃어 그들을 영구(죄에 빠진 사람을 구해냄)하는 것 같은 점이 많았습니다. 지금 흉모가 이 지경에 이른 것을 보니 놀랍고 황공스러움을 이기지 못하여 감히 이렇게 대죄합니다."

허자와 나세찬도 같은 내용으로, "매우 황공스러워 대죄합니다."고 아뢰었다.104)

이어서 홍언필, 윤인경, 이기 등은,

"봉성군 이완(중종의 이복동생, 희빈 홍씨 소생, 김명윤의 처조카)도 귀양 보내소서." 하고 아뢰었다.105)

바로 그날, 왕은 의금부 낭청(관리)을 보내 명하여,

102) 명종실록 2권, 명종 즉위년 9월 11일 13번째 기사.[사신은 논한다]
103) 명종실록 2권, 명종 즉위년 9월 7일 3번째 기사.[사신은 논한다]
104) 명종실록 2권, 명종 즉위년 9월 11일 5번째 기사.
105) 위의 실록, 6번째 기사.

윤임, 유관, 유인숙은 다시 목을 베어 3일간 효수(목을 베어 높은 곳
에 매달음)한 다음, 그 머리와 팔, 다리를 사방에 돌려 보이게 하고 이
휘, 이덕응은 역시 효수하여 돌려 보이게 했다. 이유의 아들 셋, 유인숙
의 아들 희민, 윤임의 아들 흥례와 금이, 윤임의 아들 흥인, 유인숙의 아
들 셋, 유관의 아들 광찬은 교형에 처하였다.106)


9월 15일.
* 곽순(郭珣)이 승복하지 않고 죽었다.
곽순은 홍문관 교리로, 홍문관 부제학 나숙과 함께 백인걸의 석방을
청한 사람이다.
이덕응과 이휘의 공초에,
"곽순이 (인종의 병세가 위독할 때) 왕의 후사와 관련하여, '어진 이를
세워야 한다.' '꼭 대군(명종을 말함)을 세울 필요가 있느냐.'고 말한 일
이 있다"107)고 하여 문제가 되었다.
그는 고향 영남에 계신 부모를 뵈러 갔다가 잡혀왔다.
그가 체포되어 올 적에 따라온 자제나 친척이 없었고 서울에는 음식
을 제공할 친족도 없었다. 이틀 동안 형신을 5차례나 받은 데다가 굶주
림까지 겹쳐서 죽었다.108)
그가 진술한 바에 의하면,
"신은 윤임, 이덕응, 이휘를 모르는 사람입니다.(그들과 이야기를 나눌
사이가 아니라는 뜻) 주상(명종)께서 적통으로 대행왕을 계승하여 즉위
하셔야 한다는 것을 아무리 우매한 사람인들 모르겠습니까. 이 일에 관
하여 신이 감히 어떤 의논을 하였겠습니까."109) 하고 혐의를 적극 부인

---

106) 위의 실록, 13번째 기사.
107) 명종실록 2권, 명종 즉위년 9월 6일 9번째, 14번째 기사.
108) 명종실록 2권, 명종 즉위년 9월 15일 10번째 기사.
109) 명종실록 2권, 명종 즉위년 9월 12일 10번째 기사.

하였다.

야사에 곽순이 형을 받을 때, 당시 취조관이었던 이언적을 원망했다는 글이 있다. 이에 관하여는 뒤에 자세히 살펴보겠다.

곽순이 죽은 날, 왕은 공신과 추관 등의 상격(賞格; 상을 주는 격식)을 원상(홍언필, 이기)에게 글로 내리면서 이르기를,

"일등 공신에게는 그의 아비, 어미, 아내, 아들에게 관직을 내리되 3계급을 올려주고, 이등 공신에게는 그의 아비, 어미, 아내, 아들을 2계급 올려주고, 삼등 공신에게는 그의 아비, 어미, 아내, 아들을 1계급 올려주고, 반당(伴黨; 딸린 사람) 6인, 노비 8구, 구사(丘史; 종) 3명에 전답 80결(1결이 약 3000평임)을 하사하라." 하였다.

또 "추관인 홍언필, 이언적, 신광한 등에게는 각각 가옥 1좌, 숙마 한 필씩을 하사하라."[110] 하였다. 이언적은, 추성 정난 위사공신 숭록대부 의정부 좌찬성 여성군에 봉해졌다.[111]


* 10월 5일,
계림군 이유(중종의 조카)를 능지처참하다.

계림군을 잡기 위하여 그의 아내, 아들, 종 혹은 그와 내왕한 자들을 모조리 불러 힐문(詰問; 잘못을 트집 잡아 물어봄)하였으나 허사였다.

그가 묘향산에 숨었다는 말을 듣고 심지어는 산에 불을 질러 산골짜기를 모두 벌거숭이로 만들어 수색하고 싶다는 말까지 나왔다.[112]

드디어 거의 한 달 만에 그를 체포하였다는 안변부사(이구)의 서장이 날라 들어왔다.

이구의 서장(書狀)에,

---

110) 명종실록 2권, 명종 즉위년 9월 15일 5번째 기사.
111) 명종실록 2권, 명종 즉위년 9월 16일 7번째 기사.
112) 명종실록 2권, 명종 즉위년 9월 15일 7번째 기사.

"죄인 이유가 머리를 깎고 변복하고서 금강산의 연맥 황룡산 상봉의 바위 밑에 숨어 있었습니다. 토산 현감 이감남 등 5명이 이유의 종 무응송을 데리고 이옹의 둘째 아들 이논선과 그곳에 가서 이유를 체포하였습니다." 하니 전교하기를,

"지금 서장을 보니 매우 기쁘다. 선전관과 금부낭청을 보내 압송해 오게 하여 도피하거나 자진하는 폐단이 없도록 하라." 하였다.

이언적이 회계(임금의 하문에 대하여 심의하여 아룀)하기를,

"그가 돌아오는 길의 각 고을에 공문을 보내, 군인 다수를 뽑아, 선전관 등과 함께 호송하게 하소서, 추문할 절차가 있으면 현감 이감남으로 하여금 인솔토록 하고 그가 본 고을로 돌아갔으면 부사로 하여금 인솔하게 함이 어떻겠습니까?" 하자, "아뢴 뜻이 마땅하다."[113] 하였다.

영중추부사 홍언필, 영의정 윤인경, 우의정 이기, 좌찬성 이언적, 호조판서 심연원, 이조참판 신거관, 대사헌 최보한, 대사간 나세찬, 좌승지 송세형 등 추관들이 모여 아뢰기를

"죄인 이유를 잡아 왔습니다, 추국하소서." 하니 추국하라고 답하였다.

이유가 답하기를,

"신은 본시 죄가 없고 또 조정에서 추포하지 않을 것으로 알고 배를 타고 황해도 백천 땅에 정박하고 유숙했습니다.

10여 일 만에 함경도 안변 이옹의 집에 갔다가 황룡산 용연 초막에 들어갔습니다. 암자가 너무 무너지고 헐어서 그 밑에 나무를 엮어 움을 만들어 놓고 머리를 깎고 살았습니다.

그밖에 유숙했던 곳은 정신이 착란하여 기억할 수 없으니 경원(승노)에게 물어보면 알 수 있을 것입니다." 하자,

압슬(죄수의 무릎 위에 무거운 돌을 얹어놓고 가하는 고문), 낙형(당근질), 신장(몽둥이로 패는 고문) 3차에 이유가 승복하였다.

---

113) 명종실록 2권, 명종 즉위년 9월 28일.

이날 밤 이유를 군기시 앞에서 능지하여 3일 동안 효수하고 토막 난 손발을 사방에 전하여 구경시켰다.[114]

이어서 홍언필, 윤인경, 이기, 이언적 등이 봉성군 이완의 일을 아뢰어 말하기를,

"군사를 배정하여 일을 하지 않을 수 없습니다." 하였으나 윤허하지 않았다.[115]

이언적은 그때 원상에서 체직하기를 아뢰었는데,

"더욱 성심으로 국사를 돕고 사피하지 말라."는 전교를 받고,

"황공하여 감히 다시 아뢰지 못하겠습니다." 하고 물러갔다.[116]

그 후, 망이 정원에 귤을 내리고, 편지를 보이며 이르기를,

"이 물건이 비록 보잘것없으나 사람들이 다 향내를 취한다. 경들도 손에 쥐고 향내를 맡으라." 하고 영부사(홍언필), 삼공(윤인경, 이기, 정순봉), 좌찬성(이언적) 홍문관에게도 각각 내렸다.[117]

이렇게 을사사화의 폭풍이 지나간 뒤, 회재는 형옥에 관한 상소를 연거푸 올렸다. 원상 이언적이 아뢰기를,

"작년에 내신(內臣)을 보내어 형옥을 단속하여 법대로 형장을 쓰지 않았을 경우 그 낭관을 추고케 하셨으니, 생명을 아끼시는 덕이 지극하십니다. 조야가 이를 듣고 감격하지 않는 자가 없습니다. 옛말에 '만일 죄상을 밝혀냈으면 애긍히 여기고 기뻐하지 말라, 또 조심조심하여 형벌을 삼가라' 하였습니다. 임금이 부득이 하여 형벌을 쓴다 해도 애긍히 여기는 생각을 잠시도 마음속에서 잊어서는 안 됩니다."[118] 하였다.

그 열흘 후에도 아뢰기를,

---

114) 명종실록 2권, 명종 즉위년 10월 5일 1번째 기사.
115) 명종실록 2권, 명종 즉위년 10월 6일 2번째 기사.
116) 명종실록 2권, 명종 즉위년 10월 14일 1번째 기사.
117) 명종실록 2권, 명종 즉위년 10월 16일 2번째 기사.
118) 명종실록 3권, 명종 1년 2월 21일 5번째 기사.

"근자에 율문을 따르지 않고 혹은 사사로운 노여움으로 매질을 자행하여 아전과 백성들이 형장 아래서 죽은 자가 많습니다. 난적이라면 모르거니와 여타의 죄인에게도 큰 형장을 쓰는 것은 매우 미안한 일입니다."[119] 하였다.

## 7) 이언적의 사직 상소

을사사화의 살육이 수많은 사람들의 아까운 목숨을 삼키고 폭풍처럼 지나갔다. 좌찬성의 벼슬로 그 일을 치렀던 회재는 80 노모를 뵈려고 고향에 돌아가 있겠다는 차자를 올렸다.

명종 1년 3월, 이언적의 차자에,

"신의 늙은 어미가 멀리 남쪽에 있으면서 80이 임박한 나이로 평소 앓던 병이 요즘 들어 점점 심하여 절박한 심정에 부득이 하직을 고하게 되었습니다."[120] 하였다.

윤원형 남매의 입장에서 보면 그동안 그들이 필요로 했던 (을사사화의) 역할을 모두 치러주고 이제 떠나겠다고 하니 과연 시원섭섭하였을 것이다.

하지만 회재는 아직도 그가 맡고 있는 직을 그대로 유지하고 잠간 다녀오겠다는 하직 인사를 했을 뿐이었다. 그래서 홍언필 등이 그의 경연과 관상감 제조의 체직을 청하여 하답을 받아냈다.[121]

좌찬성 이언적이 향리에 있으면서 장계를 올렸다.

"지금 또 신이 휴가를 얻어 어미 곁에 모시고 있었는데 상께서 특별히 본도 감사에게 명하여 양로에 필요한 식품들을 주도록 하셨습니다.

---

119) 명종실록 3권, 명종 1년 2월 30일 3번째 기사.
120) 명종실록 3권, 명종 1년 3월 4일 5번째 기사.
121) 명종실록 3권, 3월 10일과 동월 25일의 각기 4번째 기사.

그 특별한 은혜가 홀연히 고향에까지 미치니 감격하여 눈물을 흘리면서 놀랍고 황공하여 어찌할 바를 몰랐습니다.

지난 중종 시절에도 누차 성은을 베풀어 주셔서 너무도 큰 은혜 천지로도 비유할 수 없습니다. 회고가 이에 이르니 저도 모르게 눈물이 흐르고 가슴이 쓰립니다.

특별히 신을 해직하여 끝까지 봉양하려는 소원을 이룰 수 있게 해 주소서." 하였다.

이 글 끝에 사신은 회재의 인품이 인자하고 자상하며 학문이 정명하다 하였다.122)

명종 1년 5월, 회재는 다시 상소를 올려, 판의금부사직을, 그리고 7월에 찬성직을 그만 두었다.

회재는 아뢰기를, "의금부의 임무가 가볍지 않는데 오래도록 자리를 비웠으니 더욱 미안합니다."고 하여, 그 자리를 체직하라는 명을 받았다.123)

명종 1년 7월, 회재가 사직 상소를 올리자,

왕은 "시원한 가을을 기다려 속히 올라오라는 뜻으로 하여 효유하라."는 전교를 내렸다.124)

하지만 아직 여름이 가기도 전에 그의 찬성직이 끝이 났다.

자전이 회재에게 "가을에 다시 부르겠다"고 약속한 말은 빈말이 되고 말았다. 윤원형 등 척신들의 입장에서 이제 회재를 제거할 때가 왔다고 생각한 것이리라.

영의정 윤인경, 좌의정 이기, 우의정 정순붕 등이 아뢰기를,

"이상(貳相; 정승 다음의 자리, 찬성직)의 자리는 오래도록 비워둘 수 없으므로 그를 체직시키소서." 하자, "아뢴 대로 하라."고 전교하였다.125)

---

122) 명종실록 3권, 명종 1년 4월 23일 6번째 기사.[사신은 논한다]
123) 명종실록 3권, 명종 1년 5월 20일 4번째 기사.
124) 명종실록 4권, 명종 1년 7월 2일 1번째 기사.
125) 명종실록 4권, 명종 1년 7월 17일 3번째 기사.

이언적의 훈작 박탈

윤원형 등이 그다음 단계의 일을 착수했다. 마치 사냥감을 찾아 나선 포수처럼, 속죄양이 될 사람들을 찾아 정확히 과녁을 겨누었다.

명종 1년 9월 5일 윤원형은 자전에게, 허자, 이언적, 윤여필, 윤삼 등 죄에 대해서 아뢰었다.

"시속(時俗; 당시의 풍속)이 상도(常道)를 벗어나 패역 부도한 말을 한 사람이 있어도 서로 친근한 자면 모두 덮어주려고 하였는데, 이런 풍습은 이미 중종 때부터 있었습니다.

역적이 어느 시대인들 없었겠습니까. 그러나 오늘날 보다 더 큰 적은 없었습니다.

(이언적이) 십조(十條)의 진계를 써 올린 것을 그대로 봉하여 내려 보내게 한 것은, 다 음흉한 마음이 있어서 그러한 것입니다." 하니 자전이 하교하기를,

"신하로서 패역을 말한 자가 있다면 이는 하늘 아래 같이 있을 수 없는 원수로 격분하여 마땅하다.

저 역적의 무리들을 주상께서 구별하지 않고 높은 벼슬자리에 그냥 두었는데도 오히려 은덕에 감사할 줄 모르니 어찌 이와 같이 사람답지 않는 신하가 있단 말인가." 하였다.

또 이기가 아뢰기를,

"이언적은 전주부윤으로 있을 때 상소를 올려 동궁을 보양해야 한다고 말하였습니다.

'동궁께서는 스스로 편안하신데 또 무엇을 보양하라는 말인가 그 마음을 알 수 없다.' 하였는데 신은 이 말 때문에 배척을 받았습니다.

신은 또 임백령에게 '주상이 계시는데 또 세자에게 아부하려고 하니, 이는 두 마음을 품고 있는 것이 아니겠는가?' 하였습니다.

동궁에 불이 났을 적에도 이언적이 화재 발생의 원인이 있을 것이라

고 그 뿌리를 캐내려고 하였으니 이는 은밀히 모해할 마음을 품은 것입니다.

소신이 판서로 있을 때 이언적이 신에게, '중궁(문정왕후)께서 세자(인종)를 박대한다.' 하였는데 신이 만약 다그쳐 물었다면 말의 뿌리를 알아낼 수도 있었을 것입니다."

이에 자전이 말하기를,

"궁중의 일을 눈으로 본 것도 아닌데 간사한 사람의 말만 듣고 부자간의 일까지도(세자를 박대한다는 말) 기탄없이 말하였으니(이언적을 가리킴) 이는 곧 학술에 밝지 못하여 군신의 대의를 몰라서 그러한 것이다."고 하였다.126)

이윽고 대사헌 윤원형, 대사간 권응정, 집의 원계겸, 사간 진복창, 장령 심봉원, 지평 이추, 헌납 강위, 정언 이감 등이 아뢰기를,

"봉성군 이완을 중죄로 다스려 인심을 진정시키소서.

판중추부사 이언적은, 전부터 흉인(윤임을 말함)의 술책에 빠져 속으로 간사한 마음을 품고 바르지 못한 논의를 펴 경박한 무리들을 선동하였고, 유인숙과 결탁하여 모든 논의에 서로 뇌동하지 않는 것이 없었습니다.

십조의 글을 올려 정론을 칭탁하고 속으로는 임금의 손발을 묶어두자는 생각을 했으니, 식견 있는 사람들은 한심하게 여기지 않는 자가 없었습니다.

그의 마음 씀이 이처럼 교사스러운데 아직 관직을 보유하고 훈록까지 참여하였으므로 물정(物情; 세상의 인심)이 격분해 있습니다.

훈적과 관작을 삭탈하소서." 하자 "아뢴 대로 하라."고 답하였다.127)

그로부터 약 1년이 지난 뒤,

---

126) 명종실록 4권, 명종 1년 9월 5일 1번째 기사.
127) 명종실록 4권, 명종 1년 9월 5일 2번째 기사.

윤씨 남매는 옛날 '작서의 변'을 일으킬 때부터의 솜씨를 발휘하여 양재역 사건을 만들어 냈다.

"봉성군 이완, 송인수, 이약빙은 일죄(사사)에 처하고, 이언적, 정자는 극변안치(먼 곳에 귀양 보내 가둠) 하고, 노수신, 정황, 권벌, 백인걸 등은 부처하소서." 하자 "아뢴 대로 하라."고 전교하였다.[128]

회재는 강계부에 귀양 가서 7년 만에 세상을 떠나니 슬퍼하지 않는 사람이 없었다.

이렇게 해서 회재는 결국 유배의 길을 떠나게 되었다.

정말 토사구팽인가, 아니면 윤원형, 이기와의 권력 싸움이었을까.

그 이유가 무엇이든 문정왕후나 윤원형 등의 하는 짓으로 보아서, 그가 유배된 것은 당연한 순서다.

문정왕후의 입장에서 보면, 회재 같은 중신이 조정에 더 오래 있어 주기를 기대했을 가능성도 있다. 자전은 회재에게 가을에 다시 올라오라 했고, 회재도 처음에는 휴가를 얻어 하직 인사를 드렸을 뿐이다.

윤원형과 이기는 이러한 관계를 알고 있었기에 미리 작업을 했을 가능성이 있다.

## 8) 회재를 위한 변명과 반론

변명 1,

이언적의 졸기에 의하면,

"집이 매우 가난하여 처첩 등이 혹 굶주린 때가 있어도 조상에게 제사 올리는 정성과 공경을 다하였다.

어려서 급제하여 조정에 있었으나 기묘년 간에는 어떠한 인물인지 몰

---

128) 명종실록 6권, 명종 2년 9월 18일 3번째 기사.

랐다.

중년에 바야흐로 발탁되었으나 김안로에게 미움을 받아 파직되어 전리에서 7-8년을 살았다.

중종이 참판으로 발탁하였으나 끝내 뜻을 펴지 못하고 모친의 연로로 벼슬을 사양하고 봉양하였으므로, 조정에 오래 있지 않았고 말년에는 병으로 고향에 머물러 있었다.

인종이 승하하자 곧 을사사화가 일어나 파직당하여 고향으로 돌아간 지 2년 후 강계로 귀양 갔다."[129]고 하였다.

[반론]

회재가 태어난 서백당(손숙돈의 집)과 그가 성장한 친가(회재의 아버지가 살던 집)가 지금도 그 종가로 보존되어 있다.

회재는 중종 27년 파직당하여 고향에 있는 동안 독락당을 지었고 그 10여 년 후 경상 감사로 부임했을 때는 99칸짜리 향단을 짓고 살았다.

그의 처첩이나 가족들이 많은 것도 아니고(첩실은 일찍 그의 곁을 떠났고 아들은 양자를 들였음), 그가 계속 관직을 가지고 있으면서 임금의 배려를 받았는데 굶주린 때가 있었다니 믿기 어렵다.

어려서 조정에 있었으나 기묘연간에 어떤 인물인지 몰랐다 하나, 그는 이미 중종 13년에(당시 28세), 망기당과 논변을 벌인 인물로 조정에 알려졌을 것이며, 기묘연간에는 조부의 상을 당하여, 고향에 머물러 있었을 뿐이다.

김안로에게 미움을 당하여 파직을 당했다고 한다.

김안로의 미움을 받았다는 말은 많은 사람들이 상투적으로 쓰는 말로 그 진심을 확인할 수 없다. 그는 박운이라는 죄인을 감싸고, 동료 대간인 채무택을 탄핵하여 그 일로 결국 파직을 당한 것이다.

129) 명종실록 15권, 명종 8년 11월 30일 3번째 기사. 이언적의 졸기.

채무택과 김안로의 관계도 역시 얼마나 가까운 사이였는지 정확히 확인할 수 없는 일이다.

그는 조정에 오래 있지 아니하고 고향에 머물러 있었다고 하지만, 고향에 머물러 있었던 기간도 별로 길지 않다. 그가 고향에 있을 때도 경상 감사로 있다가, (중종) 말년에 올라와 지중추부사 겸 세자시강원 좌부빈객이 되었다.

회재는 을사사화가 일어나 파직당한 것이 아니고, 당시 이상(좌찬성)의 자리에 앉아 추관과 금부당상의 역할을 수행한 공신이다.

그가 파직당한 것은 을사사화(명종 즉위년 8월 22일부터 다음 해 3월 3일 윤원로의 파직, 문외 출송을 청할 때까지)를 모두 치르고 고향에 돌아간 지 6개월 후의 일이다. 따라서 그는 을사사화를 모두 치르고 물러났다.


변명 2,


회재는, 윤임, 유관, 윤인숙을 처벌하는 일에 대하여 처음부터 밀지의 부당함과, 제왕의 덕으로 사람 살리는 일의 중요성을 강조하였다.

그는 피해자의 입장에서 그들을 살리려고 노력하였고 공신의 대열에 낀 것을 부당하다고 아뢴 바 있다.


[반론]

첫째, 그 말(밀지의 부당함과 사람 살리기 좋아하는 임금이 되기를 바라는 일)은 결국 무의미한 희망적인 언사에 불과할 뿐이었다.

불기살인자 능일지(不嗜殺人者 能一之; 살인을 좋아하지 않는 군주가 천하를 통일한다)란 말은, [맹자]130)에 나오는 구절이다. 이 말은 사람들의 입에 너무 자주 회자되어 임금은 결코 귀담아 듣지 않았다.

---

130) [맹자] 양혜왕 장구 상.

죄인의 벌을 가볍게 하자는 일에 대한 상소는, 백인걸과 권벌이 좀 더 굳은 결단을 가지고 아뢰었다. 그 외에 윤개, 민제인, 나세찬, 신광한, 허자 등 윤원형의 우익들도 누차 아뢴 일이 있다.

하지만 중종은 조광조도 그랬고 그 후에 김안로도 밀지에 의하여 죽였다.

둘째, 회재가 한 시대의 현자였다면, 나라가 위기에 처했을 때, 목숨을 걸고 바른 말을 하여 사류들의 모범을 보여야 했다. 하지만 그는 자전의 눈치를 살펴, 될수록 그녀의 비위에 거슬리는 말을 자제하고, 기왕이면 듣기 좋은 말을 하려고 노력하였다.

명종 즉위 당시 '자전의 수렴청정의 일'에 관하여 여러 갈래의 말이 나와 자전이 문제를 삼았다. 회재는 이 일에 관하여, '대간과 시종 중 연소하여 경험이 부족한 자들이 창졸 간에 한 말이며, 다른 뜻이 없었습니다'고 아뢰었다.

또 권벌이 비장한 결심으로 자전께 아뢰려고 한 일을 사전에 말려서 위기를 면한 일이 있다.

그는 공신의 대열에 낀 것이 부담이 되어 그 부당함을 아뢰었다가 자전의 말을 거절하지 못하였고,(명종 즉위년 8월 30일)

그 보름 후, 많은 녹공과 함께 3등 공신을 제수받았을 때는 체면상 사절 하는 일도 없었다.

끝으로, 진정한 사류(士類; 유교의 선비)의 입장에서 보면, 을사사화 자체를 정당화할 수 없음이 본(本)이고, 그 방법이나 절차에 관한 것은 별로 중요치 않는 말(末)이다.

다시 말하여, "이렇게 극도에 달한 줄은 몰랐습니다. 사실이 이러하다면 왕법이 있는 것이니 모름지기 분명히 조처해야 합니다."라는 좌찬성(이언적)의 발언은 바로 그 본(을사사화를 정당화한 本)에 관련된다.

그리고 회재는 형옥을 법대로 다스려 큰 형장을 함부로 쓰지 말 것을 아뢰었다. 하지만 그 일은 말(末)에 해당되는 일이고, 그것도 혹독한 형벌로 무고한 사람들이 모두 죽어간 뒤, 내놓은 말이다.

회재는 결국 그의 선의와는 달리, 을사사화의 참화를, '자의든 타의든, 때로는 소극적, 부정적으로 때로는 적극적으로 앞장서서 도와준 사람'이란 비판을 면할 수 없게 되었다.

변명 3,

곽순이 문초를 받을 때에 이언적이 취조관이었다. 그가 형을 받을 때에 하늘을 쳐다보고 탄식하면서,

"우리들이 복고(이언적의 호)의 손에 죽을 줄 어찌 알았으랴."[131]고 말하였다 한다. 즉 회재가 곽순을 직접 추국하여 사형에 처하게 했다는 뜻이다.

그런데 회재가 남기고 간 글 가운데, [판의금부사의 사직을 청하는 글]이 있다. 그 내용에,

"신은 평소 질병이 많아 제대로 출근하지 못해서 전에 곽순에 대한 추국을 할 때도 출근하지 못했고, 근래에 병이 심해서 오랫동안 출근하지 못한 것이 지금까지 수개월이 됩니다."[132) 하였다.

적어도 곽순의 죽음과 관련하여 보면 회재는 책임이 없다.

[반론]

앞서 살펴본 바와 같이 "곽순은, 이틀 동안 형신을 5차나 받고 굶주림이 겹쳐, 승지 송세형이 추국하러 갔다가 이미 죽었다는 말을 듣고 중지하였다."[133)는 구절이 있다. 회재가 아무리 의금부 당상이라 해도 그가

---

131) 석담일기 [연려실기술 3], p.48.
132) 이종호, 앞의 책, p.110.

현장에 이르기 전에 곽순은 이미 죽었다.

하지만 그 자리에 없었다는 사실만으로 책임을 면할 수 있을까.

억울한 선비가 굶주림과 형신으로 고통받고 있을 때, 의금부 당상으로서 현장에 없었다는 것도 책임이 될 수 있다.

첫째, 곽순을 추국할 때, 회재가 병으로 출근하지 못했다고 한 말은 약간 의심이 있다. 즉

곽순이 죽기 4일 전(명종 즉위년 9월 11일),

이언적 등은 "(윤임의) 흉모가 이 지경에 이른지를 알지 못한 일"로 대죄를 청한 일이 있다.

곽순이 죽던 날(명종 즉위년 9월 15일),

홍언필, 이언적 등이 모인 자리에서, 공신 상격에 관하여 왕이 전교한 일이 있다.

곽순이 죽은 13일 후(명종 즉위년 9월 28일),

계림군 이유가 체포되었다. 그때 이언적은 그를 호송할 구체적인 절차에 관하여 임금께 회계한 바 있다.(이에 관한 각주는 앞에서 모두 열거했음)

둘째, '오랫동안 출근하지 못한 것이 수개월째 된다'는 말은, 적어도 곽순의 죽음과 연관이 없다는 뜻이다.

하지만 회재가 하직 인사를 드리고 어머니 곁에 갔을 때(명종 1년 3월 4일)는 곽순이 죽고 다섯 달이 지난 뒤였다.

그리고 회재가 출근하지 않은 수개월간은 (사림의 화가 모두 끝나고) 조정에 아무 일이 없을 때였다.

---

133) 명종실록 2권, 명종 즉위년 9월 15일.

변명 4,

회재는 관직과 훈작을 모두 삭탈당하고 극변 안치되었으니, 분명 을사사화의 피해자다.

그는 백인걸, 권벌보다 더 중한 벌을 받았고, 이미 모든 벼슬을 박탈당한 상태에서 보복의 벌을 받은 것이다.


[반론]

회재는 끝까지 윤씨 남매에게 충성을 다하였다.

그가 유배지에서 올린 진수팔규를 보면 알 수 있다.

만일 회재가 만분지일이라도 윤임의 편을 들어 유배되었다면, 적어도 회재의 그동안의 행적으로 보아 윤원형, 이기의 간사함에 관하여 상소 한마디쯤 있어야 했다.

윤임 등은 자전의 밀지가 내린 지 불과 7일 만에 목숨이 달아났다.

하지만 회재는 을사사화가 끝난 후 일단 명예퇴직을 하고 고향에 무사히 돌아갔다. 그 6개월 후 관작 등을 빼앗기고, 다시 1년이 지난 후에 유배되었는데 형식상 죄목은 양재역 사건이었다.

앞에서 말한 대로 더 이상 그가 필요 없게 되었거나, 아니면 혹시 문정왕후가 그를 다시 부를 수도 있으리라는 염려 때문에, 윤원형 등이 그를 미리 제거했을 수도 있다.


변명 5,

문원공 이언적은 문묘에 배향된 현자다.

더 이상 그를 폄하할 수도 없고 해서도 안 될 것이다.

[반론]

그래도 역사적 사실만은 말할 수 있어야 한다.

선조는 그의 문묘 배향을 왜 결사코 반대했을까. 그 내력을 알아보겠다.

선조 1년 성균관 유생들이 김굉필, 정여창, 조광조, 이언적을 문묘에 종사하기를 청하였다.[134]

이들 사현(四賢)의 문묘 종사에 관한 상소는 그 뒤로도 계속되었고 이황 사후에는 오현의 종사를 청하였다.[135]

선조 37년 성균관 생원 조명욱 등이 상소한 내용을 보면,

"이언적은 도기(道器)의 천품을 타고나 누구보다도 뛰어났습니다. 유교에 스스로 분발하여, 실행하는 공부에 마음을 두고 격물치지(格物致知)에 힘을 기울였습니다. 깨우치고 반성하는 일로 자신을 더욱 엄하게 다스리고, 진수팔규와 일강 십목을 올려 임금의 잘못을 바로잡았으며 유교 저술을 내놓았습니다.

중종께서 '옛적 중국의 진덕수(송나라의 학자)도 이보다 나을 수 없을 것이다.'고 칭찬한 것도 이런 이유에서였습니다."고 아뢰었다.

상소가 올라올 때마다 선조는,

"그대들의 정성스러운 뜻을 잘 알았다. 다만 이는 중대한 일이므로 경솔하게 거행하기는 어렵다."[136]고 답하였다.

정원(정부대신)이 이언적의 일에 대한 비답(批答; 상소에 대한 임금의 하답)을 우려하자 불가 이유를 말하였다.

당시 군신 간에 주고받은 이야기와 [사신]의 말은 다음과 같다.

정원이 아뢰기를,

"삼가 살피건대 유신(儒臣) 이언적은 실로 우리 도(道)의 선각(先覺)으

---

134) 선조실록 6권, 선조 5년 9월 19일 1번째 기사.

135) 선조실록 7권, 선조 6년 8월 28일 2번째 기사.

136) 선조실록 172권, 선조 37년 3월 19일 4번째 기사.

로 동방의 대현(大賢)입니다.

평생을 학업에 마음을 두어 성학(聖學; 유교)을 강명(講明)하고 사도(斯道; 유교)의 일익을 담당하였습니다.

그의 진실한 실천과 깊은 조예, 의연한 언행과 절도 있는 진퇴(進退), 그리고 후세에 전하기 위해 입언한 저술이 모두 문집 [유선록]에 있는데 광명정대하여 분명 의심스러운 점이 없습니다.

유신의 대열에 동참시켜 문묘에 배향함으로써 천년토록 제사 올리게 해야 한다는 점에 관하여는 조야(朝野)나 예나 지금이나 딴 의논이 없습니다.

그런데 유생들의 상소에 답하신 것과 전후로 내리신 비망기를 보건대 성지(聖旨; 임금의 뜻)가 준엄하여 조금도 용서가 없으십니다.

신들은 그 내용을 읽기도 전에 서로 돌아보며 놀라 눈이 휘둥그레졌을 뿐 뭐라 할 말을 잊었습니다." 하니 답하기를,

"살펴보건대 이언적은 벼슬이 찬성에 올랐고 학문을 강명하여 당대의 명유가 되었으니, 한 시대의 중신이라 할 수 있다.

갑진, 을사년에 두 선왕(중종과 인종)께서 잇달아 승하하시자, 간신들이 마구 일어나 화란을 크게 일으켰다. 사림은 어육(魚肉; 물고기와 짐승의 밥)이 되고 종사는 위기일발의 처지에 놓이게 되었다.

이러한 때에 이언적으로서는 어떻게 처신했어야 그 도리에 맞겠는가?

횡류(橫流; 물이 넘쳐흐름)에 지주(砥柱; 황하 가운데 있는 산, 격류 속에서도 움직이지 않는 산)가 될 수 있는 힘을 발휘해 하늘을 뒤덮는 기세를 막아내야 했다. 위로는 두 선왕의 큰 은혜를 보답하고 아래로 자신의 큰 책임을 다할 수 있는 것이다. 그리하여 사생을 걸고서 화란이 닥쳐와도 피하지 말았어야 했다.

만일 그렇게 못했을 경우에는 스스로 은퇴하여 관을 벗고 돌아가 관복을 버리고 산림에서 지내며 조야(朝野)에 고도(高蹈; 세속을 초월한

몸)한 사람이 되어야 했다.

　유교의 도를 조금도 굴하지 않게 하고 그 몸을 욕되게 하지 않음으로써 간흉들이 두려워 꺼리는 바가 있게 하고 사기가 없어지지 않도록 하여, 평소 강명한 학문을 저버리지 않는 것이 바로 명철보신(明哲保身; 총명하고 사리에 밝아 일 처리를 잘하여 몸을 지킴)하는 도리라 하겠다.

　이언적은 뭇 간신들 속에 발을 딛고서 물결치는 대로 부침(浮沈)했을 뿐 바른 말을 힘껏 주장하여 간흉들의 간담을 깨뜨렸다는 말은 듣지 못했다.

　국가를 광구(匡救; 잘못을 바로잡음)하지도 못하였고 물러가 몸을 결백하게 하여 멀리 떠나지도 못하였다.

　자신이 추관이 되어 남문 밖에서 제현을 국문하였으니, 이날 이언적의 이마에서 땀이 나지 않았는지 모를 일이다.

　다만 형장(刑杖)이 크니, 작으니 하는 소리만 하였으니, 아, 이는 그가 형장이 작고 가벼웠다면, 그 사람을 국문하고 옥사를 이룰 수 있다고 생각해서 그런 것이었던가.

　이것이 이른바, '자신의 일은 제대로 하지 않으면서 남의 잘못만 책망한다는 것'이다.

　이렇게 해서 끝내는 간흉들에게 휩싸이게 되어 종정(鐘鼎; 공적이 있는 사람의 이름을 사적에 새기는 것)에 공로를 기록하고 인각(麟閣; 누각)에 높이 이름을 걸고서 적신 이기 등과 함께 어깨를 나란히 하여 동맹하였으니,(동맹이란 나의 짐작으로 한 말이니 만일 미처 동맹하지 않았다면 이 구절은 삭제하라) 이언적이 '내가 과연 정난 위사의 공로가 있다.'고 여겼던가.

　어찌하여 힘을 다하여 사양해서 기필코 벗어나지 못하고 그대로 구차하게 대열을 따라 가다가 끝내 귀양 가는 신세가 되었던가. 예부터 지금까지 소인과 함께 주선하여 조호(調護; 도와주고 보호함)한 사람 치고 화를 입지 않는 자가 없었다.

심지어는 여러 간흉들이 대궐에 나아가 봉성군을 죽이기를 청할 때에 이언적이 따라 갔으니, 이언적의 천리가 이쯤되면 없어져 버린 데에 가깝지 않는가.

죄도 없는 왕자를 죽이자고 청하였으니, 정말 진유(眞儒)로서 이런 행동을 할 수 있단 말인가.

이언적이 어떻게 지하에 돌아가 옛 임금을 뵙겠는가.

그런데도 이황이 지나치게 추존하자 세상이 그에 휩쓸리어 시비를 제대로 말하는 자가 없었다.

그러나 이언적은 도학을 강명하여 몸을 닦는 데 힘을 기울였으니 한 시대의 위인이라 할 만하다." 하였다.

[사신]은 이에 대하여,

"이언적은 일세의 명유로 사자(士子)의 귀의처가 되었다. 문묘에 배향하기를 청하는데 전후로 여러 차례에 걸쳐 상소한 지 어언 40년이 지났으니 온 나라의 공론이 이미 정해진 것이다. 상이 지금 와서 남김없이 배척하고 있으니 상의 의도를 진실로 알기 어렵다.

아. 한 나라에 군임하여 온갖 기무를 총리하니 나라의 흥망성쇠가 모두 그 한마디에 달려 있는 것이다. 공론이 시행되지 않아 시비가 뒤섞이게 되었으니, 탄식을 금할 수 없다."고 평하였다.[137]

선조는 일찍이 을사사화 때의 위훈을 삭제하는 일과 관련하여 전교하기를,

"이황이 일찍이 윤임과 이유는 죽이지 않을 수 없다고 하였고, 또 위훈을 삭제하는 것을 매우 어렵게 여겼었다. 허봉의 부친인 허엽도 같은 말을 하였는데 무슨 소견이 있었기에 그렇게 말한 것인지 모르겠다. 이준경도 경솔히(위훈 삭제 문제를) 고쳐서는 안 된다고 말하였다."[138]라고

---

137) 선조실록 172권, 선조 37년 3월 23일 1번째 기사.[사신은 논한다]

168

말한 바 있다. 그리고 다음 상소를 주목할 필요가 있다.

성균관 생원 조명욱 등이 (선조가) 이언적을 의심하는 이유를 묻는 5차 상소를 올렸다.

"이언적은 유교의 영수로서 세상에 이름이 난 진유(眞儒)인데, 전하께서는 합당하지 않는 사람을 공자의 사당에 넣을 수 없다고 말씀하셨습니다.

만일 합당한 사람이 아니었다면 성명하신 선왕(중종)께서 진덕수(남송의 학자)에게 비유하셨겠습니까. 그런데 지금 전하의 말씀이 이러하시니 그렇다면 선왕도 본받을 것이 없고 현자도 믿을 수 없다는 말씀이십니까." 하였다.139)

한편 정인홍은 이언적과 이황을 비방하고 문묘 종사가 부당함을 극론하였다. 그 중요한 몇 구절을 발췌하면, 다음과 같다.

"조식과 성운은 같은 시대에 태어나서 뜻이 같고 도가 같았습니다. 태산 교악 같은 기(氣)와 정금미옥 같은 자질에 학문의 공부를 독실하게 하였으니 성세의 숨은 어진 이라고 함이 옳을 것입니다.

이황은 과거로 출신하여 완전히 나가지도 않고 완전히 물러나지도 않은 채 서성대며 세상을 기롱하면서 스스로 중도라 여겼습니다. 이황이 말하는 중(中)은 자못 성현의 뜻을 잃었음을 분명하게 말할 수 있습니다.

이언적과 이황이 지난날 을사년(명종 즉위년)과 정미년(명종 2년) 사이에 혹은 극도로 높은 벼슬을 하였고 혹은 청직과 요직을 지냈으니 그 뜻이 과연 벼슬할 만한 때라고 여겨서입니까.

시종일관 권간의 문객이 되어 맑은 논의에서 버림을 받은 이정과 황준량 같은 약간의 무리들을 도학으로 허여하기도 하고 성현으로 기대하기도 하면서 그들과 왕복한 편지가 쌓여 책을 이루었습니다.

---

138) 선조실록 11권, 선조 10년 12월 4일 1번째 기사.
139) 선조실록 172권, 선조 37년 3월 23일 4번째 기사.

삼가 선대(선조) 조정에서 전하신 비망기를 보니 무고한 왕자의 사형을 청한 사실을 언급하였습니다. 선왕은 이언적의 일이라고 언급하였으나 혹자는 이황이라고 합니다. 그 일을 국가의 문적에서 비록 누구라고 명확하게 지적하지는 않았으나 선왕의 전교가 근거 없는 것이 아님은 분명합니다."[140] 하였다.

[사신]의 기록에 "정인홍은 사람됨이 편협하고 사나우며 식견이 밝지 못한데 방자하게 함부로 글을 지어댔다. 세상에서 이르는 현인군자치고 그의 비방을 입지 않는 사람이 없었다."고 했다.

뿐 아니라 그는 인목 대비를 서궁에 유폐시키고 영의정에 올랐다가 인조반정으로 참형을 받은 사람이다.

따라서 그의 말은 일고의 가치도 없다고 할 것이다.

하지만 중종이 한 말, 즉 이언적이 진덕수와 같다는 말을 필히 선조가 따라야 한다는 것도 무리한 요구이다.

중종의 말 한마디가 그토록 무게가 있다고 한다면 유자광을 충신이라고 비호하고[141] 조광조를 역적으로 처단한 일은 어떻게 해명할 것인가.

그리고 윤임과 이유를 죽여야 했고 위훈삭제(을사사화의)가 어렵다는 말을 이황이 직접 언급했다면 선조의 반대와 정인홍의 상소도 충분한 근거가 있다고 본다.

---

140) 광해군일기 39권, 광해 3년 3월 26일 5번째 기사.
141) 중종실록 2권, 중종 2년 윤 1월 26일 1번째 기사. 왕이 전교하기를, "무오년의 일(유자광이 고변한)은 알고서 고하였으니 충신이다. 인군에게 충성하기 때문에 아래 있는 소인들의 꺼림을 받는 것이다." 하였다.

# 제3장
## 정광필(鄭光弼, 1462 – 1538)

정광필은 그 호가 수천(守天)이며 문익공의 시호를 받았다. 수천은 기량이 원대하여 아름답고 너그러운 마음으로 포용하는 것이, 규각(圭角; 말과 뜻이 모가 남)을 들어내지 않는 것 같지만 나라의 큰일을 담당할 때는 의젓한 기질이 있었다.[1] 그는 골격이 기이하고 잘났으며 마음이 크고 넓었다. 사람 응접하기를 잘하고 말과 안색이 너그러우나 경우를 구별하기를 엄하게 하였다 한다.[2]

정광필은 그의 너그러운 품성과 포용력이 있어서, 종 9품직에서 출발하여 영의정에 올랐다. 영의정을 두 번이나 역임하였고 77세까지 장수하였다. 또한 정광필 자신뿐 아니라, 그 자손들도 높은 벼슬에 올라 장수한 사람이 많았다. 동래 정씨, 특히 그의 자손인 문익공(文翼公) 집안은 조선조시대 가장 이름 있는 명문으로 불려왔다.

수천(정광필)은 다른 인물처럼 성리학의 이(理)나 도(道)를 말하지 않았다.

그는 폭넓은 인간관계와 원숙한 현실 적응 능력으로 당시의 여러 고비를 지혜롭게 극복해 나갔다.

정광필의 성품과 관련하여 당시 선비들의 행동규범을 잠깐 살펴보겠다.

조선조시대 선비들의 중요한 가치 혹은 인식의 기준은 <대학(大學)>에 나오는 격물치지(格物致知) 성의정심(誠意正心) 수신제가(修身齊家) 치국평천하(治國平天下)였다.

---

1) 중종실록 89권, 중종 33년 12월 6일 1번째 기사.
2) 음애일기, [연려실기술 2](서울, 민족문화추진회, 1982), p.491, p.495, 참조.

이 여덟 조목(條目)을 다시 분류하면 격물, 치지하는 자연의 논리(혹은 법칙)와 성의, 정심, 수신하는 인간의 논리(도덕규범), 제가, 치국, 평천하하는 사회 논리(사회질서)가 연속적으로 통합되어 있다.3)

여기서 격물(格物)이란 '사물의 이치를 구명하는 것' 치지(致知)란 '완전하게 터득하여 아는 것' 즉 격물치지는 '사물의 이치가 모두 밝혀져 더 남은 것이 없는 상태'를 말한다.

격물치지와 성의 정심을 다한 사람은 성인(聖人)이요, 격치 성정(格致誠正)을 다하되 그 궁극에 이르지 못한 사람은 군자이며, 이를 욕구하고 노력하는 자가 학자라고 한다.4)

또한 경(敬)은 성학(聖學; 儒學)의 시작과 끝이요, 경으로 말미암아 성(誠)에 이른다. 주자가 말한 대로 지경(持敬)은 궁리(窮理)의 근본이라 하였다.5)

성(誠)은 하늘의 실리(實理)와 진실한 마음, 즉 실심(實心)의 본체이다. 퇴계는 주로 거경궁리(居敬窮理)를, 그리고 율곡은 성의 정심(誠意正心)을 말하였다.

위와 같은 가치 규범에 따라, 양반 선비들에게 적용되었던 조선조시대의 도덕 수준은 다음과 같았다.

첫째, 군자다운 인물로 칭송받은 사람들의 태도,

학문이 깊고 재행이 있는 자, 즉 격물치지와 성(誠), 경(敬)에 이른 사람, 마음이 맑고 깨끗하며 굳세고 지조가 있는 사람, 근검절약하고 검소한 자.

노래와 여자, 술과 사치, 뇌물을 멀리한 사람, 부모에게 효도하고, 친상을 당하여 3년 상을 삼가하며 치룬 사람, 너그럽고 도량이 있으며, 국

---

3) 김영호 "실학의 개신유학적 구조" 조명기 외, [한국사상의 심층연구](서울, 우석, 1986), p.293.

4) 황준연, [이이철학 연구](광주, 전남대학교 출판부, 1989), pp.59 - 65.

5) 위의 책, p.82.

174

가 위기에 몸을 아끼지 않고 의지를 굽히지 않으며 결단력 있는 행동을
한 사람,

둘째, 소인배로 폄하되어 매도당한 사람들의 태도

학문이 부족한 사람, 마음이 간사하고, 권력에 아첨하는 사람, 사치스
러운 생활을 즐기고 뇌물을 좋아하는 사람, 자신의 안일만을 추구하고
자신의 명예와 자녀의 이익에 집착하는 사람.

축첩을 얻은 사람, 불효한 사람, 남을 무함한 사람, 권세와 세도를 부
린 사람 등이다.

정광필은 군자다운 정승으로 당시뿐 아니라 그 후대에서도 가장 성공
적인 재상으로 존경받아 왔다.

과연 노성한 정치가로서 정광필의 정치역정과 그 실제 태도는 어떠했
던가, 그 진실을 살펴볼 필요가 있다. 이 책에서는 특히 그의 인간관계
를 중요시하여 그의 가문과 그 시대의 정승들을 먼저 소개한 뒤 그의
정치적 업적을 소개하려고 한다.


## 1. 성균관 학유에서 영의정까지

수천(정광필)은 성종 23년(당시 31세), 진사에 오르고 같은 해 문과에
합격하였다.

처음에는 성균관 학유(종 9품), 의정부 사록(정 8품), 봉상시 직장(종 7
품)을 지냈는데, 작은 벼슬을 낮게 여기지 않고 직책에 힘썼다. 당시 좌
의정 이극균이 그를 한번 보고 정승될 그릇으로 기대하였다.6)

연산조에 들어서서 그의 벼슬은 사간원 정언으로부터 시작했다.7)

---

6) 음애일기, [연려실 기술 2], p.490.
7) 연산군일기 17권, 연산 2년 8월 11일 1번째 기사.

그 3개월 후에 홍문관 수찬으로 옮기고 경연의 검토관을 겸하였다.[8)]

그 후 승승장구(乘勝長驅; 승리를 계속해 나감)하여 홍문관 직제학에 올랐고, 경연에서 시독관, 참찬관을 역임하였다.

연산 10년 이조참의가 되어 갑자사화를 맞았다.[9)]

정광필은 연산 9년 10월, 경연의 참찬관으로 있을 때, 왕의 사냥에 관하여 아뢴 일이 있다. 즉  참찬관 정광필이 아뢰기를,

"지금 날씨가 점점 추워지는데 찬 기운을 무릅쓰고 아침에 떠났다 저녁에 돌아오시면, 성상의 몸이 수고로울 듯합니다."[10)] 하였다.

당시에는 별 처분이 없다가, 사화(士禍; 선비들을 많이 죽인 갑자년의 사건)의 소용돌이가 끝난 후, 왕(연산군)은 다시 이 일을 문제 삼아 그를 추국하라 하였다.

왕이 (정광필의 사냥에 관한 일을, 그 8개월 후에 거론하여) 전교하기를, "정광필도 '본디 제 뜻이 아니었다.' 하였으니, 그렇다면 마땅히 남들을 억지(抑止)하여 아뢰지 않았어야 한다. 국문하여 하나로 돌아가게 하라."[11)] 하였다.

결국 정광필은 사냥을 가지 말라고 아뢴 죄가 아니고, 다른 사람으로 하여금 아뢰지 못하도록 말리지 않은 죄로 (다른 죄인들과 같이) 유배를 간 것이다. 정광필에게는 이런 일로 쫓겨났던 2년 3개월이 오히려 전화위복의 기간이었다.

정광필은 중종반정 직후, 바로 홍문관 부제학의 관직을 받았고 이어서 승정원 우승지, 이조참판에 수임되었다.[12)]

---

8)  연산군일기 19권, 연산 2년 11월 18일 1번째 기사. 연산 3년 7월 19일 1번째 기사.
9)  연산군일기 52권, 연산 10년 1월 17일 3번째 기사.
10)  연산군일기 51권, 연산 9년 10월 9일 2번째 기사.
11)  연산군일기 54권, 연산 10년 6월 6일 5번째 기사.
12)  중종실록 1권, 중종 1년 9월 6일 5번째 기사. 동 10월 11일 8번째 기사. 중종 2
     년 5월 19일 3번째 기사.

중종 3년에 병조참판에서 공조참판, 한성부 판윤, 예조판서에까지 올랐
다.[13] 그 후 중종 5년에 대사헌, 우참찬 겸 전라도 도순찰사, 8년에 우찬
성 겸 함경도 관찰사, 그리고 우의정, 좌의정까지 고속 승진을 하였다.[14]

중종 11년, 드디어 영의정에 올라 조광조에게 사사(賜死; 사약을 받고
죽음)의 명을 내린 바로 그날 파직되었다. 그리고 다음날 (중종 14년 12
월 17일) 영중추부사가 되었다.[15]

8년 후인 중종 22년 다시 좌의정으로 기용되고, 3개월이 지난 뒤, 영
의정이 되어 6년간 재임하였다.[16] 그는 중종 28년 영중추부사로 체직되
었다가 중종 32년 희능의 일로 외방에 유배되었다.[17]

## 2. 정광필 가계의 특징

수천(정광필)의 후손들은 조선조시대 가장 이름 있는 명문을 이루어
양반사회의 부러움을 독차지하였다. 이 책에서는 조선조 양반사회의 대
표적 사례로 특히 이들 집안의 대강을 소개한다.

정광필은 의정부 우참찬 정난종의 아들로 그의 조부 정사(鄭賜)는 진
주목사를 지냈다.

정난종은 세조 13년 이시애의 난에 황해도 관찰사가 되어 군정(軍丁;
군적에 있는 지방의 장정)을 증발하였다. 예종 원년에는 <세조실록> 찬

---

13) 중종실록 5권, 중종 3년 2월 9일 6번째 기사. 6월 15일 11월 7일, 11월 10일 5
   번째 기사.
14) 중종실록 10권, 중종 5년 3월 21일, 4월 14일, 중종 7년 6월 9일, 8년 4월 2일,
   8년 4월 15일, 10월 27일 11번째 기사.
15) 중종실록 24권, 중종 11년 4월 9일, 동 14년 12월 17일 5번째 기사.
16) 중종실록 59권, 중종 22년 7월 27일, 동 10월 21일 4번째 기사.
17) 중종실록 74권, 중종 28년 5월 28일 2번째 기사. 중종 32년 5월 6일 3, 4번째 기사.

수에 참여하였으며 이조참판이 되었다. 이어서 이조판서, 공조판서, 호조
판서를 역임하고 성종 19년에 졸(卒)하였으니, 당시 나이가 57세였다.

정난종은 풍채가 아름답고 서법(書法)이 교묘하여 문무(文武)의 재주
를 겸하였다. 그러나 절조(節操; 절개와 지조)가 적고 외면(外面)이 실상
보다 나은 편이었다.[18]

정광필의 5대조 정승원과 정언신(선조조의 우의정, 정여립의 9촌숙)의
8대조 정승보는 형제간이다. 정광필 집안이 융성하게 된 특징을 나름대
로 살펴보면 대개 다음과 같다.

## 1) 형제간 우애가 돈독하였다

이에 관한 실례를 하나 들어 보면 다음과 같은 일이 있었다.

연산조 8년, 홍문관 직제학 정광필을, '이문(吏文; 중국과 주고받는 문
서에 쓰던 문체)을 정시에서 제술하지 않는 것으로써 사헌부에 내려서
국문하고 사죄(私罪)로 태형을 가하고 해임한 후 별직에 서용할 것을 율
에 비추어 아뢰니, 그대로 윤허하였다.'[19]

그 사흘 후 삼공(파평 부원군 윤필상, 영의정 한치형, 좌의정 성준, 우
의정 이극균)이 부름을 받고 와서 아뢰기를,

"신등이 듣자옵건대, 직제학 정광필을 정시에 제술하지 않았다는 이유
로 서반으로 보냈다고 합니다. 그런데 광필은 정시 보는 날 숙부 정난손
의 아내와 숙부 정난무가 죽었다는 소식을 듣고 마음이 스스로 편안하
지 못하여, 대궐에 나왔는데도 능히 제술하지 못했다 합니다. 그의 경우
는, 다른 사람과는 비교가 안 됩니다." 하니 전교하기를 "정광필을 서반
으로 보내지 말라."[20] 하였다.

---

18) 성종실록 225권, 성종 20년 2월 13일 3번째 기사.
19) 연산군일기 42권, 연산 8년 1월 5일 1번째 기사.

또 그의 나이 74세에, 파직되었을 때도 그의 조카인 정한룡에게 글을
보내 "우리 집안이 위태롭다, 내가 너희들을 위하여 죽도록 구제하였
다."는 등의 이야기를 했다 함은 김안로 편에서 이미 기술하였다.

## 2) 그의 자손들은 대개 검소, 절제하였고, 그중에서 재상이 다수 배출되었다

동래 정씨가 배출한 총 17명의 재상 중, 수천(정광필)자손 중에서 13
명, 그리고 기타 다수의 고위 관직자들을 배출하였다.
그 이름과 나이는 다음과 같다.

정광필(중종조 영의정, 77세)
정유길(선조조 좌의정, 74세 정광필의 손자)
정지연(선조조 좌의정, 정광필의 장증손)
정창연(광해조 좌의정, 85세, 정유길의 아들, 정지연의 6촌)
정태화(인조조 영의정, 72세, 정창연의 손자)
정치화(현종조 좌의정, 69세, 정태화의 동생)
정지화(현종조 좌의정, 76세, 정태화의 사촌)
정재숭(숙종조 우의정, 67세, 정태화의 아들)
정석오(영조조 좌의정, 58세, 정치화의 양증손자)
정존겸(영조조 영의정, 73세, 정지화의 6세손)
정홍순(영조조 우의정, 정태화의 고손자)
정원용(헌종조 영의정, 91세, 정태화의 7세손)
정범조(고종조 좌의정, 정원용의 손자)

---

20) 연산군일기 42권, 연산 8년 1월 8일 4번째 기사.

그리고 기타 중요 관직자들은 다음과 같다.


정광성(효종조 형조판서 80세, 정창연의 아들), 정광경(인조조 이조참판, 광성의 동생), 정재륜(효종의 부마, 76세 정치화의 양아들), 정재희(숙종조 예조판서, 정지화의 양아들), 정상순(정조조 이조판서, 정태화의 고손자), 정존중(정조조 공조판서, 정광경의 7세손), 정시용(헌종조 형조판서, 정태화의 7세손), 정헌용(헌종조 공조판서, 헌용과 4촌), 정대용(헌종조 이조판서, 정광성의 8세손), 정기선(순조조 예조판서, 정광성의 9세손), 정기회(헌종조 이조판서, 정태화의 8세손), 정기세(헌종조 이조판서, 71세 정원용의 아들, 정범조의 아버지), 정건조(고종조 이조판서, 정태화의 9세손)


참고로, 여기서 아들은 2세, 손자는 3세, 증손자는 4세, 고손자는 5세, 그리고 다음 자손은 6세 등의 방식으로 계산하였다.


## 3) 그의 자손 관직자들은 대체로 장수하고 온건하였다


수천(정광필)의 자손들은 대체로 과욕(寡慾; 욕심이 적음), 검소하여 앞에서 볼 수 있는 바와 같이 장수한 사람들이 많았다. 대표적인 재상 몇 사람만을 열거하면 다음과 같다.


임당 정유길(1515 - 1588)

수천의 손자 정유길은 호가 임당(林塘)으로 그 자손에서 특히 많은 벼슬을 했다. 정광필이 서울 회현동에서 살았기 때문에 그 자손들을 사람들이 이른바 <회동정씨>라고 불렀다.

임당은 17세에 사마시험에 합격하고 그 뒤 문과에 장원 합격했다.

정유길은 그 슬하에 딸이 많았는데 그중에서 사위 유자신(광해군의 장인)과 김극효(안동 김씨 김상헌의 생부)가 있어 유명하다. 김상헌은 그의 큰아버지인 김대효에게 양자로 갔는데 그 손자가 김수항이다. 수항의 자손들은 조선조말 세도 정치로 유명하였다.

임당은 재주와 풍도가 있어 일찍부터 훌륭한 명성을 드날려 세상의 추중을 받았다.[21] 하지만 전에 권간(權奸; 이량을 가리킨다)에게 붙어서 그 뜻에 맞기를 바라 못하는 짓이 없었고, 전조(銓曹; 吏曹를 가리킴)의 장관이 되어서는 인물을 진퇴할 때에 일체 그 지시를 받았으므로, 사림이 지금까지도 울분한다[22] 하여 찬성의 직 임명을 반대한 일이 있었다. 그가 우의정의 물망에 올랐을 때도 같은 이유로 간원들이 체직하기를 아뢰었다. 그럼에도 불구하고 율곡 이이는 그를 적극 추천하였다. 이이가 말하기를,

"정 임당(정유길)은, 권간이 득세하였을 때 뚜렷이 행실하지 못한 실수가 있기는 하나 그의 뛰어난 재주와 풍도는 시중배들이 추대하는 자들보다 훨씬 나은 점이 있다" 하니, 왕이 이이의 말을 받아들였다.[23]

잠깐, 독자들의 편의를 위하여 이량을 소개하면 다음과 같다.

이량(李樑)은 효령대군의 6세손으로 명종비의 외숙이다. 명종국구 심강이 그의 매부이니 명종으로 말하면 그의 처 외숙이다.

이량은 정사룡(鄭士龍; 정광필의 조카이며 정유길의 당숙)의 문인으로 사룡은 이량을 아들처럼 대하고 이량은 정사룡을 아버지처럼 섬겼다. 그래서 [사신]은 정사룡의 사람됨이 볼 만한 것이 없으니, 그 문인이 비루함이 이상할 것이 없다 하였다.[24]

---

21) 선조수정실록 22권, 선조 21년 9월 1일 1번째 기사.

22) 선조실록 7권, 선조 6년 3월 28일 2번째 기사.

23) 선조실록 15권, 선조 14년 9월 1일 3번째 기사.

24) 명종실록 19권, 명종 10년 9월 5일 5번째 기사.[사신은 논하다]

이량이 정시(庭試; 나라의 경사가 있을 때 대궐 안에서 보는 과거)에서 수석을 차지하였는데 당시 정사룡이 고관(考官; 시험관)이었다. 정사룡이 전(箋; 문제)의 제목을 이량에게 알려 주어 물의가 떠들썩하였다.25) 그다음 해에 문과에 합격하였다. 이는 정사룡이 시관이 되어 그의 시험 답안지를 뽑아서 합격시킨 것이라고 한다.26)

임금의 이량에 대한 총애가 더욱 융성하여 조정 신하들이 그에게 몰려들어 그 권세가 임금을 능가할 정도였다. 임금은 윤원형의 발호에 염증을 내어, 이량의 지위를 높여 그에게 맞서도록 하였는데, 이는 호랑이를 키워 호랑이를 제거하는 격이었다.27)

정유길은 원계검의 뒤를 이어 이조판서가 되었다. 원계검은 정유길의 장인인 원계채의 동생으로 역시 이량에게 아부하여 이조판서가 되었다.28)

임당은 총각으로서 관찰사 원계채의 집에 데릴사위로 들어갔다. 원계채는 임당의 조부 정광필의 벗이었다. 수천이 부탁하기를, '반드시 글을 읽도록 권하고 부지런히 하지 않거든 종아리를 치게." 하였다.29)

정유길이 이조판서가 되어서는 한결같이 이량의 지시를 받아 관작을 추천하여 뭇 소인들을 끌어들였다.30)

이들 사이의 얄궂은 인연은 세습된다.

이량의 손자 이충(李冲)은 천성이 흉악하고 험상궂으며 본래 도적과 같은 사람이다.31) 그는 임금의 뜻을 잘 살펴서 기묘하고 음란한 수완을 부려 기쁘게 하였다. 조석으로 맛난 반찬을 올려, 왕은 그의 반찬이 도

25) 명종실록 12권, 명종 6년 10월 13일 1번째 기사.
26) 명종실록 13권, 명종 7년 4월 10일 1번째 기사.
27) 명종실록 28권, 명종 17년 4월 25일 1번째 기사.
28) 명종실록 28권, 명종 17년 7월 14일 1번째 기사. 명종실록 33권, 명종 21년 7월 17일 3번째 기사, 참조.
29) 기재잡기, [연려실기술 4], p.474.
30) 명종실록 24권, 명종 13년 10월 26일.[사신은 논한다]
31) 광해군 일기 99권, 광해 8년 1월 1일 3번째 기사.

착한 뒤에야 식사를 하는 일까지 있었다.

사람들이 시를 지어 그것을 조롱하였다. 그 시에 '잡채상서세막당(雜菜尚書勢莫當; 여기서 상서는 이충을 말하고, 잡채를 올리는 상서의 세력을 당할 수 없다는 뜻이다)'이라는 문구가 있었다 한다.

이충은 처음 이이첨이 돌보아 주었는데 그와 틈이 벌어지자 정창연(정유길의 아들)에게 달라붙었다.

이량이 정권을 잡았을 때는 정유길이 아부해서 이조판서가 되었고, 이제 정창연(정유길의 아들)이 이조판서가 되어서는 이충 형제를 끝까지 끌어 주었다.[32]

다시 본문으로 돌아가서 정광필의 증손자 중 정지연(정광필의 장손 정유인의 아들)은 그의 당숙인 정유길과 나이가 비슷하였다. 그의 누이는 중종의 아들(희빈 홍씨 소생) 봉성군에게 출가하였다.

그는 별다른 재능은 없었어도 국량이 있었고 또 늦게 진출한 관계로 명예를 잃지 않았다.[33]

정유길은 앞에서 살펴본 바와 같이 이량에게 아부하여 벼슬자리에 오른 탓으로 큰 하자가 되어 사림이 비루하게 여겼다. 하지만 여하튼 그는 살아남아 정승이 되었고, 조선 왕조는 그 자손들에게 명재상들을 가장 많이 배출시켰다.

이들을 좀 더 자세히 살펴보면 다음과 같다.


정창연(1552 - 1636), 정지연.


정지연은 정창연과 6촌 형제로 앞에서 언급하였다.

정창연은 정유길의 아들로, 광해군비 유씨가 그의 생질녀(누이의 딸)

---

32) 광해군 일기 114권, 광해 9년 4월 2일 5번째 기사.

33) 선조수정 17권, 선조 16년 8월 1일 30번째 기사.

이다.

그가 우의정에 있을 때 스무 번째 사직소를 올렸고, '병으로 출사도 못하고 있는데 녹봉을 받는 것은 온당치 못하다.'고 하면서 그의 녹봉을 돌려보내기도 했다.34)

광해군 때 양사가 합계하기를,

"전일 서궁(西宮; 인목대비를 말함)을 폐출하는 일로 정청(庭請; 세자나 의정이 백관을 거느리고 궁정에 이르러 큰일을 아뢰어 왕의 하교를 기다리는 일)한 것은 실로 온 나라 신민들이 충성심을 떨쳐 역적을 토벌하려는 의리에서 나온 것입니다. 대소 신료와 관학 유생 방민(坊民; 동네 사람) 이서(吏胥; 아전)들이 날마다 피 끓는 정성을 바치며 계사를 진달했는데, 당상관 가운데 수수방관(袖手傍觀; 간여하지 않고 그대로 방치함)한 자들 역시 헤아릴 수 없이 많습니다. 우선 보고 들은 자들만 거론하면, 김상용(김상용은 광해군비 유씨와 이종 남매간임), 윤방, 정창연 등은 시종일관 정청하는 대열에 참여하지 않았습니다. 임금을 잊고 역적을 비호한 그 죄를 징계하지 않을 수 없으니 모두 멀리 유배 보내라고 명하소서."35) 하였다.

당시 정청에 나아가 참여한 당상은 245명이고, 시종일관 참여하지 않은 자는 38명이었는데 그 명단 속에 역시 김상용, 정창연이 포함되어 있었다.36)

광해조 때에 나라에서 국문하는 옥사가 일어나면 때로 임금이 정창연에게 물어보는 일이 있었다. 그때에 정창연은 공정한 마음에서 억울함을 인정할 때는 사대부나 천인을 차별하지 않았다. 애써 원통함을 밝혀 남몰래 살려준 사람이 많았으나 그 일을 집안에서조차 알려주지 않았다.

---

34) 광해군 일기 102권, 광해 8년 4월 9일 4번째, 동년 5월 5일 3번째 기사.
35) 광해군 일기 124권, 광해 10년 2월 6일 4번째 기사.
36) 위의 책, 광해군 10년 2월 9일 7번째 기사.

최유원이 서로 가까이 살고 있어서 추측해서 이 일을 알았다. 그가 말하기를, "남에게 덕을 입히고도 그 사람에게 알리지 않는 사람은 오직 정승 한 사람뿐이었다."[37]고 했다.

인조반정이 일어난 후 그는 좌의정에 올랐다.

정창연은 사람됨이 성실하고 조심스러웠다. 폐비(광해군 비 유씨)의 가까운 인척(폐비의 외숙)으로 자못 자신을 단속하고 경계하여 폐모의 정청과 수의할 때 모두 참여하지 않았으므로 시론(당시의 의론)이 훌륭히 여기었다.[38]

정창연의 두 아들 정광성과 정광경도 그들 아버지 정창연이 폐모의 정청에 참여하지 않았던 공으로 화를 모면하고, 각각 공조참판(효종 때 형조판서가 됨), 이조참판의 벼슬을 했다.

정광성은 몸가짐이 근신하였고, 동생 광경은 효심이 있었다. 인목 대비를 폐하려는 정청이 있을 적에는, 자기 아버지에게 화가 미칠까 두려워서 마지못해 참석하였는데, 선비들의 공론이 그를 허여하였다 한다.[39]

정태화(1602 – 1673), 정치화, 정지화.

정태화, 정치화 형제와 그의 사촌인 정지화 그리고 정재숭, 정재륜의 줄기에 기록된 [실록]을 바탕으로 그들의 면모를 보면 다음과 같다.

원임 영의정 영중추부사 정태화

정태화는 재지(才智; 재주와 슬기)가 넉넉하고 총민(聰敏; 총명 민첩함)함이 뛰어났으며 일이 일어나기 전에 대처하였으므로 낭패당한 적이

---

37) 공사견문, [연려실 기술 5], p.350.
38) 인조실록 1권, 인조 1년 3월 24일 2번째 기사.
39) 인조실록 23권, 인조 8년 12월 20일 5번째 기사. 동 45권, 인조 22년 5월 2일 1번째 기사.

없었다. 가정을 법도로 다스렸고 자제들을 단속하여 번화 화려한 것을 숭상치 못하게 하였다. 또한 붕당을 맺지 못하게 하였다.

재상을 지낸 기간이 25년이나 되었어도 대단하게 세력을 과시하지도 않았다. 그러나 세상과 더불어 적응하며 처신할 뿐, 국사를 떠맡은 일이 없었고 뇌물이 상당히 통했다는 비난이 있어 사람들이 이 점을 부족하게 여겼다.

어머니는 송일(宋軼)의 고손자인 송기(宋圻)의 딸이고 슬하에 다섯 아들을 두었다. 하나는 명관(名官; 우의정)이 되었고, 하나는 공주(효종 부마로 정치화에게 양자감)에게 장가들었다. 나머지 아들들도 모두 음관(蔭官; 부모의 공덕으로 얻은 벼슬)이 되어 온 집안이 벼슬아치로 가득하였다.

아우 정치화와 바꿔가며 정승의 자리를 차지하였으므로 사람들이 둘도 없는 복록을 누렸다고 말하였다.

효종 이래 조정에 청의(淸議; 올바른 의논)가 크게 행해졌는데 식자들은 사화가 일어나지 않을까 상당히 걱정하였다. 정태화가 수상으로서 그 사이를 잘 주선하였다. 조정의 논의가 대립 결열되지 않고 조정된 것은 대체로 그의 힘이었다.[40]

### 영중추부사 정치화

정치화는 어려서부터 강직하고 명민(明敏; 총민)하다는 칭송이 있었고, 또 청렴하다는 명망이 널리 알려졌었다. 만년에 서자(庶子)를 지나치게 사랑하여 자못 뇌물을 받는다는 책망이 있었으므로, 그 좋은 명예를 보전하지 못하였다.[41]

---

40) 현개 27권, 현종 14년 10월 8일 3번째 기사.[사신은 논한다]
41) 숙종실록 6권, 숙종 3년 9월 29일 1번째 기사.

### 행 판중추부사 정지화

관직에 있을 때 엄숙하여 그가 명령하면 그대로 시행하고, 금령을 내리면 그치는 효과가 있었다. 성품이 음악과 여색, 거문고, 퉁소를 좋아하여 미녀들이 좌우를 떠나지 않았으며 즐겨 노는 것이 습관이 되었다. 공무에 게을러 힘쓰지 않았으므로 직위가 재상에 이르렀어도 정책을 수립하여 밝힌 것이 없었다.

문벌로 재상이 되었는데 간당이 정권을 잡은 시기에 곧 사임하여 체직되고 집에 있었다. 그런데 윤휴(尹鑴; 남인 청남의 영수), 허목(許穆; 남인의 영수)이 송시열을 죽이려고 할 때 차자를 올려 그들의 잘못을 남김없이 말하였다.

젊어서는 청렴하고 검소한 것으로 일컬어졌는데 늙어서는 사알(私謁; 사사로운 청탁)을 자못 행하였다.42)

### 영중추부사 정재숭

정재숭은 정태화의 아들로 재지가 있다고 소문이 났었다.

오랫동안 탁지(호조, 戶曹)의 판서로 있었고 또한 정승으로 들어갔는데 특출한 풍절(風節; 절개와 풍채)은 없었다. 인륜이 무너져 어두웠을 때를 당해 단지 명위(名位)만 가지고 있다 돌아갔으니 그의 사람됨을 알 수 있다.43)

### 동평위 정재륜

경종 3년, 동평위 정재륜이 죽었다. 정태화의 아들(정치화에게 양자감)로 효종 부마가 사람됨이 준걸스럽고 신중하며 몸가짐이 검소하였다. 밖에 외출할 때는 추종(騶從; 뒤따르는 하인)을 간략하게 하고 벽제(辟除;

---

42) 숙종실록 19권, 숙종 14년 3월 23일 1번째 기사.
43) 숙종실록 24권, 숙종 18년 2월 19일 2번째 기사.

길을 치우고 교통을 통제함)를 금하여 사람들이 그가 귀한 신분임을 몰랐다. 조정의 일들을 널리 알고 있어 사람들이 질문하였고 임금이 내린 귀중품 등을 몸에 가까이하지 않았다.[44]

영돈녕부사 정석오

정석오(1691-1748)는 정재륜의 손자로 대를 이었다.

정석오는 조정에 벼슬한 연륜이 오래였으나 소심하여 근신하였으므로 상소하거나 변명할 일이 없었다. 정승에 재배되기에 이르러서는 스스로 공의(公儀; 공론)가 허여(許與; 허락)하지 않을 줄 알고 누차 상소하여 면직시켜 주기를 청하였다. 이때에 이르러 동지사(冬至使)로 연경에 가게 되었는데 중도에서 병으로 죽었다.[45]

판중추부사 정홍순(1720-1784).

정홍순의 집안은 상하가 모두 고위 관직자들과 혼인하였다.

정홍순의 아버지인 정석삼(鄭錫三)은 대사헌을 역임했고, 어머니는 소현세자의 손자 임성군의 딸이다. 홍순의 부인은 판돈영부사 송창명의 딸이고 며느리(아들 정동교 군수의 처)는 좌의정 이재협의 딸이다.

정홍순은 재주와 지모로 벼슬이 정경(正卿; 정 2품 이상의 벼슬)에 이르렀다. 여러 번 탁지와 혜국(혜민서, 질병 의약 등을 취급하던 관서)을 맡았는데 그 당시 이재(理財)를 잘하는 자로는 반드시 그를 손꼽았다. 정조 2년에 정승이 되었다. 그는 성질이 준엄하고 강직하며 매우 민첩하여 일을 헤아리는데 밝았으나 정승의 직무를 수행하는 데는 장점이 없었다.[46]

---

44) 경수 4권, 경종 3년 2월 8일 2번째 기사.
45) 영조실록 68권, 영조 24년 12월 17일 1번째 기사.
46) 정조실록 17권, 정조 8년 1월 25일 3번째 기사.

봉조하 정존겸(1722 - 1794).

봉조하란 종 2품 이상 퇴임 관리에게 이 칭호를 주고, 종신토록 그
품계에 알맞은 녹을 주는 벼슬 이름이다. 조선조 초기에는 15명의 정원
이 있었으나 후에 없어졌다.

정존겸은 영조 7년 문과에 급제하여 이조, 병조의 벼슬을 거쳐 영의정에
이르렀다. 영의정을 그만 두고는 봉조하가 되었다. 말수와 웃음이 적었으며
절제하고 검약하는 점이 선비 같았으나 강직한 기풍이 적었다. 삼가고 두
려워하는 마음은 옥을 잡고 있듯이 정중히 하고 가득한 물그릇을 받들 듯
이 조심하여 벼슬이 영의정까지 올랐어도 사람들이 비난함이 없었다.[47]

정원용(1783 - 1873)

영중추부사 정원용은 돈영부도정 정동만의 아들로 기유년(1849년)에
철종을 봉영한 대신이다. 그의 어머니는 형조판서 이숭우의 딸(용인 이
씨)이고, 아내는 예조판서 김계락의 딸(강능 김씨)이다.

고종 1년 진강을 끝내고 영중추부사 정원용이 아뢰기를,

"일전에 전하께서 사관(史官)을 보내어 신의 손자가 진사에 합격한 것
에 대하여 '내 마음이 기특하고 기쁘다.'라고 하유까지 하셨습니다. 신은
영광스럽고 감격스러워 아뢸 바를 모르겠습니다.

신의 선조인 정광필의 손자 좌의정 정유길이 과거에 급제하던 날에도,
중종께서 사관을 보내어 '경의 손자가 등과하였다 하니, 내 마음이 기쁘
고 다행스럽다'라고 하교하셨습니다. 신의 온 집안이 영광스럽고 감격스
러워 지금까지도 특별한 예우라고 전해오고 있습니다.

지금 신은 너무나도 불초한데, 성상께서 내려주신 은혜가 지난날 조상
들이 받았던 것과 비슷하여, 영광스럽고 감격스러운 마음을 더욱 감당할
수 없습니다."[48] 하였다.

---

47) 정조실록 40권, 정조 18년 8월 6일 2번째 기사.

그 후 아들 정기세는 병조판서에서 이조판서를 거쳐 우찬성이 되었고, 손자 정범조는 좌의정에 올랐다.

정원용은 품행이 바르고 어질며 몸가짐이 검약한데다가 문학과 재주를 겸하였다. 나이와 벼슬이 높았고 복록을 후하게 누렸으므로 온 나라 사람들이 우러러 칭송하였다.[49]

## 3. 수천(정광필)과 중종대의 정승들

중종반정 이후 정승이 된 사람들을 열거하면,

김수동, 유순, 박원종, 유순정, 성희안, 송일, 정광필, 김응기, 신용개, 안당, 김전, 남곤, 이유청, 권균, 심정, 이행, 김근사, 김안로, 장승손, 한효원, 윤은보, 유보, 홍언필, 김극성, 윤인경이다.

중종반정 직후에는 유순, 김수동, 박원종, 유순정, 성희안이 재상을 지냈고, 그다음에 정광필, 송일, 김응기, 김전, 안당, 신용개가 재상으로 기묘사화를 치렀다. 그 후 김전, 남곤, 이유청, 권균, 심정, 이행 등이 재상이 되었다. 김안로가 등장하기 전에는 정국이 대개 정광필 중심으로 주도되었다.

박원종, 유순정, 성희안은 조광조 편에서 기술하였다.(연려실 기술에서는 김수동과 유순을 연산조 때의 재상으로 분류하였다.)

김수동(金壽童, 1457 – 1512; 영의정)

김수동은 안동 김씨 김질(1422 – 1478; 영의정 정창손의 사위)의 조카다. 김질은 세조 때 사육신을 고변하여 그 공으로 정승이 되었다.

---

48) 고종실록 1권, 고종 1년 9월 29일 2번째 기사.
49) 고종실록 10권, 고종 10년 1월 3일 2번째 기사.

　김수동은 연산군 때에 우의정을 지냈고, 중종반정 후 좌의정에서 영의
정으로 올랐다. 연산군 10년 갑자사화를 당하여 사류가 거의 다 주륙을
당하게 되었을 때, 그가 주선하여 온전히 살아남게 된 사람이 많았다.
반정 후 병이 있으므로 왕께 청하여 녹봉을 사양하였다. 그만큼 근신한
자세로 살았다.

　그러나 기절(氣節; 기개와 절조)이 모자라고 일을 드러내서 밝힌 것이
없었다.50) 연산군 말년에 어머니상을 당하여 그는 단상(短喪; 3년 상의
기간을 24일로 단축함)하는 제도에 따라 길복(吉服; 3년 상을 마치고 입
는 보통 옷)으로 벼슬을 했다.

　또한 반정 후 조정에서 일을 의논할 때, 그는 웃고 이야기하며 조금도
슬퍼하는 기색이 없었다.

　대신들이 김수동의 이런 뜻을 알고 벼슬길에 나가기를 청했다. 다만
유자광만이 홀로 '전쟁이 일어난 것도 아닌데 기복(起復; 부모의 상중에
벼슬에 나가는 것)함은 불가하다.'고 하여, 왕이 유자광의 의논을 따르므
로, 김수동이 부득이 물러났다.51)


　유순(柳洵, 1441 – 1517; 영의정)


　유순은 위인이 나약하고 줏대가 없었다.

　젊어서부터 오직 공명에만 마음을 써서, 여러 대를 섬기며 화려하고
중요한 직책을 지냈어도 한번도 실수를 한 일이 없었다.

　그가 재상이 되었을 때는 오직 성명을 보전하는 것만 힘쓰고 정사를
건의한 일이 없었다. 연산군 말년에 수상이 되어서는 왕의 무도함이 그
극에 이르렀는데도 두려워 눈치만 살피고 바로잡는 말 한마디도 하지

---

50) 중종실록 16권, 중종 7년 7월 7일 2번째 기사.
51) 위의 책.[사신은 논한다]

않았다.

다만 '상교가 윤당합니다.'고 답할 뿐이어서 사람들이 '윤당재상'이라고 불렀다.

반정하는 날도 박원종, 성희안이 거사한다는 말을 듣고 어쩔 줄을 몰라 말도 못하였다. 다만 부인에게 '박공(朴公; 박원종을 말함)이 임금이 되었는가' '성공(成公; 성희안을 말함)이 임금이 되었는가' 하였다.

사림에서는 그를 마땅치 않게 여겨서 그의 문사(文辭; 문장에 나타난 말)까지도 취하지 않았다. 또 당초에는 그를 때려죽이자는 논의가 있었는데 도리어 훈록에 끼었고 그 아들 유응룡도 녹훈되었다.52)

송일(宋軼, ?-1520)

여원 부원군 송일은 여산 송씨 정가공(瑞) 자손으로 조선조 명신 양성지(세조조 이조판서)의 손녀사위다. 홍언필(중종조 영의정, 대제학 홍섬의 아버지)은 그의 사위이다. 그의 손자인 송인(寅)은 중종의 사위이며 송인의 아내가 정순옹주다.

송일은 성품이 비록 관후하였으나 평소에 청렴하지 못하였다. 이 때문에 논박을 받아 재상에서 물러났다. 젊어서는 가난하였는데 귀하게 되자 집을 크게 지어 물의가 있었다.53)

김응기(金應箕, ?-1519)

김응기는 사람됨이 단정 침착하고 묵직하였다. 그는 또한 박식하고 천문, 지리, 산수 등 학문에 정통하여 사람들이 동방의 성인이라 하였다.

52) 중종실록 28권, 중종 12년 5월 30일 2번째 기사.[사신은 논한다]
53) 중종실록 38권, 중종 15년1월 6일 2번째 기사.

192

하지만 정승이 되어서는 공로와 명성이 그전의 인망보다 떨어졌다.[54]

"의정(議政)에 결원이 생겨 왕이 성희안과 송일에게 누가 재상 자리에 합당한가를 물어보자, 성희안이 김응기, 정광필, 신용개 세 사람의 이름을 써서 아뢰었다.

다시 누가 제일 좋으냐고 묻자, 성희안이 아뢰기를,

'김응기는 사람됨이 단아하고 신중하여 몸가짐이 성인과 다름이 없으나, 국가의 큰일은 정광필이 아니면 해낼 수 없습니다. 김응기는 영중추가 되었으니 지위가 부족하지 않습니다.

신용개는 재주가 있는 사람입니다. 그러나 어찌 열 사람의 용개로 광필 한 사람을 바꾸겠습니까. 오늘날 상께서 지성으로 복상(卜相; 정승을 가려 뽑음)하시니 실지로 아뢰지 않을 수 없습니다.' 하였다.

송일이 아뢰기를,

'김응기는 성종조에 이미 현임(顯任; 중요한 임무)에 제수되어 물망이 그에게로 돌아간 지 하루 이틀이 아니니 응기로 정승을 삼아야 합니다.' 하였다.

김응기는 사람됨이 온순 단아하고 신중 과묵하여 일거일동이 부정한 것을 보지 못하였기 때문에, 벼슬하기 전부터 남들이 안자(顔子; 공자의 제자, 성인)로 지목하였다. 그러므로 복상할 때에 인망이 많이 들어갔다. 그런데 왕께서 성희안을 신임하였으므로 마침내 정광필을 정승으로 삼았다.[55]

성희안이 공언(公言)하기를, '오늘날의 정승은 당연히 정광필이 되어야 하고, 신용개는 다음이며, 김응기는 정금미옥(精金美玉; 인품, 시문 따위가 맑고 아름다움을 비유함) 같기는 하나 국가가 유위(有爲)한 때를 당하면 능히 해내지 못할 것이라'[56]고 했다.

---

54) 중종실록 36권, 중종 14년 6월 9일 5번째 기사.
55) 중종실록 18권, 중종 8년 5월 27일 1번째 기사.

성희안이 정광필을 선순위로 추천한 것은 물론 그 사람의 자유에 속한다. 하지만 그 인품이 누구와 비교하여 몇 배나 된다든가 혹은 대신의 인사 내용을 미리 공언하고 다녔다면 그 일은 대신답지 못한 극히 경솔한 짓이다.

성희안은 "젊었을 때 호협(豪俠; 호탕하고 의협심이 있음)하고 기절(奇節; 기이한 행동)이 많았다. 하지만 정승이 되어서는 경솔한 잘못이 있으며, 나라를 다스리는 원대한 꾀에 어두었다"[57]고 하니 가히 그의 행동이 어떤가를 짐작할 만하다.

그 뒤 김응기가 좌의정에 올랐는데, 대간에서 그의 체직을 집요하게 요구하며 그를 헐뜯기 시작하였다.

"좌의정 김응기는 재목이 비하(卑下; 상대방을 업신여겨 낮춤)하고 기국(器局; 도량과 재간)이 용렬(庸劣; 열등함)합니다. 또한 지혜가 어둡고 뜻이 약하여 시비(是非)와 호오(好惡)가 분명치 않습니다. 그는 소심하게 살피고 침묵하여 결단하기를 즐기지 않습니다.

이는 근신하는 체 하는 것이요 일에 대한 가부(可否)나 사람에 대한 사정(邪正)을 가리지 않고 후덕한 체 하는 것입니다. 그러한 행동은 자신의 일신을 보전하고 작록을 유지하는 방편으로 삼기에는 족할지 모르나 임금과 나라를 보전하는 데에는 도움이 되지 않을 것입니다.

속히 김응기를 체직하여 명기를 높이소서." 하였다.

이때에 임금이 바야흐로 신진 사류에게 마음을 두고 조석으로 치적을 올리게 하매, 조광조 등 여러 사람이, 안당(安塘)을 추천하여 속히 그를 삼공의 지위에 올리고자 하였다. 당시 안당은 호조판서로 있으면서 김정, 박상을 구해준 일이 있어 이들은 그가 대신의 기량이 있다고 믿었던 것이다.[58] 사실 안당은 김응기의 처남이었다.

---

56) 중종실록 18권, 중종 8년 4월 15일 3번째 기사.
57) 중종실록 18권, 중종 8년 7월 27일 3번째.[사신은 논한다]

신용개(申用漑, 1463 – 1519; 좌의정)

신용개는 신면(申㴐)의 아들이요 신숙주의 손자다.

그는 정광필과 친하여 그들 자손 간에도 서로 통혼하였다.

신용개의 손자 신여량(申汝樑)은 정광필의 손녀를 그의 아내로 맞았고, 정광필의 증손자(鄭芝衍)는 신용개의 증손녀(申汝柱의 딸)를 그의 아내로 삼았다. 그만큼 이들 두 정승은 서로 깊이 사귀었다.

임금이 정광필에게 묻기를, "경의 친구는 누구인가." 하니 대답하기를, "신은 친구가 없사옵고 오직 신용개 한 사람뿐입니다." 하였다.

그 다음날 임금이 신용개에게 또 같은 질문을 하니 그가 대답하기를, "정광필이 실로 신의 친구입니다." 하니 임금이 "경들 두 사람은 가히 지기(知己; 서로 마음이 통하는 벗)로다."[59] 하였다.

신용개는 성품이 남에게 얽매이지 않고 협기(俠氣; 용맹한 마음, 의협심)가 있었다. 마음이 간사하지 않고 너그러우면서도 솔직하여 크게 절도를 지키고 사소한 일은 따지지 않았다.

그의 아버지 신면이 함경감사로 있다가 이시애(李施愛)의 난 때 죽었다. 그때 그의 나이가 아직 어렸으나 분연히 반드시 보복할 뜻을 가지고 와신상담(臥薪嘗膽; 마음먹은 일을 이루려고 괴롭고 어려운 일을 참고 견딤), 잊지 않고 가해자를 찾아다녔다. 드디어 그를 만나게 되자 역사(力士)를 청해서 기어코 죽이고 말았다.[60]

당시 삼성(三省; 삼성국문, 즉 의정부, 의금부, 대간의 관원이 인륜에 어긋난 죄인을 국문하는 부서)에서 장차 사람 죽인 자를 국문하려 하므로 그가 나아가서 자수하려 했다. 그의 어머니가 울면서 중지시켰고, 조

58) 중종실록 28권, 중종 12년 7월 8일 2번째 기사. 동 [사신은 논한다].

59) 기재잡기, [연려실 기술 2], p.497.

60) 중종실록 37권, 중종 14년 10월 3일 1번째 기사.

정에서도 그 일을 그대로 두고 묻지 않았다.61)

신용개는 김종직의 제자로, 연산 4년 무오사화 때 잡혀 들어갔지만 바로 그 5일 후에 석방되었다. 당시 윤필상 등이 "이이무, 신용개, 김전, 정희량의 석방을 청하였는데, 왕이 명하여 신용개만을 방면하였다."62)

연산 10년 갑자년에 유순, 허침 등이 폐비의 일에 관련된 자들의 처벌을 의논할 때는, 정광필과 함께 그들의 의논을 따랐다.(이파, 윤필상, 정창손, 한명희 심회, 정인지, 김승경 등의 건)63) 그 후 내관 김새의 일에 관여한 일로 유배되었다.64) 다음은 그의 졸기에 실린 [사신]의 글이다.

신용개는 중종조에 들어서서 대제학의 벼슬에 오래 있었고 일찍부터 의정의 벼슬에 올랐는데 청망(淸望; 밝고 높은 명망)에 맞았다.

경연에서 중론이 혼잡하게 나오면 홀로 의리를 들어 한마디로 결단하였다. 명예나 행실에 구구하게 얽매이지 않아 성색(聲色; 노래와 여색)을 좋아하는 버릇이 있었다. 시비하고 남 헐뜯는 것을 싫어했고 거리낌이 없었으며 술을 좋아했다. 장부의 도량이 있었고 재물을 탐내지 않았다.

문장도 칭찬할 만했으나 궁구(窮究; 깊이 연구함)하고 실천하는 학문이 부족하였다. 대신으로서 사기(事機; 일을 처리하는 기틀) 처리를 못하고 도리어 자신을 위하여 사리(私利)를 꾀하였다. 마음속에 불평스런 생각이 있으면 취하도록 술을 마셨다. 때로 정신을 잃고 거꾸로 실려 가기도 하였다.

사람들이 '헐후(歇後; 대수롭지 않음)한 재상'이라고는 하였으나 그 속에 무슨 비난의 뜻이 있는 것은 아니다.65)

신용개가 죽은 지 불과 한 달여 만에 조정에서는 기묘의 회오리가 불

61) 위의 글, p.497.
62) 연산군일기 30권, 연산 4년 7월 22일 5번째 기사.
63) 연산군일기 52권, 연산 10년 4월 18일 3번째 기사.
64) 연산군일기 56권, 연산 10년 12월 20일 1번째 기사.
65) 중종실록 37권, 중종 14년 10월 3일 1번째 기사.[사신은 논한다]

어 닥쳤다. 사람들이 말하기를, "만일 신용개가 살아 있었다면 반드시 그 일을 능히 진정시켜서 변이 없게 했을 것이라."고 했다.[66] 하지만 그가 과연 중종의 살의(殺意)를 진정시킬 수 있었을까, 너무 황당한 가정이다.

안당(安瑭, 1460 – 1521; 좌의정)

안당은 순흥 안씨로 사예(司藝) 안돈후의 아들이다. 영의정 김응기는 그의 매부이고, 서매(서출 누이)가 송린(宋璘)의 첩이 되어 송사련(宋祀連)을 낳았다. 그러니까 역적의 누명을 씌워 자기 가족을 죽인 송사련은 그의 생질이다.

안당은 성종 12년에 문과에 급제하고, <성종실록>의 편찬에 참여하였다.

그는 연산군 2년에 사헌부 장령(정 4품)을 제수받았고, 같은 날 정광필과 조원기(조광조의 숙부)는 사간원 정언(정 6품)이 되었다.[67]

연산 12년에는 그에게 의금부 참리관(參理官)의 직을 제수하였다.[68]

중종반정 후 대사간을 거쳐 이조판서에 올랐다. 당시 안당은 조광조, 김식, 박훈 등을 선무랑으로 올려 삼도록 추천하였다.

안당이 아뢰기를,

"이제 성균관이 천거한 것을 살펴보니, 조광조 김식, 박훈 등과 같은 자들입니다. 이들은 진실로 경서(經書; 경전)에 밝고 행실과 수양(修養; 교양)이 있는 사람으로 천거되었으며 조광조는 효행이 있습니다.

이들에게 만약 참봉을 제수하는 데 그친다면 10년이 되어도 진작(振作; 떨쳐 일으키다, 성하게 하다)시킬 길이 없을 것입니다. 바라건대 올려서 선무랑으로 삼고 주부의 직에 준하여 그의 바라는 바를 관찰하소

66) 기재잡기, [연려실기술 2], p.497.
67) 연산군일기 17권, 연산 2년 8월 11일 1번째 기사.
68) 연산군일기 62권, 영산 12년 4월 20일 2번째 기사.

서."69) 하였다.

중종 12년 대간이 좌의정 김응기를 체직하고 합당한 인물을 발탁할 것을 상소하였다. 그 일로 안당이 재상에 오르게 되었다 함은 앞서 언급하였다.

안당은 중종 13년 우의정이 되었다.

안당은 왕의 전교(우의정을 제수한다는)를 듣고 황송하여 몸 둘 바를 모르고 한참 실색하여 있다가 이어 아뢰기를,

"신이 감히 사직하고저 한 것이 아닙니다. 정승 자리에 앉을 사람은 식견이 고명하고 재덕이 있는 사람으로 임명해야 합니다. 정광필, 신용개가 어찌 범연히 생각하고 수망(첫째 후보)으로 김전(金詮)을 추천하였겠습니까.

사림의 젊은 유신들이 상께 신을 칭찬한 일이 있습니다만, 어려서부터 어깨를 맞대고 자라오며 서로 잘 아는 사람만이야 하겠습니까, 정광필이 (신을) 천거하지 않는 것이 옳은 일입니다.

김전은 덕행을 겸비하고 문장이 능하며, 또 절조를 지킴이 아주 엄정해서 물망이 있는 사람입니다." 하였다. 이에 상이 이르기를,

"인물은 과연 그러하다. 그런데 김전과 이계맹은 모두 중신이지만 병 때문에 사진(仕進)할 수 없다."70)고 하였다.

중종 14년 11월, 조광조가 구속되고 삼공육경과 성균관 유생들이 모두 나서서 상소하여 그의 일죄(사형)를 유배로 감하였다. 그리고 안당은 좌의정이 되었다.71) 그로부터 약 15일이 지난 뒤, 사간 남세준이 현량과 파방과 안당의 체직(遞職; 벼슬을 갈아냄)을 요구하는 상소를 올렸다.

임금이 이르기를,

---

69) 중종실록 22권, 중종 10년 6월 8일 2번째 기사.

70) 중종실록 33권, 중종 13년 5월 15일 1번째 기사.

71) 중종실록 37권, 중종 14년 11월 20일 3번째 기사.

"현량과는 안당이 의논을 주창해서 설치한 것이 아니라, 다만 이 관습을 양성한 사람이 안당이다. 이제 논박받으면서 정승 자리에 있는 것은 참으로 온편치 못하니 체차(遞差; 교체)하도록 하라."[72] 하였다.

야사를 보면, 안당은 무인년에 정승이 되어 좌의정에 이르렀다가 기묘년에 파면당했다고 되어 있다.[73]

그러나 그는 정확히 무인년(중종 13년)에 우의정이 되었다가 기묘년(중종 14년) 조광조가 구속된 5일 후에 좌의정이 되었다. 그리고 동년 12월 7일 파직 상소가 올라와 왕이 '파직하라'고 했지만, 그 3일 후에 영중추부사의 관직으로 체직되었다.[74]

안당은 장중하여 말과 웃음이 적고 청백, 검소하였다. 바른 것을 지켜 직무를 행하고 의를 행함에 과단성이 있어 임금께 아뢰어 시행한 것이 많았다.[75] 하지만, 세 아들을 모두 천과에 뽑히게 하였고 쉽게 높은 벼슬에 오른 것은 그에게 과분한 행운이었다.

또 [성씨 대전]에 그가 영의정 정광필과 더불어 조광조 등 사림파 유신(儒臣)들을 구하려다가 도리어 모함을 받아 파직되었다고 한다.[76]

당시 조광조의 일에 관하여는 왕의 의지가 워낙 확고해서 그 누구의 말도 도움이 되지 못하였다. 영의정 정광필, 우의정 안당뿐 아니라 위로 삼공육경을 비롯하여 아경(육조의 참판 좌 우윤 등)급에 있는 사람들, 심지어 성균관 유생들까지도 그의 죄를 용서하라고 아뢰었다. 그중에는 심정, 홍경주의 이름도 포함되어 있다.

안당은 특히 사림의 요구로 재상이 되었기 때문에 그가 강력히 조광

---

72) 중종실록 37권, 중종 14년 12월 7일 1번째 기사.
73) [연려실 기술 2], p.499.
74) 중종실록 37권, 중종 14년 12월 7일 1번째 기사. 동 12월 10일 6번째 기사.
75) [연려실 기술 2], p.499.
76) [한국성씨 대관](서울, 창조사, 1973), p.587. 국사대사전(서울, 삼영출판사, 1984), p.875.

조의 석방을 요구할 입장이 아니었다. 그리고 안당은 그 와중에서 좌의
정으로 벼슬이 오른 사람이다.

하여튼 안당은 그 2년 후 사랑하는 두 아들과 함께 억울한 누명을 쓰
고 처형되었다. 그를 고변한 자는 그의 (서)생질이었고 당시의 추관은
영중추부사 정광필, 영의정 김전, 좌의정 남곤, 판의금부사 권균 등이었
으니,[77] 원통하고 또 원통한 구천의 한을 그 어디에 호소하랴.

안당은 그 후 신원되어 정민(貞愍)이란 시호를 받았다.[78] 이는 아마도
그가 사림에 있었기 때문에 받은 영광이었을 것이다.


김전(金詮, 1458-1523; 영의정)


김전은 지중추부사 김우신(金友臣)의 아들로 희락당 김안로의 숙부이다.

김감(金勘)은 그의 6촌이고 영의정 김근사는 재당질(7촌 조카)이다. 김
감은 연산군 때 대제학을 지냈다가 말년에 경상감사로 좌천되어 반정공
신이 되었다.

김전의 손녀(김전의 아들인 김안수의 딸)인 김씨 부인은, 윤원형에게
시집가서 그의 첩실, 정난정에게 독살당하였다. 김전의 증손자는 김제남
(金悌男; 인목대비의 아버지)이고, 김제남의 손녀(김래의 딸)는 안동 김
씨 김광찬에게 출가하여 그 아들이 조선조 말 세도가를 이룬 영의정 김
수흥과 영의정 김수항(金壽恒)이다.

참고로 김수항의 아들이 김창협, 김창집이고 그들의 고손자대에서 김
조순 일가가 나왔다.

김전은 성종 11년 경자식년 사마시 생원과에 급제하고, 성종 20년 4

---

77) 중종실록 43권, 중종 16년 10월 11일 2번째, 에서 12일, 13일, 15일, 16일, 17일
   8번째 기사 등 참조.
78) 선수 9권, 선조 8년 12월 1일 3번째 기사.

월 을미일에 문과 장원을 했다.

당시의 실록을 보면 다음과 같다.

"문과에서 김전 등 33인을 뽑았다. 김전의 형 김흔(金訢; 김안로의 부친) 역시 장원으로 뽑혔으므로 사람들이 영예롭게 여겼다. 정산 사람 김효흥은 나이가 76인데 말제(末弟)로 뽑혔다. 그는 늙었지만 귀와 눈이 총명하여 장년과 같았다."[79]

사신이 논평하기를, "김전은 성품이 염간(恬簡; 마음이 평정하고 조촐함)하고 조용하여 번화함을 좋아하지 않았다. 수찬에서 예안 현감으로 나갔는데, 정사를 청렴하고 검소하게 하였다. 전임자가 부과하여 거두던 폐단을 다 혁파하고 추호도 범하는 일이 없었다, 세공으로 바치고 남은 목화 3근을 창고에 매달아 봉해 두고 다음 해 세공에다 충당했다.

이웃 고을 수령들이 그 말을 듣고 미워하여 말하기를, '김전은 장원 급제한 사람이니 그렇게 해도 되겠지만 우리들이야 그를 본받는다 해도 고려해 줄 것인가'[80] 하였다.

연산조에 들어와서 김전은 김종직의 과차(科次; 과거에 급제한 차례)를 받았다는 죄(당시 김종직이 시험관이었음)로 종 3품 전한직에서 파직되어 유배생활를 하였다. 죄목은 김일손의 붕당이었다는 것이다.[81]

그 뒤 연산군은 당시 경상도 산음현에 유배 중인 '김전에게 회문시(回文詩)를 짓도록 하라'[82]고 하였다. 그리고 회문시를 지어 올린 강혼, 김감, 임사홍, 김안국, 김전 등에게 물품을 하사하였다.[83]

회문시란 율시(律詩)를 짓되 바로, 거꾸로, 세로, 가로로 읽어도 모두 뜻이 이루어지도록 하는 시(詩)로, 글자를 많이 알고 시재(詩材)가 출중

---

79) 성종실록 227권, 성종 20년 4월 7일 1번째 기사.
80) 위의 기사.
81) 연산군일기 30권, 연산 4년 7월 17일 6번째 기사.
82) 연산군일기 56권, 연산 10년 10월 10일 4번째 기사.
83) 위의 책, 연산 10년 11월 18일 1번째 기사.

한 사람만이 그 글을 지을 수 있었다 한다.

연산 말년에 연산군은 "이과, 김전, 정광필, 이행 등을 도의 관찰사로 하여금 형신(刑訊; 형구로 고문하여 자백케 함)하라."고 하였는데,[84] 며칠 뒤 반정이 일어났다.

김전은 중종 1년 예조참판으로 출발하여 기묘년에는 공조판서로 정광필과 함께 조광조의 무죄를 강력히 아뢰었다. 앞서 언급한 바와 같이 안당이 좌의정이 되면서 우의정으로 올랐고, 조광조가 처형되던 날 정광필과 함께 정승의 자리에서 체직되어 판중추부사로 밀려났다.

야사의 한 구절에, "김전이 기묘년의 옥사를 이루게 하였다(己卯之獄 其成於 金詮)"는 말이 있다.[85] 이는 아마도 김전, 이장곤, 홍숙이 조광조의 죄를 조율하여 아뢴 일을 가지고 말한 듯하다.[86] 하지만, 김전 스스로 아뢰기를,

"(그 일은 너무) 무정(無情)한 일이므로 신등이 조율할 때에 서로 보면서 실색(失色; 놀라서 얼굴색이 변함)하였습니다."[87]고 한 내용을 보면 야사의 표현이 잘못되었음을 알 수 있다.

그가 영의정이 된 것은 다음 해 2월이었다. 이는 앞서 언급하였다.

중종은 그가 세상을 떴다는 소식을 듣고 소찬을 들이게 하는 등 비통해하다가 밤중이 되어 내전에 들어갔다. 당시 [사신]의 글은 다음과 같다.

"김전은 청렴하고 근신함을 지켜 한때의 추중(推重; 추앙하여 존중함)을 받아 지위가 재상에 이르렀다.

조광조가 용사(用事; 정권을 행사함)할 때에 김전은 건명(建明; 정사를 밝힘)의 재주가 없어 크게 등용할 인물이 못 된다 하여 언제나 한산직(閑職; 중요하지 아니한 관직)에 있었다.

---

84) 연산군일기 63권, 연산 12년 8월 23일 4번째 기사.
85) 부계기문, [연려실기술 2], p.57.
86) 중종실록 37권, 중종 14년 11월 16일 11번째 기사.
87) 위의 책, 12번째 기사.

조광조 등이 죄를 받던 날, 왕이 처음에 무사를 시켜 궁궐에서 죽이려
하였다. 이때 김전이 아뢰기를, '이는 큰일이니 영상 정광필을 불러 의
논해서 처치하소서.' 하였다. 왕이 즉시 그를 부르니, 정광필이 울면서
간하기를 '유사(有司; 담당 관리)에게 맡기소서.' 하였으므로 사류(士類)
중 화를 면한 자가 많았다.

이는 실로 김전이 영상을 부르라고 청한 모책(謀策) 때문이었다.

그는 비록 중한 지위에 있었으나 번화한 것을 좋아하지 않아 집안이
매우 가난하였다. 술을 좋아해서 날마다 가난한 종족들과 술을 마시면서
가사에는 괘념하지 않았다. 집은 허술하고 나지막하여 네 귀퉁이를 버팅
기고 살면서도 태연하였다.

왕은 정사(政事)가 있으면 언제나 반드시 사관(史官)을 보내 자문하였
는데 사관이 그 집에 이르러 보면 거처하는 곳에 먼지가 쌓여 있었다.

일찍이 병중에 있으면서 열 가지 일을 왕께 진달하였다. 그것은 지난
일을 증거로 당시의 폐단에 꼭 들어맞는 것들이었다. 병으로 사직을 청
하니 왕이 그 진달한 열 가지 일을 조석으로 두고 보기 위하여 베껴 들
이라 명하고  불윤비답(不允批答; 재상의 사직을 만류하는 비답)을 내렸
다. 충정(忠貞)의 시호를 받았다.[88]

남곤(南袞, 1471 - 1527; 영의정)

남곤은 앞에 열거한 재상들보다는 약 10년 연하(年下)이고 조광조보다
는 10년 선배다. 그는 성종 말년(성종 25년)에 문과에 올랐다.

연산 4년 무오사화 때는 사초(史草)사건의 추국에 공이 있다 하여 한
자급 승급의 포상을 받았다.[89] 당시 그는 이조 좌랑으로 낭관의 직을 맡

88) 중종실록 47권, 중종 18년 2월 13일 9번째 기사.
89) 연산군일기 30권, 연산 4년 7월 27일 2번째 기사.

고 있었다.

연산 10년에는 왕의 사냥에 관한 일로 조정이 시끄러울 때, 그가 사색(辭色; 말투와 얼굴 표정)을 바꾸었다 하여 고문을 받고 변방에 유배되었다.[90]

남곤은 연산조 초 승정원 주서에서 출발하여 사간원 정언, 낭청, 좌랑, 시강관, 참찬관, 승지 등을 역임했다.

중종조에 들어서서는 박경 사건의 고변으로 가선대부에 오른 뒤, 승지, 겸동지성균관사, 황해도 관찰사를 거쳐 대사헌, 전라도 관찰사, 이조참판, 우참찬, 우찬성을 지냈다. 중종 13년에 이조판서, 대제학, 14년 예조판서, 15년 좌의정, 그리고 18년에 영의정에 올랐다.

남곤은 일찍 문장으로 행세를 하여 선비들 사이에 명망이 높았다. 그와 함께 사귄 사람들은 홍언충, 박은(朴誾), 이행 같은 당시 일류 선비들이었다.

하지만 마음으로부터 친한 사이는 아니었다. 사람들은 그를 다만 공명을 이룰 그릇이라고만 기대했으며 최부(崔簿)는 그를 소인의 재주라고 일컬었다.[91]

남곤은 문장이 대단하고 필법 또한 아름다웠다. 평생 화려한 옷을 입지 않았고 산업을 경영하지 않았으며 재주가 뛰어나 지론이 올바른 것 같았다.


남곤이 박경을 죽였는가.

이에 관련된 야사의 구절을 보면 다음과 같다.

"남곤은 출세하기를 서둘렀다. 그가 상중(喪中)에 있으면서 박경(朴耕)이 반역을 도모한다고 모함하여 죽게 하였다."[92]

---

90) 연산군일기 55권, 연산 10년 8월 14일 1번째, 동 9월 18일 4번째 기사.
91) 당적보, [연려실 기술 2], p.501.

"심정과 남곤이 함께 변복을 하고 입궐해서 거짓 고하였다."

"남곤이 문서구의 말을 가지고 변복을 하고 입궐하여 고변해서 옥사를 만들었다."는 등의 글이 있다.[93]

남곤이 박경을 고변하게 된 경유에 관하여 [실록]은 다음과 같이 기술하고 있다.

"심정(沈貞)은 일찍부터 남곤의 재주를 사랑하고 있었는데, 마침 남곤은 상중(喪中)이라 집에 기거를 하고 있었다.

심정이 남곤을 찾아가 한참 동안을 대화하다가 묻기를, '금상(왕)의 즉위와 광묘(세조)의 수선(受禪; 왕에 오름)이 어떤가?' 하니, 남곤이 대답하기를, '어찌 그런 말을 하는가, 세조가 선위를 받을 때에는 사실 부끄러운 덕이 많았지만 금상(중종)은 하늘이 주고 사람이 귀의함이 명백하고 정대하니 어찌 함께 말할 수 있겠는가.' 하였다.

심정이 '그렇다.'고 말하면서 곧바로 대궐문으로 그를 데리고 왔다. 그곳에서 이들은 김극성, 문서귀 등과 함께 변고를 올린 것이다."[94]

그때 상인(喪人) 남곤이 광화문 밖에 와서 정원에 전언하기를, "아뢸 일이 있어 감히 문 밖에 와 있습니다." 하고 흰 옷에 갓을 쓰고, 정원에 나와 아뢰기를,

"어제 우리 집에 심정이 와서 말하기를, 김공저가 이장길 등과 상의하고 조정의 1품 재상으로 장수를 삼아, 가만히 박원종, 유자광을 습격한 뒤 정사를 도우면 성군의 치세를 이룰 수 있다 하더라." 하고 또 김공저가, '조정에 있는 명사의 절반은 우리 편에 들었고, 전번에 이 뜻을 남곤에게 은밀히 표시하였으나 답이 없어 물러나 왔다고 하더라.' 하였습니다.

---

92) 석담일기, 위의 책, p.501.
93) 박씨가승, 위의 책, p.248.
94) 중종실록 2권, 중종 2년 윤 1월 28일 1번째 기사.[사신은 논한다]

신(남곤)이 심정에게 말하기를, '어제 그 말을 듣고 놀라움을 금치 못하여, 밤새도록 잠을 자지 못하였다. 군(심정)은 어디서 그 말을 들었는가.'고 물으니 '문서귀가 말하였다.' 하였고, '이 말을 듣고 왜 지금까지 아뢰지 않았는가.' 하니 '오늘 김극성과 함께 아뢰기로 의논하였다.'고 하여, 지금 감히 와서 아룁니다.'[95] 하였다.

김공저, 조한보, 박경의 옥사는 요즘 같으면 한쪽 귀로 듣고 한쪽 귀로 흘려버릴 수 있는 사소한 일일 수 있다. 하지만 그 일로 문제를 삼을 경우 사태는 심각하다. 더구나 상대가 유자광이 아니던가.

김감(당시 병조판서)도 아뢰기를, "김공저가 와서, '박원종, 유자광을 해치는 일을 말한다.' 하므로 신(김감)은 미친 사람이 하는 말이라 마음에 두지 않았습니다."고 말하였다가[96] 유배를 간 일이 있었다.

위의 몇 가지 상황들을 고려해 본다면, 남곤의 입장을 꼭 악의적인 모함이라고까지 말할 수는 없다. 오히려 이들을 죄인으로 몰아 죽인 박원종, 유순정, 성희안, 유순, 유자광 등의 '사람 죽이는 타성'이 더 문제였다고 본다.

중종은 이 사건을 계기로 선조(先朝; 연산조)의 전철을 다시 밟기 시작하여, 이후 인명 살상을 너무 함부로 하는 전례가 이루어졌음을 주목할 필요가 있다.

조광조를 참소한 일에 관하여는 조광조 편에 있다. 다만 [사신]의 글에 "남곤이 홍경주를 부추겨 '(국가) 위망의 화가 조석에 다가와 있다.'고 겁을 주니 임금이 더욱 위구하여 홍경주에게 밀지를 내려",[97] 결국 정암을 제거하였다고 한다.

신상과 유운이 정암을 만나, "남곤, 심정, 홍경주가 남곤의 집에 모여,

---

95) 중종실록 2권, 중종 2년 윤 1월 25일 3번째 기사.
96) 중종실록 2권, 중종 2년 윤 1월 27일 3번째 기사.
97) 중종실록 37권, 중종 14년 12월 29일 4번째 기사.[사신은 논한다]

참설로 임금의 마음을 움직여, 밀지를 내리게 하였다.”는 내용을 그에게 알린 일은 이미 조광조 편에서 언급했다.

한편, 조광조 편에서, (김안국이) 말한 대로, 남곤의 근본 뜻은, ‘조광조 등의 세력만을 꺾고 파직시켜 내쫓는 데 있었으며, 그의 죽음을 보고 종신토록 한탄하였다.’는 기록이 있고,[98] 또 [실록]에서도 ‘그가 슬퍼했다’는 같은 뜻의 내용이 있다.[99]

남곤은 조광조가 잡혀 들어간 이후 병을 칭탁하고, 그의 죄에 관하여 발언을 삼갔다.

그리고 임금이 조광조의 사사를 전교한 바로 그날(당시 영의정 정광필과 좌의정 김전은 이미 ‘파직하라’ 하였다.)도, 남곤은 안당과 두 정승을 체직시킨 일의 부당함을 간하고, “조광조 등 4인은 절도에 안치하고 그 아래 4인은 먼 곳에 유배함이 옳겠습니다.”고 거듭 아뢴 바 있다.[100]

남곤, 심정 등이 조광조의 죽음에 대한 원인을 제공했다는 것은 분명하겠지만 그가 무고하여 정암을 죽였다는 말은 그 근거가 확실치 않다.

또 남곤이 안당을 죽였는가.

야사를 보면, “‘남곤은 안당과 해묵은 감정이 있었다’고 한다. 또 남곤이 대제학에 오를 때, 안당이 말하기를, ‘옛날부터 재주와 행실을 겸하여 온전한 자를 능히 많이 얻을 수 없는 것이다. 다만 남곤의 문장은 가히 버릴 수 없다.’ 하고 드디어 문형을 맡기니, 남곤이 한편으로 기뻐하고 한편으로 감정을 품었다.”고 했다.

이 글속에는, ‘남곤이 문장은 뛰어나지만 행실을 겸하지 않았다. 그러나 그냥 대제학을 맡겼다.’는 뜻이 함축되어 있다. 그래서 감정을 품었

---

98) 위의 책, p.503.
99) 중종실록 37권, 중종 14년 12월 16일 2번째 기사.
100) 중종실록 37권, 중종 14년 12월 16일 1번째 기사.

다는 말이다.

신사년(중종 16년)의 옥사(송사련이 고발한 사건)가 이루어지자, 남곤이 스스로 상소를 지어 (대간을 시켜) 올렸다. 그리고 "온 세상 사람들로 하여금 당인(안당 세력을 말함)을 구하지 못하도록 만들었으니 그 계교가 참으로 지극히 간사하고 교묘하였다."[101]고 하였다.

하지만 [실록]에 나오는 대화 내용을 보면, 야사의 주장과 일치하지 않는다. 즉 신사년 사건이 일어나기 직전의 내용을 한 예로 들어 보면,

참찬관 윤은필, 집의 채소권 등이 안당의 일을 거론하자, 왕은 다시 추론할 필요가 없다고 대답했다.

이어서 남곤이 이르기를,

"안당은 한때의 일을 가지고 본다면 과연 잘못된 것이 있습니다. 하지만 만약 다시 추론(追論)한다면 너무 지나치다고 하겠습니다." 하고 왕의 의견을 뒷받침해 주었다.[102]

그 후 남곤이 조정의 일을 홀로 용사(用事; 정권을 마음대로 함)하고 있을 때였다. 그는 조광조 이후 새로운 인물로 등장한 김안로를 아무 이유 없이 극히 야비한 방법으로 제거하였다. 이에 관하여는 김안로 편에서 자세히 다루었다.

남곤은 그가 임종할 때, 평생 동안의 초고(草稿)를 모두 불사르고, 이어 자제(子弟; 남의 아들의 존칭)들에게 '내가 허명(虛名; 헛된 이름)으로 세상을 속였으니 너희들은 부디 이 글을 전파시켜 나의 허물을 무겁게 하지 말라, 내가 죽은 뒤에 비단으로 염습하지 말라, 평생 마음과 행실이 어긋났으니 부디 시호를 청하여 비석을 세우지 말라.'[103]고 했다.

---

101) 기묘당적보, [연려실 기술 2], p.502.
102) 중종실록 42권, 중종 16년 8월 3일 1번째 기사.
103) 중종실록 58권, 중종 22년 3월 10일 4번째 기사.[사신은 논한다]

이유청(李惟淸, 1459 - 1531; 우의정)


이유청은 한산 이씨 의정부 좌참찬 이훈(李壎)의 아들이다.

이훈은 효령대군의 사위로 성종 때 많은 벼슬을 했다. 이훈의 작은 할머니는 진안대군(태종의 장남)의 딸이고, 이윤형(李允泂; 조광조의 장인), 이자(李耔; 좌참찬 김안로의 동서), 이치(李穉; 이지함의 부친, 이산해의 조부) 등이 모두 10촌내의 한집안이다.

이유청의 아들 이언호(1477 - 1519)는 전라감사 재직 중 갑자기 세상을 떠났다. 이유청의 사위 허흡(許洽)은 허항의 형이다.

이유청은 성종조에 사헌부 지평, 장령을 역임하였다.

연산 4년 무오사화 때에는, 김종직을 논의한 일로 장 80에 처하여 외방에 부처되었다가 석방되어[104] 영서도 찰방으로 있었다. 그 후 연산 10년 왕은 그에게 다시 혹독한 벌을 주었다. 왕이 전교하기를,

"이유청은 장 1백에 처하여 직첩을 회수하고 종으로 삼도록 하라." 하였다.[105]

기묘사화 당시, 좌참찬 이유청은 다음과 같이 왕께 아뢰었다.

"저 사람들(조광조 등)은 참으로 붕비라 하여 중죄를 준다면 옳지 않습니다. 폐조(연산조) 이래 말하기를 꺼려서 아무도 감히 입을 열지 않았습니다. 이제 성군을 만나게 되매 저 사람들이 너그러이 용납해 주시는 것을 믿고서 알면 말하지 않는 것이 없으므로 더러는 과중한 일이 있었습니다."[106] 하였다.

이유청의 졸기에 [사신]은 그를 몹시 폄하하는 말을 하였다. 즉

"이유청은 기묘 신진들이 죄를 받는 틈을 타 정승이 되었다.

---

104) 연산군일기 10권, 연산 5년 2월 28일 3번째 기사.
105) 연산군일기 56권, 연산 10년 10월 14일 2번째 기사.
106) 중종실록 37권, 중종 14년 11월 16일 9번째 기사.

학식이 전혀 없고 하나도 일컬을 만한 일이 없었다. 다만 검소한 덕은 있었다. 당초 김안로를 축출할 때 제일 먼저 창도했는데 김안로가 다시 기용되자 또 먼저 찾아가 구차하게 화를 면하려 하였다."107)

김안로의 일이면 입에 거품을 품고 글을 함부로 쓰던 [사신]의 글이다. 김안로는, 이유청이 아니라 남곤이 주도해서 유배시켰다. 김안로가 돌아올 때 그는 그를 반대한 사람들에게 화를 줄 만한 상황이 아니었다. 그것은 김안로 편에서 언급하였다.

권균(權鈞, 1464 - 1526; 우의정)

권균은 안동 권씨 권부(1262 - 1346; 고려 충렬왕 때의 성리학자)의 7세손으로 그의 고조부 권상(權詳)과 양촌 권근(權近)은 4촌간이다. 권남(權擥; 권근의 손자, 세조조의 우의정)의 사위가 남이(南怡), 신수근(연산군의 처남)이니, 연산군은 권균과도 인척이 된다.

권균은 성종 22년 문과에 급제하였다. 연산조에 들어와서는 왕의 수족이 되어 벼슬을 하였다. 그 중요한 몇 가지 사례를 열거하면 다음과 같다.

권균은 연산조 2년 사간원 정언으로 출발하였다.108)

무오사화 때는 별다르게 활동한 기록이 없다. 갑자사화 당시, 그는 왕의 비위를 맞추어 적극적으로 활동하였다.

승지 권균은 박열과 함께 이극균의 죄명 전지를 지었고 칠금과 옥금을 심문하는 등 50여 명을 당직청에서 고문하였다.109)

왕이 전교하기를,

"권균만이 왕명을 받고 하나도 어긴 일이 없으니, 한 자급(資級; 관원의

---

107) 중종실록 72권, 중종 26년 11월 27일 2번째 기사.[사신은 논한다]
108) 연산군일기 14권, 연산 2년 윤 3월 4일 1번째 기사.
109) 연산군일기 52권, 연산 10년 4월 1일 5번째, 동 53권, 연산 10년 윤 4월 12일 2번째, 동 56권, 연산 10년 11월 20일 3번째 기사.

등급 혹은 위계)을 더하라"110) 하였다. "밤 2고(二鼓; 한밤중)에 도승지 권균을 불러들여, 수없이 술을 내린 다음, 활을 쏘고 숭정으로 높였다."111)

또 권균, 강혼, 내관 서온에게 '가흥청, 운평악, 속홍악(관내 기생을 말함) 등을 간택하도록' 명하기도 하였다.112) 드디어 권균은 공조판서가 되었다. 그때 왕(연산군)이 전교하기를,

"신하된 자가 화당하고 복받음은 충성하거나 사특한 데 달려 있다."113) 고 하였다. 이 일은 반정이 일어나기 불과 4개월 전의 일이었다.

중종반정이 일어나던 날 권균은 성문 밖에서 한가히 누워 있었다.114)

당시 박원종이 아뢰기를,

"권균은 거사할 때에 마침 문밖에 있었는데, 즉위 당시는 도총관으로 시위(侍衛; 임금을 모셔 호위함)하였습니다." 하여 공신 훈적에 기록하였다.115)

그 뒤 권균은 아내의 병으로 평안도 관찰사의 사직을 청한 일이 있고,116) 대간의 탄핵을 받기도 했다. 즉 간원이 아뢰기를,

"권균이 폐조(연산조)에 있을 때 갑자기 승진되니 사람들이 모두 부정이 있다고 여겼습니다. 후에 의정부 우찬성에 임명되었으나 논핵을 당하여 체직되었습니다. 지금 예조판서가 되매 평판이 적합지 않다고 합니다. 체직시키소서."117) 하였으나 왕은 윤허하지 않았다.

권균은 그의 아내가 병사하고 불과 5개월도 못 되어 재혼한 일로 또

---

110) 연산군일기 57권, 연산 11년 3월 14일 2번째 기사.
111) 연산군일기 59권, 연산 11년 9월 2일 3번째 기사.
112) 연산군일기 60권, 연산 11년 11월 1일 4번째 기사.
113) 연산군일기 62권, 연산 12년 5월 4일 2번째 기사.
114) 동각잡기, [연려실 기술 2], p.281.
115) 중종실록 1권, 중종 1년 9월 8일 4번째 기사.
116) 중종실록 18권, 중종 8년 18월 10일 2번째 기사.
117) 중종실록 21권, 중종 9년 10월 20일 2번째 기사.

탄핵을 받았다. 대간이 아뢰기를,

"예조판서 권균이 아내를 잃은 뒤 상제의 몸으로 장가를 들었습니다. 오례의(五禮儀)에 이르기를 '졸곡(卒哭; 삼우제 후에 지내는 제사) 뒤 사흘 만에 차길(借吉; 상제의 몸으로 혼례를 올리는 일)한다' 하였으나 1품 대신은 하급관리와 다릅니다. 그의 벼슬을 체임하소서."118) 하였다.

이렇게 해서 맞아들인 후취 안씨는 성질이 사납고 질투가 심하여 권균은 그 아내로 인하여 무한한 괴로움과 모욕을 당하였다. 그녀는 아침저녁 밥상 차린 일도 마음 쓰지 않았고 노복을 때려죽이는 일을 파리 잡듯 했다.

곁에서 시중드는 사람이라곤 단지 어린 계집 종 하나뿐이어서 그는 그녀 옆에서 임종을 했다.119)

그럼에도 [사신]은 그를 높이 평가했다. 즉

'권균은 인품이 근엄하고 기국이 있으며 자기의 뜻을 조금도 굽히지 않았다.

연산이 살육을 맘대로 할 때는 여러 모로 주선하여 살린 사람이 많았다. 기묘년 신진 사류들이 법제를 번거롭게 고칠 때, 이들에게 부화뇌동하지 않았다.'고 하였다.120)

9년전, 대간의 상소에 관한 일로 논의를 하는 과정에서,

예조판서 권균이 말하기를, "신은 어떤 사람이 군자이고 소인인지를 모르겠습니다. 군자와 소인은 워낙 확실하게 지적할 수 없습니다."고 한 바 있다. 이에 대하여 [사신]은 말하기를,

언행을 살펴보면 군자와 소인을 어찌 가릴 수 없으랴마는, 권균의 말이 이러하니 이 몇 마디 말로 그 사람을 살펴보면 권균의 사람됨도 알

---

118) 중종실록 22권, 중종 10년 6월 14일 1번째 기사.
119) 중종실록 57권, 중종 21년 9월 16일 1번째 기사.[사신은 논한다]
120) 위의 기사.

만하다. 아, 권균의 말이 이러하면서 스스로 제 말이 소인의 말이 된다는 것을 모르니, 이른 바 제 악을 가리려 해도 마침내 가릴 수 없다는 것이 바로 이 사람을 두고 하는 말이다.[121]고 하였다.

[사신]의 어느 글이 권균의 참 모습이었을까.


심정(沈貞, 1471-1531; 좌의정)


심정은 연산 10년, 그가 지은 제문 때문에 말썽이 되었다.

정창손, 한명회 등을 종묘의 배향에서 내치게 하였는데, 홍문관 교리 심정(沈貞)이 먼저 그 사유를 고하는 제문을 지어드렸다.

그 사연에, '죄 있는 신하가 배향 반열에 끼어 있습니다.'라는 말이 있었다. 왕은 그 말의 표현을 문제 삼아 전교하기를,

"'죄 있다.'는 말은 범연(泛然; 조심성이 없고 데면데면함)한 것 같으니 심정으로 하여금 고쳐 짓도록 하라." 하더니 다음날 또 전교하여,

"'죄 있는 신하'라 범연히 말했으니 국문하라." 하였다.[122] 그 5개월 후 그는 홍문관 부응교의 관직을 제수받았다.[123]

중종반정 후 박원종이 아뢰기를,

"심원(沈元)은 그 아우 심형(沈亨), 심정과 함께(세 사람은 모두 상중에 반정 모의에 참여하였다) 신의 집에 와서 모의에 참여하였습니다. 원으로 친공신을 삼아도 되는데 빠트리고 적지 않았습니다. 원은 이미 자급이 다하였으니, 당상관으로 올려 주어야 하겠습니다." 하니 왕이 그대로 따랐다.[124]

이렇게 해서 심형, 심정 두 형제는 정국공신이 되었다.

121) 중종실록, 중종 12년 10월 19일 3번째 기사.[사신은 논한다]
122) 연산군일기 52권, 연산 10년 4월 24일 3번째, 동 4월 25일 6번째 기사.
123) 위의 책 55권, 연산 10년 9월 22일 2번째 기사.
124) 중종실록 2권, 중종 2년 3월 18일 4번째 기사.

심정은 본래 성품이 편협하고 시기심이 많은데 벼슬한 지 오래 지 않아 공을 세운 탓으로 현달하여, 정승에까지 올랐다. 젊어서 성균관에 있을 때부터 남에게 지기를 싫어하여 당시 반중 동료들이 그를 좋지 않게 여긴 사람들이 많았다. 기묘년 모의에 참여하였고, 지난번 '작서의 변' 때는 은밀히 박씨의 뇌물을 받아 '그의 문 앞이 저자 같았다.'고 하였다.[125]

심정에 관하여는 김안로 편 등에서 많이 다루었으므로 여기서는 생략한다.

그의 아들 심사손은 만포첨사로 있으면서 야인에게 죽었다. 그의 시체가 썩기도 전에 아버지 심정이 사사 당하고, 또 다른 아들 심사순도 형장에서 죽었다. 한 집안에서 세 부자가 모두 비명에 갔다.

[사신]은 그들의 비참한 죽음을 하늘이 내린 응보라고 한다.[126]

하지만 과연 이 가련한 세 부자(父子)가 '하늘의 벌을 받을 만한 죄를 지었노라'고 그 누가 결연히 말할 수 있었던가.

심사순의 아들 심수경은 우상을 지냈고 청백리로 임진왜란 때 의병을 지휘했다.


이행(李荇, 1478-1534; 좌의정)


이행은 이기(1476-1552; 영의정, 을사사화의 주역)의 동생으로 덕수 이씨 이이무의 아들이다. 먼저 그의 가족 관계를 보면, 심사순(심정의 아들)은 그의 당질녀서(5촌 조카사위), 조계상은 그의 매부(누이의 남편)이고, 유여림과 내외종간이며, 장옥, 홍사필과도 인척이 된다.

이이(이율곡)의 아버지 이원수(신사임당의 남편)도 그의 당질(5촌 조카)이다.

---

125) 중종실록 72권, 중종 26년 12월 1일 4번째, 동 3일 3번째 기사.
126) 위의 책, 12월 1일 4번째.[사신은 논한다]

이행은 연산 1년, 당년 18세 때, 문과에 급제하였고 문장에 능하여 중망이 있었다.

이행이 응교(실록에는 부응교로 되어 있음)로 있으면서 동료들과 의논하고, "폐비윤씨를 추숭(追崇)하는 전의식(典儀式)이 예(禮)에 있어 이미 극도에 달했는데, 지금 다시 더 올릴 수 없습니다." 하니 연산이 크게 노하여 잡아서 국문하였다.

그중 먼저 주창한 사람을 장차 사형에 처하려고 하니 이를 면하려고 서로 변명하였다. 이때 응교 권달수가, "먼저 말한 사람은 나요, 이행은 아닙니다." 하였다. 이에 권달수는 죽음을 당하고 이행은 곤장을 맞고 충주로 귀양 가게 되었다.[127]

이행은 그해 9월에 전의 일로 소급해서 잡혀와 혹독한 고문을 받았고, 12월에 사형에서 감형되어 함안으로 귀양 가 종이 되었다.[128]

중종 10년, 이행이 대사간으로 있을 때 대사헌 권민수와 같이 아뢰기를,

"담양부사 박상, 순창군수 김정이 상소하여 감히 사특한 의논을 발의하였으니 지극히 놀랍습니다. 잡아다 의금부에 내려 그 소이를 추고하소서."[129] 하였다. 이 일로 이른바 양비양시론이 일어나 조정이 한때 시끄러웠다.

당시 직제학 김안로는 둘(대간과 조광조)이 모두 옳다하여 이행 등을 옹호하였다. 그 일이 있은 후 권민수는 충청감사로 나갔고, 이행은 홍문관 부제학으로 체직되었다. 이에 관하여는 김안로 편에서 자세히 언급하였다.

하여튼 그 후 김정은 이행이 있는 홍문관에 들어와 서로 만났는데 종일토록 서로 이야기를 하지 않았다 한다.[130]

---

127) 용재행장, [연려실 기술 2], p.109. 연산군일기 52권, 연산 10년 3월 16일 2번째 기사.
128) 위의 책, p.510.
129) 중종실록 22권, 중종 10년 8월 11일 3번째 기사.

중종 24년 김안로의 유배를 풀어주어야 한다는 논의가 일어났을 때,
이행은 말하기를, '박빈(경빈 박씨)과 혼인한 집들은 모두 권세를 드날리
는 재상이고, 또 복성군(경빈의 아들)이 받은 은총이 여러 군(왕자)들보
다 앞선다. 따라서 동궁을 침해할까 근심스럽다. 만약 이런 때에 김안로
가 놓여서 들어온다면, 동궁에게 도움이 될 것이다.

김안로가 어찌 간사한 사람이겠는가, 단지 성격이 강하여 시대에 용납
되지 못하는 것이지 무슨 죄가 있겠는가.'[131]고 말한 바 있다.

이행은 김안로가 반드시 잘못을 뉘우쳤을 것이고 지금 비록 방환한다
해도 크게 등용되지 않을 것이라고 생각하였다는 것이다. 그래서 정광필
도 그의 의사를 따랐다. 그런데 김안로가 돌아온 뒤 그의 간사함이 들어
나 깊이 후회하였다.

이때 이행은 좌상이었는데 영의정 정광필, 우의정 김극성, 조계상, 유
여림 등과 함께 김안로의 예조판서 체직을 요구하다가 오히려 역풍을
맞아 귀양길에 올랐다.

이행 등의 주장은, '김안로가 잘못을 뉘우치지 않았고, 자기 무리들을
대간 시종의 자리에 많이 심어 놓았기 때문에,[132] 간사하고 위험한 인물
이라' 했다.

당시 이행의 가족들, 즉 이기(평안도 관찰사, 후에 중종실록 편찬 총
괄), 조계상(공조판서), 유여림(호조판서), 장옥(성균관 학감) 등은 조정에
서 거대한 세력을 이루고 있었다.

이항(좌찬성, 병조판서, 조계상과 남매간)과 심정(좌의정), 심사순 부자
(父子)는 이들과 가까운 인척으로 이미 죄를 받았다. 이들은 김안로 등
새로운 세력의 등장에 불안해했고, 정광필 역시 김안로보다는 그들과 가

---

130) 중종실록 29권, 중종 12년 8월 27일 3번째 기사.[사신은 논한다]
131) 중종실록 65권, 중종 24년 5월 24일 1번째 기사.
132) 중종실록 71권, 중종 26년 10월 25일 8번째 기사.

까운 편이었을 뿐, 누가 누구를 간사하고 붕선(파당을 일으킴)한다고 말할 형편은 아니었다.

야사(野史)나 [사신]의 글을 보면, 마치 무당과 같은 말을 할 때가 있다.

가령 '누구누구는, 성격이 간사하여 만일 그 사람이 권세를 잡으면 나라를 망칠 인물이란 것을 미리 알았다던가.' 혹은 '누구누구는 하늘의 벌을 받아 비명에 갔다.'고 하고, 또 '어떤 사람은 누구누구 때문에 병이 들어 죽었다.'는 등 어떤 기준이나 인과 관계가 전혀 없는 극히 감정적인 언사를 마구 사용하는 일이 있다.

원래 무당이란 일관성 있는 준거가 없고 상황에 따라서 말을 자주 바꾸기 때문에 믿을 수 없는 존재란 것을 유념할 필요가 있다.


김근사(金謹思, 1466 - 1539; 영의정)


김근사는 남원부사 김면(金勉)의 아들이며 김감(연산조 대제학)의 조카이다. 희락당 김안로는 그의 8촌 동생으로, 그가 사사될 때 김근사는 영의정으로 있다가 유배되어 그곳에서 생을 마쳤다.

김근사는 성종 25년 갑인별시문과에 합격하고, 중종 원년 사헌부 장령이 되었다.

중종 4년 그가 경상도 경차관(敬差官; 각 도의 정사를 살피기 위하여 지방에 파견된 당하관)이 되어, 삼포(三浦; 부산포, 제포, 염포)의 왜인(倭人)에 대하여 올린 서계(書啓)는 크게 유념해야 할 일이었다.

삼포에 관하여 조선왕조는 세종 25년(1443년)에 계해조약을 체결하였다. 그 중요한 내용은, 1년에 왕래할 세견선(歲遣船)을 50척으로 제한하고, 대신 조정에서 해마다 세사미(歲賜米) 200석을 지급한다고 규정하였다.

그런데 중종대에 들어서서 삼포에 거류, 왕래하는 왜인들 가운데 규범을 어기고 불법적인 행동을 하는 자들의 수가 점차 증가하였다. 이에 중종은 이들에 대한 통제를 강화하고 김근사를 경차관으로 보낸 것이다.

김근사가 서계(書啓)로 4개 항목을 아뢰었는데 그 중요 내용은 다음과 같다.

"첫째, 삼포의 왜리(倭里)에 제한구역을 정하였는데, 왜인들이 지금 방자하게 출입하여 기탄이 없습니다. 혹은 예불(禮佛)을 하거나 장사를 하기 위해 옷을 갈아입고 말씨를 바꾸어 여러 고을로 횡행하여 들어오고 있습니다. 출입을 규제하소서.

둘째, 제포 북쪽 3리쯤에 있는 웅천현에 역리(驛吏; 통역관리)들이 왜인과 결탁하여 서로 아비라 부르고 형이라 일컬으며 정을 통하고 물품을 무역하고 있습니다. 이들에 의하여 국가의 사정이 누설되고 있는 실정입니다.

성 밑에 사는 인민도 아울러 사사로운 무역을 철저히 금하게 하소서.

셋째, 이들은 제멋대로 목책(木柵; 울타리)을 세우고 스스로 경비를 엄하게 하여 우리에게 항거하는 듯한 기미가 있습니다. 장래에 닥칠 걱정이 한없이 두렵습니다.

넷째, 부산포의 왜인들은 우리 백성으로부터 농기구를 매입하여 경작하는데 서로 싸움이 끊이지 않고 있으니 이를 통절히 금하소서."[133] 하였다.

이에 관하여 유순, 김수동, 유순정, 김응기 등이 조정에서 그 대책을 논의하였다. 하지만 그로부터 꼭 1년 만에(중종 5년 4월 4일) 삼포에서 대대적인 왜란이 일어나 수많은 희생자를 냈다.

한편, 중종 10년, 홍문관 부제학 김근사, 부응교 이언호, 교리 임추, 부교리 유인숙과 신광한, 수찬 이청, 부수찬 김구, 저작 임권, 정자 정응과 기준 등이 박상, 김정의 처벌을 반대하는 차자를 올렸다.

이에 관하여 [사신]은 다음과 같이 논하였다. 즉

"김근사의 음험한 것과 이언호의 좁은 것, 임추의 어둔 것과 신광한,

―――――――――――――

133) 중종실록 8권, 중종 4년 4월 2일 4번째 기사.

이청의 겁 많은 것은 말할 것도 없거니와 유인숙, 김구, 임권, 정응 기준은 모두 그러한 사람들인데, 어찌 시비를 밝게 분변하지 못하고 양비양시론의 꼬투리를 열어서 조정을 불안정하게 하였는가."[134]라고 하였다.

박상 등을 석방하는 일과 양비양시론은 서로의 견해 차이를 말하는 것일 뿐 그 속에 어떤 특별한 음모가 없다. 하지만 [사신]은 엉뚱한 일에 두서가 없는 그들의 넋두리를 피력하고 있다.

김근사는 대사간이 되었을 때 임금이 행하여야 할 8조목을 상소하였다.

"첫째, 학문에 근본을 두어야 하고, 둘째, 경연에 참가해야 합니다. 셋째, 조정 정사에 부지런해야 하고, 넷째, 임금의 체통을 세우고, 다섯째, 법을 지켜야 합니다. 여섯째, 어진 이와 어리석은 자를 구별하고, 일곱째, 성심으로 아랫사람을 다스려야 합니다. 그리고 여덟째는 마음을 비우고 간언을 받아드려야 합니다."[135]라고 하였다.

기묘의 경우, 삼공육경이 아뢰고 유생들이 모두 들고 일어섰지만 왕은 조광조를 제거해야 한다는 입장에서 물러날 기미를 보이지 않았을 때다.

육조판서 등이 면대를 청하나 윤허하지 않으매, 승지 김근사, 성운(成雲)이 아뢰기를,

"사람을 형벌하고 사람에게 벼슬을 줌에 있어서 치우치는 데가 있어서는 안 되니, 더 잘 헤아리셔야 합니다." 하니 임금이 말없이 있다가 성운을 불러 분부하기를,

"조광조 등의 죄는 조율로 보면 사사해야 하나, 깊이 생각하고 또 대신의 말을 반복해서 생각하니 사사하면 놀랄 것 같다. 조광조 등의 사사를 감하여 먼 곳에 유배하라."[136] 하였다.

김근사는 중종 32년 10월, 그의 8촌 동생인 김안로가 사사되자, '수상

---

134) 중종실록 22권, 중종 10년 8월 22일 4번째 기사.[사신은 논한다]
135) 중종실록 23권, 중종 10년 12월 27일 2번째 기사.
136) 중종실록 37권, 중종 14년 11월 16일 16번째 기사.

의 자리에 있으면서 김안로의 죄상을 아뢰지 않았다.'는 죄목으로 경상
도 하동으로 귀양 가 노환으로 세상을 떠났다.

김극성(金克成, 1474 - 1540; 우의정)

김극성은 진사 김맹권의 아들로 사계 김장생의 집안과는 그의 15대
조부에서 갈렸다. 김극성은 김광세(金光世)의 10세손이고 김장생은 그의
동생 김광존(金光存)의 16세손이다. 토정 이지함은 그의 생질이다.

김극성은 보령에서 태어났다. 처음 사마시에 장원하고 이어서 갑과(일
등급)로 급제하였으나 알아주는 사람이 없었다.

중종반정 초기에 남곤과 심정이 제일 먼저 일어나 고변했었는데(김공
저, 박경 사건을 말함) 김극성이 이들을 길에서 만나 참여시켜 주기를
요청하였다.

사람들은 벼슬이나 훈공을 노린 것으로 여겼고, 선비들의 주장도 그를
비열하다고 평가했다. 뒤에 심정과 이항(李沆)에 천거되어 찬성에 이르
렀다.

정유년(중종 32년, 김안로가 사사되던 해) 겨울에 소환되었다. 수상 자
리가 비어 있었는데 사람들은 정광필을 기대하였으나 왕이 찬성하지 않
고 드디어 김극성을 수상에 제수하였다.

김극성이 재상이 되었을 때 가뭄이 심하여, 민생이 절박하였다. 김극
성은 그 일을 제쳐두고, 소분(掃墳; 경사 때 조상 무덤에 제사지내는 일)
을 급하게 여겨, 그때에 주전(廚傳; 음식 차리고 사람 숙박하는 일)의
폐단이 주읍(州邑)에까지 미쳤다는 말이 있었다.[137]

김극성은 외모가 호걸처럼 뛰어나고 기상이 원만하였다. 그가 정승으
로 있을 적에는 너그럽고 포용적이고 공평한 자세로 대체를 보존하기에

137) 중종실록 90권, 중종 34년 5월 25d일 1번째 기사.[사신은 논한다]

힘썼다.

단 시세에 따라 맞추어 규각(圭角; 언행이 모가 남)을 드러내지 않았다. 조정에서 의논할 때는 나라 일을 떠맡고 나서려 하지 않았다. 조정의 의논이 그르다는 것을 알아도 쟁론하지 않았다. 그의 자신을 위한 계모(計謀; 계책과 계교)가 이러했다.138)

김안로(金安老, 1481 - 1537; 좌의정), 장순손(張順孫, 1457 - 1534; 영의정), 한효원(韓效元, 1468 - 1533; 영의정).

김안로에 관하여는 따로 장을 설치하여 언급하였다.

장순손은, 정광필과 이행의 추천으로 재상이 되었다. 이들은 장순손이 '노성(老成; 노련하고 성숙함)하고 지위가 높고 연로한 사람.'이라 하였다.139)

한효원은 기량이 넓고 커서 사소한 일은 따지지 않았고, 대신이 될 만한 여망이 있었다. 낭관 때에 당상 정광필에게 공사(公事)를 보고하였는데, 정광필이 그 친척들에게 말하기를, '이 사람은 그 기량이 여느 사람과 다르니 우리나라의 높은 벼슬을 도맡아 할 것이다.' 하더니 과연 영상이 되었다.

[사신]은 역시 장순손, 한효원을 '김안로의 권세를 도와준 사람으로 여론이 그를 헐뜯었다.'고 평하고 있다.140)

---

138) 중종실록 93권, 중종 35년 4월 5일 2번째 기사.
139) 중종실록 70권, 중종 26년 1월 6일 1번째 기사.
140) 중종실록 79권, 중종 30년 1월 1일 1번째 기사.[사신은 논한다]

## 4. 연산조대의 조정활동

정광필의 조정활동은 연산군, 중종의 양 대에 걸쳐서 행하여 졌다.

연산군 때는 그의 나이 33세에서 43세까지 약 10년 동안이다. 관직은 대간에서 출발하여 이조참의까지 올랐다. 당시의 활동을 보면 주로 폐비의 천묘와 사당 세우는 일, 무오, 갑자 양대 사화를 중심으로 이루어진다.

### 1) 폐비 윤씨의 천묘(遷墓; 묘를 옮기는 것)와 신주,
### 사당 세우는 일

연산 2년, 왕은 명하여 "파평부원군 윤필상, 영의정 신승선, 좌의정 어세겸, 영중추부사 정문형, 좌찬성 한치형, 호조판서 이세좌, 예조참판 신종호, 참의 조숙기를 불러서 묘를 옮기는 일을 의논케 하였다. 또 사당을 세우고 신주를 세울 것을 예조로 하여금 마련하게 하니, '그리하라' 전교하였다."[141]

약 보름 후, 예조판서 성현(成俔), 참판 신종호(申從濩), 참의 이복선 등이 서계(書啓; 명령을 받고서 올리는 봉명서)하기를,

"전교를 받자오매, '묘를 옮길 때에 지방(紙榜; 종이로 만든 신주)과 명정(銘旌; 다홍 바탕에 흰 글씨로 죽은 사람의 품계, 관직, 성씨를 기록한 기)을 어떻게 쓸 것이며, 신주와 사당을 세울 절목을 아울러 옛 제도를 상고하여 아뢰라.' 하였습니다.

신들의 생각으로는, 지방은 윤씨지령(尹氏之靈)이라 쓰고, 명정은 윤씨지구(尹氏之柩)라 쓰는 것이 예에 합당할 것 같습니다. 다만 신주와 사당을 세우는 일에 대하여는 지극히 중대합니다.

---

141) 연산군일기 15권, 연산 2년 5월 15일 1번째 기사.

222

폐비가 이미 종묘와는(관계가) 끊어졌으니 전하께서는 사은(私恩)으로 예를 어길 수 없습니다. 신주와 사당을 세우지 않고 다만 묘소에 제사지낸다 해도 족히 그 효성을 다할 수 있습니다. 바라옵건대 여러 의견을 널리 수합하여 정(情)과 예(禮)에 합당하게 하소서."142) 하였다.

사흘 후, 신숭선, 어세겸, 정문형, 한치형, 이세좌가 아뢰기를, "청하옵건대, 육조 당상(堂上; 정 3품 이상의 관직) 및 의논에 참여할 수 있는 사람들을 함께 모아서 널리 의논함이 어떻겠습니까?" 하니 왕이 "그리하라"143) 하였다.

윤필상, 신숭선 등이 의논한 결과,

윤필상은, "여러 사람의 의견을 채택하여 정과 이치에 합당하게 하소서." 하였고, 신숭선, 어세겸, 정문형, 한치형, 이극돈, 성준, 이세좌, 신준, 유순은, "묘를 옮기고 따로 사당을 세워, 신(神)이 안거할 수 있는 처소를 만들면, 정(情)과 예(禮)가 합할 수 있습니다."고 하였다.

이어서 유지, 이계동, 박건, 홍귀달, 박숭질 등이 이에 동조하여, 신주 세울 것을 동의하였다.144)

한편 홍문관에서는 이에 대한 반대 상소를 올렸다. 즉 홍문관이 상소하기를,

"전하께서 윤씨를 위하여 사당을 세우는 것은 비록 그지없는 정(情)에서 나온 것이나 예(禮)에 어긋나고, (성종의) 유교(遺敎)에도 맞지 않습니다.

출모(出母; 폐비 윤씨)에게 효성을 다하려다가 도리어 제왕(帝王)이 선왕의 뜻을 잇는 대효(大孝; 효도함)에 어그러지게 될까 염려됩니다. 전하께서 어찌(이러한 불효를) 차마 하시렵니까."145) 하였다.

---

142) 연산군일기 15권, 연산 2년 6월 3일 3번째 기사.
143) 연산군일기 15권, 연산 2년 6월 6일 2번째 기사.
144) 위의 책, 동년 6월 7일 1번째 기사.
145) 연산군일기 17권, 연산 2년 8월 12일 2번째 기사.

이런 상황에서 당시 사간원 정언으로 있던 정광필이 사당과 신주 세우는 일에 대하여 서계(書啓)를 올렸다. 정언 정광필이 서계하기를,

"출모는 예문에 복(服; 상복을 말함)이 없는 것이요, 선왕의 유교가 매우 엄하시니, 신주와 사당을 세우는 것은 단연코 하지 못할 것입니다." 하였으나 들어 주지 않으매 다시 서계하기를,

"신주와 사당을 세우는 일을 일시에 거행하니, 어머니를 추모하는 정에서는 지극하시겠지마는 선왕(성종, 연산의 아버지)의 유교를 저버리시는 데에는 어찌하겠습니까 성명을 거두소서." 또 아뢰기를,

"이의무(李宜茂; 이행의 아버지)가 처음에는 바른 의론에(신주 사당 세우는 일에 반대하는 입장) 붙었다가 뒤에는 윤민 등의 부정한 의논(찬성하는 입장)에 뜻을 굽혀 붙었으니 두 마음을 품은 불충한 자입니다. 징계하기를 청합니다." 하였다.

왕은, "두 마음을 품었다는 말은 매우 틀렸으니 들어주지 않는다." 하였다.[146]

그 뒤 갑자년(연산 10년) 10월에, 신주와 사당을 세울 때 논계한 사람들을 국문하였다. 춘추관이 고계(考啓)하기를,

"신주와 사당을 세울 때, 논계한 사람은 대사헌 이계남, 윤민, 김심, 김제신과 대사간 이감, 조숙기, 홍석보, 이극규, 이복선입니다." 하니 왕은, "그들을 모두 국문하여 죄를 정하되, 이계남만 버려두라."[147] 하였다.

연산군은 간하는 말을 한 사람을 추후로 죄주어 모두 중한 죄를 과하였는데 성현(成俔) 역시 관을 쪼개는 형벌을 받았다.[148]

신종호는 다음 해인 연산 3년에 이미 사망하였다.

참고로, 성현(成俔)은 성준(연산조 영의정)과 4촌간이고 성삼문과는 8

---

146) 연산군일기 17권, 연산 2년 8월 16일 2번째 기사.
147) 연산군일기 56권, 연산 10년 10월 1일 4번째 기사.
148) 연산군일기 52권, 연산 10년 1월 19일 4번째 기사. 성현의 졸기

촌 형제다. 또 이의무(李宜茂)와 8촌 남매(이의무는 성삼문과 6촌 남매가 된다)이고, 세조비 정희왕후는 그의 숙모와 자매간이다. 인종조에 좌의정을 지낸 성세창은 그의 아들이다.

신종호는 신숙주의 손자로 한명회의 외손자이며 신용개(중종조 좌의정)와 4촌 형제간이다.

당시 정광필은 이미 유배를 떠나 멀리 있었기 때문에 화를 면할 수 있었다. 이에 관하여는 다음 글에서 자세히 논하겠다.

## 2) 지나친 가자(加資; 정 3품 이상의 품계를 올리는 일)에 대한 상소

정광필은 이외에 홍문관의 상소에서 거론된 인물들의 관작(官爵)에 관하여도 거침없는 언사로 그 뒤를 따라 상소를 올렸다.

먼저 홍문관의 상소를 보면 다음과 같다. 홍문관이 상서(上書)하기를,

"전하께서 특별히 옛 공신을 생각하시어 벼슬의 품질(品秩; 품계)을 더하여 후사(後嗣; 대를 잇는 자손)에까지 미쳐서 은총을 지극히 하셨습니다. 조종조에서 공신을 융숭하게 대접해 왔는데도, 벼슬의 과람(過濫; 분수에 넘침)함이 오늘날처럼 과한 적이 없습니다.

한치례(韓致禮)는 방자하고 거리낌이 없으며 신문(訊問) 중인데도 숭록(종 1품)에 올리고, 한환(韓懽)은 광패(狂悖; 미친 사람처럼 도에 벗어남)하여 물의(物議; 사람의 평판)에 용납되지 못하는데도 가정(종 2품)으로 올리고, 정숭조(鄭崇祖)는 호조판서였을 적에 범한 장죄(贓罪; 뇌물죄)를 용서하여 유배를 풀어줌으로 족한데 더 이상의 자급(資級; 관리의 등급이나 위계)으로 올리려고 하며, 조득림은 무식한 천인으로 2품에 올랐습니다.

임사홍(任士洪)은 붕당을 만들어 조정 정치를 어지럽게 하였으므로 목

숨을 보전한 것도 다행인데 또다시 가선(종 2품)에 올랐습니다.

이는 전하의 벼슬 주는 일이 너무 참람(僭濫; 분수에 지나침)된 것으로, 지금 대간은 (그에 관련된) 법도를 논하고 있는 것입니다.

전하는 대간이 간(諫)하는 말을 들어 주시지 않으니 대간들이 기운이 풀어져 무사안일(無事安逸)에 빠져 있습니다. 말할 문을 열어 주시면 매우 다행이겠습니다."149) 하였다.

홍문관의 상소는, 연산 2년 8월 10일과 12일, 두 번에 걸쳐 행하여졌다. 정광필은 그 나흘 후, 다음과 같은 서계를 올렸다.

"대간은 백관을 규찰하는 것이므로 용렬한 사람으로 하여금 그 자리에 함께할 수 없습니다. 장령 정이교(鄭以僑)는 본디 명망과 품행이 없고, 남경(南憬)은 용렬, 비루하고, 재능이 없어 낭관(정 6품 관직)에 합당치 않으며, 한위(韓偉)는 조상의 덕으로 출세하여 공로도 학술도 없음에도 3품의 벼슬을 주기에 이르렀으니 개정하소서, 한치례(韓致禮)의 탐하고 행실이 없는 것, 한환(韓懽), 한보(韓堡)의 미치고 망령된 것, 정숭조(鄭崇祖)의 탐하고 더러운 것, 임사홍(任士洪)의 간사하고 음흉한 것, 조득림의 천하고 지각이 없는 것 등은 대간뿐만 아니라, 온 나라 사람이 함께 아는 바이니 바라옵건대 성명을 거두고 여망에 부응하소서." 하였으나 임금이 들어주지 않았다.150)

참고로, 정이교는 연일 정씨로 그의 할아버지와 포은 정몽주가 8촌간이다.

남경은 남지(南智; 문종조 좌의정)의 손자로 연산군과 동서이다.

한위는 인수대비(소혜왕후 성종의 어머니이며 연산군의 할머니)의 조카이며 또한 한치례의 조카이기도 하다.

한치례는 인수대비와 남매간이고, 한환은 안순왕후(예종비)와 남매이다.

---

149) 연산군일기 17권, 연산 2년 8월 12일 2번째 기사.
150) 연산군일기 17권, 연산 2년 8월 16일 2번째 기사.

정숭조는 정인지(세조 때 영의정)의 아들이고, 임사홍은 그의 두 아들(임광재, 임숭재)을 각각 현숙공주(예종의 딸)와 휘숙옹주(성종의 딸)에게 장가들어 왕실과 이중의 인연을 맺고 연산군대에 정치를 좌지우지한 인물이다. 중종대의 남곤과는 내외종 형제이다(임사홍의 어머니가 남곤의 고모임).

## 3) 무오사화: 누가 썩은 선비더냐

정광필이 김일손과 함께 양남어사(兩南御使; 호남과 영남 지방의 어사)의 명을 받고 용인에 이르러 객관(客館; 여관)에서 같이 숙박하게 되었다. 잠을 자다가 김일손이 의기(義氣)에 복받치어 시사(時事)를 논하는데 과격한 말이 많았다.

정광필이 누누이 말리며, "그렇게 말할 것이 아니라."고 말하니 김일손이 문득 분연히 말하기를, "사훈(정광필의 이름자)도 또한 이처럼 저속하게 의논을 하니 어찌 차마 기절이 없는 썩은 선비 노릇을 할까 보냐."[151]고 하였다 한다.

연산 4년에 일어난 무오사화는 물론 김일손의 이러한 과격한 성격 탓은 아닐 것이다.

야사에 의하면, 이극돈(李克墩)은 그가 전라감사로 있을 때 성종 상중(喪中)에 기생을 싣고 다녔고, 뇌물을 먹은 사실이 있었다. 김일손은 이극돈의 이러한 비행에 관하여 사초(史草)에 썼고 그 일로 양자 간 감정 대립이 있었다.

유자광은 일찍이 함양군에 놀러 갔다가 시(詩)를 지어 군수에게 부탁하여 나무판에 붙여 놓은 일이 있었다. 김종직이 이 고을에 군수로 와서 그 시를 보고 떼어내서 불태웠다. 그리고 '유자광이 어떤 놈이기에 감히

---

151) 월정만필, [연려실기술 2], p.157.

이럴 수 있느냐.'고 말했다 한다.

유자광은 남원에 살던 부윤(府尹) 유규(柳規)의 서자(庶子)로 태어나, 범상(凡常)한 능력을 가지고 있으면서도 항상 서자라는 신분 때문에 소외되어 있었다. 특히 함양은 바로 자신이 태어난 남원과 고개 하나를 사이에 둔 고을이었다.

이러한 여러 사정이 동기가 되어, 유자광은 드디어 조정에 권력 기반을 가지고 있던 이극돈과 결탁하여 일을 꾸미게 된 것이다.[152]

일의 발단은 김종직이 지은 [조의제문]을 김일손이 사초(史草)에 실린 일에서 비롯되었지만 그 뿌리는 위에서 열거한 바와 같다.

[조의제문(弔義祭文)]의 주요 내용 몇 구절만 소개하면 다음과 같다.

'조룡(祖龍; 진시황)이 아각(牙角; 어금니와 뿔)을 농(弄; 놀림)했다.'고 한 것은 김종직이 진시황을 세조에 비유한 것이다.

'양흔낭탐(羊很狼貪; 양처럼 성내고 이리처럼 탐욕을 부림)하여 관군을 함부로 무찔렀다.'고 한 구절에서, 양흔남탕한 짓은 세조를 가리키고, 관군을 함부로 무찌른 일은 세조가 김종서를 베인 일에 비유한 것이다.

'어찌 잡아다가 제부(齊斧; 정벌하는 도끼)에 기름 치지 아니 했는고.'의 뜻은 노산(단종)이 왜 세조를 잡아 없애지 못했는가 하는 뜻이다.

'그 반서(反噬; 길러 준 주인을 물다, 은혜를 원수로 갚다)를 입어 도리어 해침을 당했다.'고 한 것은 노산(단종)이 세조를 잡아 버리지 못하고 도리어 세조에 의하여 죽임을 당했다는 비유다.

---

152) 동각잡기(남곤이 지은 유자광전), [연려실 기술 2], p.110.

왕이 전지하기를,

"지금 김종직의 제자 김일손이 찬수한 사초 내에 부도(不道)한 말로 선왕조의 일을 터무니없이 기록하고 또 그 스승 김종직의 조의제문을 실었다.

나는 이제 (조의제문의 내용을) 생각할 때, 두렵고 떨리는 마음을 금할 수 없다. 동 서반 3품 이상과 대간, 홍문관들로 하여금 형(刑)을 의논하여 아뢰도록 하라." 하였다.

이에 영중추부사 정문형(정도전의 증손), 한치례, 이극균, 이세좌, 노공필 등은, "(김일손 등은) 대역의 죄로 논하고, (김종직은) 부관참시하는 것이 합당합니다." 하였고, 박안성, 성현, 정숭조, 이계동 등도 역시,

"대역부도입니다. 극형에 처해야 합니다." 하였다. 박숭질, 권경우, 채수 등은 "율에 의하여 처단함이 펴나옵니다." 하였고,

이세영, 한형윤, 정광필, 김감 등이 의논드리기를,

"지금 김종직의 글을 보오니, 말이 너무도 부도(不道)하옵니다. 난역(亂逆; 반란 역적죄)으로 논하는 것이 어떠하옵니까." 하였다.

한편, 이유청, 민수복, 유정수, 조형, 손원로, 신복의 안팽수, 이창윤, 박권이 의논드리기를,

"김종직의 조의제문은 많이 부도하오니 (목을) 베어도 부족합니다. 그러나 그 사람이 이미 죽었으니 작호를 추탈하고 자손을 폐고(廢錮; 종신 관리 자격을 박탈함)하는 것이 어떠하옵니까." 하였는데 왕이 즉시 "그들(이유청 등)이 앉아 있는 곳으로 가서 잡아다가 형장 심문하라."[153] 하였다.

이런 과정을 거쳐서 김일손, 권오복, 권경우, 이목, 허반 등 이름 있는 선비들의 목이 맥없이 떨어졌다.

정광필은 불과 2년 전만 해도 폐모의 사당 건립과 인사문제를 놓고 과감한 진언을 하였었다. 하지만 이제는 그가 김일손에게 말한 대로 '그

---

153) 연산군일기 30권, 연산 4년 7월 17일 2번째 기사.

렇게 말할 수가 없었던 것'이었을까, 적어도 '목숨만은 살려야 한다'는 말이 한 사람의 입에서라도 나오지 않았던 것은 무슨 까닭이었을까?

연산군의 주장이 그런대로 명분이 있어서 반대를 못한 것인가,

아니면 김일손의 말대로, '조정에 기절이 없는 썩은 선비들밖에 없었기 때문'이던가.

기왕의 사가(史家)들이 주장해 온 사림 대 훈구의 대립만 가지고 이 문제를 풀 수 없는 여러 요인들이 복합적으로 얽혀 있다고 본다.

## 4) 갑자사화: 왕의 송장 놀음

갑자사화에 관련된 정광필의 이야기는 사냥에 관한 일부터 시작된다.

연산 9년의 일이었다. 왕이 이르기를,

"사냥이 어찌 날짐승을 천신(薦新; 새로 나는 물건이나 음식을 먼저 신에게 바치는 일)하기 위한 것뿐이겠느냐, 그보다는 무사들을 사열하기 위해서이다. 성종 때는 16일간을 사냥하기도 하였는데, 그때의 대신이나 대간이 어찌 큰 말과 바른 의논을 할 자가 없었겠느냐, 또한 경들처럼 생각하는 자가 없었겠느냐?

그렇지만 폐하지 않았다. 너희들이 군졸들의 수고로운 것만 보고 국가의 큰 계책은 알지 못하는 것이다."고 하였다. 당시 왕의 잦은 사냥에 대한 중신들의 반대에 대한 변명이었다.

이에 대하여 경연의 참찬관(정 3품관)이던 정광필이 아뢰기를,

"날씨가 추어지는데 찬 기운을 무릅쓰고 아침에 떠난다면, 성상의 몸이 수고로울 듯합니다."고 하여 왕의 분노를 샀다.

왕이 이극균에게 전교하기를,(당시 이극균은 좌의정이었다)

"정광필의 하는 말이 정직하지 못하다. 군주의 일에 대하여 말하는 것은 매우 옳지 않다. 대궐 뒤뜰의 소나무에 대하여 묻더라도 나는 모른다

230

고 해야 하는 것인데, 어찌 위의 일에 말을 하는가, 광필을 옥에 가두고 국문하라." 하니. 이극균이 아뢰기를,

"정광필이 어찌 다른 의사가 있었겠습니까. 광필이 저 혼자만 아뢴 것이 아니라, 바로 관원의 공의(共議; 공통된 의견)입니다.

신이 여러 번 정광필과 같은 관사에 있었는데, 그 마음이 조금도 사곡(私曲; 공평하지 못함)이 없고, 다만 생각하는 바가 있어서 바른대로 아뢴 것입니다. 옥에 가두어도 더 이상 다른 의견이 없을 것입니다."154) 하고 적극 변명해주었다.

정광필은 그 3개월 후(갑자년 1월) 이조참의(吏曹參議)의 관직을 제수받았다.155)

바로 그해 3월 왕은 자신의 어머니가 억울하게 죽었다는 것을 알게 되면서부터 궁중에 피바람을 일으켰다.

갑자년의 사화 중에서 정광필에 관련된 [실록]의 내용을 소개하면 다음과 같다. 왕이 전교하기를,

"폐비 때에 이파(李坡)가 옛일을 인용하여 찬성했으니(이파는 폐비 윤씨를 사사할 때 찬성했음) 그 죄가 난신(亂臣)과 다름이 없다. 윤필상은 전에 한 말과 지금의 말이 달라 그 죄를 논하지 않을 수 없다. 정창손은 (폐비의 부당함을) 힘써 간하지 아니하여 일을 더욱 악화시켰다. 의정부, 한성부, 대간, 홍문관, 육조를 불러 의논하라." 하였다.

유순, 허침, 신준, 이계동, 박숭질, 정미수, 신용개, 장순손, 성희안, 이파, 정광필, 심정 등이 의논드리기를,

"이파는 부관참시에 가산 몰수, 자손을 금고시키고, 윤필상은 고신(관리의 직첩, 임명 사령장)과 가산(家産)을 빼앗고 아들과 함께 외방에 부처하며, 정창손, 한명회, 심회, 정인지, 김승경은 고신 추탈(追奪; 죽은

154) 위의 책, 동년 동일 3번째 기사.
155) 연산군일기 52권, 연산 10년 1월 17일 3번째 기사.

자의 위훈 삭탈)과 묘의 석물을 제거하고, 아들도 고신을 빼앗고 정배함
이 사세에 합당합니다."[156] 하였다. 이에 왕이 전교하기를,

"이파의 자손은 폐하여 서인으로 하고, 한명회, 심회, 정창손, 정인지,
김승경 등은 만일 종묘(宗廟; 왕가의 사당)에 배향된 자가 있으면 내치
라. 또 이세좌의 아들, 사위, 아우로서 부처된 자는 폐하여 서인으로 하
고 영구히 벼슬을 못하게 하라."[157] 하였다.

성종 10년, 당시 영의정 정창손, 상당부원군 한명회(예종과 성종의 장
인이다), 청송부원군 심회(세조의 외숙이다), 우의정 윤필상, 좌승지 김승
경 등은 연산군의 어머니인 윤씨를 폐할 때, 찬성하였고,[158] 또한 그 3
년 후, 그녀를 사사할 때에도, "여러 의견들이 (윤씨를 사사하는 일을)
옳게 여깁니다."고 하여 찬성의 뜻을 왕에게 아뢰었다.(이때 이파도 같이
아뢰었다)[159]

허침, 박건 등이 의논드리기를,

"죄인이 살던 고을은 혁파하는 것이 매우 온당한 일인데 어떠하리까."
하자,

안처량, 성세명, 임사홍, 장순성, 성희안, 이과, 정광필, 심정 등이 의
논드리기를,

"이 무리가 위에 속하는 부도한 말을 하였으니, 사지를 찢어 죽이더라
도 그 죄에 당하지 못할 것입니다. 살던 고을을 혁파하여 경계함이 어떠
하리까." 하니 왕이 안처량 등의 의논을 따랐다.[160]

전에 배목인이라는 사람이 죄를 얻어 구례현을 혁파하였는데 이번에
지언(池彦) 등이 위에 해로운 말을 했으니 살던 고을(광주, 고양)을 혁파

---

156) 연산군일기 52권, 연산 10년 4월 18일 3번째 기사.
157) 위의 책, 동일 6번째 기사.
158) 성종실록 105권, 성종 10년 6월 2일 1번째 기사.
159) 성종실록 144권, 성종 13년 8월 16일 1번째 기사.
160) 연산군일기 52권, 연산 10년 4월 25일 3번째 기사.

하여 백성들에게 경계하라고 한 것이다.[161]

그해 4월은 마침 윤달이 끼어 있었다.

윤 4월 12일 이극균은 왕의 전지에 의하여 사약이 내려졌고, 다음날은 유자광의 소에 의하여 윤필상에게도 사약이 내려졌다.[162]

이들의 죄는 형식상으로는 극히 애매하다. 이극균은 그의 조카인 이세좌를 비호했고, 윤필상은 세조 때 사직의 안위를 생각지 않고 무례한 말을 했다고 하였다.

사실, 이세좌는 폐비에게 사약을 내리던 날 마침 형방승지로 그녀에게 약을 가지고 간 죄로 이미 3월에 사사되었다.[163]

성종은 좌승지 이세좌에게 명하여 그 집에서 사사케 하고, 우승지 성준에게 명하여 이 뜻을 세 대비전에 아뢰게 하였었다.[164]

이들 이극균과 윤필상에게 사약을 내려 죽게 한 뒤, 왕(연산군)은 또 새로운 형을 추가하고자 했다. 왕의 이러한 의중을 잘 알고 있는 중신들이 모여 의논하기를(유순, 허침, 박숭질, 박건, 이계동, 정미수, 김감 등),

"윤필상 등은 죄악이 매우 큰데도 사사로 그치니, 죽어도 죄가 남음이 있으니 시체를 베는 것이 어떨까 합니다." 하였고,

안처량, 임사홍, 한형윤, 노공필, 이복선, 성희안, 이과, 정광필, 이중현은 의논드리기를,

"이극균 등의 범행은 사실 중한데 노대신(老大臣)임을 생각하여 사사(賜死; 사약을 내려 죽임)하였으니, 죽어도 감격해야 할 것입니다.

이극균의 말은 원망한 데서 나오고, 윤필상의 말은 참으로 오만하니, 죄가 (시신을) 베이지 않을 수 없습니다. 그 머리를 베어 사람들의 보고 들음을 쾌하게 하여야 하겠습니다." 하니, 왕이 전교하기를, "여러 사람의 의

---

161) 위의 책, 같은 날 1번째 기사.
162) 연산군일기 53권, 연산 10년 윤 4월 12일 2번째, 동 13일 5번째 기사.
163) 연산군일기 52권, 연산 10년 3월 30일 3번째 기사.
164) 주) 160과 같음.

논에 의하여 참시(斬屍; 부관참시, 시신을 꺼내어 베임)하라."165) 하였다.

지금 이들의 '송장 놀이' 같은 이야기를 읽자면, 아무리 시대가 절대 왕조사회라고 하지만, 인간이 과연 이럴 수도 있는 것인가 하는 생각이 든다.

참고로 이들의 죽음에 관련된 기록을 보면 다음과 같다.

이극균에 관한 죄명 전지(승지 박열, 권균이 지음)에,

"이극균이 율문(법률 조문)의 대불경(大不敬; 크게 불경함)을 범하고, 은밀하게 그 조카(이세좌)를 비호하여 사정(私情)을 따르고 위를 업신여 겼으니 그 죄를 용서할 수 없습니다. 그는 과시만 하고 실지가 없으며 겸손하지 못하니, 죄가 더 이상 클 수가 없습니다." 하였다.

하지만 [실록]에 "이극균은 너그럽고 넓은 기품과 도량이 있었다. 그 가 좌의정이 되었을 때 왕의 착하지 못함을 보고, 말로 글로 이를 구원 하려고 하니 왕이 깊이 꺼려하였다."166)고 하였다.

또 윤필상의 사사에 관하여, 의금부 낭청 전양필이 돌아와 아뢰기를,

"윤필상이 왕의 전지를 읽고, '신이 이미 이렇게 될 줄 알았다.'고 말 하고는, 주머니 속의 비상 가루를 꺼내어 술에 타서 두 번 절하고 마셨 습니다. 한참 있어도 효과가 없으므로, 명주 이불 한 폭을 가져다가 제 손으로 목매어 죽었습니다."167) 하였다.

그 뒤 왕은 좌의정 성준의 목을 베고,168) 이어서 죽은 한치형의 머리 를 다시 효수하였다.169) 성준은 앞서 말한 대로 폐비의 죽음을 대비전에 아뢴 죄일 것이다.

---

165) 연산군일기 53권, 연산 10년 윤 4월 20일 8번째 기사.
166) 연산군일기 53권, 연산 10년 윤 4월 12일 2번째 기사.
167) 연산군일기 53권, 연산 10년 윤 4월 19일 6번째 기사.
168) 위의 책, 동년 5월 4일 4번째 기사.
169) 위의 책, 동년 동일 7번째 기사.

234

한치형(양녕대군의 사위이다)은 소혜왕후(인수대비)의 사촌 오빠인 것이 죄라면 죄가 된다. 그는 순박 침착하고 말이 적었으며, 비록 큰 공적은 없지만 또한 드러난 과실도 없었다. 연산 2년에 우의정에서 전임되어 영의정에 이르렀다. 연산군에게 누차 검소와 절약할 것을 아뢰다가 그의 비위를 거슬렀고 그가 죽은 2년 뒤, 화가 시신에 미친 것이다.[170]

이렇게 피비린내 나는 갑자년의 살육이 거의 끝날 무렵, 왕은 또다시 지난날의 사냥 사건을 들고 나와 정광필을 귀양 보냈다.

정광필은 왕을 위하여 나름대로 충성을 다하였지만 그보다 더 충성한 자들에 의하여 밀려났다. 그것은 정광필뿐이 아니었다.

연산군이 쫓겨날 때까지 목숨을 보전하여, 그의 감시 대상이 된 사람들의 이름은 다음과 같다.

왕이 전지하기를,

"이과, 김전, 권민수, 송흠, 홍언충, 정광필, 이자화, 김양진, 박광영, 박소영, 유보, 김내문, 이사균, 강홍, 최숙생, 이행 등은 그 도(道)의 관찰사로 하여금 사람을 보내어 압송하다가 형신(刑訊; 형구로 고문하여 자백시킴)하고, 또 그 자손도 익명서(匿名書; 이름을 숨긴 글)를 투입했는지 의심스러우니 아울러 형신케 하라."[171] 하였다.

그 전지를 미처 실행하기 전에 중종반정이 일어났다.


## 5. 중종대의 조정활동

중종대에 들어서면 정광필의 나이도 45세, 말하자면 불혹(不惑; 공자가 말한 40대)의 원숙한 연령이 된다. 그 직위도 홍문관 부제학에서 출

---

170) 연산군일기 46권, 연산 8년 10월 3d일 1번째 기사.
171) 연산군일기 63권, 연산 12년 8월 26일 4번째 기사.

발하지만 중종 8년 우의정이 되면서부터는 줄곧 정부의 수장(首長)격으로 중종을 보좌하여 조정을 이끌어갔다.

중종 때는 유난히 사건이 많았다.

대개 몇 가지 사건만 열거하면 박영문, 신윤무 사건 등 거듭된 무옥(誣獄; 무고에 의한 옥사), 기묘개혁, 기묘사화, 신사년 안당의 옥사. 김안로의 유배와 귀환, 경빈 박씨 모자의 처형, 심정 이항, 이종익의 처형 등이다.

이런 상황에서 정광필은 정국을 이끌어가는 노성한 기량으로 여러 위기를 무난하게 극복하였다. 후세의 필자들은 그를 혹은 현자로 혹은 원숙한 정치가로 높이 평가한다. 다음에서 사건별로 그의 활동상황을 살펴보겠다.

## 1) 지나친 가자(加資)의 개정에 관한 상소

정광필은 연산조 때와 같이 대간에서 아뢴 인물들에 대한 지나친 가자를 개정할 것을 아뢰었다.

그동안 대간에서 아뢴 문제의 인물들을 간단히 열거하면 다음과 같다.

중종 2년 1월, 대간에서 "조계형, 김수경의 일을 논란하고 또 이희보가 빌붙은 죄를 다스릴 것을 청하였으나, 모두 윤허하지 않았다."[172]

여기서 잠깐 앞에 나온 인물들을 소개하면,

조계형은 연산조 때 병조정랑으로서 폐주의 총애를 받아 내수사(궁중의 쌀, 베, 노비 등을 관장하는 부서) 별좌를 겸임했다. 김수경은 김수동의 동생이다. 김수동은 앞에서 설명한 바와 같이, 연산조의 영의정인데 다시 중종반정 때 공신이 되어 자신의 동생을 함께 훈공자 명단에 끼워 넣은 사람이다.

이희보는 양녕대군의 손자 이사종(오천부정)의 사위로서, 나인 장녹수

---

172) 중종실록 2권, 중종 2년 1월 4일 2번째 기사.

에게 빌붙어 갑자기 좋은 벼슬을 얻었다.[173)

중종 2년 5월, 대간이 참판 유응룡, 한성부 하한문 등의 교체를 건의하였다.

"이조참판 유응룡은 문과 출신도 아니고 재능도 없는데, 폐주가 그의 아버지 유순(영의정)을 위로하기 위하여 품계를 가선으로 올리고 관직을 참판으로 제수하였습니다.

한성부 우윤 하한문(河漢文)도 역시 정당하지 못한 길로 2품에 올랐습니다. 그는 연산조 때 연산의 아들을 봉양하면서, 음식 대접을 잘하여 은총을 받아 요직에 빨리 올랐습니다."[174) 하였다. 그리고 5월 19일에는 한순(韓恂)을 파직시킬 것을 요구하였다.

한순은, 앞에서 소개한 한환의 동생으로 그의 누이가 신수영(연산군의 처남)의 부인이며 또한 누이가 안순왕후다.

중종 3년 6월, 사헌부가 가자의 친수(親授; 왕이 직접 줌)된 사람을 열서하여 바쳤다. 즉 사헌부가 아뢰기를,

"한순은 폐조(연산조)의 왕비의 족친으로 죄가 커서 귀양 간 사람이고, 김수경, 신은윤은 죄도 크고 국가에 쓸 만한 점이 없습니다.

박형무는 제포 첨사가 되어 일찍이 대간의 논박을 받았고, 하한문은 폐조 때 궁중 하인에게 아부하였으며, 이희보와 조계형은 이미 죄를 다스렸습니다.(박형무는 충주 박씨로 박상(朴詳)과 6촌이다.)

최해는 신승복의 첩의 딸을 첩으로 맞아 사사로이 폐주를 뵈었으니, 다른 외람된 가자의 유례가 아닙니다. 이담손은 천얼(賤孽; 미천한 첩의 아들)로 사냥할 때 폐주를 인도하였습니다. 이들 가자가 모두 불가하오니 개정하소서."[175) 하였다.

---

173) 중종실록 1권, 중종 1년 10월 15일 4번째 기사.
174) 중종실록 3권, 중종 2년 5월 13일 2번째 기사.
175) 중종실록 6권, 중종 3년 6월 23일 3번째 기사.

대간에서 이극돈 및 한순 등의 지나친 가자를 아뢰었고, 또 사헌부에서도 같은 뜻을 아뢰었다. 특히 심미(沈湄; 심온의 종손)가 2품의 재상으로 종(하인)에게 맞은 일을 아뢰었다.[176)

이런 상황에서 대사헌 정광필이 아뢰기를,

"요즘 지나친 가자가 다 개정되지 않은 것을 여러 날 아뢰었으나, 상께서 망설이시니, 실망되어 견딜 수 없습니다.

추행 악덕이 있는 한순, 그리고 김수경, 신은윤 등은 비록 말하지 않아도 전하께서 어찌 모르시겠습니까?

하한문, 박형무, 신복순(신숙주의 손자, 신종호, 신용개와 4촌) 등은 조정이 다 그가 2품에 해당하지 않음을 압니다.

이희보는 처가의 힘으로 갑자기 올랐고, 조계형은 임사홍을 종처럼 섬겨, 정랑에서 당상으로 뛰어 올랐습니다.

최해는 신씨의 딸을 첩으로 삼아 여론의 비판을 받았고, 이담손은 첩의 아들로 사냥으로 연산을 미혹시켰습니다.

심미는 2품의 재상인데 이웃집 종에게 맞았다 합니다. 그를 때린 자(정보)의 무지하고 사나운 일과, 맞은 자의 체모 잃은 일도 철저히 다스리소서."[177) 하였다.

## 2) 중종의 신뢰와 존경을 받아 정승에 오르다

중종은 정광필을 믿고 존경하며, 삼 공신(박원종, 유순정, 성희안)의 뒤를 이어 조정을 이끌어갈 대표적인 인물로 지목하였다.

중종은 전교를 내려, "함경도 관찰사 정광필의 임기가 아직 남았지만

176) 위의 책, 동년 동월 29일 4번째 기사.
177) 위의 책, 동년 동월 30일 1번째 기사.

그를 이상(貳相; 찬성)으로 삼으라."[178]고 하더니, 다음날 교유(敎誘; 가르치고 교유함)하기를,

"경이 너무 겸손하고 사양하니 그 뜻이 가상하다. 나라의 중요한 직책은 반드시 올바른 사람을 얻어 맡겨야 그 일을 능히 감당할 수 있다.

경은 도량이 넓고 계량(計量)함이 깊으며, 학력(學力)으로 돕고 근신으로 지키니 내가 가상히 여기고 총애함이로다. 지금 경을 발탁하여 우찬성을 삼으니 아무쪼록 나의 부족한 덕을 도와 덕화가 널리 미치도록 해주기를 바란다.

마침 함경도 지방의 흉년으로 백성들이 굶주리고 있어 그 아픔을 내가 당한 듯하니, 경이 나를 위해 백성을 구제할 수 있기를 바란다.

추수가 끝나고 백성이 소생하기를 기다렸다가, 교체의 시기에 경을 특명으로 불러드릴 것이니 경은 사양 말고 나의 뜻에 부응하라."고 하였다.

바로 그 12일 후, 약속했던 가을이 오기도 전에 왕은 그에게 우의정을 제수하였다.

당시 [사신은] 말하기를

"성희안은 그를 평가하기를, 정광필 같은 이는 '참으로 형체가 없어도 보며, 소리가 없어도 듣고, 공경하기를 신명이 있는 것처럼 한다.'고 하였다. 송일은 김응기를 추천하였고, 유순도 김응기에게 의향이 있었으나 성희안의 뜻을 어기지 못하고 함께 정광필을 추천하였다."[179]

정광필이 정승의 자리에 올라 처리한 유명한 사건들을 보면 다음과 같다.

---

178) 중종실록 18권, 중종 8년 4월 2일 1번째 기사.
179) 중종실록 18권, 중종 8년 4월 15일 3번째 기사.[사신은 말한다]

## 3) 박영문, 신윤무의 반역모의 사건

이 사건은 김안로의 편에서 잠간 살펴본 바와 같이, 의정부의 종 정막 개가 고변한 일이다.[180]

이 옥사의 추관(推官; 추문을 맡은 임시 벼슬)은, 좌의정 송일, 우의정 정광필, 영중추부사 김응기, 좌찬성 이손 등이고, 고변자는 정막개이다.

옥사는 다른 증거 없이 오로지 정막개의 고장(告狀; 고발장)에 의하여 심문이 이루어졌다. 박영문은 고문을 받았으나 말하지 않았고 신윤무는 몸이 약하여 매를 못 견디고 '그렇다' '그렇다'고만 하였다.[181]

정막개가 고변한, 전 공조판서 박영문, 전 병조판서 신윤무의 범죄에 관련된 대화 내용을 편의상 몇 구절만 발췌하면 다음과 같다.

첫째 정막개가 고변한 박영문과 신윤무의 대화 내용:

박영문: 우리들의 앞날이 어찌 유자광과 다르겠는가.

신윤무: 유자광의 일은 우리들과 다르다.

박영문: 송일은 복 벗은 지 열흘도 못 되어 이조판서에 제수되었고, 또 한 달도 못 되어 정승에 올랐다. 정광필은 무슨 공이 있는가, 관찰사 에서 숭정(崇禎)으로 가자(加資)되어 이상(貳相; 찬성)을 겸하고 한 달이 못 되어 정승으로 승진하였다.

우리도 문신(文臣)이니, 차례로 승진하면 후일에는 또한 정광필의 예 와 같이 된다.

박영문, 신윤무가 소근거리기를: 이렇게 하여야 한다.

박영문: 만약 나에게 이 자리에서 죽으라고 한다면 죽겠다.

신윤무: 다만 우리 세 사람(민희발을 포함하여)만이 거사하면 대사를

---

180) 중종실록 19권, 중종 8년 10월 22일 4번째 기사.
181) 위의 책, 중종 8년 10월 25일 1번째 기사.[사신은 논한다]

240

이루지 못할까 염려된다.

　박영문: 돌아올 적에 두 정승을 치고 다음에는 병조판서를 친다.

　신윤무: 누구를 취할 것인가.(누구를 임금으로 추대할 것이냐는 말과 같다)

　박영문: 영산군(寧山君; 성종의 아들 중종의 이복형제)을 받들고 돌아 와야 한다.


　둘째, 박영문, 신윤무가 공초(供招; 범죄 사실의 진술)한 내용.

　박영문: 신은 지난 7월 3년 상을 마친 뒤 한 번도 신윤무의 집에 왕 래하지 않았습니다.

　신윤무: 박영문이 이 달에는 한 번도 (신의 집에) 오지 않았습니다.


　셋째, 추관들이 임금에게 아뢴 말.

　추관들이 임금께 아뢰기를,

　"박영문이 3년 상을 마친 뒤에 한 번도 신윤무의 집에 가지 않았다는 말은 정직하지 못하고, 고변한 자의 말을 듣건대 (그가 고변한 내용이) 꾸며낸 말은 아닙니다. 사람의 마음이란 알 수 없으므로 워낙 형(刑)으 로 다스려야 합니다."[182) 하였다.

　그 이틀 후, 왕은 역신 박영문과 신윤무를 능지처참하고, 가산을 모두 빼앗았다. 그리고 그들 자녀와 연좌인을 모두 법에 따라 처결하였다.[183)

　고발자 정막개는 절충장군 상호군을 제수하고, 추관 송일, 정광필 김 응기, 이손 등에게 후한 상을 주었다.[184)

　야사에 의하면 "이로부터 여러 사람들이 모두 정막개를 천하게 여기

---

182) 중종실록 19권, 중종 8년 10월 22일 7번째 기사.
183) 위의 책, 동년 동월 24일 4번째 기사.
184) 위의 책, 동월 25일 1번째 기사.

고 미워해서 사람 틈에 끼이지 못하게 하였다. 집이 사복시 냇가에 있었
는데, 붉은 관대를 띠고 조석으로 거리로 나다니면 동네 아이들이 곳곳
에서 떼를 지어 기왓장을 던지며 쫓아와서 큰소리로, '고변자 정막개야,
홍대(紅帶; 붉은 띠)가 가소롭구나' 하고 떠들어대니, 정막개가 그 괴로
움을 이기지 못하여 뛰어서 돌아갔다. 이런 짓을 아이들은 보통으로 여
겼고 사람마다 침 뱉고 욕하니 마침내 굶어 죽었다."185)고 하였다.

## 4) 영산군을 중죄(重罪)로 다스리소서

박영문이 처형되던 날, 송일 등은 영산군을 죄주어야 한다고 아뢰었다.
"영산군이 (박영문 등의 반역을) 몰랐다는 것은 추국할 때 박영문도
말하였습니다. 하지만 그의 이름이 '신복의의 변' 때에 언급되었고, 이제
또 언급되었습니다. (영산군이) 몰랐다 해도 두 번 간인(奸人; 신복의와
박영문)의 입에 올랐으니, 대법(大法; 국가의 중대한 법)을 쓰소서." 하
자, 왕이 전교하기를, "영산군은 당초부터 알지 못하였는데 무슨 죄가
있는가." 하였다.
송일 등(좌의정 송일, 우의정 정광필)이 다시 아뢰기를,
"중한 법으로 처리하지 않더라도, 다음가는 죄에는 처해야 합니다."
하였으나 왕은 "죄 줄 수 없다."186)고 하였다.
그 사흘 후 좌의정 송일, 우의정 정광필, 영중추부사 김응기, 이조판서
김전 등이 영산군의 죄를 청했으나 윤허하지 않았다.
바로 그날, 송일은 영의정에, 정광필은 좌의정에, 김응기는 우의정에
올랐다.187)

---

185) 음애일기, 퇴계집, [연려실 기술 2], p.263.
186) 중종실록 19권, 중종 8년 10월 24일 1번째 기사.
187) 위의 책, 동년 10월 27일 2번째, 11번째 기사.

신복의는 왕실로 장가들었는데(그의 처삼촌이 은정 부정 이옥산이다), 중종 3년에 '영산군을 태제(太弟; 임금의 아우)로 봉할 만하다'고 말하는 등 역심(逆心)을 품은 죄로 능지처참(陵遲處斬)되었다.[188]

좌의정의 관직을 제수받은 다음날, 조강(朝講; 경연관의 아침 강의를 드리는 일)에 나아가, 영사 정광필과 특진관 김전(金詮)이 영산(寧山)의 죄를 청하였다.

한편 검토관 채침이 아뢰기를,

"영산군은 역모에 관여하지 않았는데, 이를 왕법으로 처치한다면 천륜을 손상할까 두렵습니다. 신(臣)등은 천륜을 중히 여겨 치죄를 바라지 않아서 아뢰었습니다." 하니. 다시 정광필이 아뢰기를,

"채침의 말은 그럴 수가 없습니다. 간인(奸人; 박영문과 신복의)의 구설에 오른 자들을 낱낱이 치죄하지는 못한다 해도, 어찌 '영산은 전혀 치죄할 수 없다.' 말할 수 있겠습니까" 하였다.

왕이 이르기를,

"진성(甄城; 성종의 아들, 중종의 형제)의 일은 여러 사람의 요망에 못 이겨 부득이 단죄하여 지금껏 가슴 아프게 여기고 있다. 이번의 영산(寧山)은 전혀 모르는 일이라고 하지 않는가, 형제간 우애도 중요하지만, 모르는 일을 가지고 문득 죄줄 수는 없다."[189]고 말하였다.

잠깐, 견성군에 관한 이야기를 간단히 살펴보자.

진성군(甄字는 진 혹은 견으로 발음함)은 중종 2년 서얼(庶孼; 서자) 노영순의 고발로 인한 '이과의 옥사' 때 억울하게 죽었다.

이과는 전의 이씨(全義 李氏)로 나이 17세에 문과에 뽑혀 대사간이 되었는데 노영순의 무함(誣陷; 무고한 모함)으로 나이 33세에 죽었다.

이과가 말한 것 중 '진성군이 어질다는 것은 한형윤도 같은 말을 하

---

188) 중종실록 7권, 중종 3년 12월 3일 2번째 기사.
189) 중종실록 19권, 중종 8년 10월 28일 1번째 기사.

였다. 임금께서 후사가 없다면, 진성군이 마땅히 뒤를 이을 것이다.'고 한 것이[190] 화근이 되어 진성군은 목숨을 잃었다.

당시 진성군은 궐정에 이르러 아뢰기를,

"소신이 지극히 가까운 (임금의) 근친으로 불평 자들의 입에 오르내렸으니, 놀랍고 황송하기 그지없습니다. 직을 버리고 대죄하기를 청합니다." 하며, 의관을 벗고 머리를 조아리며 통곡하였다, 왕이 전교하기를,

"저들 무리가 저들끼리 소란을 피웠을 뿐이지, 진성군이 어찌 알 일이겠는가, 대죄하지 말라."[191] 하였다.

하지만 정부, 육조, 충훈부, 대간, 종실 등이 계속해서 아뢰기를,

"(진성군의 일은) 종사에 관련된 일입니다. 비록 형제 지친이라 할지라도 대의로 결단하여 종사를 안정시키소서." 하니 왕이 대답하기를,

"내가 어질지 못하므로 간사한 무리들이 구실을 삼아 우리 골육을 보존하지 못하게 하고 서로 해치니, 애통하고 측은하기 이를 데 없다. 조정의 뜻이 이와 같기에 어쩔 수 없이 따른다." 하고 그 다음날 진성군을 사사하였다.[192]

후일 권벌이 아뢰기를,

"중종께서 처음 정사를 하실 때 대신들이 잘 보필하지 못하였습니다. 노영손이 이과(李顆)가 모반한다고 고하여 그 공으로 당상에 올랐는데 그 후로 고변자가 많아졌습니다."[193]고 하였다.

터무니없는 사건을 조작하여 남을 해치는 악습(惡習)은 예나 지금이나 변함이 없다. 자신들의 권세를 놓치지 않으려는 벼슬아치들의 입장에서 보면, 다른 사람들의 귀중한 생명보다 자신의 눈앞의 이익이 더 중요하였던 것이다.

---

190) 중종실록 3권, 중종 2년 8월 26일 1번째 기사.
191) 중종실록 3권, 중종 2년 8월 27일 1번째 기사.
192) 중종실록 4권, 중종 2년 10월 15일 2번째 기사, 동 16일 1번째 기사.
193) 명종실록 1권, 명종 즉위년 8월 22일 1번째 기사.

영산군은, 그 뒤에도 '근신하지 않고 계속 간인(奸人)들의 입줄에 올랐다' 하여 결국 귀양을 떠났다.

영중추부사 정광필 등이 아뢰기를,

"영산군의 일은 신등이 국가의 대계를 중히 여겨 여러 날 아뢰었으나 이제껏 유난(留難; 유별나게 챙김)하시니 신등은 섭섭합니다. 빨리 쾌하게 결단하소서." 하니, 왕이 조건을 붙여 그를 백천군에 안치시켰다.[194]

## 5) 정광필의 개혁에 대응한 자세

정광필은 이론(理論)보다는 실천(實踐)을, 일관된 정책 수행보다는 원만한 인간관계와 상황을 중시하였다. 그리고 무엇보다도 임금의 의중(意中; 마음속)을 감지하고 그에 따라 충성을 다하는 것을 기본적 자세로 관직생활을 수행하였다고 본다.

첫째, 정막개와 유자광을 두둔하였다.

정막개의 고변이 고비를 넘긴 뒤 사헌부 지평 권벌이 아뢰기를,

"대개 삼공(三公; 세 대신)의 책임은 착한 사람을 추천하여 등용하고, 용렬(庸劣; 열등함)하고 불필요한 사람을 제거하여 기강을 세워 조정을 청명하게 하여야 하거늘 정광필은 이 두 가지 일을 아뢰었으니 매우 잘못입니다."[195]고 하였다.

하지만 정광필은 경연에서 고변자 정막개를 옹호하고, '유자광의 공은 다시 추록하는 것이 마땅하다'고 아뢰었다.

둘째, 박상, 김정(金淨; 김정은 정광필의 생질, 즉 누이의 아들이다)의 상소를 놓고, 대간(대사헌 권민수와 대사간 이행)이 안당(安塘)을 죄주자고 하였을 때, 정광필은 이들 양자가 모두 옳다고 하였다. 즉

---

194) 중종실록 49권, 중종 18년 9월 15일 4번째, 9월 18일 1번째 기사.
195) 중종실록 19권, 중종 8년 12월 9일 1번째 기사.

"안당이 늘 대간을 억제하려는 생각을 마음에 지닌 일은 본래 없었거니와 그가 저것은 국시가 아니고, 이것은 국시라고 말한 것은 잘못 나온 말입니다. 대간은 상(임금)께서 안당의 말을 미덥게 여기실까 염려되므로 같은 뜻으로 아뢰고자 한 것입니다. 대간, 재상(안당을 말함)이 아뢴 뜻은 같으며 그 뜻은 다 옳습니다."고 하였다.

하지만 그 후 조광조가 사간원 정언으로서 대간의 체직을 청했을 때 정광필은 조광조의 주장을 적극 지지하고 양비양시론을 비판하였다. 이에 관하여는 김안로 편을 보면 자세히 알 수 있다.

당시 조광조는 정국에 새로운 인물로 떠올라, 왕의 신임과 기대를 독차지하고 있을 때였다.

셋째, 소격서 혁파에 관하여, 정광필은 왕의 뜻에 따라 진언하였다.

처음 조광조가 소격서 혁파를 강력하게 아뢰었을 때, 당시 영의정 정광필, 좌의정 신용개, 우의정 안당 등이 아뢰기를,

"신등은 아무 이의(異議)가 없습니다. 속히 혁파하여야 합니다." 하여, 드디어 소격서가 혁파되었다.

조광조가 처형된 5일 후, 영중추부사 정광필이 아뢰기를,

"당초 (소격서를) 혁파할 때에 재상(宰相; 정승)이 '조종(祖宗)께서 설치하신 것이므로 경솔히 혁파할 수 없다'고 말하였습니다. 그러나 이미 혁파하였으니 다시 세우는 것은 불가합니다." 하였다.[196]

하지만 그 2년 후 자전의 병환으로 왕이 소격서를 다시 세울 것을 전교하니, 정광필도, "상(임금)께서 짐작하여 재단하소서." 하고 후퇴했다. 조광조 편에 더 자세히 나온다.

넷째, 향약의 실시에 대하여는 당초부터 단서를 붙였었다.

조강(朝講; 아침 경연)에서의 일이다. 참찬관 조광조가 아뢰기를,

"향약을 제대로 이행한다면 진실로 아름다운 일입니다." 하자, 영사 정

---

196) 중종실록 38권, 중종 15년 1월 21일 4번째 기사.

광필이 아뢰기를,

"모인 무리가 착한 일을 하지 않으면 수령의 권세가 도리어 약해질 것이니 살펴서 경계해야 할 것입니다." 하였다. 조광조편에 있다.

이에 대하여 왕이 이르기를,

"아무리 아름다운 일이라도 실행(實行)이 없으면 불가하다. 모든 일은 이름에 따른 실지가 있어야 한다."고 하여 향약을 실시하도록 하였다.[197]

조광조가 사사된 직후, 조강에서, 장령 서후(徐厚), 정언 조진(趙珍)이 향약의 폐단을 논핵하였다. 왕도, '향약의 실시가 명실상부하지 않아 잘 못되었다'고 말하였다. 조광조 편에 있다.

영사 정광필이 아뢰기를,

"향약은 모두 저들 무리(조광조, 김정, 김식 등)가 단서를 만들었습니다. 지난번 형조(刑曹; 지금의 법무부)에서 도망한 사민(徙民; 북방에 강제 이주된 범죄인)을 체포하려 하였는데 향약인(鄕約人)이 감히 숨기고 체포를 방해했습니다.

그리고 이들이 (김정에게) 고하기를, '환란(患亂)을 당하여 서로 구제한 것이다.' 하니, 판서 김정(金淨; 정광필의 생질)이 (이 말을 듣고) '이는 선한 사람이다.' 하였습니다.

참판 유운이 그에게 죄를 가하려 하자, 김정이 발끈 화를 내면서, '어찌하여 선한 사람들을 죄로 다스리려 하는가.' 하였습니다.

김식은 도망을 갔고, 또 도망하다가 잡힌 자(기준(奇遵)을 말함)가 있습니다."[198] 하였다.

현량과 실시에 관하여도 정광필은 신중론을 내놓았다.

우리나라 사람들은 중국 사람들처럼 순박하지 않아서 뒤 폐단이 많을 것이기 때문이다. 하지만 (기왕에 선발하였으니) 어렵게 선발한 인재들

---

197) 중종실록 34권, 중종 13년 9월 5일 1번째 기사.
198) 중종실록 38권, 중종 15년 1월 4일 2번째 기사.

은 골라 서용해야 한다고 주장하였다.

이 부분도 역시 조광조 편에 있다.

다섯째, 정국공신을 개정하는 일은 중신들의 이해가 걸린 중대한 문제였다.

대간이 정국공신 개개인의 공적을 들추며 개정 대상자를 아뢰었다.

이 과정에서, 정광필도 약 십오륙 명 정도의 이름을 구체적으로 거론하였다. 대개 이들은 세간의 무리가 있거나 참여하지 않은 사람 그리고 심지어 뇌물을 쓰고 공신이 된 사람들도 있었다.

정광필 등이 개정 대상자의 명단을 단자로 써서 아뢰었고, 그 12일 후, 왕은 전교를 내려 정국공신의 개정을 확정하였다.

조광조를 사사한 5일 후, 왕은 영의정 정광필 등에게 정국공신을 개정하지 말도록 하는 일을 의논하게 했다. 조정의 수장으로서 정말 황당한 일이었다.

다른 여러 개혁의 문제와 달리, 정국공신의 개정은 정말 명분도 있고 필요한 사업이었다. 이제 와서 다시 개정할 수 없다고 한다면 그동안 이루었던 조정 정치의 모든 성과를 철저히 부정하는 일이 아닐 수 없다.

정광필은 비장한 각오로 이러한 뜻을 아뢰었다.

"정국공신은 처음부터 다들 외람하다고 생각하였고 폐조(연산조)에 아부한 자도 많으므로 신등도 전에 아뢰었습니다. 처음부터 대간(조광조 등)의 뜻에 부동해서 그런 것이 아니라 일이 매우 옳으므로 아뢰어서 개정하게 한 것입니다."

하지만 이조판서 '남곤이 삽혈동맹(歃血同盟; 피를 마시며 맺은 동맹)'을 내세우며 당초의 동맹(공신의 일)을 개정하지 말아야 했었다고 아뢰면서, 대신들의 태도가 달라지기 시작했다.

그날(중종 14년 11월 21일)의 의논 내용을 간단히 발췌하면 다음과 같다.

왕: 정국공신을 개정하지 말도록 하는 일을 의논하라.

정광필: (공신 개정의) 일이 매우 옳으므로 개정한 것입니다.

남곤(이조판서): 삽혈동맹은 중요하며 개정하지 말아야 했습니다.

왕: 세조 때 좌리공신도 개정하지 않았다. 다시 묻겠다.

정광필: (공신을) 모두 삭제할 수는 없지만 그중에서 뚜렷이 드러나서 말썽이 있는 자는 역시 개정해야 합니다.

이미 개정하라고 명하였다가 또 개정하지 말라고 명하는 것은 번요(煩擾; 번폐스럽고 요란함)한 듯합니다.

왕: 이 일은 큰일이므로 다시 의논하자는 것이다. 전부를 개정하지 않는 것이 마땅할 듯하다.

정광필: 개정할려면 전부를 개정하고, 그렇지 않으면 전부를 개정하지 않는 것이 옳습니다.

우의정 김전: 녹훈(錄勳; 훈공을 기록함)한 지 이미 오래므로 과연 개정할 수 없습니다.

남곤: 당초 추후에 개정하자는 의논을 낸 것이(조광조가 개정하자고 의논을 낸 일이) 큰 잘못입니다.

이장곤(병조판서): 추후에 삭제함은 매우 어렵습니다.(지금 개정을 취소해야 합니다)

홍숙(형조판서): 추후에 개정하라고 명하고 또 개정하지 말게 하는 것은 옳지 않습니다.

이유청(좌참찬): 이장곤의 말이 옳습니다.

왕: 과연 고치면 전부를 고쳐야 하니, 뚜렷이 드러난 자라 하여 고칠 수는 없다.

정광필: 과연 개정하지 말아야 하겠습니다.

왕: "이제 대신들의 말을 들으니 다들 그대로 두고 개정하지 않기를 바란다. 승전(承傳; 왕의 뜻을 전함)을 봉행(奉行; 받들어 행함)하라"199)

하였다.

이상의 의논 과정에서 정광필의 태도 변화를 간단히 살펴보았다.

필자가 서두에서 전제한 것처럼 그의 태도는 어떤 일관된 원칙보다는 당시의 상황과 인간관계를 중요시한 극히 현실적이었음을 엿볼 수 있다.

## 6) '사람 살리기를 좋아하는 왕'을 강조했던 정광필

역대 군주들은 사람을 너무 많이 죽였다.

태조의 왕씨 몰살 사건, 태종의 '왕자의 난'과 민씨 형제, 세종 국구인 심온 살해, 세조의 계유정난, 성종의 폐비 윤씨 살해, 연산군의 사화 등 그 이후로도 왕의 살인 행동은 너무 황당하고 끔찍하다.

정광필은 이러한 불행한 일이 다시 되풀이 되지 않도록 임금을 끊임없이 설득하였다. 그 대표적인 사례 몇 개를 소개하면 다음과 같다.

첫째, 조광조를 살리기 위하여 왕께 눈물로 호소하였다.

홍경주가 왕의 밀지를 갖고 조광조 등을 죽이려는 음모를 꾸미던 무렵, 남곤이 정광필을 찾아 협조를 구하였다. 그 자리에서 정광필은, '사림을 모해하는 일은 본래 내 마음이 아니라' 고하여 거절하였다.

이러한 정광필의 마음을 간파한 병조판서 이장곤은, '수상(정광필)에게도 알리지 않고 국가 대사(조광조 등을 당장 쳐 죽이려는 일)를 할 수 없습니다.' 고하여 정암 등을 살려냈다고 한다. 김근사, 채세영도 '대신에게 상의하기를 바랍니다.'고 아뢰어 그에 대한 사사의 명을 유배로 감하게 하였다.

또 정광필이 임금의 어의(御衣)를 붙들고, '관대한 처분을 내리시어 세 정승과 함께 죄를 의논하소서.' 하면서 머리를 조아리며 눈물로 호소하였다.[200] 한다.

---

199) 중종실록 37권, 중종 14년 11월 21일 4, 5번째 기사.

250

하지만 예나 지금이나 절대자의 완강한 고집을 꺾기란 결코 쉬운 일이 아니었다. 무능하고 나약한 군주일수록 그 고집은 더욱 완강한 법이다.

중종은 14년 12월 10일, 좌의정 안당을 영중추부사로 체직시켰으며, 동 16일 영의정 정광필과 우의정 김전을 파직하라 명하고 자신의 뜻을 강행하였다. 당시는 대간도 조광조를 더 죄주자는 청을 하지 않았는데 왕이 문득 사사의 명을 내렸다.

[실록]에 의하면 남곤은 무려 8번에 걸쳐 조광조를 (살려서) 절도에 안치시켜야 한다고 청하였다. 그날 조광조의 죽음은 정광필이 가장 상심하였고 남곤까지고 매우 슬퍼하였다고 [사신]은 말하였다.[201]

둘째, 정광필이 안당을 살려 주기를 간곡히 청하였다.

중종 16년 10월 11일, 송사련이 안처겸 등을 역적모의로 고발하였다.

송사련은 안당의 서출(庶出) 누이의 아들이고 따라서 안처겸과 고종 4촌이다.

이 사건의 주범으로 안당의 아들 안처겸, 안처근 등이 처형되었다. 고변된 지 5일 후의 일이다.

당시 추관이었던 영중추부사 정광필, 영의정 김전, 좌의정 남곤이 안당을 용서해 주기를 청하였다. 즉 정광필, 김전, 남곤이 아뢰기를,

"안당은 연좌법에 의하여 마땅히 교형(교수형)에 처해야 됩니다.

안당이 아들의 역모를 알고도 고하지 않았으니 죄가 됩니다. 그러나 부자 사이므로 고발은 하지 못하고, 안처겸을 데리고 나가 반란을 와해했으니 그의 정상은 용서할 만합니다.

율문에 있는 일을 계달하여 지극히 황공합니다. 하지만 사정이 용서할 만한 점이 있어서 아뢰는 것입니다." 하니 왕이 전교하기를,

"대신들의 말이 매우 그르다.

---

200) 사채척언, [연려실 기술 2], pp.288－292.
201) 중종실록 37권, 중종 14년 12월 16일 1, 2번째 기사.[사신은 말한다]

안처겸 등이 조정의 인사들을 제거하려 모의하되 귀양 간 사람들을 불러들여 그들의 음모를 성취하려고 하였다.

안당으로서는 마땅히 그 자식들을 얽어다가 고발해야 했다. 한갓 부자 간의 사정 때문에 그렇게 하지 않았으니 이는 아녀자(어린 아이와 여자)와 같은 짓이다. 즉각 죄인 부자를 내다가 처결하라."202)고 하여 그날로 이들을 교형에 처하였다.

다만 안당의 또 하나의 아들 안처함은 겨우 목숨을 구하였다.

이 사건의 고변자인 송사련은 종신토록 녹(祿)을 받았다.203)

하지만 그가 밀고한 문서에 이름이 기록되어 고문받다가 죽거나 귀양 간 사람은 수십 명에 이르렀다.204)

셋째, 경빈 박씨 모자(母子)를 살리자는 청을 첨의(僉議; 여러 사람의 의논)로 아뢰어 왕이 '그렇게 하도록 하라'고 하였으나 그들 모자도 끝내 사사되었다.

정광필뿐 아니라 다른 대신들도 '사람 살리기를 좋아하는 성군'이 되기를 기회 있을 때마다 아뢰었다. 하지만 중종은 유능한 인재들을 수용할 만한 그릇이 아니었다. 그런 군주에게는 '사람을 죽여 없애는 것'이 가장 확실한 해결책이었는지도 모른다.

기묘사화 때 경연청에서, 정광필이 안당을 보고, '임금께서 생살(生殺; 살리고 죽이는 일)에 관한 말을 하신 것은 온당치 못하다.'고205) 한 것은 시사하는 바가 크다.

왕의 말은 바로 명령이요 판결이기 때문에, 정광필의 진심은 왕의 살생을 경계하자는 말임이 분명하다.

---

202) 중종실록 43권, 중종 16년 10월 17일 3번째 기사.
203) 남계집, [연려실 기술 2], p.352.
204) 위의 책, pp.343-354.
205) 중종실록 37권, 중종 14년 11월 16일 9번째 기사.

## 7) '수천의 눈'에서 흘러내린 눈물이 분노로 변했던가

조광조가 옥에 갇히던 날 밤,

수천은 텅 빈 빈청(賓廳; 궁중 내 대신들의 회의실)에 홀로 앉아 눈물을 닦으며 고심하였다.

왕은 그 이튿날 동이 틀 무렵, 영상(정광필)과 우상(안당)에게 특지를 내려, 대간, 시종, 이조판서, 병조판서를 새로 갈았다.

말하자면, 그동안 정치 일선에 나섰던 청류(淸流; 깨끗한 선비)가 일망타진(一網打盡; 한꺼번에 모두 잡히다)된 것이다.

정광필이 빈청에서 남곤을 한참 쳐다보고 말이 없었다.

남곤이 나와 사람들에게 말하기를 '정광필의 눈' 하고 말했다 한다.[206]

정광필의 측은한 마음이 남곤을 보니 순식간에 분노로 변했다는 말인가?

수천(정광필)처럼 너그럽고 국량이 큰 백전노장(百戰老將; 세상의 풍파를 다 겪은 사람)이 그토록 쉽게 감정을 표현했을까?

그는 눈물보다 더 고통스런 세월을 수없이 겪어왔다.

연산 4년과 10년, 무오, 갑자사화가 일어났을 때 수천은 그 사정이야 어떻든 임금의 편에 서서 그의 손을 들어 주었다.

중종조의 정막개, 송사련의 고변 사건에서도 그는 추관을 맡아 옥사를 처결하였다. 정막개가 꾸민 옥사는 무함(誣陷; 없는 사실을 꾸며 남을 함정에 빠지게 함)이 분명했음에도 박영문, 신윤무는 고문에 못 이겨 죄를 받았다.

추관들은 그 사건의 공로로 상을 받았고 또한 나아가 죄 없는 영산군에게 죄줄 것을 청한 바 있다.

정광필은 안당의 두 아들이 모두 처형된 후, 그 부친인 안당을 변호하였지만 곧바로 처형당하고 말았다. 그리고 경빈 박씨 모자의 죽음을 재

206) 당적보, 석담일기 합록, [연려실 기술 2], pp.293-294.

촉했던 익명서 사건, 즉 '목패의 변'에서도 정광필은 영의정으로서 추관을 맡고 있었다.[207]

정암 조광조의 경우 위의 사건과는 사정이 달랐다.

정부, 육조, 한성부, 대간뿐 아니라 수백 명의 유생들이 궐문을 밀고 쳐들어와 통곡하며 그의 목숨을 살려주기를 청하였다.

물론 정광필도 정암의 목숨을 구하기 위하여 최선을 다한 것은 분명하다.

하지만 그는 영의정으로서 조광조의 죄안(罪案)을 아뢰었고(임금이 성운에게 명하여 추고 전지를 기초하게 하였다), 단지 한 구절(위를 속이고 사정을 행사했다는)만 삭제하는 데 그쳤다.

유생들이 몰려들어 조광조와 함께 옥에 가기를 청하였을 때,

왕이 '이들을 추고하여 징계하려 한다.' 하매 정광필이 아뢰기를,

"이들은 사체(事體; 사리와 체면)를 모르고 망령된 짓을 하였을 뿐입니다. 임금께서 재결하소서."[208]라고 대답할 뿐, 속수무책이었다.

조광조가 제거된 후에, 그는 자신의 생질인 김정도 변호하지 않았다.[209]

그리고 김안로를 탄핵할 때, 영사 정광필이 아뢰기를,

"전에 조광조 등을 (제거할 때) 상께서 미리 막지 않았으므로 크게 실패했습니다."고 말한 내용들을 보면, 정광필이 대개 어떻게 처신해 왔는지를 알 수 있다.

결국, 정광필이 (정암을 위하여) 눈물을 흘리고 남곤에게 무서운 눈빛으로 쏘아보았다는 구절은, 후세 사가들이 그를 미화하기 위하여 쓴 수사(修辭)일 수 있다.

---

207) 중종실록 74권, 중종 28년 5월 18일 1번째 기사.
208) 중종실록 37권, 중종 14년 11월 16일 18번째 기사.
209) 앞서 소개한 '향약의 폐해'에 관하여 김정이 사민을 착한 사람이라고 두둔하면서 화를 냈다는 것을 말함.

끝으로 김안로와의 관계는 김안로 편에 있다.

간단히 말하여 중종 30년, 그가 74세의 나이에 벼슬에서 물러나게 된 것은 이미 그가 조정을 떠나야 할 시점에 이르렀음을 예고한 것이었다.

김안로와 더불어 영의정 김근사가 유배되었던 중종 32년 초 겨울, 사람들은 그 수상 자리에 당연히 정광필이 앉게 되리라고 기대하였다. 하지만 임금은 이를 허락하지 않고 김극성을 올려 앉혔다.[210]

장경왕후의 산릉 문제로 그가 유배된 일은 김안로의 숙부인 김전과 같이 죄를 받았기 때문에 서로가 부득이 하였음은 정광필 자신이 가장 잘 알고 있었을 것이다.

수없이 달려들었던 적의 공격을 막아낸 백전노장의 일신에 상처가 없을 수 없다. 따라서 우리는 그의 상처보다는 그가 세운 위대한 전공을 평가해야 한다.

정광필은 마음이 너그럽고 생각이 원대하며 포용력이 큰 노성한 대신이었다. 그는 항상 왕의 뜻을 어기지 않으면서, 실현 가능한 최선의 대안을 추구했던 극히 현실적인 훈구대신이었다.

그는 훈구의 입장에 있으면서 또한 사림을 이해하는 거목으로 존경을 받아왔다. 그의 넓은 도량과 타협 조정의 힘은 바로 그의 중후한 인품에서 우러나온 것이라고 생각한다.

---

210) 중종실록 93권, 중종 35년 4월 5일 2번째 기사.

# 제4장
## 김안로(金安老, 1481 – 1537)

중종 32년 10월 24일

서울 장안에 내놓으라 하는 벼슬아치들이 어디론가 바쁜 걸음을 재촉하고 있었다.

동네 아낙네들도 아침부터 설레며 좁은 골목길을 메웠다.

이날은 좌의정 김안로 영감의 셋째 아들 김휘가 장가가는 날이다.

신부는 구수영 대감의 손녀다. 대감은 영응대군의 사위다. 그의 며느리 중에는 연산군의 딸과 신수겸(신수근의 동생)의 딸이 있고, 사위로 안양군(성종의 3째 아들)과 임희재(임사홍의 아들)가 있다. 또 그의 증손자가 중종의 사위로 그는 왕실과 이중, 삼중의 혼사를 맺은 사이이다.

청천벽력이었다. 갑자기 골목길에 회오리바람이 불어 닥쳤다. 저승사자처럼 무섭게 치장한 금부도사가 졸개들을 거느리고 혼사 집에 나타나 호령을 쳤다.

혼주는 아무 영문도 모르고 이들 앞에 무릎을 꿇어야 했고 하루아침 사이에 죄인이 되었다.

밀물처럼 모여든 하객들은 썰물처럼 빠져나갔다. 순식간에 잔칫집은 난장판이 되었다.

마치 소리개떼에 짓밟힌 까치집과 같았다.

도대체 그에게 무슨 큰 죄가 있었기에 이렇듯 참혹한 벌이 내려진 것인가.

두 손을 꽁꽁 묶인 채 끌려간 김안로 대감은

"내 걱정하지 말고 혼사는 절차에 맞추어 잘 치러라."고 새신랑에게 당부를 했다.

이 말 한마디가 그의 마지막 유언이었다.

그는 곧바로 귀양길에 올랐다.

왕의 사신은, 그의 귀양길이 이제 겨우 서울을 벗어나고 있을 때, 그를 멈춰 세웠다. 사약이 내려진 것이다. 이렇게 해서 그는 아마 무슨 영문인지도 모르고 세상을 떠났으리라. 하지만 그의 죽음은 단지 그 시작에 불과했다.

이윽고 허항 채무택이 사사되었고 이들에게 <정유삼흉(丁酉三凶)>이라는 무거운 굴레가 씌워졌다. 이들의 두 번째 죽음이다.

그 뒤 역사를 쓴 사람들과 그 역사를 인용, 해석하고 각색한 자들이 또 한 번 죽이기 시작했고, 이러한 <죽이기, 때리기, 짓밟기>는 지금도 계속되고 있다.

과연 이들 이른바 삼흉이 그에 합당한 죄를 지었으며 벌을 받아 마땅한가.

아니면 역사 왜곡과 편견 혹은 무책임하고 무관심한 역사 베끼기로 오히려 후세의 우리들이 죄를 짓고 있는 것이 아닌가 철저히 규명할 필요가 있다.[1]

다음에서 김안로와 관련하여 (1) 출신배경, 생애, (2) 그가 살았던 시대 상황과 특징, (3) 그가 유배 처형된 탄핵사유의 허(虛)와 실(實), (4) 논리와 사상, 업적, (5) 사사된 죄과의 진실 등을 간단한 소제목으로 나누어 살펴보고자 한다.

---

1) 김안로에 관한 기록은 조선왕조실록, 특히 [사신은 논한다]와 연려실기술을 중심으로 한 야사들, 그리고 조선왕조실록 번역에 덧붙여 나오는 주(註), 최근 발간된 각종 사전과 역사 관련 서적, 심지어는 학교 교과서에서도 사실과 다른 역사 왜곡이 너무 심해 보이는 대목이 많다.

편의상 김안로에 대한 호칭은 이 책에서 다른 인물에 관한 것과 보조를 맞추어 그의 호인 희락당과 혼용하여 쓰려 한다.

## 1. 희락당의 가계와 족보

희락당은 연안 김씨 김섬한의 11세손이다.

희락당의 가계 계통은, 시조 김섬한(金暹漢; 고려 명종조 사문박사) 2세 준린(俊麟; 대장군), 3세 경성(景成; 판도판서), 4세 우(祐; 문하찬성사), 5세 광후(光厚; 밀직제학), 6세 도(濤; 밀직제학), 7세 자지(自知; 태종대, 형조판서, 개성부 유후), 8세 해(侅; 내자시윤), 9세 우신(友臣; 지중추부사), 10세 흔(공조참의, 안락당), 11세 희락당이다.

시조의 상계를 밝힌 문적 중 가장 오래된 책은 [안락당집](김안로 편저, 영천간, 1516)이다.

그 내용에 '김씨는 신라 왕족에서 갈려 나왔다. 어느 날 형제 두 분이 임금께 바른 말을 충고하였다가, 그의 노여움을 사서 먼 지방으로 귀양을 갔다. 형은 북빈경(지금의 강능), 아우는 시염성(지금의 연안)으로 가서 집안을 이루고 살았다. 그 아우가 김섬한 공이다. 세월이 너무 오래되어 그 이상은 상고할 수가 없다'고 되어 있다.

한편, 최근 [언양김씨 족보 권1], [신라 대보공 김알지 선원계](신라 김씨 연합 대종원 발행), [가락왕손 2천년사](김복수 편저, 학우서적 공사) 등에서 신라 선계의 구체적인 계보를 제시하고 있어 논의가 있다. 이들 주장을 보면, 연안 김씨 시조 김섬한은 신라 신무왕의 제2자인 영광(英光)의 자손이라는 설(광산 김씨 시조인 김흥광(興光)은 영광의 동생이 된다), 김섬한이 강능 김씨 시조인 주원(周元)의 동생 내흥(奈興)의 자손이라는 설 등이 있다. 이 기록은 국립중앙도서관에 소장되어 있는 [신라 김씨 선원보]에 실려 있다.

연안 김씨 대종회에서는 희락당의 주장에 근거하여, 상고 가능한 기록만을 믿고 있는 입장이다.

김도(金濤 ?-1379)는 고려 말 목은 이색의 문하에서 학문을 닦았다. 문과 친시에서 갑과 제2인으로 급제하였다. 이인임의 배명부원론(背明附元論)을 반대하여 그의 미움을 샀다. 후에 양백연의 일당으로 몰려 모진 형벌 끝에 절명하였다. 이인임 일당은 그의 목을 효수하고 가산을 몰수하였다.

이때, 그의 문하 진사 10여 명이 집문 밖에까지 따라 와서 시신을 호위하였다. 그중에 이종(李悰)이란 선비가 있었다.

그는 김도의 시신을 안고 냇물에 들어가 흐르는 피를 씻고 자신의 옷을 갈아 입혔다. 대자리를 짜서 떨어진 머리를 몸에 얽어 끈으로 묶었다. 그 뒤 그의 시신 앞에 무릎을 꿇고, 두 번 절하여 예를 다했다. 세상 사람들은 그를 가리켜 의인(義人)이라 하여 칭송했다. 당시 김도의 아들 김자지(金自知; 희락당의 고조부, 일계)의 나이 13세였다.(북역고려사, 서울, 신서원, 1964)

일계는 졸지에 과부가 된 어머니와 세 동생(김여지, 학지, 치지)을 돌보며 학문에 전념하였다. 약관 18세에 식년 문과에 합격하고 승승장구하여 관직이 형조판서에 이르렀다.

일계는 태종 이방원과 동갑(정미생)내기다. 태종은 당시 동갑내기 20명과 계(契)를 맺고 교유하였다.

예를 들어 박초(1367-1443; 이조판서), 탁신(1367-1426; 좌찬성), 유습(1367-1439; 전주유씨 시조), 서선(1367-1433; 형조판서) 김자지(1367-1435) 등이 그 계원이다.

이들과 더불어 탁주 일 배를 마시면서 읊었던 태종의 시 한 수를 소개하면 다음과 같다.

한 나라에서 28명의 대 공신을 봉하니
나라의 건국이 이 사람들의 힘을 입은 바가 크다.
오늘날 내가 동갑네 20명을 생각하는 마음은
삼각산이 무너지는 한이 있어도 영원이 잊지 않으리.
이제 정미생 20인은 모두 나의 개국공신이다
그 후손들이 비록 용렬하다 해도 천역을 시키지 말 것이며
혹 쓸 만한 자가 있으면 등용케 하리라.


일계는 슬하에 아들 9형제를 두었다. 그리고 세 동생이 역시 자녀가
많아서 이들 4형제(희락당의 고조부 4형제)가 도합 18남 12녀, 즉 30남
매를 두었다.

또 이들 18명의 종형제가 41남 28녀(69남매)를 두었다.

희락당의 10촌 형제는 53명이고 8촌 형제는 39명이다. 희락당과 동시
대에 영의정을 지낸 김근사(金謹思, 1466-1539)는 그보다 15년 연상의
8촌 형이다.

희락당의 조부 김우신(金友臣, 1424-1510; 지중추부사)은 87세까지
장수하였는데 중종이 그의 부음을 듣자 조회를 폐하고 조신을 보내어
조제(弔祭)를 지냈다.

우신의 두 아들(김흔, 김전)이 특히 재명이 있어 현달하고 또한 그 자
녀들도 그 뒤를 따랐다. 희락당의 부친 김흔(1448-1492; 공조참의)은
슬하에 3형제를, 그리고 숙부 김전(金詮, 1458-1523; 영의정)은 4형제를
두었다. 김안정, 안세, 안로 3형제와 안도, 안우, 안수, 안달 4형제가 이
들이다.

희락당의 집안은 당시의 집권 양반들이 그랬듯이 이름 있는 문벌들과
혼인을 맺고 번창하였다. 다만 창녕 성씨, 파평 윤씨, 그리고 이씨 왕가
와의 혼사로 멸문의 위기를 겪은 일이 있다.

## 창녕 성씨

희락당의 증조할머니(김해의 부인)는 성승(성삼문의 아버지)의 사촌 누이요, 성삼문의 당고모(5촌 고모)다. 또 희락당의 셋째 종조부 김잉(金仍)은 성승과 친 사둔으로 성삼문이 그의 사위다. 성삼문의 동생 성삼고는 김잉의 손녀사위다.

성삼문의 부인(희락당의 종고모할머니, 김잉의 딸)은 남편 성삼문이 처형되자 폐서인이 되어 집안에서 쫓겨났다.

마침 그의 큰 올케(큰오빠의 부인)가 그녀의 아버지(양녕대군)에게 시누이를 살려 주기를 극력 간청하여 목숨만은 부지했다 한다.

부인(성삼문의 아내, 희락당의 종고모할머니)은 효심이 지극하고 남편을 하늘처럼 모셨던 효부 열녀였던 것 같다. 그녀에 관한 야사 한 토막을 소개해 보면 다음과 같다.

현종 3년(1672년) 어느 날,

호조의 관리로 있던 엄의룡이란 선비가 서울에 있는 인왕산 비탈길을 지나가고 있을 때였다. 한쪽이 무너진 으슥한 곳에 낡은 오지그릇이 눈에 띄었다. 자세히 들여다보니 그 속에 밤나무로 된 신주 세 개가 들어 있었다.

하나는 승지 성삼문의 것이요, 둘은 성삼문의 외손 참찬 박호 부부의 것이었다.

엄희룡이 놀라, 여러 사대부에게 이를 알렸다. 당시 벼슬아치와 선비들이 모두 몰려와 (다투어) 배례를 했다. 이들은 신주를 가마에 담아 떠메고 임시로 성삼문의 외가인 박엄찬(진사)의 집에 봉안했다.

그 후 홍주에 사는 외가 후손들에게 기별하여 이를 받들어 갔다.

그곳 노은 골에는 공의 옛집이 있었기 때문이다.

당시 경기감사 김우형이 각 고을 수령들에게 명을 내렸고, 이들은 정성을 다하여 영송했다. 서울과 지방의 선비들이 이곳에 녹운서원을 세웠다.

공이 순절한 뒤 부인 김씨가 자신의 손으로 신주를 써서 종에게 부탁, 봉사하였다.

김씨 부인(성삼문의 부인)이 죽은 뒤에는 외손 박호에게 신주가 돌아 갔다. 불행히도 박호의 자손이 없어 결국 인왕산 기슭에 자기 집 신주와 같이 묻은 것이다.

그 200년 후에 신주가 발견되었으니 참으로 신기한 일이다.[2]

파평 윤씨

희락당의 어머니는 파평 윤지(尹墀; 평강현감)의 딸이다. 다음에 소개 될 윤개(尹漑, 1494 - 1566; 윤원형과 함께 을사사화를 일으켰고 명종 때 좌의정이 됨)는 그녀의 8촌 동생이다. 희락당의 장남 김기(金祺)의 처가 와 차남 김희(연성위, 중종의 사위)의 처외가도 파평 윤씨이다.

김기의 처 고조할머니(윤사로의 부인)는 정현옹주(세종대왕의 딸)요, 처 고모할머니(尹嶙의 딸)는 박원종의 부인이다. 처 백모(尹燮의 부인)는 정숙옹주(성종의 딸), 그리고 광천군(성종의 손자, 전성군의 아들)이 그 의 손아래 동서다.

김희의 장모는 윤임의 누이(장경왕후)이고, 그의 사위는 윤원로의 아 들 윤백원이다.

희락당의 중형 김안세(金安世)의 서녀는 윤임(尹任, 1487 - 1545)의 측 실이 되었다.

그의 사촌인 김안수(金安遂)의 딸이 윤원형의 아내이니 원형이 희락당 의 당질녀서이다. 하지만 원형에게는 정난정이라는 애첩이 있어서 양가

2) 장용지, 이긍익, [연려실 기술 1](민족문화 문고간행회, 1988), pp.448 - 449.

(연안 김씨와 파평 윤씨) 간의 비극이 바로 이들 관계에서 비롯되었다고
해도 과언이 아니다.

윤씨와의 악연(惡緣)에 관한 사례를 열거해 보자.


참판 윤안인(尹安仁)은 곧 문정왕후의 당숙인데, 김안로를 내쫓을 것
을 도모해 왔다. 그가 비밀히 왕비(문정왕후)에게 아뢰기를 "안로가 왕
비께 해를 끼치려 합니다." 하였다.

왕비가 크게 두려워하여 임금이 들어오자, 눈물을 흘리고 있었다. 중종
이 이상하게 여겨 그 까닭을 물었다. 이에 왕비가 대답하기를 "오랫동안
좌우에 모시고 있었는데 이제 폐함을 당하게 되니 슬퍼집니다." 하였다.

임금이 놀라 그 까닭을 묻자, 왕비가 안로의 계교를 고하였다.

임금이 크게 노하여 곧 그를 죽이려 하였다. 다만 그의 권세가 두려워
윤안인에게 밀지를 내려 도모하라 하였다.3)

문정왕후는 희락당을 제거하고 곧바로 조선왕조의 실세가 되었다.

그녀의 주변에는 손아래 친동생인 윤원형과 원형의 애첩 정난정이 있
어 그녀의 손발이 되었다.

윤원형은 임금께 상언하여 그의 적처(김안수의 딸, 희락당의 당질녀)
를 버리기를 청하니 왕이 이를 윤허하였다.4)

당시의 [실록]을 보면,

"서원군 윤원형이 상언하여 그의 처 김씨의 악행을 극력 진달하고 버
리게 해 달라고 간청하니, 임금이 그대로 따랐다. 윤원형은 폐첩(嬖妾;
아양 떨며 귀염 받는 첩)에게 현혹되어 적처의 자리를 빼앗아 주려고
은밀히 계획하더니 마침내 조강지처를 버렸다. 그것이 차마 할 짓인가?"
라고 씌어 있다.(4)

---

3) 부계기문, [연려실기술 2], p.472.
4) 명종실록 11권, 명종 6년(1551년) 2월 4일 5번째 기사.

명종 20년 4월 6일, 문정왕후가 세상을 떠났다.

그 후 윤원형을 탄핵하는 상소가 줄을 이어 제기되었다.

그중 정난정과 관련된 사례를 몇 대목 소개하면,

대사헌 이탁, 대사간 박순 등이 아뢰기를

"(윤원형은) 문정왕후의 환후가 크게 악화되었을 때 첩을 보내 사가와 다름없이 제멋대로 대내로 들어가서, 날마다 삼전(三殿; 중종비, 인종비, 명종비)에게 직접 문안드리게 하였습니다. 내인들이 좌우로 열을 지어 늘어서 있는데 외신의 소첩이 조금도 거리낌 없이 당돌하게 곧바로 들어가고 심지어는 내의(內醫)에게 호령하여 함부로 잡약(雜藥)을 올렸는데 의관이나 제조들은 그 약이 맞지 않는 것인 줄 알면서도 감히 말리지 못하였습니다."5) 하였다.

그 뒤 대사헌 이탁과 대사간 박순은 윤원형의 죄악을 26조목으로 분류하여 올렸는데, 그 첫 번째 항목이 "관비 소생인 난정을 부인으로 올렸다"는 것이었다.6)

(윤원형의 애첩 정난정에 관하여) 형조(刑曹)가 아뢰기를,

"고 현감 김안수의 처 강씨가 전후로 소장을 올리기를 '사위 윤원형은 젊었을 때 딸 김씨와 결혼하여 여러 해를 함께 살았는데, 정윤겸의 서녀 정난정을 얻은 이후 임금을 속여 내쫓고, 가산을 모두 빼앗고 마침내 종적을 없애버릴 계획을 세웠습니다.

김씨가 매우 굶주려서 정난정에게 먹을 것을 구하자 난정이 음식 속에 독약을 집어넣고 몰래 구슬(하녀)을 시켜 김씨에게 올리게 하여 김씨가 먹고 즉시 죽었습니다.' 하니 몹시 놀랍습니다.

본조가 마음대로 처단할 수 없으니 금부로 보내겠습니다." 하자, 임금이 아뢴 대로 하라고 전교하였다.7)

---

5) 명종실록 31권, 명종 20년 8월 3일 1번째 기사.
6) 명종실록 31권, 명종 20년 8월 14일 1번째 기사.

위관 이명이 정난정을 잡아들일 것을 청하였다. 위관 이명이 아뢰기를,
"전일 형문한 사람은 이제 모두 죽고 단지 주거리(注巨里)만 남았습니다. 정난정이 김씨를 독살한 일의 정상은 온 집안 여종들이 이미 다 이실직고(以實直告; 사실대로 고함)하여 분명히 드러나 의심이 없습니다. 정난정을 잡아들여 옥사를 끝내소서." 하니, 전교하기를,
"이 옥사의 내용을 보니 원한에서 나온 것 같다. 여종들이 이제 다 죽었으니, 여기에서 그쳐야 한다, 정난정을 잡아다 추고할 필요가 없다." 하였다.

이 대목에서 [사신]은,
"살인한 자를 죽이는 것은 바꿀 수 없는 상법(常法)이다. 길가는 사람이 길가는 사람을 죽여도 참혹하다 하거늘 하물며 얼첩이 주모를 해쳤으니 이는 강상의 일대 변이다"[8]고 하였다.

명종 20년 11월 드디어 정난정이 자살하였다. 정난정은 아마도 그녀의 가슴에 남아 있을 양심의 무게를 견디지 못하고 스스로 목숨을 끊었을 것이다. 그녀의 자살로 윤씨 일가의 참학(慘虐)과 수탈은 일단 끝이 났다. 하지만 그들이 나라를 황폐케 한 죄과는 여전히 남아 있다.

정난정의 자살에 관한 당시의 실록을 보면,
"김씨를 독살한 정상은 환하게 드러나 의심이 없어 사람들이 다 아는 일이다. 다만 윤원형을 두려워해 감히 신과 사람이 함께 격분할 죄상을 발설하지 못함이 여러 날이었다. 그 일에 간여된 계집종들을 모두 문초하니, 정난정도 자신의 음흉한 비계에 대한 천벌을 피할 수 없음을 알았다.

그녀는 독약을 가지고 다니면서 '시세가 여기에 이르렀으니 반드시 나를 잡으러 올 것이다. 그때 이 약을 먹고 죽을 것이다.'고 하였다.

마침 금부도사가 평안도 진장을 체포하여 금교역에서 말을 바꾸어 타

<hr>

7) 명종실록 31권, 명종 20년 9월 8일 1번째 기사.
8) 명종실록 31권, 명종 20년 10월 22일 1번째 기사.[사신은 논한다]

고 있었다. 윤원형의 집종이 이를 보고 달려와 '도사가 금방 오고 있다'
고 고하였다. 윤원형은 소리 내어 울면서 어쩔 줄을 몰라 했고, 난정은
'남에게 제재를 받느니 스스로 죽겠다'고 중얼대다가 약을 마시고 바로
죽었다."9)고 적혀 있다.


전주 이씨(왕가)


희락당은 슬하에 네 아들과 딸 하나를 두었는데 중종은 그 둘째인 희
(禧)를 자신의 맏사위로 지목했다. 중종 15년 12월, 왕이 전교를 내려,
"효혜공주의 부마를 김안로의 아들 몽룡으로 이미 결정하였다. 그러나
길례 일을 내년 11월로 정하도록 하라."10)고 하였다.

중종 15년 12월에 왕은 김희, 즉 몽룡을 연성위(延城尉)로 삼았다. 다
음 해인 중종 16년 11월 11일, 중종은 그의 아버지 성종이 신종호(부마
인 고원위의 아버지)에게 분부한 예에 따라 "공주가 떠받드는 속에서만
생장하여 반드시 시부모를 존대하여 받드는 도리를 모를 것이니, 엄격하
고 사납게 대하지 말고 순순하게 교훈하여 순조롭게 되도록 하라"고 전
교하였다.

결혼 당시 공주의 나이는 11세요, 그녀의 동생(후의 인종)은 7세였다.
어머니 장경왕후는 6년 전 산후병으로 세상을 떠났고 그 자리에는 새엄
마 문정왕후가 왕비가 되어 들어왔다. 문정왕후는 17세에 왕비가 되어
공주가 혼인할 당시 21세였다.

아무리 왕세자요 공주로 구중궁궐에서 떠받드는 속에서만 자랐다 해
도 어머니가 없는 설움은 왕자나 거지가 다를 바가 없다.

어떤 의미에서 보면, 좋은 환경에서 자란 아이들에게 어머니가 없는

9) 명종실록 31권, 명종 20년 11월 13일 2번째 기사.
10) 중종실록 41권, 중종 15년 12 14일 1번째 기사.

설음은 오히려 더욱 처절할 수 있다.

태조의 아들 방번과 방석은 그의 어머니 신덕왕후가 죽은 뒤 바로 '왕자의 난'을 당하여 피살되었고, 단종도 따지고 보면 어머니가 없는 외톨박이가 되었기에 왕좌에서 쫓겨났다.

연산군은 어머니 없이 자라면서 겪었던 설움이 한이 되어 결국 갑자사화를 일으켰다.

희락당의 입장에서 아들의 혼사가 이루어진 후 갑자기 이들 남매에 대한 보호자로서 사명감이나 의무감 혹은 공명심 등 관심이 커졌을 가능성이 있다. 더구나 그가 보기에 착하기만 하고 몸이 약했던 세자에게는 유별난 두 어머니가 있지 않았던가, 바로 문정왕후와 경빈 박씨다. 한 여인은 세자의 계모요 또 한 여인은 아버지가 가장 사랑하는 후궁으로 그녀에게는 복성군이라는 영특한 아들이 있었다.

이런 상황에서 희락당은 중종 17년 세자가 빈 궁궐에 피접해 있는 것에 관해 차자를 올렸다. 홍문관 부제학 김안로 등이 차자 올리기를,

"삼가 들건대, 동궁께서 한 달이 되도록 편치 못하시다가 요즘은 좀 좋아지셨지만 아직도 정상으로 회복되지 못하고 있습니다. 오래 슬하를 떠나 텅 빈 궁 여기저기를 (방황하고) 계시므로, 먹고 자고 하는 체후와 요양하는 상태를 사부 빈객으로 있는 사람들도 알 길이 없다 합니다. 모시는 사람들은 단지 노파와 내시들뿐이니, 국본(세자를 말함)을 중히 여기고 어린이를 보호하는 길이 아니어서 신등이 깊이 한심스러워 합니다.

그윽이 생각하건대, 동궁께서 지난날 막 태어났을 무렵에 갑자기 어머니를 여위셨으니, 전하께서는 물론 한없이 비통하고 가련해 하셨을 것입니다.

다행이 황천(皇天)이 돌보심을 힘입어 우뚝하게 날마다 자라고 계십니다. 위로는 자전께서 보호하시고 안에서는 곤위(중전, 즉 문정왕후를 말함)께서 자신의 아들처럼 보살피시니, 그 사랑과 양육이 유감스러운 데

가 없습니다.

천품이 숙성하고 학문이 점점 진보되시므로 온 나라가 장성하기를 우러러 바라는데 나이 아직 어리시면서 외로이 믿을 데를 잃고 여러 형들과 아우들 위에 계시니 그 한없는 슬픔이 어떠하시겠습니까?

이제부터 동궁에 대한 일은 대소를 막론하고 모두 사부 빈객에게 맡겨 번갈아 숙직하며 수시로 살피고 평상시에도 한가로이 같이 있게 하소서.

총애받는 궁첩들이 안에서 사람을 속이고 편애하는 사정이 심하여 존비의 분별이 문란해졌습니다. 삼가 바라건대 전하께서는 적서(嫡庶)의 구별을 엄격히 하여 사람을 능멸하고 속이고 편애하는 사정을 끊고, 교만 방자해질 조짐을 방지하소서. 존비의 순서가 있고 상하가 화합하게 하신다면 진실로 종사의 한없는 복이 되겠습니다." 하였다.

이에 왕이 전교하기를, "세자가 빈 궁에 피접해 있는 일 때문이며 내 마음도 편치 못하다. (희락당이) 말한 보호에 관한 뜻이 매우 합당하다."

고하면서 승정원에, "이런 뜻으로 시강원에 효유하고 빈객 이하로 하여금 번갈아 세자가 옮겨가 있는 곳에서 숙직하도록 하라."고 분부하였다.[11]

외롭게 천애고아의 신세가 된 세자, 텅 빈 궁궐에서 병고에 시달리고 있던 이 가련한 세자를 돌봐야 하겠다는 요구는 그 누구에게 물어보아도 당연한 일이었다.

하지만 '세자 보호'에 관한 문제는 당시 궁중 깊은 곳에서부터 치열한 정쟁을 불러일으키는 큰 쟁점이 되었고, 희락당은 그 소용돌이에 휘말려 수난의 길을 걷기 시작하였다.

희락당을 반대하는 입장에 있는 사람들은 그가 '왕실과 혼인한 인연으로 안팎과 체결하여, 위복을 마음대로 한다'고 비난을 쏟아 부었고, 세자 보호를 하필 안로가 해야 하는가고 비아냥거렸다.

11) 중종실록 43권, 중종 17년 1월 7일 3번째 기사.

왕가와의 혼사로 엄청난 화를 겪었으면서도, 희락당의 집안에서 이번에는 왕비가 배출되어, 더 큰 참화를 입었다.

희락당의 사촌 김안도(金安道, ?-1535, 함종현령)는 숙부 김전(金銓, 1458-1523; 영의정)의 장남이며 성현(成俔, 1439-1504)의 손녀서인데 그의 손자가 선조 국구 김제남이다.

김제남은 그의 작은할아버지인 김안수(김안도의 동생, 윤원형의 장인이며 그에 의하여 쫓겨난 김씨 부인의 아버지)의 귀여움을 받아 평소 그 밑에서 공부를 하였다.

아이러니컬하게도 그는 자신이 임금의 장인이 되어, 그와 더불어 가족이 모두 희생되었다.

그는 슬하에 3남 2녀를 두었고 그 외에 형 김효남과 조카 하나가 있었다.

김제남의 아들 김래, 김규, 김선, 큰사위 심정세가 모두 옥사하였다. 다행이도 그의 딸 인목대비와 부인 노씨는 인조반정에 의하여 살아남았다.

김제남은 칠서(七庶)의 옥 사건에 의해 각색된 역적의 누명을 쓰고 사약을 마셨다. 그는 마지막 떠나는 마당에서,

"내 일생에 무사한 몸으로 국구가 되었다는 것 외에 다른 죄가 없는 것은 명천이 굽어 살피시는 바이다." 다시 여러 자손들을 돌아보며, "너의 중에 혹시 살아남은 자가 있어 문호를 이어가게 된다면 대대로 유언하여 척리의 몸이 되지 말 것은 물론이고, 벼슬을 살아도 권세 있는 현요한 자리에는 오르지 말라"는 유언을 남겼다.

그 뒤로 연안 김문에서는 왕비가 나오지 않았다.

## 2. 관직 생활

희락당은 나이 21세 때(1501년, 연산군 7년) 식년 소과에 합격하였는데 그날 그의 3형제(안정, 안세, 안로) 모두가 과거에 합격하여 연벽의 영광을 얻었다.(연벽이란, 형제가 같은 날, 과거에 동시에 합격하는 것을 말한다)

두 형(안정, 안세)은 동생(안로)보다 늦었지만 또 같은 날 문과에 합격(1509년, 중종 4년)하여 집안에서 양 대에 걸쳐 세 번째 연벽을 했다.

희락당의 아버지(김흔)도 22세 때(1468년, 세조 13년) 그의 백부 김심(金諶, 1445-1502; 대사헌 지중추부사)와 동시에 생원과에 합격하여 연벽을 한 바 있다.

그의 아버지(김흔)는 생진과에 2등(세조 13년), 문과에 장원(성종 2년), 큰아버지(김심)는 문과에 아원(2등), 작은아버지(김전) 역시 문과에 장원(성종 12년)을 했으며, 희락당의 형 안세는 문과에 아원, 그리고 그 자신도 문과에 장원(연산군 12년, 1506년)을 하여 세상을 놀라게 하였다. 그때 희락당의 나이 26세였다.

희락당은 중종 원년부터 사가독서(賜暇讀書)토록 명을 받아 10여 년 동안 학문에 면려하였다. 그는 중종 원년 성균관 전적에서부터 출발하여, 그 후 10년간 형조좌랑, 홍문관 교리, 의정부 경력, 홍문관 전한 그리고 홍문관 직제학이 되었다(중종 10년 2월 16일).

중종 11년에 이르러 사간원 대사간(2월 1일), 동부승지(4월 20일), 이조참의(9월 29일), 경주부윤(중종 14년)을 역임하고, 중종 16년에 왕의 사돈이 되었다.

그동안 어머니의 병환으로, 두 번(중종 3년과 11년) 사직을 청하였으나 왕은 이를 윤허하지 않았다. 우부승지가 되어서는 자신의 병 때문에

체직을 청한 바 있다.(중종 17년, 2월 8일)

중종 17년 우부승지(3월 6일), 예조참판(7월 19일), 18년 이조참판(2월 26일), 19년에 사헌부 대사헌(6월 8일), 이조판서(7월 5일)가 되었다.

대사헌이 된 지 한 달 만에 이조판서가 되고, 그 4개월 후에 삼정승의 탄핵을 받아 경기도 파주에서 다시 풍덕(현 개성 지역)으로 귀양을 갔다.

당시 삼정승은 남곤, 이유청 권균이었고, 왕비 윤씨(문정왕후)와 경빈 박씨가 왕의 사랑을 받고 있었다.

중종 24년 5월, 희락당은 귀양살이를 떠난 지 5년 만에 신원되어 돌아왔다.

대간과 사헌부에서는 그의 방면을 반대하는 계청을 무려 16번이나 올렸지만 왕은 받아들이지 않았다. 남곤과 권균 등 그를 두려워했던 재상들은 이미 세상을 떠나고 없었다.

하지만, 심정(沈貞, 1471-1531), 이항(李沆) 등 막강한 세력이 조정에 포진하고 있어 그의 정계 복귀를 집요하게 반대하고 있었다.

설상가상으로 그의 집안에서는 불상사가 연거푸 일어났다.

중종 26년 4월 20일, 그의 둘째 며느리인 효혜공주가 별세했다.

항간에는 대궐에서 나온 음식을 먹고 병에 걸렸다는 설이 있지만 확인할 아무 자료도 없다.

공주의 남편인 연성위 김희(희락당의 둘째 아들)도, 그로부터 반년도 채 못 되어 아내를 따라 세상을 떠났다.

중종은 애도의 뜻으로 공주의 상사 때는 "3일간 조시(朝市; 조정에서 조회와 시장에서 문을 여 닫는 일)를 정지하라" 하였고, 연성위의 경우 "경연과 시사(정무 살피는 일)를 정지하라" 하였다.(중종 26년 10월 10일)

이 애처로운 상사(喪事)에 관하여, [사신]은 다음과 같은 의견을 덧붙였다.

"공주는 바로 장경왕후의 소출로, 연성위 김희에게 하가하였다. 김희는 안로의 아들이다. 안로는 늘 공주를 기화로 여겨 왔었는데 이때에 이르러 기대가 무너졌다."12)

"희는 김안로의 아들인데 효혜공주에게 장가드니 상이 매우 사랑하여 대우와 은총이 특이하였다. 안로가 사치 방종하다가 패하게 된 것은 실로 희(禧)로부터 비롯된 것이다."13) 하였다.

희락당은 26년 6월, 관직에 복귀하여 대호군, 한성부윤, 예조판서가 되었다.

예조판서가 된 지, 불과 한 달도 못 되어 그가 아들을 잃었는데, 그 와중에서 또 체직 상소가 잇따라, 부득이 희락당은 그 자리(예조판서)에서 물러났다.14)

희락당은 예조판서에서 체직된 지 약 한 달 보름여 만에 홍문관 대제학이 되었다. 당시의 기록들을 살펴보면 다음과 같다.

영의정 정광필, 좌의정 장순손, 우의정 한효원, 좌찬성 김담, 우찬성 윤은보, 좌참찬 조원기, 이조판서 김근사, 호조판서 홍숙, 예조판서 손주, 병조판서 홍언필, 형조판서 박호, 공조판서 안윤덕 등이 아뢰기를,

"대제학이 될 만한 사람을 꼽는다면 김안로가 그 첫째이며, 홍언필이 그다음입니다.(그날 김안로, 홍언필, 이사균, 소세양 등의 이름을 적어 빈청에서 수권하였는데, 김안로 5권점, 홍언필 4권점, 나머지는 각 1권점이었다)" 하니, 왕이 전교하기를,

"김안로는 전에 판서에서 체직되었으나, 문형을 맡을 자를 조정에서 어찌 가벼이 의논했겠는가? 그를 문형에 제수하라."15) 하였다.

대제학이 된 후 희락당은 세 번이나 사직 상소를 올렸고, [사신]은 역

---

12) 중종실록 70권, 중종 26년 4월 20일 3번째 기사.[사신은 논한다]
13) 중종실록 71권, 중종 26년 10월 10일 1번째 기사.[사신은 논한다]
14) 중종 26년 10월 23일 4번째 기사.
15) 중종실록 72권, 중종 26년 12월 10일 1번째 기사.

시 그를 비열하게 무함했다. 그 내용을 소개하면 아래와 같다.

대제학 김안로가 아뢰기를,

"신은 성품이 용렬하고 별다른 학문이 없는데 하찮은 기예로 과거에 합격하여 벼슬이 너무 성대하여 분수에 넘치니, 어찌 재앙이 없겠습니까?

지난번 귀양 갔을 때, 반드시 죽을 줄만 알았지, 살아서 돌아오리라고는 생각도 못했습니다.

대제학의 직을 감당하지 못할 뿐만 아니라 반드시 여론이 있을 것이니, 더욱 두렵습니다. 곰곰이 생각해 보아도 심히 미안하오니 속히 신을 체직하고 감당할 만한 사람을 선임하소서." 하니 왕이 전교하기를,

"작은 벼슬이라도 반드시 여론에 합한 다음에 임명하는데 하물며 대제학이겠는가, 경이 직임을 감당할 만하지 못하다면 육경이 함께 의논하여 천거하였겠는가? 사직하지 말라." 하였다. 세 번 사직하였으나 윤허하지 않았다.[16]

그로부터 12일 후 또다시 희락당은 대제학의 체직 상소를 올렸다.

"신이 대제학에서 체직시켜 달라고 청하는 일로 일찍이 신총(宸聰; 임금의 귀)을 번거롭게 하고는 황공하여 물러가 논의를 기다리고 명을 기다린 지 여러 날이 되었는데도 아직까지 유음(兪音; 임금의 하답)을 듣지 못하였습니다. 지난번 기묘년(중종 14년)에는 사람들의 거스름을 받아 장차 죽게 되었는데 외방의 수령으로 나가기를 애걸하여 겨우 목숨을 보전할 수 있었습니다.

항간의 뜬소문은, 신이 임금을 무시하고 사류를 타진(打盡; 모조리 잡다)하려 했다 합니다. 사류를 모함하려 하면 또한 신을 미끼로 삼아야 하므로 익명의 방을 붙였다고 하는가 하면 심지어는 당(党)으로 지목하기도 합니다.

생각건대 문형의 직책은 사문(斯文; 유교의 문화를 말함)의 뿌리일 뿐

---

16) 중종실록 72권, 중종 26년 12월 12일 4번째 기사.

아니라 사림이 우러러보는 자리여서 못난 신으로서는 감당할 수가 없습니다. 글은 빛을 내기에 부족하고 덕은 모범이 되기에 부족하여 원망을 많이 받고 있으니 실로 사림을 더럽힌 것입니다.

누가 말을 하지 않겠으며 신이 어찌 그걸 생각하지 않을 수 있겠습니까? 더구나 여론이 나온 것은 실로 공론이니, 얼굴이 뜨거워 결코 그대로 있을 수 없습니다. 이것이 신이 번거롭게 자주 개진하지 않을 수 없는 이유입니다.

원컨대 성자께서는 간절한 신의 마음을 헤아려 속히 윤허를 내리시면 신에게 큰 다행일 뿐만 아니라 중요한 직책을 가려 뽑는 도리에도 합당할 것입니다." 하자 임금이 답하였다.

"이제 이 상소의 내용이 매우 간절하다.

그러나 대제학은 본디 다른 관직의 예와 같지 않고 또 아무나 감당할 수 있는 것이 아니다. 그러기 때문에 전일 정부와 육조에 의논하여 한 것이다. 지난번 사면할 때도 윤허하지 않았고, 그 후 대간이 아뢰기에 정부와 육조에 의논하였더니, 조정의 의견도(김안로의 사직을 불허하는 왕의 의견과) 모두 같았다, 이제 다시 사직하지 말라." 하였다.

이에 대하여 [사신]은 그 첫 글귀에,

"'김안로의 간사한 정상이 여기에 대개 나타나 있다.'에서 시작하여 이리하여 힘을 합하여 당여를 조정으로 끌어들여 마침내 끝없는 화를 끼쳤으니, 한스러움을 이기지 못하였다."고 하였다.[17]

[사신]은 주로 이기, 윤원형 일파의 글이다. 이들은 줄곧 그들과 반대 입장에 있는 희락당에 대하여 가장 더러운 형용사를 그 이름 앞에 붙여 폄하하고 있다. 조선조시대 자신들과 적대 관계에 있는 사람에게 흔히 사용되는 형용사는 '간사하다' '흉악하다'는 말이다.

---

17) 중종실록 72권, 중종 26년 12월 24일 1번째 기사.[사신은 논한다]

희락당은 승승장구하여, 중종 27년 세자시강원 좌빈객, 예조판서 겸지
의금부사, 이조판서에 복귀했다.

중종 28년 호조판서, 이조판서, 중종 29년 우의정, 중종 30년 좌의정
에 올랐고, 관직을 제수받을 때마다 사직소를 간곡히 올렸지만 중종은
물론 윤허하지 않았다.


## 3. 중종시대의 상황

\* 중종반정

중종반정은 신하들이 자신들이 모시고 있던 군주를 몰아내고 새 왕을
영입한 일로, 일종의 무혈 쿠데타였다.

신윤무(辛允武, ? - 1513)는 이심(李심; 이기, 이행의 사촌)을 시켜 신
수영, 신수근, 신수겸, 임사홍 등을 쳐 죽였다. 이심은 네 사람을 죽이면
서, 튀긴 피가 얼굴에 가득히 묻었고, 의복도 온통 붉게 물들었다. 그 공
로를 남에게 보이고자 며칠이 지나도록 세수도 않고 옷을 갈아입지도
않은 채 거리를 쏘다녔다.[18]

반정 직후 대신들 모두가 아뢰기를, "숙용 장녹수, 숙용 전전비, 숙원
김귀비 등 세 사람은 모두 화근의 장본이니, 마땅히 속히 제거하여야 합
니다." 하니, 새 왕이 "그리하라."고 전교하였다.

이들 모두 목을 베고, 그녀들이 가지고 있던 재산들은 전부 몰수하였다.[19]

장녹수는 왕의 총애로 얻은 권세를 함부로 남용했다.

무절제하게 뇌물과 인사 청탁을 받았으며, 남의 재산을 함부로 빼앗았다.

그래서 많은 사람들로부터 미움을 샀다. 하지만 권력의 행사에 관련하

---

18) 유애일기, [연려실기술 2], p.128.
19) 중종실록 1권, 중종 1년 9월 2일 3번째 기사.

여 그녀는 전혀 무관심했거나 혹은 무능력한 사람이었다.

말하자면 정치적인 일에 개입하여 사람을 죽이거나 유배시킨 일은 없다. 이런 면에서, 그녀는 중종대의 정난정이나 광해군 때, 김개시와 다르다.[20]

* 김공저, 박경과 박영문, 신윤무를 목 벤 사건,
* 김공저 등의 일

중종 2년, 의관(醫官) 김공저, 서얼 박경, 유생(儒生) 조광보, 이장길 등이 박원종, 노공필을 해치려 한다 하므로, 잡아다가 국문하고 낙형(烙刑)까지 가하여 자백을 받았다. 김공저와 박경을 목 베고 이에 관련된 사람들을 죄의 경중에 따라 귀양 보냈다.

고변자는 심정, 김극성, 남곤이고, 추관(推官)은 유순, 유자광, 박원종, 유순정, 성희안 등이었다.

추관들이 아뢰기를, "박경, 김공저는 참형에 처하고, 대신을 모해하는 말을 듣고서도 고하지 않았던 이계맹, 유승조, 정미수, 김감 등도 고신을 추탈하고 외방에 부처해야 하겠습니다."고 하였다.

이에 대하여, 정미수(鄭眉壽, ?－1512; 우찬성, 문종의 외손, 경혜공주의 아들)가 공술하기를,

"'조광보가 유자광, 박원종을 해하려 하더라' 하므로 신은 미친 말로 생각하고 귀담아 듣지 않았습니다. 이런 말들은 너무나 터무니없는 것이라 지나쳐 버렸습니다." 하였고, 김감(金勘, 1466－1509; 대제학, 영의정 김근사의 숙부)도 공술하기를,

"김공저가 집에 와서 진맥한 후에 말하기를 '무뢰배들이 무령(유자광)과 평성(박원종)을 매우 그르다고 하며 퍽 떠드니 (그 들을) 해칠 것 같기도 하다' 하므로 신이 대답하기를 '그것이 무슨 말인가 대신에게 과실이 있으면 조정과 대간이 의당 논박할 것이다. 그대가 말하는 것 같은

20) 신명호, [궁녀](서울, 시공사, 2005), pp.42－50.

것은 도적의 일이다.' 하고, 신은 미친 사람이 한 말이라 하여, 마음에 담아 듣지 않았습니다." 하였다.[21]

또 같은 해, 8월 29일 노영순의 고변으로, 이과, 하원수, 손유는 능지처사하고 윤귀수, 신희철, 유흥조, 유영, 윤철령은 결장 1백에 삼천리 길 유배령을 내렸다.

* 박영문 등의 일

중종 8년, 10월 22일, 박영문이 논박을 당하여 공조판서의 벼슬에서 밀려나자, 일찍이 분하고 한스러운 마음을 품었다. 어느 날 신윤무의 집에 가서 난폭한 말을 많이 하자, 윤무가 늘 그를 타일렀다. 마침 의정부의 노복인 정막개(鄭莫介)가 이 말들을 몰래 듣고 있다가, 이들을 엮어서, "박영문과 신윤무가 반란을 꾀한다."고 조정에 고하였다.

정막개는 천한 신분으로 태어난 것이 평생의 한이었으며, 항상 그 지긋지긋한 종의 신세를 벗어나고자 노심초사하고 있었다. 마침 박영문 등이 만나 불평하는 말을 엿듣고 고심 중, 그럴싸한 꿈을 꾸었다.

꿈에 자기 몸이 밧줄에 묶인 채 수레 위에 실려 형장으로 끌려가다가 군기감 앞에 이르렀다. 그때 자신이 갑자기 준마(駿馬; 날쌔게 달리는 우량한 말)를 타고 주변에 호위하고 따르는 자 등이 있어 스스로 위풍당당함을 보았다. '이는 필시 나에게 상서로운 일이다'고 중얼거리며 드디어 고변하게 되었다.

옥사는 다른 증거는 없고, 오로지 정막개가 고한 말대로 심문한 것이다. 박영문은 연거푸 두 번 고문을 받았으나 말하지 않았고, 신윤무는 병약하여 큰 매를 맞을 때마다 이를 견디지 못하고 매양 "그렇소, 그렇소." 하고 대답하였다.

---

21) 중종실록 2권, 중종 2년, 윤 1월 27일 3번째 기사.

박영문, 신윤무는 극형에 처하고, 그 아들은 모두 목 졸라 죽였으며, 집은 추관들에게 나누어 주었다.

이때, 고변자는 정막개, 추관은, 좌의정 송일, 우의정 정광필, 영중추부사 김응기, 좌찬성 이손 등이었다.

특히 정막개에게는 상호군을 제수하고 박영문의 집과 재산을 모두 그에게 주었다.

추관 송일, 정광필, 김응기, 이손 등에게는 각각 가사(家舍; 집) 2좌와 죄인의 노비 5구, 길들인 말 1필, 담요 1좌를 내렸다.[22]

당시 송일(宋軼, 1454 - 1520), 정광필, 이사균 등은 자기들이 역적을 토벌하는 데 힘이 있었다 하여 얼굴빛을 고쳐가면서, 서로 하례하고 <역적을 잡았다는 경사로> 조정에서 특히 은사(恩赦)를 행하는 일을 모두 찬성하였다.[23]

이에 관하여 [사신]은 다음과 같이 평하고 있다.

"대저 즉위 초에 녹공(錄功)이 너무 많아서, 사람마다 화를 만들기를 좋아하여 밀고하는 문이 열리기 시작하였다.

노영손에게 잡힌 자는, 위세에 눌려서 죽음을 면하려고 모두 사실이라고 무복(誣服; 죄도 없는데 할 수 없이 형을 받음)하였다.

그 뒤로 연달아 큰 옥사를 꾸민 것은 모두가 작은 말 꼬투리에서 나온 것인데 반측(反側; 두 가지 마음을 갖는 것)이 풍습이 되니 거의 고칠 수 없게 되었다."[24]고 하였다.

사실 정막개가, "그 집(신윤무의 집) 마루 밑에 들어가서 자세히 그 말을 들었다"고 했지만 사람들의 말을 들으면, 그 집 마루는 몹시 얕아서 사람이 엎드려도 들어갈 수 없을 정도였다.

---

22) 중종실록 19권, 중종 8년 10월 25일 1번째 기사.
23) 기묘 당적보, [ 연려실기술 2], pp.265 - 268.
24) 중종실록 19권, 중종 8년 10월 25일 1번째 기사.[사신은 논한다]

또 막개가 고발한 내용에는, 박영문이 영산군 전(恮, 성종의 왕자)을 임금으로 추대하려 했다는 말이 있어 송일, 정광필이 앞장서서 “이미 영산이 역모에 간여되었으니, 마땅히 먼 곳으로 귀양 보내야 한다”고 했는데 이는 진성군의 옛일을 본받으려 한 것이었다.

하지만 임금의 교서에 이르기를, “전에 진성의 일은 반정 초에 사세가 창황해서 마지못해 신하들의 말을 좇았으나, 지금까지도 마음이 상하고 아프거늘, 어찌 그 죄 없음을 알면서 도리어 죄를 줄 수 있느냐” 하니, 송일이 “어전에서 다투었다.”고 했다.[25)]

이상의 이야기들을 종합해 보면, 결국 중종시대 비극의 근원이 바로 당시 집권층에 있던 벼슬아치들의 무책임한 공명심 등에서 비롯되었음을 알 수 있다. 이들은 고변자들의 모함으로 억울하게 죽어간 선비들의 목숨을 담보로 높은 자리를 계속 유지할 수 있었다. 그런데 [사신]은 그 책임에 대하여 한마디의 언급도 하지 않고, 단지 밀고자의 잘못된 일만을 지적하고 있다.

* 기묘사화, 신사무옥 그리고 김안로의 유배.

조광조(趙光祖, 1482－1519)의 등장은 반정공신이나 훈신들의 독주를 견제하고 새로운 개혁 정치를 시도했다는 데 큰 의미가 있었다. 하지만 그의 개혁 실험은 중종 14년 불과 4년도 못 되어 종말을 고하고, 권력은 다시 훈신에게로 원상복귀하였다.

중종 16년, 남곤, 심정 일파인 송사련의 고변으로 또다시 옥사(신사무옥)가 일어났다.

송사련(宋祀連, 1496－1575)은 안돈후(安敦厚)의 서녀 감정(甘丁)의 아들이다. 그는 사주를 잘 보았다 한다.

그가 사주를 본즉, 자신은 그해에, 운수 대통하여 부귀공명할 운이고

---

25) 음애일기, [연려실기술 2], p.270.

280

안당의 집 사람들은 죽고 망할 운이었다. 이런 일로 그는, 엉뚱한 생각을 갖고 허위사실을 날조하여 안씨 집안사람들을 고발하였다고 한다.26)

중종 19년, 영의정 남곤, 좌의정 이유청, 우의정 권균 등 삼정승이 김안로를 탄핵하였다. 당시 영사로 있던 정광필은 "전에 조광조 등을 상께서 미리 막지 못하였으므로 마침내 크게 실패하였습니다. 이번 김안로의 일은 유난하지 말아야 합니다. (제대로 해야 합니다.)" 하면서, 그의 유배를 적극 찬성하였다.27)

이러한 일련의 숙청과정을 거쳐서 남곤, 심정 등 훈구 대신들은 유능하고 참신한 새로운 인재의 진출을 철저히 차단하고 정치를 더욱 경화시켜 나갔다.


* 작서의 변

중종시대 중반기에 들어서서 궁궐 내에서는 계속하여 요괴스런 사건이 발생하였다.

이런 일은 문정왕후가 궁중 일을 주관하기 시작한 때(중종 20년경)부터 시작되어, 그녀가 자신의 정적(政敵)을 모두 제거할 때까지 계속되었다.

중종 22년, 2월 25일은 세자의 생일날이었다.

당시 세자의 나이 13세, 세자빈(후의 인성왕후)도 그녀의 나이 겨우 14세에 불과한 어린이었다.

그날 누가 죽은 쥐를 잡아다가, 네 다리를 찢어서 불에 지진 다음, 이를 세자의 침실 창문 밖에 매달아 놓았다. 그리고 3월 1일에는 대전(경복궁, 임금이 거처하던 곳) 침실 밖에 또 같은 일을 벌였다.

그 후 20여 일이 지나도록 왕은 모르고 있었다. (혹은 알고 있으면서

26) [연려실기술 2], p.345. 주) 11. 참조.
27) 중종실록 52권, 중종 19년 11월 4일 1번째 기사.

도 문제를 덮어두고 그냥 넘어가려고 했을지 모른다)

그런데 세자의 외할아버지인 윤여필(尹汝弼, 1466-1555)이 심정(沈
貞)에게 이 일을 알렸고 심정은 이유청에게 알렸다.28)

심정은 "동궁에 모후(母后)가 없으면 으레 이런 괴변이 있었으니 이보
다 더 경악스런 일이 어디 있겠습니까? 이 일은 틀림없이 세자를 동티
내어 동요시키려는 것입니다."고 아뢰어 문제를 제기하였다.

이에 대하여 왕은, 빈청 일을 주관하고 있는 자전(정현왕후 윤씨, 성
종비이며 중종의 어머니)의 뜻을 들어 전교하기를,

"증거가 없는 일로 궁궐 내에서 일어난 큰 옥사의 단서를 일으킬 수
없으므로 사실을 따지지도 않았고 아뢰지도 않았다. 이 뜻을 알아주기
바란다."고 하였다. 이어 전교하기를,

"세자궁은 시야 밖의 외동산에 있고(세자궁 위에 대전이 있었다) 외동
산은 많은 궁인들이 출입하고 있으니 누구의 소행인지 알 수 없다. 이
일은 아직껏 단서를 잡지 못하고 있으며 누구의 짓이라고 의심할 수 없
다."고 하였다.29)

범인이 누구인지 밝힐 수 없다는 뜻이다. 앞에서 말한 대로 왕이 범인
을 알고 있으면서 한 말인지 정말로 몰랐는지는 모를 일이었다.

하지만 심정 등은 이 문제를 첨의(僉議; 여러 사람의 의논)로 아뢰어
거듭 추문할 것을 촉구하였다. 즉 심정이 아뢰기를,

"이 일은 신등만이 아니라 온 조정이 모두 경악하고 있으니 속히 추
문하소서." 하였다.30)

20여 일 후 드디어 자전인 정현왕후의 언문 교지가 내렸다.(정현왕후
는 파평 윤씨로 중종의 계비를 그녀의 가까운 집안에서 추천하였으니

28) 중종실록 58권, 중종 22년 3월 22일 1번째 기사.
29) 중종 22년 3월 22일.
30) 중종 22년 3월 23일.

장경왕후와 문정왕후가 모두 자신의 혈육이다)

"동궁에 매달려 있던 쥐에 대해서는 전일 세자궁 시녀들의 초사와 같다.(진범이 누구인지 모른다는 뜻) 3월 1일 경복궁에 버려져 있었던 쥐에 관하여, 별로 의심 가는 사람이 없었다. 그러나 경빈(경빈 박씨)이 오랫동안 혼자 앉아 있었고 그의 계집종 범덕이 뜰 밑을 두 번이나 왕래하였다. 쥐를 발견한 당시에도 경빈 혼자 있었으니 다른 사람이 이곳에 버렸다면 경빈이 의당 보았어야 했다.

지난 3월 28일 경빈의 딸 혜순옹주의 계집종들이 인형을 만들어 놓고 참형에 처하는 형상을 하면서 '수레가 몇 대나 왔는가? 쥐 지진 일을 발설한 사람은 이렇게 죽이겠다' 하고 온갖 욕설을 퍼붓고 저주하느라고 떠들썩했다고 한다. 나는 그 말을 듣고 그들을 추문했더니 자복하는 사람도 있었고 자복하지 않는 사람도 있었다."[31] 하였다.

경빈 박씨를 범인으로 지목하여 내린 언문 교지임이 분명하다. 야사에서는 문정왕후가 자신의 친척인 자전에게 찾아가 (언문 교지를 내릴 것을) 부탁하였다는 이야기도 있다.

약 한 달이 지난 후 왕은 경빈 박씨를 폐하라는 전지를 내렸다.

왕이 전지를 내리기를,

"의당 끝까지 추문해서 치죄해야 했지만 궁인이 많아 누구라고 분명히 지적할 수가 없었다. 단지 초하룻날 밤 박빈이 침실에 혼자 있었고, 그 뒤 혜순옹주의 시녀들이 인형을 만들어 참형을 집행하는 형상을 하여 사람들이 모두 의심하였다.

자전이 그 자취를 염탐하여 알아냈으므로 쥐를 지진 요술을 부린 것도(동궁에 쥐를 매단 일) 이들의 소위인가 의심하여 하인들을 추국하게 하였다. 그러나 그들은 죽음을 한하고 승복하지 않고 있다. 박빈을 궐외로 내치고 폐하여 서인을 삼을 것으로 의죄(擬罪; 죄과가 매우 의심스러

---

31) 중종실록 58권, 중종 22년 4월 14일 3번째 기사.

운 죄, 이런 경우 보통 형을 탕감한다)한다."32) 하였다.


* 그 일이 일어난 지 5년 후(중종 27년 3월), 이종익(李宗翼)이 상소를 올렸다. 이종익은 그의 상소에서,

"'작서의 변'은 전하와 조정이 누구의 소행인지 알지 못하고 많은 궁중 사람들이 원통한 죽음을 당하였습니다.

이는 김희(연성위, 중종의 사위이며 김안로의 아들)가 사심을 일으켜 요사를 부린 소치에 불과합니다."라고 하여, 왕의 분노를 샀다.33)

이종익은 그 2년 전 전시(殿試)에서 불합격한 일이 있었다.(당시 홍섬(洪暹)이 수석을 하고 자신은 낙방했음) 그는 그 일이 김안로와 가까운 심언광의 탓이라 믿고 항상 불만을 가지고 있었으며, 앞뒤가 맞지 않는 말을 마구 퍼부었다. 결국 그는 이러한 일이 꼬투리가 되어 목숨을 잃었다.

중종은 이종익을 처형하는 이유로 특히 "'작서의 변'을 다른 사람에게로 돌린 일 같은 것으로 승복을 받아 정죄하라", "몰래 작서의 죄에서 벗어나고자 하였다"는 등의 이유를 들었다.34)

'작서의 변'을 일으킨 범인에 관한 [실록]의 기사를 보면 대개 경빈 박씨를 지목하고 있는 듯하나, 이는 분명하지 않다. 사실 문정왕후의 소행이 분명한 것 같은데, 박씨에게 덮어씌운 것은 억울하다는 분위기다.

이언적은, "동궁의 '작서 변'에 관하여 박씨가 범했다는 것은 잘 모르지만"이라고 말한 바 있고,35) 인종이 동궁으로 있을 때, 그가 "복성군이 죄를 입은 일에 대하여 올린 글"에서, "그 요얼(작서의 변)을 만든 것이 비록 박씨라고 하더라도 내가 어찌 이를 알 수 있겠습니까"라고 한 구절36) 등을 보면, 박씨가 명목상의 범인이지만 억울하다는 뜻이 함축되어

---

32) 중종실록 58권, 중종 22년 4월 21일 3번째 기사.
33) 중종 27년 3월 20일 1번째 기사.
34) 중종 27년 3월 27일 1번째 기사.
35) 중종 38년 1월 19일.

있다.(사실은 윤씨들의 소행이 분명하기 때문에)

야사에서는 이 문제에 관하여 비교적 사실을 이야기하고 있다. 즉

"인종은 효성이 출천한 분이었으나, 계모인 문정왕후가 조금도 보호해 주는 마음이 없고, 그를 저주까지 하였는데 일이 발각되자 (문정왕후가 자신이 범한 일을) 박숙의에게 그 죄를 씌워 그의 아들까지 죄를 주었다."37)고 하였다.

참고로[패일록]은 윤원형의 첩실 사위인 이조민이 썼다.


궁중 깊은 곳에서 일어난 이러한 일련의 사건들은, 다음 몇 가지 중요한 조건들이 충족되어야 함을 유념할 필요가 있다. 즉

첫째, 그 추구하는 저의가 분명히 있어야 한다.(가령 누가 누구를 제거한다든가, 누구에게 죄를 덮어씌우는 등)

둘째, 범행의 주체가 절대적인 세력을 가지고 있어야 한다. 설사 그 일이 발각된다 해도, 발설할 수 없고, 오히려 그 책임을 다른 사람에게 떠넘길 수 있는 지위에 있는 자만이 그 일을 할 수 있다.

셋째, 특히 어린 세자를 저주하는 '작서 사건'의 경우 당시는 사람들이 미신을 믿고 있었기 때문에 만일의 경우(그 저주가 효험이 있어서) 세자에게 어떤 불행한 일이 닥칠지도 모른다는 위험을 감수해야 한다.

그렇다면 바로 이러한 조건을 충족할 수 있는 자가 과연 누구겠는가?

대개 이러한 내용들을 사실대로 규명하여 역사를 바로잡는 작업이 앞으로 필요하다고 생각한다.

그런데 1975년, [민족문화추진회]에서 [조선왕조실록]을 번역하면서, 그 주(註)에 사실이 아닌 사족(蛇足; 쓸데없는 군더더기를 붙여 오히려 본래의 의미를 상실하는 일)을 붙여, 역사를 한발 더 왜곡시켜 놓고 있

---

36) 명종 즉위년 7월 23일 1번째 기사.
37) 패일록, [연려실 기술 2], p.458.

다. 뿐만 아니라, 현재 홍수처럼 쏟아져 나오는 각종 역사관련 서적이나 백과사전, 심지어 작가들의 역사 관련 저작에서도 그 잘못된 주(註)를 계속 인용, 틀린 역사를 재생산하여 대중에게 전달하고 있다.

이러한 실례를 몇 가지 열거하면 다음과 같다.

'작서의 변'에 관하여

[민족문화추진회]가 번역한 [조선왕조실록], 그리고 현재 [국사편찬위원회]에서 올린 <인터넷 홈페이지>에 '작서의 변'에 관한 주(註)가 상당수에 이른다. 그중 몇 개만 예를 들면,

사례 1, [작서의 변]에 관한 주(註)

[4월 14일 대비가, 그날 경빈 박씨가 그곳에 오래 앉아 있었고 여종이 계하를 두 번 왕래한 일 등으로 보아 박씨 외에 의심할 만한 사람이 없다는 뜻으로 언서를 내렸다.

심정 등이 대비의 분부대로 죄주기를 청하였다. 임금이 처음에는 의사(擬似; 실제와 비슷한 일)를 가지고 죄주는 것은 옳지 않다 하였으나 마침내 경빈을 폐하고 복성군의 작호를 삭탈, 전지를 중외에 반포하였다.]38)

이 주(註)는 [왕조실록]의 내용에 있는 것과 차이가 없다.


사례 2, [박씨는 총애를 받고 복성은 장성한 때문에]에 관한 주(註)

[1527년 (중종 22) 동궁을 저주하는 '작서의 변'이 일어나자, 당시 지목당하고 있던 경빈 박씨가 의심을 받아 그 아들 복성군과 함께 서인이 되어 쫓겨났다가 1533년 모두 사사되었다.

그러나 뒤에 '작서의 변'을 일으킨 진범은 김안로의 아들로 밝혀졌다.

심정, 유자광 등에 원한을 품은 김안로는 이들의 제거를 노리던 끝에 그의 아들 연성위 김희를 시켜 작서의 변을 일으키게 했다 한다.]39)

---

38) 중종실록 83권, 중종 32년 1월 17일 1번째 기사, 인터넷 주, 18008, '작서의 변' 주(註).

[왕조실록] 어느 곳에도 '작서의 변'에 관한 진범이 밝혀졌다는 기록이 없다. 앞에서도 살펴본 바와 같이 "박씨가 범했다는 것은 잘 모르지만-" 식이었고, 다만 이종익의 말 한마디가 있을 뿐이었다.

유자광은 중종 2년에 쫓겨나 그 5년 후에 죽었고, 심정은 오히려 이 사건을 이용하려다가 자신이 쳐 놓은 덫에 스스로 걸렸다.

따라서 김안로가 유자광과 심정을 제거하려는 일과 '작서 사건'은 아무 관련이 없다.

당시 유배 중에 있는 죄인의 몸으로, 김안로가 앞뒤를 분간 못하는 사람도 아니고 또 요즘 말로 신들린 보살도 아닌데 그러한 일(그 아들을 사주하여 13세의 어린 세자의 침실 주변에 저주하는 일)을 할 이유가 없다. 앞에서 열거한 대로, 그의 입장에서 이 사건을 이용할 처지가 못된다.

그런데도 요즘 잘 나가는 작가들조차, 이에 관한 자료의 근거도 제시하지 않은 채, ['작서의 변' 그 진범이 김안로의 아들 김희로 밝혀졌다]고 쓰고 있는 것은 무슨 까닭인가.40)

사례 3, [작서의 변], [큰 옥사(獄事)]에 관한 주(註)

[경빈 박씨와 복성군이 서인이 되어 쫓겨나고 결국 사사되었다. 그 뒤 중종 27년 이종익의 상소에 의하여 진범이 김안로의 아들인 연성위 김희라는 것이 밝혀졌다. 이는 김안로의 사주에 의한 것이라고 한다.]41)

---

39) 중종실록 85권, 중종 32년 5월 4일, 1번째 기사.
40) 이덕일, [조선왕 독살 사건](서울, 다산초당, 2007), p.26.
41) 중종실록 74권, 중종 28년 5월 18일, 5번째 기사. 인터넷 주 16769 '작서의 변'
　　중종실록 75권, 중종 28년 6월 2일 1번째 기사. 인터넷 주 16826 '작서의 변'
　　중종실록 105권, 중종 39년 11월 15일 12번째 기사. 인터넷 주 21225, 여기서는 진범이 김안로의 계획임이 들어나 복성군이 신원되었다는 엉뚱한 글을 쓰고 있다.
　　명종실록 1권, 명종 즉위년 7월 23일 1번째 기사. 인터넷 주 37, 인종이 동궁으로 있을 때 올리는 글 가운데 '큰 옥사'에 관한 글 속에,

위의 내용 중에 복성군의 신원된 일이 나오는데, 그가 신원된 것은, 어머니 박씨가 혐의를 받고 있는 '작서의 변'과 자신의 죄가 관련이 없기 때문이며, 사건의 진범이 밝혀져서가 아니다.

* 이종익의 상소와 작서의 변

왕과 자전, 삼정승과 육판서 그리고 모든 추관들이 밝혀 내지 못한 사건(혹은 사건의 성격상 밝히지 않았던 일)을 이종익의 말 한마디만 가지고 사건의 진상이 밝혀졌다고 한 것은 황당한 이야기다.

이종익은 부인 유씨를 버렸다 하여 하옥된 일이 있다. 그 뒤 김종직과 김일손을 쓸모없는 선비라 폄하하고 유자광은 의리 있는 사람이라고 하면서 그의 죄를 재론하라는 상소를 올려 문제를 일으켰다.[42]

중종 25년에 과거를 보았는데, 당시 참시관이었던 심언광이 자신을 일부러 떨어뜨렸다고 상소를 올렸다.[43]

이에 대하여 영의정 정광필, 우의정 이행, 좌참찬 조원기 등이,

"신이 듣기로는, 이종익은 본디 미치광이라 합니다. 그가 전일에 범한 일(본처를 버린 일)과 상소(김종직을 헐뜯은 일)를 보면, 그가 정상이 아니라는 것을 알 수 있거니와, 이번 상소도 망령되어 그 옥사에 여러 사람이 연루되어 있습니다. 이종익의 망령됨은 이정호와 다를 것이 없습니다(이정호는 심질(心疾)로 광증을 일으킨 자임)."고 아뢴 바 있다.

그리고 이종익을 정상이라고 주장한 사람들도 그가 '이행, 심정, 이항을 구하려는 술책으로 무도한 말을 함부로 했다'고 한 기록들로 보아 그의 말을 신빙하기 어렵다.[44]

---

명종실록 2권, 명종 즉위년 11월 26일 '계사년 간에 박씨의 화란' 글 속에, 인터넷 주 218.

42) 중종 16년 4월 8일, 중종 24년 10월 16일.

43) 중종 25년 9월 28일.

44) 중종 25년 10월 1일 2번째 기사. 중종 27년 3월 2일 1번째 기사.

더구나 '작서의 변'에 관한 내용은 그가 처음부터 제기한 것이 아니고 과거에서 낙방되어, 김안로도 심언광과 같은 무리라고 주장하면서, 옥중에서 올린 글이다.[45]

이종익이 '작서의 변' 당시, 궁중 내에서 있었던 사람도 아니고, 또 사건을 본격적으로 조사하여 밝힌 추관도 아니다. 다만 당시 집권 세력들을 싸잡아 비판하면서 홧김에 그것도 사건이 일어난 5년 후에 내놓았던 한마디다.

그의 이러한 말 한마디가, 450년이 지난 현대의 투명한 사회에서 [진실]이라고 거듭 거듭 주석에 부칠 정도로 신빙성이 있을까?

희락당을 기회 있을 때마다 모함하고 [실록]의 내용과 관련이 없는 대목에서도 그를 폄하했던 조선조 [사신]들도 한마디 언급이 없던 이 사건에 관하여, 무슨 근거로 마치 중요한 역사적 발견이나 한 것처럼 [그 진상이 밝혀졌다]고 쉽게 말할 수 있을까? 이는 필시 무관심 혹은 무책임한 글이 아니라면, 분명 악의적인 모함이다.


* 목패의 변

중종 28년 4월 11일, 도승지 남세웅 등이 아뢰기를, "연추문 왼쪽 문에 화살이 꽂혀 있는 것을 보았습니다."고 말하였다. 화살에 매달린 글은 없었으나 다만 그 윗부분 세 곳에 대나무 껍질을 벗겨, (누군가가 그곳에다) 병조서리 [한충보]라는 이름을 써 놓았다고 하였다.

왕은 그 화살을 태우고 없애라는 전교를 내렸을 뿐, 그에 대한 아무런 조치를 명하지 않았다.

그 한 달 후, 동궁의 빈청 남쪽 비자(갈대 혹은 수수깡 등으로 엮어 만든 울타리) 위에 사람의 머리 모양으로 만든 목패가 걸려 있었다.

전체를 종이에 싸 바르고 머리카락과 눈, 귀, 코, 입을 분명히 새겨

---

45) 중종 27년 3월 20일 1번째 기사.

놓았다.

목패의 양쪽 면에 모두 글씨가 씌어 있는데, 한쪽에 석 줄씩 나누어 썼다. 그 한쪽 줄에 '이와 같이 세자를 참할 것, 이와 같이 세자 아버지의 몸을 교살할 것, 이와 같이 중궁을 참할 것,' 그리고 다른 한쪽에는 '5월 16일, 병조서리 한승보 등 15인이 행한 일임.'이라고 썼다.[46]

지평 신거관이 (봉서로 된) 글을 올렸는데,

"이달 12일 오후 나이 5-6세 된 집주인 딸이 백지 반장으로 된 단자를 창문을 통하여 신에게 주었습니다. 그 아이에게 편지 받은 일을 상세히 물어 보았습니다. 그 아이는 집 앞 언덕 밑 길에서 어떤 사람이 주고 갔다고 할 뿐 그 사람이 남자인지 여자인지도 모른다고 하였습니다. 편지 내용은 자세히 보지 않고 즉시 찢어버렸는데, 모두가 직접 가리켜 쓰지 않고, 음이나 체가 같은 글자였습니다. 이는 입으로 말할 수가 없는 일이기 때문에 계달할 수도, 남에게 말할 수도 없었습니다."[47] 하였다.

이때 범인으로 지목받은 사람은 수견(전에 경빈의 딸 효정옹주가 궐내에 있을 때 시중들었던 종)과 강손(궁내의 종의 우두머리로 항상 불만이 있었음)으로 추문을 받았다.[48]

당시 왕은 삼공과 추관들을 불러 의논하기를,

"박씨가 모의에 가담하지는 않았으나 지금 박씨를 위해서 했다는 말이 있으니, 일의 형편상 목숨을 보전할 수 없게 되었다. 죄에는 경중이 있는 것이니 사약을 내려야 되겠는가? 대죄로 결정해야 되겠는가?" 하자, 위관 등이 "이는 위에서 결단하시기에 달렸습니다." 하였다.

왕은 "박씨에게는 사약을 내리고 복성군은 먼 곳에 안치시키라." 전교했다.[49]

---

46) 중종실록 74권, 중종 28년 5월 17일 3번째 기사.
47) 중종 28년 5월 18일 2번째 기사.
48) 중종28년 5월 21일.
49) 중종실록 74권, 중종 28년 5월 23일 2번째 기사.

그 사흘 후 복성군에게도 사약을 내렸다.[50]

경빈 박씨는 여러 후궁들 중 가장 미색이 뛰어나고 총명하였다.

그녀의 가족 계통은 원래 상주에서 문벌이 있는 선비 집안이었다. 그동안 너무 가난하고 구차하여 그의 아버지 박수림은 정병(正兵)에 예속될 정도였다. 정병이란 요즘 말로 징병 해당자로 양반들은 면제되는 것이 당시의 관례였다. 연산 11년 채홍사들이 전국의 아름다운 처녀를 물색하고 다닐 때 그녀가 발탁되어 드디어 빛을 보게 되었다. 요즘이라면 미스코리아 진에 뽑힌 것이다.

반정이 일어났을 때, 박원종(朴元宗, 1467 - 1510)의 수양딸이 되어 궁중에 추천되었다는 말이 있으나 그 근거는 없다. 실록에 그의 양녀는 경빈 박씨가 아니고 황돈일이라는 이름이 따로 있다.[51]

다만 박원종이 박수림을 서반직 참상(6품 이상 정 3품 당하관직까지의 직)을 추천한 것은 사실이다.[52]

경빈 박씨는 맨 먼저 중종의 아이를 낳았는데 그 아이가 복성군이다. 복성군은 세자(후의 인종)보다 5세 연상으로 그 동생보다 훨씬 건강하고 야무졌다는 말이 있다. 경빈 박씨는 중종의 극진한 사랑을 받아 하루아침 사이에 궁중의 여주인공이 된 셈이다.

그녀는 차츰 욕심을 부려 모든 것을 다 차지하고 싶어했다.

왕의 은총을 믿고 오만하였으며 제멋대로 행동하였다. 그녀는 오직 왕의 사랑을 독차지할 술책에만 집착하였다. 분수에 넘친 행동을 서슴없이 범했고 그 세도가 한도를 넘어서고 있었다.

그녀의 주변에는 뇌물을 긁어모으고 간청하는 사람들이 구름처럼 모여들었다.[53]

---

50) 중종 28년 5월 26일.
51) 명종 즉위년 9월 6일. 박상진, [조선조 영의정 박원종 연구](서울, 국학자료원, 2001), p.57.
52) 중종 2년 3월 18일 4번째 기사.

하지만 약자요 패하여 죽은 자는 말이 없다. 과연 박씨가 그토록 못된 여인이었을까?

경빈 박씨와 그 아들 복성군은 후궁이요 서출이라는 이유로 억울한 죽음을 당하였다. 왕자가 아무리 영특하다 해도, 정통의 세자에게 걸림돌이 된다고 인정되었을 때 당시의 통치구조나 집권자가 이를 용납하지 못 했던 것은 부인할 수 없다.

\* 희락당 사사

중종 29년 5월 22일. 문정왕후인 중전 윤씨가 드디어 아들(후의 명종)을 순산했다.

정치의 무게는 이제 서서히 윤씨 일가로 기울기 시작했다. 사람들은 정녕 그다음에 일어날 '피의 숙청'이 누구를 겨냥하고 있을지 이미 짐작하고 있었을 것이다.

중종 32년 10월 27일 희락당 김안로가 그의 당여 두 사람과 함께 사사되었다.

왕은 이들 세 사람을 먼저 죽이고, 그 후 죄명을 만들었다.

윤씨와 그들을 추종한 사람들은 죽은자들의 가슴에 [삼흉]이란 두 글자를 크게 새기고, 계속 그들의 죄과를 들추어 아뢰면서 충성 경쟁을 하였다.

\* 인종의 거듭된 수난

양위 사건

중종 33년, 왕이 갑자기 왕위를 세자에게 물리겠다는 명을 내리자 인종이 울면서 사양하여 그만두었다. (동각잡기) 또 밤중에 문득 왕위를 전한다는 명이 내리자, 세자가 발을 벗고 내전(문정왕후가 거처하는 곳)

53) 중종 22년 4월 26일 1번째 기사.[사신은 논한다]

292

뜰 앞에 엎드려 빌었던 일도 있다.

동궁이 아들이 없어 신민들이 크게 걱정했다.

이때 윤원로가 밖으로는 세자를 바꾼다는 소문을 퍼뜨리고, 안으로는 대군(후의 명종)이 위태롭다 하여 왕비를 현혹하는 등 이간질을 꾸몄다. 왕은 그 말이 이간질인 줄 모르고, 대군을 무릎 위에 앉히고, '네가 대군으로 태어나서 불행함이 심하도다.' 하였다[54] 한다.

\* 동궁화재 사건

칠흑같이 어두운 겨울 밤, 동궁이 거처하는 침실에 불이 났다.

이 엄청난 사건에 관하여, [실록]의 기록은 의심투성이다.

첫째, 한밤중에 동궁에서 불이 났는데 어떻게 해서 세자가 부왕과 함께 편안히 피할 수 있었는지 그 과정에 대한 설명이 없다. 다만 왕이 전교하기를,

"나와 세자는 대내에 함께 편안히 보존할 수 있었다. 생각지 않은 변이 이 지경에 이르렀으니 해괴한 일이다."고 할 뿐이었다.[55]

둘째, 왕이 불을 지른 범인을 잡으려 하지 않고 오히려 위험을 무릅쓰고 불을 끄려고 들어간 사람들을 추고하라고 했다.

왕이 정원에 전교하기를,

"지금 들으니 들어가서는 안 될 종친들이 몸소 금법을 무시했을 뿐만 아니라 많은 노비들을 거느리고 어지럽게 몰려들었으므로 더욱 소란스러웠다고 한다. 이들 종재와 백관을 적발해서 대전(大典)에 의거, 추고해야 한다."고 했다.[56]

그 이틀 후 삼공이 아뢰기를,

54) [연려실 기술 2], p.480.
55) 중종 38년 1월 7일 1번째 기사.
56) 중종 38년 1월 8일.

"동궁의 화재는 갑자기 일어난 것으로 불길이 번져 넓은 집을 태웠는데 불꽃이 치성했습니다.

대소 신료들이 다투어 대궐 안에 들어가서 어쩔 줄 모르고 둘러서서 쳐다만 볼 뿐 손을 쓸 방법이 없었습니다. 그때에 분주히 나아가 불을 끈 자가 옳은 듯합니다. 심지어는 상을 타고 지붕에 올라가서 정신없이 불을 껐을 뿐이요. <대전>의 뜻을 생각할 겨를이 없었습니다. 또한 자기를 따라다니는 노비들을 금할 겨를이 없어 매우 혼란하였습니다. 그 정상을 따져 보면 모두 불을 끄는 것에 절박해서 다른 일은 생각할 겨를이 없었기 때문이었습니다.

대간 네 명(대사간 이임, 집의 임열, 헌납 김천우, 정언 이탁)도 그중에 끼어서 추고를 받고 체직되어 사람들이 미안하게 여기고 있습니다. 이 뒤부터는 만약 궁 안에 뜻밖에 변고가 있어도 이번 일에 징계되어 모두 물러나 앉아 있고 달려가 구제하지 않는 것이 습관화되는 폐단을 열게 될까 두렵습니다." 하자. 왕이 답하기를,

"아뢴 뜻은 지당하다. 대간도 많이 추고를 당하여 파직되었다고 하니, 아뢴 대로 추고하지 말라." 하였다.[57]

셋째, 이번 화재사건은 기왕에 일어났던 다른 사건들(작서의 변이나 목패의 사건)과 달리, 속죄양(남의 죄 등을 뒤집어쓰고 대신 희생되는 사람)이 없었다는 점이다(그 대상이 바로 동궁이었으니까). 이 경우에도 꼭 한마디 해야 할 [사신]이 정작 이토록 중요한 대목에서는 침묵을 지킨 것이 이상하다.

이 사건이 일어난 후, 이언적은 재해의 원인이 복성군의 사사 때문이라는 엉뚱한 말을 했다. 그리고 그의 억울한 죽음이 권간, 김안로의 탓이라는 것이다. 이에 덧붙여 왕은 여담처럼 말하기를, 동궁화재는 '무수리(나인을 수종하는 계집종)의 실화였다.'는 사실이 너무 명백하다고 하

---

57) 중종 38년 1월 10일.

였다. 서로 변죽이 맞은 말이다.(이언적 편 참조)

다음에 나오는 야사의 글들을 보면 방화의 진범에 관한 사실이 어느 정도 윤곽이 들어난다. 그 줄거리는 대개 다음과 같다.

(1) 기해년에 동궁에 화재가 있었는데 <의논들이> 자자하게 사람이 지른 불이라 하고 윤원형을 지목했다. 대사간 이림(李霖) 등이 글을 올려 말하기를, '(윤원형을) 총애하고 가까이한 것이 점점 방자한 데 이르렀고, 시기하는 화가 마침내 변고의 원인을 만들었습니다.' 하였다. 그 말이 너무 지나치게 노출되어 식자들이 근심하였다.

[동갑잡기]에서는 윤원형이 뜻을 얻자 이림이 해를 입었다 하고, [조야 첨제]에는 갑진년 1월에 불이 났다고 했다.

계묘년인 중종 38년에 불이 났으니, [연려실 기술]과 [조야첨제]의 연대는 잘못 적은 것이다.

(2) 동궁에 불이 일어나는 변을 당할 때 세자가 자는 방문이 밖으로 잠기어 있어, 세자와 세자빈은 간신히 불을 피했다. 불 지른 사적이 현저하매, 궁중 사람들이 모두 간신 윤원로의 소행이라고 지목했다.

(3) 동궁에 불이 날 적에, 온 궁궐 안이 놀라고 황황해서 여러 궁녀들이 각각 제방을 구하는데 홀로 귀인 정씨(송강 정철의 누이)가 급히 세자가 거처하는 방으로 들어왔다. 그녀가 서책과 옷을 모두 내놓고 세자를 받들어 임금이 계신 대전에 문안드리니, 임금이 크게 칭찬하였다.[58]

그 밖에 야사에서 흔히 주장되고 있는 다음 내용은 마치 요즘 드라마 같다.

문정왕후와 정난정이 동궁을 제거하려고 꼬리에 불을 붙인 여러 마리의 쥐를 동궁으로 몰아넣었다. 효성이 지극했던 세자는 이 일이 계모 문

---

58) [연려실 기술 2], pp.481–482. 기해년은 중종 34년이고, 계묘년은 중종 38년, 갑진년은 중종 39년이다.

정왕후의 소행인 걸 잘 알고 있었으면서도 자식 된 도리로 죽어 주는 것이 효도라고 생각하고 불에 타 죽으려고 했다.

당시 중종은 너무나 황망하고 비통한 나머지 체면도 잊은 채 "백돌아! 백돌아!" 하며, 울부짖었다고 한다. 백돌은 인종의 어릴 때 이름이다.[59]

문정왕후가 누구를 시켰던지 동궁에 방화를 했다는 것은 가능한 일이다. 그러나 한밤중에, 여러 마리의 쥐를 잡아, 꼬리에 불을 붙여, 동궁으로 몰고 가서, 불을 냈다는 것은 소설 같은 이야기다. 그보다 더 쉬운 방화 방법이 많은데 하필이면 그토록 어려운 수법을 사용했을까? 만일 쥐꼬리에 불을 붙였다 해도 그 쥐가 정확히 동궁의 처소를 향해 질주하여 화재를 일으킬 수 있었을지 수긍이 가지 않는다. 그리고 세자가 아무리 효성이 지극하다 해도 자신을 죽이려는 살인자를 위해 앉아서 불에 타 죽겠다고 한 말도 과장된 것 같다.


* 인종의 갑작스런 죽음

인종이 죽은 사인(死因)에 관하여, [실록]과 야사 간에 차이가 있다.

[실록]에 기록된 인종의 투병 일지를 보면,

인종의 병세는 대개 인종 1년 6월 17일경부터 기록에 나타난다.

중국의 사신을 접대하고 혼전(중종을 모신 제단)에 제사하는 일에 정성을 다하다가 병을 얻었다.

같은 달 22일, 박세거가 진찰할 때 "상의 옥체가 극도로 쇠약하고 얼굴에 누런빛이 많이 있다"고 하였다.

같은 달 25일, 이질 증세가 잇달아 일어나 음식을 먹지 못하다가 6월 26일부터 악화되기 시작하여 결국 7월 1일 별세했다.

이 이야기들을 종합해 보면, 왕은 병을 얻고 나서 대략 보름 만에 세

---

59) 박영규, [조선왕조실록](서울, 들녘, 1996), p.202
    황원갑, [한국사를 바꾼 여인들](서울, 책이 있는 마을, 2002), p.402.

상을 떠났다.

한편, 야사에 흔히 회자되고 있는 이야기에 의하면,

'왕이 그의 계모인 문정왕후가 가지고 온 떡을 먹고 시름시름 앓다가 죽었다. 왕은 모처럼 웃는 모습으로 나타난 계모의 청을 뿌리치지 못하고 떡을 먹었는데, 그 속에 독이 들어 있었다'는 말이 있다.

어느 주장이 사실인지 이를 확인할 길이 없지만, 떡을 먹고 죽었다면 병을 앓은 기간이 너무 길다.

다만 문정왕후가 범한 그녀의 행적으로 보아 세자(인종)는 분명 조만간 제거되어야 할 존재였고, 따라서 그가 계모의 학대를 견디지 못하고 비명에 간 것만은 사실일 것이다.


## 4. '김안로 죽이기'의 허와 실


정치가 투명해진 현대사회에 들어와서도, 선거철만 돌아오면 이른바 네거티브 공세(음해 공작 등)나 흑색선전이 난무하고, 기묘한 사건을 만들어 선거판을 오염시키고 있다. 이른바 [아무개 때리기], [아무개 죽이기] 등 상대방을 헐뜯고 무함하는 데는 예나 지금이나 다름이 없다. 2007년의 대통령 선거에 나타난 일만 보아도, BBK니, [한 방]이니 [헛방]이니 하는 용어들이 등장하여 유권자들의 판단을 흐리게 하는 일이 있었다.

또 누구누구는 거액의 뇌물을 받아 치부를 했다. 부동산 투기나 돈 세탁을 했다. 숨겨둔 여인이 있고 아이가 있다. 본인이나 가족의 과거 전력에 문제가 있다는 등뿐 아니라, 심지어는 그동안의 발언 내용과 사석에서 주고받은 사소한 농담까지도 어느새 녹음을 해 두었다가 침소봉대하여 상대방을 공격한다.

문제는 이러한 일들이 본인도 전혀 알지 못한 허위 사실이라는 데 사태의 심각성이 있다.

이처럼, 상대방을 정치적 당사자로 인정하지 않고 마치 원수를 앞에 두고 한풀이하듯 진흙탕 싸움을 하고 있는 상황에서는, 과연 누구의 주장이 옳고 그른가를 알 수 없다.

더구나 조선왕조의 역사에서는 승자의 기록만 남아 있고, 패자(敗者)의 변명은 전혀 없다.

희락당 김안로는 그의 아들(연성위)과 며느리(효혜공주)를 모두 잃은 뒤에도 문정왕후에 맞서서 세자를 지키려다가 유배 사사되었다. 뿐만 아니라 [삼흉의 우두머리]라는 가장 혹독한 형벌을 받았다.

다음에서 그 과정을 좀 더 자세히 알아보자.

## 1) 희락당의 제1차 수난(풍덕 유배)

남곤, 심정 등 반정공신들은 조광조, 안처겸 등 신진 사류들을 죽이고 그 여세로 김안로를 귀양 보냈다.

중종 19년, 희락당이 젊은 나이로 왕의 친 사돈이 되고 조정 중신의 대열에 오르자, 삼정승이 일제히 그를 탄핵하였다.

영의정 남곤이 아뢰기를,

"이조판서 김안로는 본디 재주와 학문이 있고 청명(淸名)도 있으나, 사람됨이 의논하고 일을 일으키기를 좋아하는 자입니다.

김안로가 김안국(金安國), 유운(柳雲) 등과 친하였는데 그때의 의논은 반드시 이 세 사람의 시비와 의논을 듣고서 하였습니다. 대간이 일을 일으키려 하더라도 저들의 논의를 들으면 곧 멈추고 순종하였으니, 그 폐단이 오래 갔습니다.

대저 김안로가 하는 것은, 조광조, 김식을 배척하기는 하였으나 봉선

하는 폐단은 그 폐해가 실로 같습니다. 시비가 혼란하고 조정이 안정하지 않는 것은 다 이 사람이 하는 짓 때문입니다."

좌의정 이유청이 아뢰기를,

"남곤의 말이 옳습니다." 하였고.

우의정 권균이 아뢰기를,

"대저 김안로는 글을 잘하고 일을 알며 또 재명이 있어 젊은 사람들이 다 우러러 사모하고 있습니다. 한번 의논을 내면 함께 어울려 국시가 정해지지 못합니다. 이러한 까닭은 이 사람을 매우 두려워하므로 전후에 각각 다른 의논을 내어도 대간 일지라도 감히 이기지 못했기 때문입니다.

김안로는 육경 반열에 있어 그 직임이 매우 높고 또 왕실과 혼인을 맺어 자신과 나라가 고락을 같이하며 근신해야 합니다. 그런데 그의 그른 생각이 이토록 심하니, 그르게 여기는 자가 있어도 그 세력이 치성한 것을 두려워 입을 열지 못합니다. 상께서 이론이 나오는 근원을 일찍 막으셔야 뒤 폐단을 없앨 수 있습니다."60) 하였다.

다음날 동지사 이항(李沆)이 같은 뜻으로 아뢰자, 왕이 전교하기를,

"어제 삼공이 김안로의 일을 아뢰어 '대간의 의논은 다 김안로의 뜻에 따라서 합니다' 하였는데, 이것으로 죄준다면 언로에 해로울 것이며, 또 붕선이라 하여 죄준다면, 예전부터 소인이 군자를 공박할 때에 반드시 붕선이라 말하는 것이니 이것으로 죄줄 수도 없다. 그의 소행이 아름답지 않다 해도, 어찌 문득 귀양까지 보내겠는가."61) 하였다.

중종 19년 11월 4일, 조정의 힘은 완전히 남곤에게로 쏠려, 신료들은 그의 의지대로 일사불란하게 움직였다.

이항에 이어, 집의 조한필, 정언 김연, 시강관 심사손(심정의 아들), 참찬관 김극개, 영사 정광필이 합세하여 왕의 결단을 촉구하였다.

---

60) 중종실록 52권, 중종 19년 11월 2일 2번째 기사.

61) 중종 19년 11월 3일.

정광필이 아뢰기를,

"종사를 위하여 빨리 결단하셔야 합니다. 전에 조광조 등을 상께서 미리 막지 않았으므로, 마침내 크게 실패하게 되었으니, 이제 김안로의 일을 유난하지 마셔야 합니다(제대로 해야 한다는 뜻).

시비를 변난하여 조정을 요동하는 것이 어찌 작은 일이겠습니까, 사람의 작은 잘못이라면 논박하고 갈고 말겠으나, 이것은 큰일이므로 귀양 보내기를 청하니, 빨리 쾌히 결단하셔야 합니다."[62] 하였다.

다음날에는 대간들까지 합세하여 "김안로를 추문하여 빨리 그 죄를 정하소서."[63] 하고 아뢰었다.

김안로가 요즘 말로 아무리 '떠오르는 별'이요 '왕과 친 사둔'이라고 하지만, 당시 남곤의 위세는 '나는 새도 떨어뜨린다.'고 할 정도로 막강하였다. 그의 말 한마디가 조정의 신하들을 움직여 하루아침 사이에 모든 신하들이 일제히 희락당을 공격하고 나선 것이다.

권력의 실세가 누구인가를 잽싸게 알아차려, 줄을 서고 편을 만들어, '알아서 기는' 벼슬아치들의 행동은 고래로 변함이 없다.

중종반정에 이어, 기묘사화와 신사무옥 등 사건이 일어날 때마다, 남곤은 그의 노련한 솜씨로 반대자들을 제거하는 데 성공했다. 남곤 앞에서는 이유청, 권균, 이항, 정광필뿐만 아니라 중종도 힘을 쓰지 못했던 것이다.

'김안로가 이론(異論)을 제기하고 붕선을 했다'는 것도 따지고 보면,

중종이 밝힌 대로, '소인배들이 군자를 공박할 때 (상투적으로) 쓰던 말에 불과한 것'이었다.

후일 김안로가 귀양지에서 돌아왔을 때, 이유청은 단독으로 아뢰기를,

"전자에 남곤과 권균 등이 안로의 일을 아뢸 때에, 신도 정승의 자리

---

62) 중종 19년 11월 4일 1번째 기사.
63) 중종 19년 11월 5일 3번째 기사.

에 있었는데, 그때에 안로가 시비를 가릴 적마다 이의를 제기하기를 좋아했으나, 나라를 그르칠 의논은 없었던 것으로 생각됩니다."64) 하였다.

중종 22년, 남곤은 임종할 때, 평생 동안의 초고를 모두 불사르고, '내가 허명(虛名; 헛된 명성)으로 세상을 속였다'고 실토했다. 정광필편에 있다.

그리고 "이유청은 김안로가 다시 기용되자, 자신이 제일 먼저 찾아가 화를 면하려 했다."65)고 했다. 이런 기록들을 보면 희락당의 유배가 단지 남곤의 독단에서 나왔음을 증명해 준다.

이유청은 효령대군의 외손인데 허항의 형 허흡(許洽)의 장인이다.

희락당의 유배와 관련하여 다음과 같은 일이 있었다.

김양진의 일에 관하여; 김안로가 임금께 아뢰기를,

"접때 마침 공주 댁에 갔다가 공주에게 내리신 전교를 들었습니다. 즉 '전일 김양진의 딸이 그 지아비 김윤종이 귀양 간 일로 상언하여 진소하였는데, 이것은 김양진이 알고도 막지 않았을 것이다. 무릇 상언하지 말아야 할 것을 막지 않으면 직책이 가장에게 돌아가니, 이제부터 종(奴)이 부당하게 상언하는 것을 막도록 하라' 하였습니다.

전에 이행(李荇)이 이조판서가 되고 신이 참판이 되어 인물을 주의(注擬; 이조에서 문관의 관리 임명 후보 셋을 임금께 추천함)할 때, 신(김안로)이 '김양진은 구인(舊人)이나, 김윤종의 아내가 상언하였을 때에 물의가 있었으므로 상께서도 그르게 여기실 것이니, 아직은 천천히 주의하는 것이 어떠한가?' 하였는데, 이것은 이행에게만 가만히 말한 것입니다." 하였고, 이에 대하여 김양진이 아뢰기를,

"이상(貳相; 찬성) 이행이 신의 집에 와서 김안로에게 들은 말을 하고

---

64) 중종실록 70권, 중종 26년 2월 19일 2번째 기사.
65) 중종 26년 11월 27일 2번째 기사.[사신은 논한다]

말하기를 '이 일은 상께서 그르게 여기시니 뒤에는 이런 일을 하지 말라' 하였습니다. 신은 이 말만을 들었습니다."[66]고 하였다.

그런데 바로 그 다음날 [사신]의 내용에서, 앞의 내용을 소개하고,

"내지가 있었는지 없었는지는 모르겠으나, 김안로가 하는 짓이 대저 이러하였다.

그때 시종 대간이 서로 공격하여 자주 갈리고 조정이 어지러웠는데 의론이 모두 김안로에게서 나왔으므로, 남곤이 분개하여 제 몸을 돌보지 않고 김안로의 간사한 정상을 극진하게 논하였으나 임금이 따르지 않았다.

김안로의 기세가 바야흐로 성하다가 뜻밖에 귀양 갔으므로 조정의 관원들이 쾌히 여겼으나 '어떤 사람들은 죄상이 뚜렷하지 않다.' 하고, 어떤 사람은 '김안로가 하는 짓이 앞으로 남곤에게 불리할 것이므로 남곤 등이 먼저 일어났다.' 하여 의논이 같지 않았다.

김안로를 제거할 때 남곤이 그 모의를 주장한 것이다.

뒤에 서지(徐祉)가 이항에게 말하기를, '공은 김안로와 의분이 두터운데 어떻게 그리 호되게 배척하였습니까?' 하니 이항이 말하기를, '국가의 일을 당하여 형세가 그렇게 하지 않을 수 없었습니다.' 하였다. 서지가 다시 말하기를, '나라의 일일지라도 공이 힘껏 주장하는 것이 어찌 옳은 일이겠습니까?' 하자 이항이 말이 없었다.

김안로는 젊어서부터 문사(文詞)에 능하였으므로 당시 사람들에게 추중(推重; 추앙하여 존중히 여김)을 받았으나, 속으로 음험하고 각박한 마음을 품어 남을 중상하고."[67] 등 앞뒤가 맞지 않는 말을 하였다.

첫째, 김양진, 김윤종의 일은 사건 당사자들(김안로, 이행, 김양진)이 임금 앞에서 사실을 명백하게 진술하였는데, '내지가 있었는지 없었는지 모른다'고 한 것은 임금이 후에 애매한 말로 그 일을 부인한 탓이다.

---

66) 중종 19년 11월 5일 5번째 기사.
67) 중종 19년 11월 6일 2번째 기사.[사신은 논한다]

302

둘째, '김안로의 죄상이 뚜렷하지 않다', '그의 하는 짓이 남곤에게 불리하여 그가 먼저 일어났다', '남곤이 모의를 주장하였다.', '이항의 나라 걱정도 핑계에 불과하다.'는 식으로 기술하고 있으면서, '남곤이 분개하여 제 몸을 돌보지 않고, 김안로의 간사한 정상을 논하였다.'고 하여 독자를 헷갈리게 한다.

셋째, 김안로가 문사에 능하고 사람들이 추중했다는 것은 어느 정도 사람들의 이야기를 들어 말한 것(객관성이 있는 것)이지만, 속으로 음험, 각박하다는 말은, 극히 감정적인(주관적인) 표현으로 상대방을 비난할 때 상투적으로 쓰는 용어에 불과하다.

끝으로 김안로를 풍덕으로 유배하라는 왕의 교지가 내려졌을 때,

[사신]이 다시 나타나, 이번에는 더욱 편향된 판결(?)을 하고 있다. 즉

"김안로는 음사한 소인이다. 왕실과 혼인한 인연으로 안팎과 체결하여 위복을 마음대로 하였으므로 죄를 용서하지 말아야 마땅하다.

그런데 북방의 추운 곳에 버려도 받아 주지 않을 터인데, 서울에서 하룻길 되는 곳에 두어 분을 내고 해독을 끼치는 마음을 길러 준 것은 무슨 까닭인가?"[68] 하였다.

이 글 속에는 필시 [사신]들의 뒤틀린 한(恨)이 함축되어 있는 듯하다. 앞에서는 '죄상이 뚜렷하지 않다', '남곤이 모의했다', '이항이 서지의 물음(나라의 일이지만 공의 말만이 옳은가라는)에 말을 못 했다.' 등 김안로의 죄가 분명하지 않다는 내용들을 소개하였다.

그럼에도 그를 '북방의 추운 곳에 버려야 할 사람'이라 한 것은 분명, 상식을 벗어난 글이다.

---

68) 중종실록 52권, 중종 19년 11월 18일 5번째 기사.[사신은 논한다]

## 2) 희락당의 사상과 업적

### 가) 성품과 재질

김안로의 성품 혹은 재질에 관하여, 사료(史料)에 나타난 기록들을 보면, 첫째, [실록]에 나온 구절로.

김안로는 "본디 재주와 학문이 있고 청명(淸名; 청렴하다는 명망)도 있으나 의논 일으키기를 좋아하고"(남곤의 말),

김안로는 "글을 잘하고 일을 알며, 또 재명이 있으므로 젊은 사람들이 다 우러러 사모하며, 이 사람을 매우 두려워하므로, 전후에 각각 다른 의견을 내어도 감히 이기지 못하였습니다."(권균의 말)[69]

"작은 벼슬이라도 반드시 여론에 합한 다음에 임명하는데 하물며 대제학이겠는가."[70](왕의 말)

"문형의 직임은 사람마다 할 수 있는 것이 아니니 대신들 의견(김안로를 임명하자는)을 따르는 것이 마땅하다."[71] 등 앞에서 소개한 바와 같다.

둘째, 실록의 [사신은 논한다]에서

"김안로는 젊어서부터 문사(文詞)에 능하여 당시 사람들에게 추중(추앙받고 존경받음)을 받았으나, 속으로 음험, 각박한 마음을 품어 사감으로 남을 잘 중상하였고"[72] 등 재명은 있으나, 음험, 간사하다는 말이 계속 되풀이되어 나온다.

셋째, 축수 편에 나오는 글을 보면,

"김안로는 외양이 단아하여 종일토록 단정히 앉아 움직이지 않았다. 얼굴은 관옥(冠玉; 남자의 외모가 출중하다는 표현)과 같았으며 입었

---

69) 중종 19년 11월 6일.
70) 중종 26년 12월 12일.
71) 중종 26년 12월 19일.
72) 중종 19년 11월 6일.

던 옷을 벗어 보면 한 가닥 구김도 없었다. 다만 눈을 뜨면 그 요망한 태도가 볼 만하다."[73]고 하였다.

넷째, 희락당 자신이 말한 그의 성격에 관하여,(비록 겸손한 어조이지만) "스스로 생각해도 성품이 우직하여 매양 윗분들의 뜻에 거슬렸으므로 구차하게 외로운 길을 혼자 걸으며 망령되이 바른 말을 하였으니 어디를 간들 패망하지 않겠습니까?"라고 하여 자신은 항상 바른 말을 잘하고 윗사람들의 비위를 잘 맞추지 못하여, 상하 간 조화를 잘 못하는 성격이라고 하였다.

이상의 몇 구절을 미루어 생각하면, 희락당은 나름대로 원칙에 충실했던 합리적 관료로, 쉽게 타협하고, 적응하면서 원칙을 어기는 성격은 아닌 듯싶다.

그는 뛰어난 재능과 청명, 완벽한 처신으로 한 시대를 이끌었던 범상한 카리스마를 지닌 인물이었다. 물론 그 이면에는 이른바 완벽주의자들이 가지고 있는 일반적인 결점들이 있을 수 있다. 따라서 그에 대한 모함과 악평은, 역으로 그의 고고하고 높은 위엄에 대한 강한 열등감의 표현일 수도 있다.

## 나) 희락당의 논리와 사상

* 양시양비론

희락당의 양시양비론은 박상(朴祥), 김정(金淨)의 상소에서 비롯된다. 박상의 상소에 관련된 이야기의 줄거리는 대개 다음과 같다.

중종 10년, 장경왕후가 승하한 뒤, 새로운 왕비 책봉 문제를 놓고 박상 등은 이미 폐위된 단경왕후 신씨를 거론하여 논의가 일어났다.

박상의 주장은 크게 세 가지로 요약된다.

---

73) 축수 편, [연려실 기술 2], p.512.

첫째, 신씨 폐출의 부당함을 제기하였다. 즉

"신씨(愼氏)가 물리침을 입어 밖에 있은 지 이제 거의 일기(一紀; 12년)가 됩니다. 신은 그 당초의 연유를 모르겠으나, 무슨 까닭과 무슨 명분으로 이런 비상한 놀랄 만한 일을 하였는지를 모르겠습니다.

대저 임금이 대통을 계승하고 왕위에 오르면 먼저 부부의 도리를 바로 하여 천지와 같게 해서, 안으로는 음교(陰敎; 부녀자 교육)를 다스리고 밖으로는 양덕(陽德; 밖으로 들어난 덕성)을 다스려 묘사(廟社; 종묘와 사직), 신지(神祇; 신을 받드는 일)를 나란히 주재하여야 하는 것입니다.

옛말에 이르기를 '빈천할 때에 사귄 벗은 잊어서는 안 되고 조강지처는 버리지 않는다.' 하였습니다. 신씨가 대저(왕위에 오르기 전의 거처)에서 술과 장을 담그고 쇄소(물 뿌리고 청소하는 일)를 받든 지 무릇 몇 해였습니까." 하였고,

둘째, '자전께서 명하지도 않았는데도 왕실의 지어미를 경솔하게 바꾸었습니다.'라고 말하였다.

셋째, 당초 박원종, 유순정, 성희안 등이 자신을 보전하려는 사사로운 욕심으로 폐위의 음모를 꾸몄으며, 이는 진실로 까닭도 없고 명분도 없는 일이라는 상소를 올렸다.

결론적으로, 신씨 복위가 옳다는 주장이다. 그리하여 박상 등은,

"이제 장경왕후께서 돌아가시고 곤위(壼位; 왕후의 지위)가 다시 비었으니, 정히 도로 바로잡을 기회이고 또 구언(求言; 임금이 신하의 바른 말을 구함)하시는 때를 당하였으니, 신등이 급급히(매우 위급하게) 아뢰는 바입니다."라고 아뢰었다.

한편, 중종은 이를 크게 문제 삼으면서,

"이는 큰일이다, 어찌 소신(小臣)의 말을 듣고서 (이 중대한 결정을) 할 수 있겠는가? 구언에 의하여 봉사(封事; 밀봉하여 왕에게 올리는 의

견서)를 올린 것은, 첫 면에 '임금 앞에서 개탁(開坼; 봉한 편지를 뜯어
보는 것)하소서'라고 적혔어도 심히 굳게 봉하지 않았으면 뜯어보고 아
뢰어야 한다."고 하였다.

[사신]은 말하기를,

"박상의 의견서는 위아래를 풀로 봉하여 뜯어볼 수 없게 하였다.

그러나 한결같이 이와 같이 하게 되면(임금이 비밀을 지키지 않고 신
료들 앞에 개봉한 뒤 임금께 아뢴다면), 봉사의 비밀 유지가 안 되고 공
개되어, 충성스럽게 속마음을 토로하는 이들이 필시 억눌리고 막혀서 상
달할 수가 없게 될 것이다. 아랫사람이 임금에게 말할 통로가 막히게 된
다. 임금이 이렇게 실언(失言)을 하였으니 아, 위태하도다." 하였다.[74]

이윽고, 사헌부와 사간원으로부터 박상 등을 잡아다 추고해야 한다는
상소가 들어왔다. 그들은 아마도 임금의 의중을 눈치 채고 임금의 뜻에
따라 이들을 탄핵하는 것이 그들의 소임이라고 생각했는지 모른다.

대사헌 권민수, 대사간 이행 등이 아뢰기를,

"박상 등이 상소하여 감히 사특한 논의를 발하였으니, 지극히 놀랍습
니다. 청컨대, 잡아다 의금부에 내려 그 소이를 추고하소서." 하였다.

[사신]은 이들의 명분을, "첫째, 장경왕후가 원자를 낳고 승하하였으므
로, 나라의 근본은 이미 정하여졌다. 그런데, 신씨가 만일 왕자를 생산할
경우 신씨는 먼저이고 장경왕후는 뒤이기 때문에 나라의 근본이 동용될
까 염려스럽다.

둘째, 신씨는 신수근의 소출이라, 만일 그녀가 뜻을 얻으면, 어버이를
위하여 보복을 할 것이니 그 재앙을 받을 것이다.(폐비 윤씨의 원수를
갚기 위해 사직을 위태롭게 했던 연산군의 전철을 밟아서는 안 된다)"
등으로 설명하였다.

---

74) 중종실록 22권, 중종 10년 8월 8일 1번째 기사.[사신은 논한다]

결국 임금은 전교를 내려, 이들의 추문을 명하였다.

"내 의사도 그 이유를 추문하고자 하였다. 박상 등이 신진도 아니고 대간 시종의 반열에 오래 있었는데 삼훈(박원종, 유순정 성희안)이 이미 죽은 뒤를 틈타서 발론하였으니, 그 심술 또한 알 만하다. 지금 대간이 하는 말을 들으니 과연 옳다, 아뢴 대로 추문하라."75) 하였다.

이에 관하여 남곤은,

"삼공육경(삼정승과 육판서)이 모두 말하기를, 이는 구언에 따라서 말한 것이지만, 그 망령된 말(혹은 광패한 말)을 쓸 수 없고, 다만 사람들이 그 잘못을 알게 하기 위하여 그들을 파직시킨다면 언로도 막지 않고 사람들도 그 잘못을 알게 될 것이다.

대간은 폐비를 복위시키자는 것을 놀랍게 여겼기 때문에 죄주기를 청하여 아뢰었을 뿐이다."고 요약해서 말하였다.76)

말하자면 당시의 공론이, 대간이 아뢴 일도 중요하고, 언로도 중요하기 때문에 임금의 뜻에 따라 박상 등을 파직시키는 정도로 일을 종결짓고자 한 것이다.

다만 홍문관 부제학 김근사 등이 박상 등의 처벌을 반대하는 차자를 올렸고, 이조판서 안당도 그들의 죄를 용서하도록 아뢰었다.77)

대간은 그 후 안당에게 죄줄 것을 끈질기게 요구하였고, 왕은 이를 불허하였다. 안당은 조광조를 추천하여 생원에서 종6품 조지서 사지의 관직을 받게 한 사람이다.

그로부터 두 달 반이 지난 11월 20일, 조광조가 정언이 되었다. 그는

---

75) 중종 10년 8월 11일 3번째 기사.
76) 중종 10년 9월 3일 1번째 기사.
77) 중종 10년 8월 22일, 23일 4번째 기사. 중종 10년 8월 26일 1번째 기사.

정언직을 제수받은 이틀 후, 양사의 파직을 촉구하며 사직을 청하였다. 그동안 잠잠했던 박상의 문제가 다시 논쟁에 휘말렸다.

박상의 상소문제는 이제 반정(중종반정)이라는 명분에서 언로라는 새로운 명분으로 그 본(本)이 바뀐 것이다.

그는 언로가 통하면 국가가 다스려지고 평안하며, 언로가 막히면 국가가 어지러워지고 망한다는 원칙을 명분으로 내세웠다. 대간이 이번 일에서 언론을 훼손하고 그 직분을 잃었으니 자신은 그들을 용납하고 함께 있을 수 없다고 하였다. 즉 정언 조광조가 아뢰기를,

"근자에 박상, 김정 등이 구언에 따라 진언하였는데, 그 말이 지나친 듯하더라도 쓰지 않으면 그만이거니와, 어찌하여 다시 죄를 주었습니까?"

"재상도 상께서 그 말을 쓰지 않으시는 줄 알고서 시비를 논하지 않았는데, 대간이 굳이 죄주기를 청하여, 임금을 불의에 빠뜨리어 간쟁을 거절하는 조짐을 만들어 만세의 성덕에 누가 되게 하였으니, 어찌 신과 용납되겠습니까?" 하였다. 왕은 드디어 양사를 교체하였다.

대사헌에 이장곤, 대사간에 김안국, 김희수, 유보는 장령, 김감은 지평, 장옥은 정언이 되었다.[78]

이때 사헌부의 의논이 같지 아니하여 서로 논박하였는데, 이장곤, 김감은 '조광조가 전 대간을 논박한 것을 옳다'고 하였고, 김희수와 유보는 '언로도 중요하나, 종사의 대계(大計)는 더욱 중대하니, 대간을 그르다고 할 수 없다'고 하였다.

이들의 주장을 요약하면, 대개 전 대간(대사헌 권민수, 대사간 이행)의 주장도 옳고, 조광조의 주장도 옳으나, 한 쪽은 전 대간이 박상 등의 죄를 청했음이 지나친 것이고, 또 다른 한 쪽은 양사의 파직을 청한 것이 또한 지나치다고 했다. 이러한 무익한 논쟁은 삼공육경과 양사가 모두 관련되어 조정을 어렵게 하였다.

---

78) 중종 10년 11월 24일.

홍문관 부제학 김근사, 직제학 김안로 등의 양시양비론은, 이들 논쟁
에 대한 해결책으로 내놓은 일종의 현실 타협안이었다. 그 내용을 간단
히 소개하면 다음과 같다.

김근사, 김안로 등이 아뢰기를,

"전자에 박상 등이 상소한 일이 광패하므로 죄주기를 청하였으나, 신
등은 광패하더라도 죄주면 언로에 방해가 된다 하여 죄주지 말기를 청
하였습니다.[79]

전 대간이 죄를 청한 것은, 종사의 대계를 위한 것이므로 신등이 그르
다고 하지 않았는데 이번에 대사간, 대사헌, 지평, 헌납, 정언을 모두 명
하여 교체하였습니다.

이 사람들(새로 임명된 양사의 관원들)은 언로를 위하여 전 대간이 그
르다고 말하였으므로 그 말이 워낙 옳으나, 전 대간이 박상 등의 죄를
청한 것도 생각 없이 한 일이 아니므로 모두 그르게 여기는 것은 이미
지나칩니다. 김희수, 유보 등이 전 대간을 그르다고 하지 않는 것은 워
낙 옳으나, 언로를 위하여 논계한 조광조를 그르다고 한 것도 지나칩니
다." 하였다.

이에 대하여 왕이 전교하기를,

"어찌 양편이 다 옳거나 양편이 다 그른 일이 있겠는가." 하여 한 쪽
주장은 마음에 들지 않다는 뜻을 표시하였다.[80]

김안로가 양시론을 제기한 것은,

1, 전 대간이 박상 등을 죄주기를 청한 것은 종사의 대계를 위하여
언로를 생각할 겨를이 없었다. 하지만 당시 경연관이 박상 등을 놓아주
기를 청하였을 때 이에 반대하지 않았고, 지금 석방해도 간쟁하지 않을
것이기 때문에(중종 10년 11월 27일, 김희수의 청에서), 이들 주장이 옳

---

79) 중종 10년 10월 9일.
80) 중종실록 23권, 중종 10년 11월 28일 5번째 기사.

고, 지나치지 않다는 뜻이고.

2, 이제 사건이 마무리되어 가는 때여서, 언로를 열어야 하므로 조광조의 주장을 그르다고 할 수 없다. 따라서 전 대간이나 조광조의 주장들이 모두 옳고, 이들을 지나치다고 주장하는 것은 그르다는, 이른바, 양시양비론(兩是 兩非論)을 내놓은 것이다.

한편 중종이 양쪽 모두 옳다는 말에 불만을 표시한 것은, 내심 그동안 자신의 결정에 대한 잘못을 지적하고 나선 조광조도 옳다는 말에 대한 것이다. 그것은 후일 임금이 내린 전교 중 다음과 같은 말을 보면 미루어 짐작할 수 있다.

임금이 전교하기를,

"전일 양시양비의 말은 참으로 홍문관(부제학 김근사, 직제학 김안로 등)에서 나왔는데 나도 온당치 못하게 여겼으므로 그때에 이미 반복해서 힐문하였다. 다만 이는 다른 일과 달라서 시세가 스스로 둘을 다 버릴 수는 없었으므로 구태여 끝까지 힐문하지 않는 것이다. 홍문관도 어찌 정실이 있어서 그렇게 하였겠는가."[81]라고 말하여, 왕도 사실상 양시론을 묵인하였다.

왕은 양시론을 반대하면서도 그 태도가 애매하였으며, 당시 신료들도 대개 긍정하는 분위기였다.

장령 홍언필은,

"대간이 죄주기를 청한 것은 부득이하니, 대간이 한 일을 옳지 않다고 할 수 없고, 상께서 이미 뜻을 정하신 뒤에는 언로를 열기 힘써야 하니, 조광조가 논계한 것도 옳지 않다고 할 수 없습니다."[82] 하였고,

영의정 유순도 아뢰기를,

"전전 대간의 뜻은, 박상 등이 종사에 관계되는 말을 하였으므로 죄주

---

81) 중종실록 24권, 중종 11년 3월 8일 6번째 기사.
82) 중종 10년 12월 3일.

기를 청한 것이고, 언로를 위하여 아뢴 자(조광조)는 구언한 뒤에 죄를 다스려서는 안 된다는 것이니, 신은 다 옳다고 생각합니다." 하였다.

정광필, 김응기, 김전, 남곤 등은 입장이 약간 달랐다. 그들이 아뢰기를, "이장곤 등이 조광조를 옳다고 하였으니 이 또한 옳습니다. 지금 열 분 중 한 분이라도 그 그른 것을 다 말하지 못한 것을 시비하는 것은 옳으나, 다 옳다고 해서는 안 됩니다."고 하자, 유순도 그 의견에 따랐다.[83]

조광조의 주장이 옳다는 것만 강조하여 말한 것이다.

김안로와 함께 양시양비론을 제기했던 부제학 김근사가 아뢰기를, "옳은 것은 옳다 하고 그른 것은 그르다 하여, 큰일이 동요되지 않고 언로도 통하게 하여야 마땅합니다. 어찌 옳은 것을 주장하면서 그 잘못까지 아울러 옳다하고, 잘못을 지적하면서 그 옳은 것까지 흠잡아, 일에는 양편이 모두 옳은 것이 없다느니, 양단을 부지하느니(양다리를 건다는 뜻) 하여, 구태여 편벽한 데로 몰고 가야 하겠습니까?

무릇 나라의 일을 논함에 있어 뜻이 다르지 않을 수 없으나, 또한 마음을 화평하게 하여 서로 의논해서 정하여 알맞은 데에 이르도록 힘써야 마땅합니다. 조광조를 옳게 여기는 자는, 죄주기를 청한 것(전 대간의)을 매우 논박하여 그 국가를 위한 염려를 헐뜯고, 권민수(전 대간)를 옳게 여기는 자는, 조광조를 전혀 그르다 하니, 그 어찌 조정의 아름다움이며 사림의 행복이겠습니까?" 하면서, 양비양시론의 참뜻을 해명하였다.[84]

정광필이 아뢰기를, "천하에 어찌 양편이 다 옳고 양편이 다 그른 일이 있겠습니까, 박상 등은 변통할 줄 모르므로 상소한 말이 그와 같았던 것입니다. 대저 선비의 말이란 본디 오활(실제 사정에 어둡거나 주의가 부족함)한 것인데, 더구나 신진의 선비이겠습니까?"라고 말하여, 조광조의 상소 가운데 특

---

83) 중종 10년 12월 4일.
84) 중종실록 23권, 중종 10년 12월 5일 1번째 기사.

312

히 박상 등의 무죄에 관한 일에 비중을 두었다.[85]

그로부터 4개월이 지난 3월 초, 박상 등의 석방을 요구하면서 양비양
시론이 다시 논의의 초점으로 부상하였다.

왕이 그동안의 일을 양비양시론 때문이라고 말하자, 신료들은 하루아
침 사이에 태도를 바꾸어 임금께 자신들의 잘못(양시양비론을 찬성한)을
고하였다.

임금이 이르기를,

"홍문관은 당연히 그 시비를 말해야 할 것이로되 양시양비의 말을 하
였으니, 무릇 일에는 어찌 둘 다 옳은 이치가 있겠는가? 대간을 자주 체
직한 것은 모두 이 때문이다."고 말하였다.

이에 홍언필이 말하기를,

"그때에 양시라는 의논은 신은 지식이 없어 갈피를 못 잡아 잘못 대
답하였으니 신은 실로 못났습니다." 하였고,

기준은 아뢰기를,

"당초 하문하실 때에는 창졸간이어서 양시양비라고 대답을 하였는데,
이 말은 죽어도 죄가 남습니다." 하였다.

또 박세희가 아뢰기를,

"신도 그때에 또한 홍문관에 있었습니다만, 그 양시양비라는 말은 본
디 신의 뜻이 아니오며 홍언필도 신의 뜻을 압니다." 하니, 임금이 이르
기를,

"나도 또한 천하에 반드시 양시양비의 일은 없다고 생각한다.

다만 양시라는 의논이 자신의 뜻이 아니었다면 마땅히 그때에 직언함
이 옳았거늘, 이미 그렇게 하지 못하고서 오늘에 와서야 비로소 나의 본
뜻이 본디 이와 같지 않았다고 하니, 어찌 가하다 할 수 있겠는가?"[86]

85) 중종 11년, 1월 5일 2번째 기사.
86) 중종실록 24권, 중종 11년 3월 8일 1번째 기사.

하였다.

사실, 장경왕후가 승하한 뒤 중종이 직언을 구한 일은, 일종의 요식행위였을 가능성이 있다. 장경왕후가 승하하자 중종은 극히 상심하였다.

하지만 이미 사랑하는 경빈 박씨가 있어 그녀가 떠난 빈자리를 채우고 또 슬하에는, 세자와 복성군 등 두 아들이 건재하고 있었다. 이제 새삼스럽게 폐비 신씨를 새로 맞는다면 왕에게는 여러 가지 어려운 부담이 생긴다.

이런 상황에서 중종이 요구하는 것은, 아마도 [논어], [효경]에 나오는 모범 답안이 아니라, 현실에 맞게 새 왕비를 간택해야 한다는 조언이었을 것이다.

박상 등은 중종의 선의를 굳게 믿고, 봉투 위아래를 풀로 단단히 붙여 직언을 했다. 적어도 상감이라면 자신의 비밀을 지켜주면서 지혜로운 판단을 하리라고 예상했다.

중종은 이 작은 일조차도 혼자 감당할 능력이 없었던 것일까. 자신이 해결해야 할 악역을 대간에게 맡겨 그 도움을 청한 결과가 되었다.

종묘사직의 근본에 관한 중대한 일이 아니라, 한 지아비가 자신이 버린 조강지처를 받아드릴 상황이 아니어서 맞는 일종의 위기였다.

결국, 이 일의 해답은 죄 없는 박상과 김정을 석방하는 것이며, 조정의 신료 모두가 그들의 석방에 이의가 없는 한, 문제는 '서로 옳다'는 윈윈 게임으로 끝내는 것이 당시의 현실적 대안이었다.

홍언필이나 기준, 박세희가 '갈피를 못 잡아 잘못 대답했다.', '창졸간에 대답했다.', '본디 자신의 뜻이 아니었다.'는 등의 변명을 한 것은 그야말로 변명에 불과하다. 그들은 결코 어리석은 관료가 아니었다. 다만 상황이 달라졌을 뿐이다.

당시 박상 등을 석방하라는 요구가 공론으로 제시된 후, 남곤, 정광필,

314

조광조 등 영향력 있는 중신들이 이에 호응하였고, 김안로 또한 같은 의견이었다. 이때 임금은 아마도 그동안 자신의 일관성 없는 결정에 대한 적당한 핑계가 필요했고 그 구실로 '양비양시론'을 쟁점화한 것이다.

왕 스스로가 전교하여,

"대간을 자주 체직한 것은 모두 이(양비양시론) 때문이라."고 했듯이, 왕은 박상의 상소를 둘러싸고 벌어진 일련의 실책이 도두 양비양시론 탓이라 우겼다.

[사신]은 말하기를,

"김안로는 본디 재명이 있고 또 임기응변에 능하였으므로 사람들이 모두 빠져서 쏠리듯이 따랐으며 상의 뜻 또한 의심을 품었으되 분변하지 못하여, 공론이 오랫동안 우울하다가, 이에 이르러 시비가 정하여 졌으므로 홍언필 등이 사직하였다."87) 하였다.

정광필도 박상 등의 상소 직후 대간(권민수, 이행)이 이조판서 안당에게 죄주기를 청할 때 다음과 같이 말하여, 사실상 양시론을 주장한 바 있다. 즉

"(박상 등의 상소를 죄주자는 일이) 언로에 방해가 된다는 것을 대간이 어찌 모르겠으며, 신 또한 박상 등이 그르다는 것을 어찌 모르겠습니까. 그 뜻(대간과 재상의)은 다 옳습니다."고 하였다.88)

박상 등이 그르니 대간의 주장이 옳다는 뜻이고, 언로에 방해가 된다는 안당의 주장도 옳다는 양시론이다.

중종 또한 "홍문관(김안로를 지칭함)이 어찌 정실이 있어서 그렇게 하였겠는가?"89) 하여 그의 선의를 긍정하였다 함은 앞에서 이미 논의하였다.

당시 야사에는,

---

87) 중종 11년 3월 8일 7번째 기사.[사신은 논한다]
88) 중종실록 23권, 중종 10년 9월 4일 1번째 기사.
89) 중종 11년 3월 8일 6번째 기사.

"당초에 김안로 등이 신씨 부인이 복위할 수 없다는 것을 고집하여 당시의 착한 선비들과 대립하였다. 하지만 또한 소견이 없는 것은 아니었다."고[90] 하였다.

이상의 여러 글들을 종합해 보면 비록 역사가 대개 조광조＝사림＝성현의 시각에서 쓰인 것을 감안해도 희락당의 논리는 당시의 선비들이 '빠져서 쏠리고 분별하지 못할 만큼' 강한 설득력을 가지고 있었음은 사실이다.

* 희락당의 사상

희락당은 원래 전형적인 훈구 관료 출신으로, 그의 생각 혹은 사상이나 이념 성향도 현실주의적인 실천을 바탕으로 하고 있다. 그가 임금께 올린 인재 양성의 여섯 가지 조목 중, 제1항목에서, 주장한 것이, '사와 부(詞와 賦; 문장과 시, 논문 등)를 익혀서 문리(文理; 학문의 조리, 사물을 깨달아 아는 길)를 아는 것이 우선되어야 한다.'는 것이었다.[91]

기묘의 사림들이 중요시했던 도(道), 즉 이(理)와 경전(經典), 그리고 희락당이 내세운 사장에 관한 주장들을 요약해 보면 다음과 같다.

조선 중기에 이르러 중앙의 양반 관료들 사이에 사림과 훈구의 대립은 오늘날 마치 이념 갈등과 비슷하게 첨예하였다.

사림은 성종대에 이르러 중앙정치에 진출하였다. 점필제 김종직을 필두로 한 김굉필, 정여창, 김일손 등이 그 대표적인 인물이다.

이들은 주로 삼사(사헌부, 사간원, 홍문관)에 진출하여, 왕과 문무백관에 대한 잘잘못을 간하고 논박했다. 중종시대의 사림으로 조광조를 비롯한 김정, 김식 등은 전형적인 주자 성리학자였다. 이들은 이학(理學)의 도(道)를 근본으로 한 군주의 철저한 수신(修身)을 요구하였다.

---

90) 축수편, [연려실 기술 2], p.238.
91) 중종실록 80권, 중종 30년 12월 11일 1번째 기사.

이른바 성왕(聖王)론으로 군주는, 경연을 게을리하지 말아야 하고 언로를 철저히 개방해야 한다. 그 외에 향약의 실시와 소격서 폐지, 정몽주, 김굉필 등에 대한 문묘 배향, [근사록], [소학] 등 강론을 통한 도리의 실천 등을 특히 강조하였다.

조광조가 아뢰기를,

"옛 임금의 일도 본받을 만한데 하물며 근래에 있던 조종의 법이야 말할 필요도 없습니다. 더구나 그 사이에 도(道)가 새로 바뀌었으니(불교가 유교로 바뀜) 가볍게 여겨서는 안 됩니다."

"김굉필처럼 추향(대세를 따라감)이 지극히 바르고 행신(行身; 처신)에 도(道)가 있는 사람은 얻기가 쉽지 않습니다." 하였고, 이어서 검토관 기준(奇遵)도 같은 뜻으로 이들의 문묘배형(文廟配享)을 아뢰었다. 즉

"우리나라는 도학이 밝지 못하여 인심이 흐렸는데, 정몽주가 이학(理學)의 종(宗)이 되어 그 연원을 조금 열었고 김굉필이 송유(宋儒)의 끼친 실마리를 얻어 그 동정(動靜)과 시위(施爲; 위엄을 베풀어 떨침)가 바로 정자, 주자와 같았습니다. 그 뒤로 사림이 이들을 사모하여 착한 마음을 일으켜 다투어 본뜨니 묘정에 종사하는 일이 당연합니다."[92] 하였다.

또 아뢰기를,

"금세의 선비는 일상하는 것이 과거 공부에 마음을 두는 데에 지나지 않으므로, 한갓 경전을 외우거나 사장을 지을 뿐이고 자기를 수양하고 남을 다스리는 사람은 거의 없으니 말하자면 상심만 된다 하겠습니다. [소학]으로 근본을 세우는 도리는, 무엇보다 성상께서 몸소 행하고 마음으로 체득하는 것이 어떠한가에 달려 있습니다."[93] 하였다.

이에 관한 논의는 [근사록]을 강독할 때 또 계속되었다.

특진관 강징(姜澂)이 아뢰기를,

---

92) 중종실록 29권, 중종 12년 8월 8일 1번째 기사.
93) 중종 12년 8월 29일 5번째 기사.

"이학은 근본이고 문예는 말단이니 임금은 이학을 숭상하는 것이 중요합니다." 하였고,

유용근도 이어 아뢰기를,

"사장(詞章)은 본디 이학으로부터 나타나는 것이나, 사장은 배워도 잘하지 못하는 자가 혹 있는데 이학은 잘하지 못하는 자가 없습니다."고 하였다.

한편, 이들 이(理) 지상주의적 도덕론자들에 대하여, 사경(司經; 경연에서 임금에게 경전을 강론하는 벼슬) 손수(孫洙)는

"이학과 사장은 한가지인데 그 이름을 달리하는 것입니다.

'인심은 위태하고 도심은 미묘하므로 정(精)하고 순수해야 그 중도를 잡을 수 있다'는 것이 이학의 종지이며, '임금은 밝고, 재상은 어질도다', '남풍의 훈훈함은 우리 백성의 불평을 풀 수 있다.'고 한 것은 사장의 맨 처음입니다. 한마디로 이것은 이학이 사장으로 나타난 것입니다."라고 아뢰어, 강징의 주장을 반박하였다.

임금은 "이학과 사장은 다를 것이 없으니, 이학을 숭상하면 사장은 곧 그 가운데에 있는 것이다."라고 결론지었다.[94]

기묘사화 때 조광조 등 사림들을 제거하는 데 앞장섰던 남곤은 이 문제에 대하여, 다음과 같이 자신의 입장을 내놓았다.

"사장은, 국가의 중대한 일입니다. 예로부터 우리나라를 문헌의 나라라고 일컬은 것은 빛나는 문장이 있었기 때문이었습니다. 근간에는 음풍영월(吟諷詠月; 맑은 바람과 밝은 달에 대하여 시를 짓고 즐기는 일)을 모두들 그르다 하여 이단이라고 지목하므로 문장이 보잘것없어지고, 경술(經術)도 황망하여졌으니, 만약 중국에서 문사가 사신으로 나온다면 누가 그 책임을 맡아 화답하겠습니까?" 하여, 사장(詞章) 중시의 극히 현실적인 주장을 하였다.

---

94) 중종실록 30권, 중종 12년 11월 8일 5번째 기사.

집의(執義) 유관(柳灌)도 비슷한 뜻으로,

"비록 덕행은 근본이요 문장은 말단이라고 하나, 말단 또한 버릴 수 없는 것입니다." 하였다.[95]

임금도 이에 동조하는 입장에서, 전교하기를,

"근래 선비가 경술을 근본으로 삼고, 사장을 말단으로 삼으므로 제술(製述; 시, 문장 등을 짓는 것)이 거치니, 중국 사신을 대하게 되더라도 누가 응답할 수 있겠는가? 17일에 사정전(경복궁 안에 있는 임금의 거처)에 문신들을 모아 제술하게 하라."[96] 하였다.

희락당은 그가 성균관 지사로 있으면서 동지사 유보, 김인손, 대사성 원계채와 같이 아뢴 인재양성 6조목에서,

"사장과 경술이 본래 경중은 있습니다. 그러나 경전의 공부를 보조하는 데 문장이 있어야 하며 체(體)와 용(用)이 서로 작용하므로 어느 하나를 소홀히 할 수 없습니다.

근래 공부하는 자들이 과거 공부에만 급하여 배우는 방법을 알지 못한 채, 먼저 대책을 익혀 요행을 바랍니다. 이전 사람들의 진부(陳腐; 낡고 부패함)한 말들을 주어모아 체양(體樣; 외양)에 맞추어 얽어서 과거에 합격하려 하고 문장에 대한 공부는 전폐한 채 익히지 않습니다.

경전은 도를 담는 도구이니 구두(口頭)만 익히고 문의(文意)를 강론하지 않으면 깊은 뜻을 통달할 수 없습니다. 예전 학자는 음석(音釋)과 훈고(訓詁; 경서의 해석, 고증 등)를 모두 스승에게 배웠고 서로 강론하고 스승과 질의 응답하였습니다."[97]라고 하여, 도를 익히고 경전을 공부함에 있어서도 학문의 첫걸음인 사, 부의 논리와 문리의 터득이 중요함을 역설하였다.

---

95) 중종실록 38권, 중종 15년 1월 11일 1번째 기사.

96) 중종 15년 5월 12일.

97) 중종 30년 12월 11일 1번째 기사.

정치에 있어서, 도(道)와 이(理)를 내세웠던 사람들은 후일 이기론(理氣論)의 선구가 되었고, 경전과 사장의 상호 작용, 문장의 논리를 중시한 희락당의 주장은, 적어도 탈 이기론적 실천적 이론과 관련이 있다고 보아야 할 것이다.

희락당은 이처럼 문학을 숭상하고 문장에 능한 인재를 특별히 선호하여 가려 뽑아야 한다는 일관된 소신을 갖고 있었다.

중종 28년, 기묘년의 사류들을 다시 서용해야 한다는 논의가 제기되었을 때도, "문장에 능한 사람을 가려 뽑아서 여러 차례 제술하게 하여 서열을 정하고, 혹 문장이 다른 사람보다 뛰어난 자가 있으면 비록 약간의 과실이 있더라도 조정의 관리에 특별히 서용하여 권면하는 것이 옳습니다."고 아뢰었다. 이에 대하여 [사신]의 평을 보면,

"기묘년 사람이 방면된 것은 한갓 김안로가 그렇게 해 준 것만 알 뿐 그가 왜 그렇게 했는가 하는 까닭을 모른다. 그가 마음속으로 '만약 기묘년 사람들을 소통시킨다면 사림이 나를 고맙게 여겨 나를 추앙할 것이다'고 생각했기 때문에, 겉으로 공론을 따르는 척하면서 소통의 길을 트기에 힘썼다.

그 본심은 기묘년 사람들을 원수처럼 여기고 밤낮으로 사림의 마음을 헤아리면서 보복의 기회를 노리고 있었다. 그럼에도 이처럼 한 것은 밖으로 이름을 낚고 속으로 그 술책을 행하려 했던 것이다."[98]

정말 [사신]이 그의 마음을 뚫어 보는 독심술(讀心術; 미세한 표정을 보고 남의 생각을 알아냄)이라도 가지고 있었던가, 아무리 귀신같은 재주를 가지고 있다 해도 사람의 마음을 그토록 속속 들이 간파하기란 불가능하다. 그것은 필시 상대방을 어떻게든 헐뜯어야 마음이 풀리는 [사신(史臣)]의 검은 마음을 단적으로 나타낸 하나의 사례에 불과하다.

사류들에 관하여, 희락당이 그의 솔직한 심정을 말한 상소의 한 구절

---

98) 중종실록 74권, 중종 28년 4월 13일 1번째 기사.[사신은 논하다]

320

을 소개하면 다음과 같다.

"신이 사림에 대하여 일찍이 관각(館閣; 홍문관 혹은 예문관)을 지낼 적에 추장(推獎; 여럿 중 특별히 추천하는 일)하는 성의가 부족하기는 했습니다. 그리고 사림이 신에 대하여는 전혀 서로 만날 기회가 없었으므로 역시 추장을 허용받는 일도 없었습니다. 귀양 갔다 온 이후로는 처음 듣는 후진의 이름이 많았고, 반면식(半面識)이 있는 사람조차도 거의 없었습니다.

이런데 사림이 어떻게 신의 사람됨을 알 수 있겠습니까. 평소 사림들이 소중하게 기억해 줄 만한 존재가 되지 못한 것이 이와 같습니다."99) 하였다.

이 구절을 미루어 보면 희락당이 사림을 원수처럼 여기고 밤낮으로 보복의 기회를 노렸다는 [사신]의 말은 아무런 근거가 없다.

잠깐, 시끄러운 정치 이야기를 떠나, 시 한 수를 소개하겠다.

희락당이 남긴 매병십폭(梅瓶十幅; 열 폭의 매화시로 된 병풍)이 있는데, 그중 두 편의 시를 번역한 것이다.

　　1 월매(月梅)

　　고야산 눈꽃처럼 맑고 아담한 모습
　　한번 보아도 천년을 기약하는 님 같아라

　　사랑한다고 부여잡고 싶지만 기어코 떠나려 하니
　　신선도 미련이 남아 마냥 후회하네
　　어느 그림 잘 그리는 사람 솜씨 빌려
　　저 달에 비친 매화 그려 내고 싶어라

　　* 고야산: 신선이 산다는 산 이름

99) 중종실록 72권, 중종 26년 12월 24일 1번째 기사.

2  설매(雪梅)

찬바람 된서리, 진(秦)나라 학정보다 매섭고
만산 초목이 진시황 책 태우듯 사라져 갔네
땅속에 잠들었던 새 생명, 스스로 움 돋아 오르고
눈 속에 꽃향기 외로이 피어나네
호호 백발 천지간에 휘날리며
상산의 사호처럼 홀로 서 있어라


* 상산사호(商山四皓): 진시황 때 상산 지방에 난리를 피하여 은둔한 4인
  의 노인을 말함.


이 간단한 두 편의 시를 보면, 희락당의 고고하고 청아한 기개, 홀로
우뚝 선 외로운 선비로서 그의 애틋한 심사를 읽을 수 있다.

## 다) 희락당의 업적

사림의 영수였던 조광조와 강력한 훈구대신으로 권세를 누렸던 남곤
이 죽고 또 하나의 조정 실세였던 경빈 박씨가 쫓겨난 어수선한 조정에
김안로가 유배지에서 다시 돌아왔다.


* 김안로는 보는 시각에 대하여,
중종은 분명 당시의 혼란한 정국을 이끌어 갈 자신의 우익(羽翼)으로
김안로를 불러들였겠지만, 조정 내에는 그의 복귀를 반대한 상소가 한동
안 계속되었다. 이들 중에는 대개 희락당이 남곤의 탄핵을 받고 쫓겨날
때, 이에 찬성한 사람들이 많았다.
희락당은 그가 조정에 들어서자마자, 아들, 며느리(효혜공주)를 잃고
또 다시 외톨박이 신세가 되었다.

그럼에도 불구하고 그는 세자를 위하여 목숨을 걸었다. 아마도 그는 후일 세자가 등극하여 훌륭한 정치를 수행할 수 있도록 그 기틀을 마련하고자 했을 것이다.

하지만, 문정왕후가 그녀의 소생을 생산한 이후, 조정의 사정은 갑자기 달라지기 시작하였다. 윤씨 일가의 입장에서, 세자는 그들의 왕권 장악을 위하여 걸림돌이 되었고, 희락당은 그에 선행하여 단죄되어야 할 존재가 되었다.

사림들은 바로 이러한 윤씨들의 세력을 업고 조정에 들어와 각각 소윤, 대윤의 대열에 연계되어 피해를 입었다. 하지만 문정왕후가 죽고, 외척 세력이 사라지면서 사림들은 결국 중앙정계에 남아, 이후 조선의 정치를 주도하게 되었다.[100]

역사는 사림의 시각에서 사림 대 훈구로 이분화되었고, 이러한 논리는 거의 모든 측면에서 대조적인 부류로 양분되어 심지어 도덕적 가치 판단에까지 짙게 투영되었다.[101]

'훈구'란 주로 중앙의 문벌 출신으로, 높은 관직과 토지, 노비를 소유한 집권 세력들이며 이들은 대개 정치적 전횡이나 경제적 비리에 쉽게 노출되어 있다.

반면 '사림'은 지방의 향청 등에서 영향력을 가진 재야 독서군으로 주로 삼사 계통의 언론, 문필을 담당한 젊은 사류들을 특징으로 분류되어 있다.

사림은 이상적 진보적 성향을 가진 인물로 참신하고 도덕적 청렴성에 자부심을 갖고 있다.

학문적으로는 사장보다 경학을 중시하며 경학의 기본정신은 수기치인

---

100) 김돈, "정치세력인 사림의 역사적 성격과 과제", [내일을 여는 역사](파주, 서해문집, 2006 겨울), p.195.
101) 김범, "훈구세력에 대한 공정한 인식과 평가", [내일을 여는 역사], p.177.

(修己治人; 인격을 닦은 후 사람을 다스리는 것)을 강조한다. 그리고 훈 구 세력들의 퇴영적(退嬰的; 보수적이고 반진보적)이고 고식적(姑息的; 미봉적이고 임시 변통적)인 면을 꼬집어 공격한다.

최근 이러한 이분법적 통설에 대하여 앞에서 인용한 김돈, 김범 등의 비판이 설득력을 갖고 학자들의 주목을 받고 있다.

중종대에 기묘 사림들이 개혁의 활동으로 추진했던, 정국공신의 삭훈, 소능 복위, 소격서 혁파, 현량과 실시, 향약, 소학 보급 등이 이미 그들 이 등용되기 전 중종 초반부터 활발하게 논의되었다는 것이다. 다만 이 들은 이를 관철시켰고 특히 현량과를 실시했다는 데 그 차별성이 인정 될 뿐이다.[102]

현량과는 유일 천거제(초야에 묻혀 있는 숨은 인재를 추천하는 제도) 를 기본이념으로 하지만 결국 조광조를 중심으로 한 세력 강화의 수단 에 불과하다는 비판을 받았다.

중종 14년(1519년), 120명의 후보자 가운데서 선발된 28명의 출신 배 경을 보면, 그 경력으로 현직관리 10명, 진사 7명, 생원 5명, 유학 4명, 전직 관리 2명이고, 출신 가계는 최고의 명문 가계가 14명으로 전체의 반을 차지하였다. 출신 지역으로는, 경상도 5명, 강원도 1명, 미상 1명을 제외한 21명이 기호 지방이었다.

조광조가 주로 그의 추종 세력을 대거 기용하여 훈구파로부터 인재 등용의 편파성에 대하여 강력한 반대가 제기되었다.

사림 세력의 종장으로 평가되었던 김종직은 '시문에 주력한 사람'으로 심지어 그때의 사람들이 '경상도 선배 패거리'[103]라고 비난했던 일도 있 었다. 그리고 동방 사현으로 추종받았던 이언적이 대, 소윤의 정권 싸움 에 끼어들어 사림들을 심문하는 추관으로 활약한 것은 그 이유 여하를

---

102) 김범, 앞의 글, pp.179 - 180. 이기백, [한국사 신론] 신수판 1992, p.269. 참조.
103) 성종실록 169권, 성종 15년 8월 6일 2번째 기사.[사신은 논한다]

불문하고 그가 훈구였음을 극명하게 말해 준다. 젊고 패기 찬 언관으로 서 활동할 때의 입장과 경륜이 쌓이고 품계가 올라가 중요한 요직에서 현실적인 정책 결정을 할 때는 서로 입장이 달라야 한다.

따라서 우리가 역사를 올바로 이해하려면 종래 우리가 잘못 알았던 '사림'과 '훈구'의 이분법적 편집(偏執; 편견을 고집하고 남의 말을 듣지 않음)에서 벗어나야 한다.

다음에서 희락당이 수행한 그의 업적에 관하여도 바로 이러한 시각에 서 보다 객관적인 접근이 필요하다고 생각한다.


* 유능한 인재 발탁을 위한 제안

유능한 인재 발탁을 위하여 그가 임금께 아뢴 여섯 조목의 내용은 다 음과 같다.[104]

첫째, 사장(詞章)과 경술을 상호 보완하여 학습해야 한다.

(사장과 경술의 경중, 체와 용의 상호 작용, 사, 부와 문리의 터득에 관한 내용은 앞의 '희락당 사상'에서 소개하였음)

근래에 공부하는 자들이 과거 보기에만 급하여 배우는 방법은 알지 못한 채, 먼저 대책부터 익혀 요행을 바라고 있다.

대책이란 것도 흔히 그 요령이 있어 표절하기 쉬우므로, 이전 사람의 낡은 말들을 주워 맞춰 과거 합격을 바라고 문장 공부를 하지 않고 있 는 실정이다.

경전이나 사장 어느 한 쪽이 중요한 것이 아니고, 단지 기계적인 암기 나 단편적인 학습으로 과거 합격에 급급한 당시의 잘못된 학습의 관행 을 바로잡아야 한다고 하였다.


둘째, 경전의 해석과 훈고 강론의 중요성

---

104) 중종실록 80권, 중종 30년 12월 11일 1번째 기사.

(글의 해석과 훈고, 질의응답과 경전 강론, 강관의 능력에 관하여 역시 앞의 '희락당 사상'에서 소개했음)

무의미한 암기 학습과 고전의 무비판적인 답습이 문제가 있으며 이를 심층 분석, 강론하고 사제 간 토론에 의한 학습이 중요하다.

셋째, 과거 합격자의 양보다 질의 중시

정원을 정하지 말고, 여러 차례에 걸쳐 모든 분야를 두루 시험하여 우수한 자만을 선발해야 한다.

넷째, 서도 성적의 반영.

서도(書徒; 독서 실적의 기록)의 성적을 식년 시험(式年; 3년마다 실시하는 과거시험)이나 별시(別時; 나라의 경사가 있을 때 특별히 실시하는 과거) 때에도 반영시켜야 한다.

쉽게 말하여 요즘 우리가 시행하고 있는 내신 성적 반영과 같은 것이다.

다섯째, 서도의 법 반영의 확대와 원점 반영

서도의 법을 서울 뿐 아니라 지방에도 실시하되 원점(圓點; 출석 점수)을 정하여 응시토록 해야 한다.

여섯째, 인재 등용의 융통성

인재 장려는 조장(條章; 법률의 여러 조목)만으로 되지 않으므로, 그 이외의 방도도 찾아야 한다. 법규에 구애되어 유능한 인재를 놓치지 말고 융통성 있는 인사로 조정을 이끌어 가야 한다는 뜻이다.


희락당은 이외에도 과거 출신자의 승진, 지방 수령의 비리와 어사들의 책임 있는 태도, 형벌의 신중, 각사 서리(胥吏; 아전)들의 문제점 등 인사와 관련하여 합리적인 정책안들을 건의하였다. 그 내용들을 간단히 소개하면 다음과 같다.

과거 출신자 승진에 관하여, 김안로가 아뢰기를,

"음직(蔭職; 과거에 의하지 않고 아버지 할아버지의 공으로 받는 직)

으로 벼슬에 나온 사람들은 불과 3-4년 만에 모두 6품의 실직(實職; 실제 관직)으로 승진되는 데도 정과(正科) 출신자들은 혹 10년이 되도록 침체되어 있어 일이 매우 잘못되어 있은 지 오래되었습니다."[105] 하였다.

* 지방 수령의 비리와 어사들의 책임 있는 태도

김안로가 아뢰기를,

"대체로 각 고을에서 바칠 공물(貢物)과 손님 접대에 사용할 잡물은 관청 내에 두지 않을 수 없습니다. 가령 진상(進上)을 하기 위해 짐승을 잡을 경우 그 가죽은 관아에 임시로 보관해야 하고, 수령이 송사를 할 때 부정한 물건을 회수하여 관아에 보관하기도 합니다.

그런데 어사들이 이러한 내용들을 분간하지도 않고 무조건 적발하였습니다. 그래서 수령들은 어사가 왔다는 소문을 들으면 관청에 있는 물건을 다른 곳에 옮기고, 그때 관리들은 이 물건을 훔쳐 가는 일이 많다고 합니다.

어느 수령은 잣 한 말이 적발되어 파직되었고, 양주 목사 홍신은 관청에 낫이 있다 하여 파직되었습니다. 파직부터 시키는 것은 옳지 않습니다." 하였다.

또한 형벌의 신중에 관하여, 김안로가 아뢰기를,

"조정의 큰일은 첫째로 사람을 등용하는 것이고 그다음은 형옥입니다.

형벌을 줄 때에 원래 사형에 처할 죄가 아닌데 잘못하여 죽은 자가 매우 많습니다. 한 사람이 억울하게 죽으면 화기를 손상시켜 수재와 한재를 일으킵니다. 작은 벌레라도 까닭 없이 죽일 수 없는데, 하물며 소중한 사람의 목숨을 경솔히 할 수 있단 말입니까.

옛사람들이 부득이 형벌을 내릴 일이 있으면 문 닫고 3일을 깊이 생각한 뒤에 처리하였으니, 이는 밝게 분별하려고 한 것입니다. 신중히 하

---

105) 중종 31년 4월 1일 3번째 기사.

고 형벌을 삼가는 마음을 두어 죄수를 위해 살려 줄 방도를 강구할 뿐,
형벌 내리기만 일삼아서는 안 됩니다.

무고한 자를 방면하는 것이 어찌 범연한 일이겠습니까?"106) 하였다.

각사 서리들의 문제점에 관하여,

김안로가 아뢰기를,

"대체로 서리들은 모두 권리 있는 관청에 소속되기를 원하고 있어서
권리가 없는 각사에 있는 자들은 온갖 방법으로 떠날 길을 찾다가 안
되면 일부러 죄를 지어 파역(罷役; 파직)당하여 소속을 옮길 길을 만들
고 있습니다.

권리 있는 부서에 있는 자는 비록 죄를 지어 파역당해도 곧바로 다시
출사하게 되어 모두 징계되는 일이 없어 방자하고 간사한 짓을 태연히
하고 있습니다. 상께서 권리 있는 부서의 농간이 심한 서리들의 가족을
모두 변방으로 보내겠다는 분부는 지당하십니다."107) 하였다.


* 안행량 수로공사의 완공

태안반도는 현재 해안 국립공원으로 지정되어 있다.

가로림만에서 서쪽으로 돌면 만리포 해수욕장이 있고, 그곳에서 다시
남쪽으로 내려오면 안흥항, 몽산포 그리고 그 유명한 안면도가 늘어서
있다.

요즘은 아름다운 휴양지로, 또한 불의의 기름 유출 사고로 인한 새까
만 바다로 유명해졌지만, 옛날에는 삼남 지방에서 세금으로 걷어 드리는
곡식의 중요 운송 통로였다. 그래서 위정자들은 자연, 그곳의 해운 상황
에 관심을 가지고 있었다.

태종 12년에, 하윤(河崙)이 청하여, 충청도 순성(蓴城)에다 물길을 열

---

106) 중종 31년 5월 28일 1번째 기사.
107) 중종 30년 8월 1일 3번째 기사.

고 못을 파서 물을 담아 배를 정박하자고 하였다. 그래서 전라도에서 올라오는 조세를 차례로 운반할 것을 임금께 청하였다. 이에 임금이 참찬 의정부사 김승주를 그곳에 보냈다. 임금은 그로 하여금 그림에 능한 화공을 데리고 가서 땅의 모양을 도면으로 그려 오도록 하였다.

순제란 곳은 충청도 태안군의 서쪽 산마루에 있다. 땅이 길고 곧게 바다 가운데로 뻗쳐 있어 수로가 험하다 하여 안흥량이라 했다. 전라도에서 올라오는 배는 이곳에서 실패가 많아 예나 이제나 걱정거리였다. 고려 때에 왕강(王康)이란 사람이 이곳을 뚫으려 하다가 그 땅이 모두 돌산이어서 마침내 실효를 보지 못했던 곳이다.[108]

최근 충남 태안군에서 국내 최초의 운하 건설을 추진하면서 이곳에 대한 관심이 언론의 중요 관심사가 되고 있다.

언론에 보도된 내용을 몇 가지 추려 보면 다음과 같은 글들이 있어 주목된다.

"충남도와 태안읍이 인평리와 서산시 어송리를 연결하는 굴포운하의 복원을 검토하고 있다. 굴포운하는 조선시대에는 '순제의 일'이나 안행량 또는 안흥량 공사로 불렸다."

"13일 태안군에 따르면 굴포운하는 태안읍 인평리 천수만부터 서산시 팔봉면 진장 어송리 가로림만까지 6.8km에 이르는 내륙 뱃길로, 고려 인종(1134년) 때부터 조선 현종(1669년) 때까지 500년 넘게 사업이 벌어졌다. 굴착 공사는 강폭 14 - 63m 구간 가운데 4km만 진행되었을 뿐, 나머지 2.8km는 암반 등에 가로막혀 이뤄지지 못했다. 굴포운하의 흔적은 논과 나대지에 남아 있다."[109]

이상의 글들을 종합해 보면 첫째, 안흥량이 태안군의 서쪽 마루에 있

---

108) 태종실록 24권, 태종 12년 11월 16일 5번째 기사.
109) 중도일보 2007년 3월 15일, 김학룡의 글. 한국일보, 2007년 3월 13일자. 연합뉴스, 2007년 3월 7일 운하사랑, 서해방송, 2007년 3월 8일.

다는 기록(태종실록)과, 현재 추진하고 있는 굴포운하가 태안읍 동쪽에 있다는 보도 내용,

둘째, 중종 당시 인평 저수지에서 가로림만까지의 운하를 건설하겠다는 계획이 있었는지 여부 등 규명해야 할 의문점이다.

중종 당시 김근사와 김안로가 추진하여 완공한 안행량 공사는 다음과 같다.

영의정 김근사, 좌의정 김안로, 호조판서 소세양 등이 아뢰기를,

"안행량 수로로 조운(漕運)하기가 어렵다는 것은 예로부터 큰 걱정이었습니다.

새로 수로를 파서 위험을 피하고 안전을 기하는 계책은 벌써 전부터 계획을 세워 놓고도 시행하지 못하였습니다. 지난번 고형산(高刑山)이 맨 먼저 그 계획을 올려 그 기지를 다른 곳으로 옮기고, 인부 3000명을 동원, 4개월 동안 공사를 진행하여 거의 완공이 되었으나 끝내지 못했습니다.

예부터 일을 세우고 계획을 짰다가도 마침내 유의(遊議; 근거 없는 의논)에 동요되고, 참소와 비방에 저지되어 일이 이루어질 무렵에 가서 갑자기 폐기되는 것은 이래서입니다.

(세종 임금이) 육진을 설치할 때에 참소하고 반대하는 자가 대궐 뜰에 가득하였어도 위에서 의심하지 않았고, 화살이 앉은 자리에 쏟아졌어도 일을 주관하는 신하가 역시 동요되지 않았습니다.

이제 안행량을 굴착하는 공사가 완성된다면 조운하는 데 침몰하는 걱정이 없을 뿐 아니라 오가는 뱃사람이 영영 물고기 밥이 되는 환란을 면하게 될 것입니다. 국가에서 한 명의 백성도 괴롭히지 않고 조금의 재력도 허비하지 않은 채 그 공로가 만세에 전해지고 혜택이 뭇 백성에게 미칠 것입니다.(승려들을 동원하여 역사를 하겠다는 말, 이 문제는 후에 자세히 소개하겠음)"110) 하였다.

이에 대하여 견항의 공사를 마무리 짓고 다음 해에 안행량 공사를 하자는 논의도 있었으나 좌의정 김안로, 우의정 윤은보가 강력히 주장하여 공사를 서둘렀다.

김안로가 의논드리기를,

"승군은 겨울 전부터 이미 식량을 장만하여 일하러 나가려고 마음먹고 있다 하는데, 올해에 그만둔다면 장차 태만하여져서 다시 모으기 어려울 듯한 형세입니다."

또 윤은보가 아뢰기를,

"여러 도의 중들이 올해에 이 일이 있으리라는 것을 미리 알고 각각 안행량 근처에 식량을 장만하여 두고 일할 때를 기다린다 하는데 이제 정지한다면 곧 흩어질 것이고--"라 하였다.

결국 왕은 그 이튿날 정원에 이르기를,

"안행량을 파는 일은 좌상(김안로), 우상(윤은보)의 의논을 채용할 것이니 해당 조(曺)에 말하라" 하여 공사의 진행을 승인하고, 그 착수를 명하였다.[111]

이 공사는 그로부터 6개월 후인 중종 32년 7월 17일에 완공되었다.

왕이 정원에 전교하기를,

"조종조부터 의항(蟻項)을 뚫었으나 성공하지 못했다. 지금 찰리사 김공석(金公奭)과 종사관 이현(李俔) 등은 조종조에서 성취하지 못했던 일을 성취하였다. 이 일이 비록 신하된 자의 직분에 당연한 일이라 하겠지만 상격이 없을 수 없다." 하였다.

여기서 의항은 안행량의 지역을 말하는데 의항을 뚫었다니, 과연 어느 정도의 수로를 착굴했는지는 정확히 알 수 없다.

다만 태종 때, 시도했다가 중단한 일을 다른 곳으로 옮겨 계획대로 공

---

110) 중종실록 82권, 중종 31년 6월 16일 1번째 기사.
111) 중종 32년 1월 15일, 동 1월 16일. 각 1번째 기사. 동 2월 7일 2번째 기사.

사를 완성한 것만은 분명하다.

하지만 현재 충남 도청과 태안 군청에서 알고 있는 바와 같이 6.8km 중 4km인지 혹은 6.8km 모두를 성공했는지 그렇지 않으면 그보다 더 짧은 물길을 팠는지도 모른다.

하여튼 이 사업은 견항(삼전도 지역 물막이 공사)의 공사에 비하여 훨씬 그 규모가 크고 어려운 공사였다. 그럼에도 희락당이 이를 강력 추진하여 그 결실을 본 것은 진정 그의 노력의 성과라고 볼 수 있다.

특히 이 공사에 소요되는 인력으로 승려들을 활용하여 그들의 사회적 문제점들을 극복하려고 했던 일도 간과할 수 없다.

견항의 공사는, 당초(중종 23년) 길이 1140자(약 345m), 높이 10자(약 3m), 바닥 너비 80자(약 24m)로, 이에 소요되는 연 인원을 76,000명에서 85,000명으로 추산하였다. 하지만 중종 31년 공사를 착공한 뒤 막아야 할 공사가 약 3천 척(그중 힘든 지역이 1천 척, 즉 전체 1km 공사 중 330m가량이 힘든 구간이다)이고 동원된 승군은 1,800명이라 했다.[112]

한편, 고형산이 안행량 공사에 쏟았던 인력은 3천 명을 4개월 동안 동원하였으니, 연 인원 36만 명이고 그 뒤 완공 때까지 또 6개월(32년 1월부터 동 7월까지)을 더 일했다면 그 숫자는 훨씬 많다.

희락당은 당시 사찰 주변에 만연된 승려들의 폐해와 이 공사에 소요되는 막대한 인력의 동원을 같이 고려하여 문제를 극복하고자 한 것이다.

\* 호패법과 승려들의 동원

세조 5년부터 다시 실시했던 호패법은 그 부작용이 심하여 세조가 이 법을 폐지하고자 했다.

호패법은 16세 이상의 남자가 패용하고 다니는 호패에 관한 법으로 요즘으로 말하면 '주민 등록'에 관련된 법령과 같은 것이다. 이 법은 태

---

112) 중종 23년 7월 19일 2번째 기사. 중종 31년 2월 6일 1번째 기사.

종 때부터 시행하였다가 한때 폐하였는데 세조 5년 2월 1일 다시 시행되었다.

호패법에 의하여 조정에서는 철저한 호구 조사를 실시하였다. 이는 서인(庶人), 즉 양인(良人)들의 호적 혹은 군적을 새로 작성하기 위한 것이었다. 여기서 서인(庶人)이란 양인, 상인 혹은 일반 백성으로, 양반, 중인, 천인과 구별된 개념이다. 이들은 농, 공, 상의 생산자로 납세 공부(貢賦; 궁중이나 나라에 바치는 물건 혹은 세금), 군역의 담당자요 특히 병역의 주체다. 조사의 취지는 될수록 양인의 수를 늘리는 것이었다.

하지만, 이 업무를 실제 담당하는 중간 관리들의 농간으로 그 부작용이 심하였다.

관리들은 군액(軍額; 군 인원의 수효)을 늘리는 데만 급급하여 여자를 남자라 하고 죽은 자를 산 자로, 눈멀고 병든 자를 군역에 충당하는 등 불법을 일삼았다.[113]

또 양인으로서도 양적이 없는 자는 호패를 받기가 어려우므로 혹은 양반 집에 의탁하여 노비가 되거나 절로 들어가 중이 되는 자가 많았다. 성종 때에 현석규(玄錫圭)가 임금께 아뢴 말을 인용하면, "금년에 5개 도에서 징병한 군인의 수가 2만 5천 명인데, 세조 때 중의 수는 모두 11만 명이고 그 뒤에 중이 된 자가 몇 천 명인지 알 수 없습니다."[114]고 할 정도였다.

결국, 호패법의 문란으로, 양인들이 절로 들어가 중이 되는 자가 많아졌고 사찰은 병역 기피의 온상이 되었다. 그런데 중종대에 들어와 그 폐해가 더욱 커서 이에 대한 근본적인 대책이 요구되고 있었다.

이때에 김근사, 김안로가 아뢰기를,

"근래 불교는 매우 쇠퇴하였으나 중들의 번성함은 당시 불교를 숭배

---

113) 세조실록 46권, 세조 14년 6월 14일 4번째 기사. 성균 진사 송희언의 상소 참조.
114) 성종실록 77권, 성종 8년 윤 2월 23일.

할 때에 비하여 백배만 될 뿐이 아닙니다. 도첩(승려들에게 허가증을 발급하는 법)을 제한하여 억제하는 금법이 없어서 중들이 어디서든지 멋대로 굴어도 도대체 절제할 바를 모릅니다.

(절에 들어가 중이 되는 것이) 처음에는 죄를 피하고 병역을 피하는 소굴이 되었는데 이제는 도적의 소굴로 변하여 무덤을 파헤치고 사람을 찔러 죽이는 행동을 대낮에도 기탄없이 저지르고 있습니다.

이와 같이 흉악하고 사나움이 점점 심해지니 그 습성은 이미 고질화되어 늦추어 주면 더욱 심하고 다그치면 환란이 생겨나서 이루다 제지할 수도 없고 또 모두 죽일 수도 없게 되었습니다.

신들은 들으니 견항의 역사(役事)가 있은 후로 하삼도(下三道; 충청, 경상, 전라도)에 머리 깎은 도둑이 없어졌고 호패가 없이는 용납되기 어렵다는 것을 알게 되었답니다. 견항의 역사에서 호패를 실용화해서 받은 자가 5천 명이니 이 밖의 지방에 있는 자가 어찌 그 수의 백배만 되겠습니까."[115] 하였다.

이러한 상황에서 안행량 공사에 승려들을 동원하는 일은, 첫째, 범죄의 온상이 되어 가고 있는 사찰을 정화하고, 둘째, 승려들의 유휴 노동력을 충분히 활용하며, 셋째, 이들에게 호패를 주거나 호패법을 실용화해서 국가의 인력을 확보하겠다는 3중의 효과를 거둘 수 있는 방안이었다.


* 기타 변방 수비와 군마(軍馬) 및 궁시(弓矢)의 점검

희락당은 요동 지역에서 자주 일어난 반란 등에 깊은 관심을 가지고 그 대책에 부심하였다.

반란의 사전 방비를 위하여, 관찰사와 절도사들이 상하로 나누어 그 지역을 철저히 방비하는 것도 중요하지만 사졸을 훈련시키고 병기를 점

---

115) 중종실록 82권, 중종 32년 6월 16일 1번째 기사.

334

검하는 것도 중요한 조치라고 했다.

그 외에 변방의 국방 수비, 그리고 말과 활 등 군비 문제에 관련하여 임금께 상주한 사례를 한두 가지 소개하면 다음과 같다.

첫째, 동평고(북쪽 국경 지역에 사는 오랑캐족)족에 대하여, 김안로가 아뢰기를,

"저들은 물론 우리와 다른 종족입니다. 하지만 만일 저들이 궁지에 몰려온다면 임금의 포용력 있는 교화로 받아들여야 할 것 같습니다.

저들이 과연 처자식을 모두 데리고 다시 온다면 남쪽 지방의 외딴 섬에 나누어 살게 하고 구휼하여 안거하게 함으로써 그들을 안심시키소서. 후일 서쪽 변방에 갑자기 급한 일이 생기면 또한 길잡이로 삼을 수 있을 것입니다. 그들은 도로의 멀고 가까운 것, 험하고 평탄한 것, 부락의 숫자와 그 세의 강약에 대하여 자세히 알고 있을 것이니 군사 행동에 도움이 될 것입니다."116) 하였다.

둘째, 말에 관련된 행정에 관하여, 김안로가 아뢰기를,

"옛사람이 마정(馬政)에 마음을 기울인 것이 어찌 범연한 일이겠습니까? 근래 우리나라는 마정이 매우 허술합니다. 목장을 지키는 자들이 소홀히 하여 마음을 기울이지 않으니 말이 모자라는 것이 괴하게 여길 것도 없습니다.

목자가 목장을 지키지 않고, 좋은 말은 모두 빼 내가고 목장이 모두 권세 있는 자들의 소유가 되었으니 이것이 마정이 피폐된 까닭입니다." 하였다.117)

셋째, 궁시(弓矢; 활과 화살)의 개조, 즉 무기정비에 관하여, 김안로가 아뢰기를,

---

116) 중종실록 79권, 중종 30년 4월 21일 2번째 기사.
117) 중종 31년, 9월 25일 1번째 기사.

"궁시의 제작은 결코 범연히 하는 일이 아닙니다. 요즘 중국에서는 군현에 소장된 궁시를 모두 거두어 올려서 기능 있는 자로 하여금 다시 개조하여 군현에 돌려보내고 있다고 합니다. 오랫동안 묵어서 쓸모가 없는 것들을 군사들에게 나눠 주어 사용할 만한 것을 골라, 이들을 개조, 비치하게 하소서. 기타 군현에 소장된 궁시도 다시 개조하여 만일에 대비하소서. 만약 쓸모없는 물건이라면 아무리 산더미처럼 쌓여 있은들 무슨 소용이 있겠습니까?"[118] 하였다.

이상 희락당이 왕정의 중요 기틀인 유학(儒學)의 경전을 바탕으로 학문의 올바른 이해, 정책 입안에 필요한 논리와 토론, 강론 등을 중요시한 것은 나름대로 시대적 의미가 있다.

희락당의 인사 6조목이나, 이에 관련된 제도로서, 독서당, 서도법, 원점제도 활용 그리고 무엇보다도 과거 출신자 우대의 일관된 주장은 극히 합리적이고 원칙적 태도임이 분명하다. 임금의 관심을 끊임없이 촉구했던 지방관, 서리, 암행어사들의 문제도 바로 이와 같은 맥락에서 이해할 수 있다.

현재 정확하게 그 윤곽이 파악되지 않았지만, 그는 안행량 공사의 완공과 승려의 활용, 변방에서 일어나는 야인들의 문제, 군비의 정비 등 국정 전반에 걸쳐 원칙적인 대응으로 중종을 보필하는 데 사심이 없었다.

그럼에도 불구하고 왜 그는 조선조 역사상 혹독한 악명을 뒤집어써야 했는가? 도대체 그의 죄목은 무엇인가?

## 3) 희락당의 제2차 수난(유배, 사사)

왕비의 기세(氣勢)가 날로 치성(熾盛)하고 있었다.

그동안 임금의 사랑을 독차지 하고 있었던 경빈 박씨 모자가 세상을

---

118) 중종 31년 2월 6일 1번째 기사.

떠나고 이들을 가까이했던 신료들도 그 자취를 감추었다.

왕비가 낳은 대군이 자라면서 임금의 사랑은 당연히 이들 모자(母子; 후의 명종과 문정왕후)에게 쏠리기 마련이었다. 이를 계기로 임금 내외의 사랑과 믿음은 더욱 깊어만 갔다.

왕은 대군을 무릎 위에 앉혀 놓고 행여 이들 모자의 앞날에 무슨 액운이라도 닥치지 않을까 노심초사하고 있었다.

후일 윤인경의 상소 가운데 "선왕은 밤낮으로 어린 아들을 보전하지 못할까 우려하신 나머지 드디어 심열을 이루어 끝내 승하하시기에 이르렀습니다."[119] 하였다.

왕비의 주변에는 요즘 유행하는 말로 '정치 9단'의 참모들이 줄을 대며 모여들고 있었다. 그 중심에 권모술수에 능한 윤원형과 조정 벼슬아치들보다 더 뛰어난 지략을 가진 그의 첩 정난정이 있었다. 이들은 궁중을 마치 자기 집 드나들 듯 출입하고 있었다.

왕비는 욕심이 많았다.

왕비의 소망은, 우선 그의 아들 경원 대군을 왕위에 앉히는 일이었다. 설사 왕이 되지 못한다 해도 세자가 후사가 없기 때문에 될 수 있으면 그의 친정 기간이 길지 않았으면 하는 바람이 있었을 것이다.

이를 위해서는 세자의 우익을 자처하고 나선 희락당 김안로를 제거하는 것이 그녀의 급선무다.

이런 상황에서 왕비와 윤씨 일가의 구체적인 음모가 시작되었다.

'동궁(후의 인종)은 계사(대를 이을 아들)가 없고, 중종은 대군이 있다.

송나라 인종이 왕비를 폐후한 일이 있었는데, 지금 사람들의 모의도 예측하기 어렵다.

우리 형제는 왕실의 지친으로서 그 대책을 도모하지 않을 수 없다.'는

---

119) 명종 즉위년 7월 7일 3번째 기사.

등 알 수 없는 말들이 윤씨일가(윤원형 형제와 윤임 일가)에서 나왔다.

희락당의 시각으로 보면, 윤원형은 아내를 버린 패륜아요, 시, 부 사장이나 문리도 잘 모르는 무식꾼이다. 또한 학식도 덕망도 없는 외척 나부랭이에 불과하다고 얕잡아 보았을 수도 있다. 하지만 세상에는 그러한 결점이 오히려 기회가 되어 자신의 뜻을 이룬 사람들이 많다.

희락당 주변에는 이제 공주(며느리인 효혜공주), 부마(아들 연성위)도 없고, 착하고 심약한 세자를 보호할 능력도 의무도 없다.

자신의 높은 지위는 많은 신료들로부터 공격을 받기에 충분하고 임금은 더 이상 그의 사정을 들어 줄 형편이 아니다.

그럼에도 그는 왕과 세자를 위해서 충성을 다하고 그에게 아무 잘못이 없다고 스스로를 굳게 믿고 있었을 것이다.

[주역] 첫 괘(乾爲天)에 현용재전 이견대인(見龍在田 利見大人, 九二), 항용유회(亢龍 有悔, 上九)란 말이 있다.[120]

앞 구절은 '용이 밭에 나타났으니 대인을 보면 크게 이득을 얻는다'는 뜻이고, 뒤 구절은 '지위가 높을수록 따르는 자가 없으니 뉘우침이 있을 뿐'이라는 뜻이다.

이들을 [주역]의 용에 비유하기는 적절하지 않겠으나, 어찌되었든 윤원형이 이제 밭으로 나타난 용이라면, 희락당은 바야흐로 추락할 항용(亢龍)의 신세가 되고 있었다.

## 가) 누가 국모(國母)를 해치려 했던가?

이 일의 진실을 규명하기 위하여 우선 허경(許坰)의 공초(供招; 범죄사실의 진술) 내용부터 살펴볼 필요가 있다.

---

120) 김석진, [대산 주역 강해], 상경(서울, 대유학당, 1995), pp.63-81.

허경의 공초 내용

허경의 공초는 김안로가 사약을 들고 세상을 떠난 사흘 뒤에, 윤씨 정권에 의하여 행하여졌다. [실록]에 기록된 그 내용은 대개 아래와 같다.

허경의 공초에, "제가 비록 허항(許沆)과 육촌 사이이지만, 허항은 성품이 본래 흉측하여 멀고 가까운 친척들이 모두 두려워하며 그를 가까이하거나 좋아하는 사람이 하나도 없었습니다.

이달 20일(중종 32년 10월 20일), 아침에 허항이 사람을 보내어 '내일 아침에 여막(廬幕; 신주나 무덤 가까이에 짓고 상제가 거처하는 집)으로 돌아갈 것인데, 만나 보고 긴요하게 할 말이 있으니 빨리 오라'고 하였습니다. 그때 허항이 기쁜 표정으로 말하기를,

'요즘 윤원로와 윤원형 등이 그의 당원(黨援; 같은 무리)인 윤인서(尹仁恕)가 논박받아 체직된 것을 보고(중종 32년 10월 5일 사헌부가 그의 체직을 청하여 왕이 허락함) 몹시 분노하였다.'

이들 형제가 조정에 화를 일으키고 사림을 해치려고 안팎에 없는 말을 만들어 내었는데 윤원로가 윤임(尹任)의 집에 가서 '당시 사람들이 우리 형제를 의심하게 된 것은 동궁(東宮; 후의 인종)은 그때 대를 이을 아들이 없었고, 중종은 대군(大君; 후의 명종)이 있었기 때문이었다.

옛날 중국에서도 송나라 인종이 왕비를 폐한 일이 있었는데, 지금 사림들의 모의도 예측하기 어렵다. 우리 형제는 왕실의 지친으로서 서둘러 대책을 도모하지 않을 수 없다.'고 했습니다.

'어제 저녁에 윤임이 직접 우리 집에 와서 말하였고, 권예(權예)도 김근사의 집에서 그 말을 듣고 내가 서울에 왔다는 말을 듣고 즉시 편지를 보내 왔다' 하고 그 편지를 보여주는데 내용이 허항의 말과 같았습니다.

허항이 저에게 말하기를 '윤원로의 계획이 만약 이루어진다면 사림이 화를 만날 뿐 아니라 종사도 반드시 위태롭게 될 것이다.'고 하였습니다."121)

이러한 윤원로의 엉뚱한 말은 바로 그 다음날 양연의 상소에 의하여 공론화되었다.

### 나) 대사헌 양연의 상소

중종 32년 10월 21일,

사헌부 대사헌 양연, 집의 안사언, 사간원 사간 채낙, 장령 한숙과 이몽필, 헌납 최보한, 지평 정대년과 이원손, 정언 정응두와 이승효가 아뢰기를,

"윤원로, 윤원형은 사특한 마음을 품고 내외에 없는 사실을 얽어 유언비어를 날조하였습니다. 사림을 모해하기 위해 조정에 이런 말을 만들었습니다. 그 음흉하고 불측한 모계(謀計; 꾀와 계략)가 끝이 없었는데 신명이 밝게 비추어 간사한 술책이 절로 들어났습니다. 이런 흉사(凶邪; 흉악하고 간사함)를 한 사람은 단 하루도 서울에 둘 수 없으니 빨리 먼 곳으로 내쳐 조정을 안정시키소서." 하자, 왕이 답하기를, "대간이 들은 것을 거짓이라 할 수 없지만 그 사실을 알 수 없다. 윤허할 수 없다."고 하였다.122)

이 상소는 10월 21일부터 23일까지 계속되었다.

중종 32년 10월 21일,

윤풍형, 채세영 등이 대간이 논한 바를 또 아뢰었으나 윤허하지 않았다. 대간이 윤원로의 일을 다시 아뢰었다.

중종 32년 10월 22일,

대간 전원과 김근사 김안로 윤은보(삼정승) 등이 전일의 일을 아뢰었으나 윤허하지 않았다.

---

121) 중종실록 86권, 중종32년 11월 1일 1번째 기사.
122) 중종실록 89권, 중종 32년 10월 21일 2번째 기사.

양연 등이 윤원로의 일을 다시 아뢰었으나 윤허하지 않았다.

양연 등이 또 아뢰기를,

"지친인 사람을 갑자기 내치기 어렵다는 상교(임금의 지시)는 지당합니다. 신들의 뜻은 단지 국가를 중하게 여기기 때문에 그런 흉사스런 사람은 한시라도 도성 안에 머물 수 없다고 생각하여 이렇게 아뢴 것입니다." 하자, 임금은, "중죄를 경솔하게 처리할 수 없다, 윤허하지 않는다." 고 했다.

이후 양연 등이 다섯 차례나 아뢰었다.

홍문관이 윤원로 등의 일을 다시 아뢰었으나 윤허하지 않았다.

양연 등이 다시 상차하였으나(통합 일곱 차례) 윤허하지 않았다.

중종 32년 10월 23일,

대간 전원이 윤원로 등의 일을 아뢰었으나 윤허하지 않았다.

김근사(영의정) 등이 육조 당상을 거느리고 윤원로의 일을 상서하여 아뢰었다.

양연, 채낙 등이 윤원로의 일을 아뢰었다.

윤풍형 등이 윤원로의 일을 아뢰니, 왕이 전교하기를,

"이번 일은 공론이 크게 일어나고 있는데 내가 어찌 감싸고 아끼겠는가.

이 사람들은 연소배로서 사체를 모르고 그런 망언을 하기에 이르렀으니, 문외로 출송하여 도성 안에 발을 붙이지 못하게 하면 조금 진정될 것이다." 하였다.

양연 등이 윤원형의 죄를 아뢰자 먼 곳으로 내칠 것을 전교하였다. 즉

"윤원형은 본래 거짓되고 무상한 사람인데 재치가 있어 남의 이목을 현혹시키기에 충분합니다. 맨 처음부터 화려한 벼슬을 거쳤는데도 사람들이 그 사람됨을 알아보지 못하였습니다.

독을 품고 남을 해치려는 마음은 실로 여기서 시작되었습니다. 윤인서(尹仁恕)는 윤원형의 눈과 귀가 되어 끝없이 독을 뿜을 대상자를 은밀히

엿보고 살폈습니다.

윤인서가 패하자 윤원형의 사특한 모의는 더욱 다급해져서 그의 형 원로와 함께 온갖 계책을 냈습니다. '형적 없는 중요한 일로 선동한 다음에야 그들의 술책을 행할 수 있다.'고 생각하고, 송 인종의 고사(故事; 인종이 왕비를 폐했다는 일)를 끌어 대어 국모에게 관계되는 말을 차마 입에 담아 그것으로 사림을 일망타진하고 종사에 화를 끼치려 하였습니다." 하니, 왕이 전교하기를,

"지금 아뢴 것을 보니 매우 해괴하다. 아뢴 대로 먼 곳으로 내치는 것이 옳다."[123) 하였다.

윤원로 윤원형의 무고(誣告)와 허위 날조 사건은 이렇게 진행되고 있었다.

중종 32년 10월 24일, 중종은 갑자기 금부도사를 시켜 김안로를 잡아들였다. 바로 그 전날까지도 윤원로 형제를 끈질기게 탄핵하던 양연 등은, 하루아침 사이에 얼굴을 바꾸고 김안로를 절도에 귀양 보내라고 아뢰었다.

이와 관련하여 [사신]은 다음과 같이 그 이유를 해명하였다.

"양사에서 김안로의 사독함과 권세를 독차지한 죄가 극악하다는 것과 김근사가 악의 무리라는 형상을 자세히 아뢰자, 임금이 즉시 윤허하였다. 이때 양연이 대사헌으로 이 의논을 먼저 주장한 것은 왕의 밀지(密旨)를 받았기 때문이라 한다."

"김안로가 윤원로 등이 장차 자기를 해칠 것을 알고는 공론을 칭탁하여 사림에 전파하여 윤원로 등을 정죄(定罪)하였다. 윤원로 등이 김안로의 흉사하고 부도한 죄상을 몰래 상께 아뢰었다.

상께서는 이를 매우 두려워하여 무사(武士)를 시켜서 김안로의 무리를

___
123) 중종실록 85권, 중종 32년 10월 21일 1번째 기사부터 4번째 기사까지. 동 10월 22일 1번째부터 5번째 기사까지. 동 10월 23일 1번째 기사부터 6번째 기사까지.

박살하려 하였다 .이를 왕비의 당숙인 윤안인(尹安仁)과 의논하여, 그렇게 하지 않고 윤임, 윤안인을 시켜 은밀히 양연에게 교시하였다. 다만 그 일이 조정에서 나오지 않고 외척에게서 나왔으므로 정대(正大)하지 못함을 식자들이 한스럽게 여겼다."124)

야사에서는 윤안인이 비밀리에 왕비에게 '안로가 왕비를 해치려 한다' 아뢰니, 왕비가 중종 앞에서 눈물을 흘리며 간하였다는 이야기가 있다. 이는 앞 절 전주 이씨 편에서 소개하였다.

김안로가 왕비를 해친다는 윤씨들의 모함에 관하여 [실록]을 보면 다음과 같은 구절 등이 있다.

임금이 이르기를,

"윤원로 등이 말한 '김안로 등이 국모를 폐하려 한다'는 것은 과연 어디서 나왔는가?" 하니, 임백령 등이 아뢰기를,

"왕실의 지친(왕실과 가까운 친형제, 즉 윤원로를 말함)으로 헛된 말을 얽었으니, 그 죄는 면할 수 없습니다." 하였다.

또 원손(元孫)이 아뢰기를,

"윤원로 등은 국모와 관계되는 차마 입에 담지 못할 말을 발설했으니 그에 해당된 죄를 주어야 합니다."고 하였다.125)

임금이 이르기를,

"김안로가 파산(윤지임; 윤원형, 즉 문정왕후의 아버지)의 집안을 해치려 한 지는 오래이다. 윤원로가 그의 난정(亂政)에 분심을 품고 사적인 원한으로 남을 해치려고 그 말을 꺼냈음에 틀림없다." 하자, 윤은보가 아뢰기를,

---

124) 중종실록 85권, 중종 32년 10월 24일 2번째 기사.[사신은 논한다, 또 사신은 논한다]
125) 중종 32년 10월 24일 3번째 기사.

"윤원로는 김안로가 전권을 자행하는 것을 보고 분김에 말을 하다가 국모에게 관계된 것입니다."126) 하였다.

윤원로는 그 후에도 또 동궁(인종)이 대군(명종)을 해치려 한다는 헛소리를 만들어 유포했다는 죄로 유배되었는데, 결국 동생들(문정왕후와 윤원형)로부터 배척받아 처형되었다.127)

중종은 그 후 좌의정 윤은보와 우의정 유보에게 전교하기를,

"대간, 홍문관, 유생들이 허항, 채무택의 죄를 중형으로 다스리기를 논하였다. 유생들이 말하기를 '서울에 몰래 모여 기복(起復; 탈상이 끝나기 전에 관직에 복귀하는 일, 허항, 채무택은 당시 모두 상중이었다.)을 도모하고 도성 안에 있으면서 국모를 모해하였으니'라고 한 것을 보면 윤원로가 지난번에 없는 말을 한 것이 아니고, 형적이 있었으니, 그를 파직까지 시킨 명분이 없다."라 하였다.128)

왕은 그동안 몇 번이고 확인했던 윤원로의 죄를, 이미 처형된 허항, 채무택에게 덮어씌워 그의 석방 구실을 만들었다.

이 사건에 관하여 [사신]은 다음과 같은 의견을 내놓았다.

첫째, 김안로와 양연, 권예의 관계에 관하여,

"김안로와 윤원로 등은 대대로 혐의가 있어 평소 서로 해치려 하였다.

윤원로가 윤임의 집에 가서 김안로의 일을 의논하였다. 김안로의 친당이 이를 안로에게 알렸다.

김안로는 김근사를 시켜서 윤원로의 죄를 거짓으로 꾸며 사림을 해치려 한다는 말로 권예에게 몰래 부탁하였다. 권예가 양연에게 이 말을 했다.

허항과 채무택은 모두가 상을 당하여 밖에 있었으나 김안로가 편지로 서로 의논하여 윤원로의 죄를 얽었다.

126) 중종 32년 10월 27일 4번째 기사.
127) 명종 즉위년 7월 7일 3번째 기사. 명종실록 6권, 명종 2년 12월 26일 1번째 기사.
128) 중종실록 85권, 중종 32년 10월 29일 1번째 기사.

양연은 평소 김안로에게 빌붙지 않았기에 마음대로 하기 어려웠다. 권예는 중망이 있어 말을 삼가리라 여겼다."[129) 하였다.

[사신]의 말대로 양연이 안로에게 빌붙지 않았고, 권예가 중망이 있는 사람이라면, 이들이 상소한 윤씨들의 죄(김안로를 탄핵하기 전)는 분명한 것이었다.

따라서 김안로와 김근사가 거짓으로 죄를 꾸민 것이 아니고, 그 죄는 윤원로 스스로가 만든 것이다. 이는 앞서 [실록]에서 누누이 살펴본 바와 같다.

양연과 김안로의 관계는 그 두 사람에게 직접 물어보지 않고는 속단할 수 없다. 양연은 나름대로 명분이 있어서 윤원로 사건을 공론화하였고, 그 일이 옳다고 생각하여 계속 그의 처벌을 상소하였다. 그리고 하루아침 사이에 태도를 바꾼 것은 왕의 밀지 때문이었다. 이러한 일은 권예도 마찬가지리라. 그 시대 그 상황에서 누가 감히 왕명을 거스를 수 있었던가.

둘째, 국모를 폐한다는 일에 관하여, [사신]은 다음과 같이 말하였다.

"윤원로와 신수경이 일찍이 '윤임이 김안로와 더불어 모후(母后; 문정왕후)를 폐하려고 했다'는 근거 없는 말을 만들어 위협을 하고 이 사건으로 동궁(후의 인종)에게 누가 미치도록 하고자 하였다.

상이 허경의 추안을 추고하도록 한 것은 바로 이 때문이었다.

상의 이러한 조치가 과연 지공무사(至公無私)한 것이었다면 윤임과 윤원형에게 같은 죄를 주었어야 했는데 그렇지 않았다. 이는 모두 윤원로의 농간인데 대관이 그것을 알면서도 자신에게 화가 미칠까 두려워, 한 사람도 특출이 말하지 않았다."

"임금이 처음 정유년(중종 32년 김안로 사사의 해)의 일을 끌어다가 말한 것은 윤임에게 모후를 폐하려는 음모를 꾸몄다는 죄를 씌우려 한

---

129) 중종 32년 10월 22일 1번째 기사.[사신은 논한다]

것이었다.

조정에서 임금의 뜻을 알고 힘써 막았기 때문에 임금 역시 뜻을 굽혔다. 그래서 윤임이 음모를 꾸몄다는 일은 저절로 궁색하게 되었다. 임금의 마음이 정해지지 않았기 때문에 윤원로의 참소(讒訴; 남을 헐뜯고 없는 죄를 고해바침)가 끼어들어, 그 폐단이 부자(중종과 인종)가 서로 의심하는 데까지 이르렀으니 어떻게 인심을 진정시킬 수 있겠는가?"[130] 하였다.

그 후 윤원로는 또 '인종이 명종을 해치려 한다'는 말을 만들어 결국 동생들에 의하여 처형되었다.

시종 김안로를 헐뜯던 [사신]조차 이런 글을 썼다는 것은 당시 윤씨들의 음모와 참소가 어느 정도였는가를 여실히 알 수 있다.

이 내용이 실려 있는 [실록]의 주(註; 인터넷 주 21200)에 다음과 같은 내용이 있다.

즉 "[주 21200] 정유년 사건: 정유년은 중종 32년, 당시 좌의정으로 있던 김안로는 동궁을 보호한다는 구실 아래 허항, 채무택 등을 심복으로 삼아 전횡하였다. 이해에 김안로는 윤원로, 윤원형 형제를 파직케 하고 왕비까지 폐하려는 음모를 꾸미다가 중종의 밀령에 의해 채포, 사사되었다."고 되어 있다.

김안로가 국모를 해하려고 했다는 기록은 명종 때(문정왕후가 집권할 때)를 제외하고는, 광해군대에 두 차례 나올 뿐이다.(광해군 즉위년 9월 22일과 10월 13일) 하지만 후대의 말들은 신빙성이 없다.

그런데 이토록 근거가 명확하지 않는 극히 음해성이 강한 주장을 마치 확실한 기정 사실처럼 주(註)에 달아 설명하고 있는 것이다.

---

130) 중종실록 105권, 중종 39년 10월 1일 1번째 기사.[사신은 논한다]

### 다) 희락당의 죽음: 중종이 또 칼을 뽑아 들었다

중종은 참 야비한 인간이었다.

중신들 앞에서 공론으로 내놓은 왕의 말을 함부로 바꾸고, 스스로가 앞장서서 전교한 조정의 결정을 하루아침 사이에 번복하여 신하들의 책임으로 돌렸다. 그리고 자신에게 충성을 다한 대신들의 가슴에 시퍼런 칼을 서슴없이 꽂았다.

왕은 그동안의 정치 경험으로 자신이 생겼는지, 아니면 정치에 대한 자신감이 없었던 탓인지, 아무 죄 없는 한 충신의 목숨을 불과 사흘 만에 해치웠다.

희락당의 처형은 양연 등의 상소와 중신들과의 논의를 거쳐 형식상 절차를 보완하였다.


\* 얼굴을 바꾼 양연의 또 다른 상소

김안로의 죄를 아뢴 자들은, 그 전날 윤원로의 파직을 거듭 상소하던 바로 그 사람들이었다.

양연, 안사언, 한숙, 이몽필, 최보한, 정대년, 이원손, 정응두, 이승효 등이 아뢰기를,

"좌의정 김안로는 흉악하고 사특함이 무상하여 탄핵할 가치도 없습니다.

몰래 재상의 지위를 차지하여 위복(威福; 때로는 위압, 때로는 복덕을 베풀어 사람을 복종시키는 일)의 권한을 마음대로 농간하고, 조정의 중대 의논은 자기가 내놓고 공론이라 핑계하여 욕심을 챙겼습니다.

자기와 다른 자는 배척하고 자기에게 붙좇는 자는 진출시키며, 조정의 높고 낮은 신하가 그 칼날을 당하지 못하고, 숨을 죽이고 발을 포개 디디며 두려워서 어쩔 줄을 몰랐습니다.

무슨 말이 김안로에게 미치면 눈을 감고 입을 열지 못하므로 그 기세가 치열하고 방자했습니다.

조정의 백사와 방백 수령이 중요한 공사만 있으면 반드시 그에게 품의한 후 행하였습니다. 경상(卿相; 삼상 육경)이나 대간, 시종의 직에 있는 자로 강직한 선비들도 그를 피하지 못하고 억지로 따라서 모두 그를 옳다고 했습니다.

비록 친척인 사람들도 그의 악을 알고도 말을 못하고 구차하게 따르며 받드는 자가 많았습니다.

이번 윤원로 등의 흉악한 계책은 차마 입에 담을 수 없을 정도이며, 그 악이 극에 이르러 죄를 주기에 조금도 의심할 것이 없습니다.”고 하였다.

이 내용은 조광조를 탄핵할 때와 거의 비슷하다.

당시의 탄액 내용을 참고로 소개하면 다음과 같다.

영의정 정광필, 남양군 홍경주, 공조판서 김전, 예조판서 남곤, 화천군 심정 등이 아뢰기를,(임금이 성운(成雲)에게 명하여 추고 전지를 기초하였다)

“조광조 등을 보건대, 서로 붕당을 맺고서 저희에게 붙는 자는 천거하고 뜻이 다른 자는 배척하였습니다. 성세(聲勢; 명성과 위세)로 서로 의지하여 권요(權要; 권세 있는 중요한 자리)의 자리를 차지하였습니다.

후진을 유인하여 궤격(詭激; 언행이 정상을 벗어나 격렬함)이 버릇이 되게 하여 어른을 능멸하고, 국세(國勢)가 전도되고 조정이 기울어져 조정 신하들이 속으로는 분개하고 한탄하는 마음을 품었으나 그 세력이 치열한 것을 두려워하여 아무도 입을 열지 못합니다.

측목(側目; 두려워서 바로 보지 못하고 곁눈으로 보는 것)하고 다니며, 중족(重足; 두려워 활보하지 못하고 발을 포개 모아 서 있거나 발을 좁게 띠어 걸음)하고 섭니다.

사세가 이렇게까지 되었으니 한심합니다. 유사에 붙여 그 죄를 분명히 바루소서.”131) 하였다.

348

김안로의 탄핵 사유 중 '붕당을 맺고 빌붙는 자를 우대했다든가, 성세
나 위복을 마음대로 했다는 일, 두려워서 아무 말을 못하고 측목하고 다
니거나 중족으로 섰다는 말들'이 조광조의 경우와 비교하여 그 어귀까지
똑 같다.

왕은 중종 19년 11월 3일, 희락당이 '붕선(붕당)을 한다'는 이유로 탄
핵을 받았을 때, 그 일은 '예전부터 소인이 군자를 공박할 때 하는 말'
이라고 일축해 버린 일이 있었다.

결국 탄핵의 내용이란 임금의 기분에 따라서 소인배들의 상투어에 불
과할 수도 있고 혹은 한 재상의 생명을 앗아가는 사형 언도가 될 수 있
다는 뜻이 된다.

희락당이 풍덕의 귀양지에서 풀려나와 다시 관직에 복귀하였을 때나
그가 예조판서의 현직에 있을 때도, 팔을 걷어 올리며 그를 탄핵하고 나
선 조정 신료들이 아뢴바,

'경상(卿相; 삼상 육경)이나 대간, 시종에 있는 자, 자칭 강직하다는
선비들조차도 그를 피하지 못하고 옳다고 했다.'는 말이 사실이라면 궁
중의 절대 권력을 가진 임금이 있고, 그 밑에 윤씨들이 진을 치고 호시
탐탐 기회를 노리고 있는 상황에서, 김안로가 강력한 권력을 행사했다는
말이다. 그는 분명 남다른 카리스마가 있는 사람이었다. 그리고 사실이
아니라면 전혀 터무니없는 모함이다.

원래 염량세태(炎凉世態)의 벼슬아치란 마치 냄새나는 곳을 찾아 붙
고 떨어지는 파리 떼와 같은 것이다. 그래서 김안로를 비방하는 거짓 증
언들이 날개를 달게 되었다.

그가 조정에 있었던 수년 동안에 관직에서 물러난 사람들은, 하나같이
그것이 김안로의 미움을 받은 탓이라 하였다.

또한 후세 사람들 중에는 자신들의 조상을 미화하기 위하여 없는 사

131) 중종실록 37권, 중종 14년 11월 15일 6번째 기사.

실을 만들어, 상대적으로 희락당을 폄하한 경우도 있다.

권예가 아뢴 말 가운데 다음과 같은 어귀는 바로 이런 풍조를 정확하게 지적하고 있다. 즉

"전일 조광조가 죄받을 때 재상, 대간, 시종 및 유생에 이르기까지 모두 궁궐 뜰에 모여 '광조 등은 죄가 없다'고 했다가, 발뒤꿈치를 돌리기도 전에 다시 말하기를 '광조 등은 죄가 있다.' 했으니 인심의 변함이 이와 같습니다."132) 하였다.

[사신]의 글에도 다음과 같은 내용이 있다. 즉

"삼흉(김안로, 허항, 채무택)이 득세하였을 때는 대간과 시종에 있는 자들이 무릇 큰 논의가 일어나면 반드시 그들의 지휘를 따랐다. 그들이 패망하자, 아첨하는 무리들이 그 자취를 감추고자 하여 '당시에 그 논의가 삼흉에게서 나온 것을 몰랐다'133)고 하였다.


* 좌의정 윤은보, 우의정 유보, 윤안인, 임백령 등과의 논의

왕은 형식상 육조 당상들과의 논의를 거쳐, 바로 그날 '김안로를 사사하라'는 전지를 정원에 전교하였다. 왕이 이들과 의론한 내용은 대개 다음과 같다.

중종은 그가 10월 21일 조강(朝講)에서 내놓았던 말을 다시 되풀이하면서, 이제는 그 의미를 다르게 부연하였다. 우선 그때의 내용을 보면,

"조정이 넘어지려 해도 붙들지 않고 위태로워도 돕지 않으면 그런 재상을 어디에 쓰겠는가? 한 말이 참으로 지극한 말이구나! 기묘년의 일(조광조 등을 제거한 일)을 육경(六卿; 육조판서) 가운데 건백(건의)하는 자가 있었는데 삼공(三公; 삼정승)은 모른 체하고 물러가 있었다. 이 말은 후세의 대신을 경계할 만하다. 그때에도 역시 대신이 말하지 않았다

---

132) 중종실록 71권, 중종 26년 10월 25일 1번째 기사.
133) 중종시록 86권, 중종 32년 11월 7일 1번째 기사.[사신은 논한다]

는 의논이 있었는데 작은 일은 비록 대간의 책임이지만 대신에게도 책임이 있다. 지금은 으레 크고 작은 일을 모조리 대간에게 책임을 돌리니, 이는 큰 폐단이다.”라고 하였다.

이 말의 뜻은 그로부터 약 한 달 전에, ‘임정(任楨), 정원(鄭源)의 이름을 사판(仕版; 벼슬아치의 명부)에 등재할 것인가’의 일을 놓고 홍문관과 대간 간에 책임문제가 제기될 때 나온 것이다.

삼공은 별로 큰일도 아닌데 대간을 자주 바꾸면 아마도 뒤 폐단이 있다고 하면서 신중론을 내놓았다.

한편, 임금은 앞으로 며칠 후 과거가 있는데 혹시 대간들이 여러 날 사직을 청하고 끝내 나오지 않을 경우, 국가의 중대한 시험에 차질이 생긴다고 하여 대간을 교체하였다.[134]

당시 왕이 말한 대신들의 잘못이란 매사를 너무 안이하게 처리하고, 오히려 대간이나 홍문관에서 대신들이 해야 할 일을 했다는 뜻이다.

이번에는 그 뜻이 다르다. 즉

“국사가 날로 잘못되어 가고 있는데 대신이 구하지 않아서야 되겠는가?(대신이 일을 잘못하고 오히려 위복의 권한을 부렸다는 뜻)

신하는 위복의 권한을 부릴 수 없다. [서경]에 ‘오직 임금만이 복을 주고 임금만이 위엄을 준다’ 했다. 위복의 권한이 아랫사람에게 있으면 종사가 어찌 편안하겠는가?” 하였다.

지난번처럼 대신들이 너무 소극적으로 왕의 눈치만 살핀 것이 아니고, 이번에는 오히려 월권을 했다는 이야기다.

그리고 그동안 자신이 지시하고 결정하여 하달했던 처분들을 모두 김안로의 책임으로 매도하였다. 즉

“남곤, 권균이 김안로를 보는 안목이 있어서 그를 외방에 내쳤다.

---

134) 중종실록 85권, 중종 32년 10월 21일 1번째 기사. 동년 9월 7일 2번째 기사. 동년 9월 11일 1번째 기사. 동년 9월 12일 1, 2번째 기사.

이행, 정광필이 오늘의 화를 알고 그를 배척하려다가 도리어 죄를 입었다.

김섬, 김만균도 그 때문에 체직되었다.

조계상, 김극성, 유여림 등이 오늘의 변을 미리 알고 사전에 방지하려다가 찬축되었다.

홍섬은 허항이 그에게 술을 먹여 취하게 한 다음 속임수로 시론을 물어 죄를 주었다.

김안로가 파산(윤지임, 문정왕후의 아버지)의 집안을 해치려 한 지 오래다. 나세찬의 대책은 오늘날 보면 실로 정론(正論)이다. 나세찬 등의 일은 오로지 김안로가 한 짓이다.

이명규 정유선은 과연 김안로에게 거스림을 당했다."고 하였다.

윤안인은 왕의 말에 이어서,

"진우 등의 일은 모두 김안로가 남의 입을 틀어막는 술책이었는데 그 아들 김기가 아뢰었습니다. 그때 이승효가 옥당(홍문관)에 있으면서 김기와 함께 진우를 죽였습니다.

홍우룡은 평생 동안 집 밖에서 색(色; 여자)을 범하는 일이 없다 합니다. 이명규, 최연이 김안로의 거스림을 당했습니다." 등 말을 추가하였다.135)

## 4) 희락당의 3차 수난: 희락당의 죄에 대한 변명

중종은 김안로를 죽인 뒤 그의 등 뒤에 또다시 칼을 꽂았다.

그 칼은 죽음보다도 더 무서운 형벌이다. 즉

김안로가, 첫째, 나라를 위태롭게 하였고, 둘째, 형벌을 참혹하게 하였으며, 셋째, 사람 죽이고 살리는 것을 마음대로 하였다고 하였다. 이러한 왕의 단죄는 희락당을 두 번 죽이는 결과를 가져왔다.

---

135) 중종 32년 10월 27일 4, 5번째 기사.

중종대에 조정에서 쫓겨난 사람들은 대개 그 핑계를 '김안로의 미움을 받았다'고 하는 경우가 많다. 이러한 내용은 야사나, 최근의 서책, 그리고 문중 족보 등에서 흔히 발견할 수 있다.

다음에서 과연 김안로가 이러한 죄를 받아 마땅했는지 그 진실을 규명하려고 한다.

첫째, 김안로가 쫓겨나기 직전까지 나라는 평화로웠다.

왕은 '국사가 날로 잘못되어 가고 있는데 대신이 구하지 않아서야 되겠는가'라고 하면서 김안로의 죄를 만들었다.

하지만 그 5일 전만 해도 왕이 말하기를,

"최근에는 조정이 화평하여 매우 좋은 일이라고 여겼는데 뜻밖에 소란스러움이 이 지경에 이르렀다."[136)고 하여 조정의 화평을 암시했다.

말하자면 영의정 김근사, 좌의정 김안로 등이 주도하던 평화스러운 조정에 갑자기 윤씨들(윤원로 형제)이 끼어들어 조정에 말썽을 일으키게 되었다는 뜻이다.

둘째, 김안로의 미움을 받았다는 것은 핑계였다.

중종은 김안로를 제거하는 데는 성공하였지만 윤씨들만으로 조정을 이끌어 갈 힘이 없었다.

김안로가 떠난 후의 정치적 공백을 메우고 신료 간 동요를 막을 힘이 필요했다. 그는 우선 과거 희락당을 탄핵했던 세력들을 회유하여 불러들이고, 이른바 김안로에게 빌붙었던 사람들도 수용하였다.

왕은, 이들 모두가 (자신이 쫓아낸 것이 아니고) 김안로에 의하여 쫓겨난 피해자들이라고 하였다.

과연 김안로가 아무런 과오가 없는 사람들을 공론을 무시하고 쫓아냈으며 화를 입혔을까. 희락당에 의하여 피해를 입었다는 사람들의 실태를 분석하여 그 진상을 규명할 필요가 있다.

---

136) 중종실록 85권, 중종 32년 10월 22일 1번째 기사.

## 가) 역풍을 맞아 쫓겨난 사람들: 조계상, 이행, 김섬, 김만균 등의 일

조계상 등은 중종 19년, 김안로를 유배시키는데 편을 들었고, 6년 후 그의 복귀를 반대하다가 역풍을 맞아 유배되었다. 윤씨들은 이들을 받아들이면서 김안로에 의하여 억울하게 쫓겨난 사람을 받아들인 것처럼 말하였다.

하지만 [실록]에 나타난 사실은 그렇지 않다.

중종 19년, 정광필과 조계상은 각각 영사(領事)와 특진관으로, 남곤, 권균, 이항의 상소에 이어, 김안로의 유배를 청한 바 있다. 그리고 중종 26년 10월, 희락당이 예조판서에 올랐을 때, 정광필은 영의정으로 또 그의 체직을 청하였다.

그 이유로 이들은,

"그가 다니면서 하는 짓을 보니 행실을 고친 것이 전혀 없으므로 물의가 분분하여"라고 아뢰었다.

이행은 이기(李芑; 윤원형과 같이 을사사화를 일으킨 사람)의 동생으로 조계상, 심사순(심정의 아들), 유여림, 장옥, 홍섬, 양연 등이 모두 그의 가까운 친, 인척이었다.

김섬과 김만균은 "심정과 이항이 찬축된 것은 사림(김안로를 선호하는)이 김안로의 처지를 위하여 한 짓이다"고 하여 물의를 일으켰다. 당시 양연이 아뢰기를,

"심정과 이항이 죄를 얻은 것은 아무리 어리석은 사람이라도 그것이 공론임을 아는데 김섬과 김만균이 감히 이런 말을 하였으니 그들이 어찌 조정의 의논을 모른단 말입니까."[137] 하였다.

희락당이 돌아온 뒤, 정광필과 조계상은 거의 70객(정광필 70세, 조계상 66세)으로 젊은 희락당(50세)의 복귀가 부담스러웠다. 그래서 삼공과

---

137) 중종실록 71권, 중종 26년 10월 25일 번째 기사.

육조가 김안로의 체직을 청하여 왕의 윤허를 얻었다.

그런데 바로 그 이틀 후 대간의 상소에 의하여 사건은 역전되었다. 이행이 면직되고, 조계상, 김섬, 김만균 등이 쫓겨난 것이다. 이들이 찬축된 것은 김안로가 아직 관직에 들어오기 전의 일이다. 중종은 김안로 편에 손을 들어주고 그를 복귀시켰다.

중종의 생각으로는 남곤이 죽고 심정, 이항이 제거된 이후 정치를 김안로 등 새로운 세력을 중심으로 이끌어 가려는 것이었다.

한편, 궁중에는 그동안 또 하나의 대군이 탄생되었고, 문정왕후가 이를 배경으로 권력자의 지위에 올랐다. 윤씨들은 김안로를 제거하고, 당장 현상을 유지하기 위해서라도 될 수 있으면 그 반대 세력을 규합하는 것이 상책이었다.

이런 과정을 거쳐서 지난번 왕이 쫓아낸 이들 세력을 다시 불러들인 것이다. 뿐 아니라, 김안로와 가까운 사람들도 수용하였다. 즉 양연이 아뢰기를,

"김안로에게 빌붙었다 하여 모두 다 다스리면 반드시 사림에게 큰 화가 생길 것이니 그 뒷일을 잘 처리하지 못할까 염려됩니다." 하니,

왕은 "김안로의 심복, 하수인 무리를 만약 모두 죄준다면 아름다운 일이 못 되어 국맥이 손상될 우려가 있다."[138]고 응답하였다.

이 말들을 되새겨 보면 김안로와 가까운 사람이 별로 없다는 뜻으로 그가 '붕선을 했다'는 죄목과도 상치된다.

### 나) '세 부리를 조심하라', 나세찬, 송순, 송세형, 홍섬 등의 일

사람의 신체에는 중요한 부분들이 많다. 머리, 가슴, 심장, 간, 쓸개 등, 그중에서 새나 짐승의 부리처럼 뾰족한 부분을 골라 '세 부리를 조

---

138) 중종실록 85권, 중종 32년 10월 24일 3번째, 동 27일 4번째 기사.

심하라'는 옛 격언이 있다. 세 부리란 혀끝, 손끝, 그리고 남녀 간의 국부를 말한다.

말 한마디, 글 한 구절 잘못 사용하여 패가망신하고 사회적 물의를 일으킨 사례는 예나 지금이나 마찬가지로 흔하다.

그 말이나 행동이 부산의 복집이든, 대전의 요정이든, 서울의 노래방이든 상관이 없다. 또 사석에서 취중에 했던 고의가 있든, 없든 따지지 않는다. 일단 언론에 공개되면 그 일은 공론으로 비판받아야 하고 그 파장은 쉽게 끝나지 않는다. '노인폄하 발언', '장애자 비하 사건', '지역감정 유발', '부녀자 추행', 'BBK 동영상' 등 아주 사소한 일들이 한때 나라를 시끄럽게 한 일이 있다.

심지어 대통령이 한 말도 선거법 위반으로 심판의 대상이 되었다.

중종 때 말과 글을 잘못 표현하여 일어난 대표적인 필설(筆舌)의 화(禍)는 나세찬, 홍섬, 진우 등의 사건이다.

* 나세찬의 책문(策文; 정치에 관한 계책을 묻는 시험의 일종)

중종 29년 10월, 왕은 시관(試官; 시험을 주관한 관리) 김안로, 강징, 도승지 정백붕에게 전교하기를,

"전에 나세찬이 제술한 책문을 과차(科次; 급제자의 차례를 매김)할 때에 입론(立論; 의론의 체계를 세움)이 바르지 않다고 하여 말썽이 된 일이 있었다.

요즘 보니 비단 입론이 바르지 못할 뿐 아니라 조정에 해로움을 끼치는 점이 매우 크다. 이 때문에 죄를 줄 수는 없지만 이렇듯 바르지 못한 사람의 글을 제술에 넣는 것은 온당치 못하다."고 하니, 김안로, 서지, 강징이 모두 "취하지 않는 것이 마땅합니다."고 아뢰었다.[139]

나세찬의 대책 내용 중 문제가 되는 부분은 다음과 같다. 즉

---

139) 중종실록 78권, 중종 29년 10월 28일 1번째 기사.

356

"아, 오늘날 조정은 몇 억만의 마음인 줄 알 수조차 없습니다. 차마 말을 못하겠습니다. 지금 조정에 있는 자들을 보면, 도를 함께하는 자끼리 벗 삼는다고 말하면서 제각기 편당된 견해를 품으며, 항상 어떻게 하면 벼슬을 얻을까 혹시 잃지 않을까 하는 불안이 가슴속에 있으므로 서로 배척하기에 겨를이 없습니다. 뿐만 아니라 한직에서 원한을 품고 있는 자가 뒷날 분란의 불씨가 될 줄을 알지 못하고 있으니, 식견이 있는 이가 한심하게 여깁니다.

전하께서 만약 조금이라도 바르지 못하고 공변되지 못한 자의 마수에 떨어진다면 전하의 조정은 아마도 불화에만 그치지 않을 것입니다."140) 하였다.

대충 이러한 내용의 문제를 가지고 홍문관과 대간이 나세찬의 죄를 끝까지 추궁할 것을 아뢰자 임금이 전교하기를,

"'단지 입론이 부정할 뿐 아니라 남을 모해하는 말이 많다. 대간의 말에 따라 추고하라'고 하였다. 나 역시 나세찬을 엄중하게 다스려야 한다고 생각하였다."141)고 답하였다.

이 일을 송순(宋純), 송세형(宋世珩) 등 호남 사람들의 일로까지 확대하여 해석하고 있지만 이는 [사신]이 너무 과장하여 논한 것 같다.142)

그 뒤에도 임금은 나세찬의 일을 거듭 언급하여 그의 죄를 강조하였다.

왕이 전교하기를,

"또 대간과 대신들이 아뢴 말 가운데 '나 세찬의 초사는 교묘하게 거짓을 이리 저리 꾸민 것이다' 하니 이것으로 살펴보면 오랫동안 꾀했던 일이 아닐 수 없다. 내가 이 점을 미처 소상히 살피지 못하였음을 홍문관에 이르라."143) 하였다.

---

140) 중종 29년 10월 29일 6번째 기사.
141) 중종 29년 11월 5일 5번째 기사.
142) 중종 29년 11월 5일 5번째.[사신은 논한다]
143) 중종실록 78권, 중종 29년 11월 18일 1번째 기사.

희락당을 제거한 뒤, 왕은 위와 같이 그가 내렸던 왕명을 스스로 부정하고,

"나세찬의 대책은 오늘날로 보면 정론이다. 그 일은 오로지 김안로가 한 짓이다."라고 하면서 그 책임을 이 가련한 속죄양(김안로)에게 덮어씌웠다.


\* 송순은 너무 벼슬에만 집착한 사람이었다.

송순, 송세형, 나세찬 등은 모두 윤원형의 우익이 되어 벼슬을 했다.

당시의 실록을 보면,

"송순은 간사하고 시기심이 많았다. 임백령에게 아부하다가 진복창의 미움을 받아 귀양을 갔다. 진복창이 패한 뒤 윤원형의 도움을 받아 다시 기용되었다. 그는 사람들에게 '내가 이후로는 다시 벼슬을 하지 않겠다'고 하였다.

그 얼마 후 임금의 부름을 받자, 사양하지 않고 나아가니 그때 나이 70이었다.

사람들이 모두 비웃었다. 이미 서울에 도착해서는 윤원형의 집에 날마다 찾아가니 윤원형도 차츰 그를 싫어했다. 그 간사하고 구차한 행동은 늙을수록 더욱 심하였다."[144] 하였다.


\* 송세형도 윤원형의 편에서 공신이 되고 이조판서에 이르렀다.

당시 [사신]은 "송세형은 송순, 나세찬 등과 서로 친교를 맺은 탓으로 김안로 집권 때는 뜻을 얻지 못했다.

인종 때는 대윤의 편에 붙어 여러 사람의 창도가 되었다.

인종이 승하하였을 때, 그가 승지였으므로 위사공신에 참록되었는데, 옛 친구를 버리고 윤원형의 심복이 되었다.

---

144) 명종실록 27권, 명종 16년 8월 2일 1번째 기사.

그리하여 작은 바리(놋쇠로 만든 밥그릇)에 편지를 넣어 붉은 보로 싸서 밤을 이용하여 윤원형의 집으로 보냈다. 이렇게 사정을 내통하기를 하루에 한두 번씩 하였다. 조정의 많은 사람을 죽일 적에 윤원형을 도와 음모하지 않는 것이 없었다."145) 하였다.

나세찬은 중종 33년 탁영시 문과에 합격하였다. 하지만 탁영시는 왕이 사람을 특별히 채용하기 위하여 실시한 임시 시험이었다. 당시 사헌부는 이를 격렬히 반대했다. 헌부가 아뢰기를,

"평상시 인재를 양성하는 방법을 다 갖추지 못한 채, 갑자기 과거 한 번 실시하여 인재의 진작을 바라기 때문에 한갓 겉치레에 그치고 말 뿐입니다. 이와 같이 과거를 자주 베풀기 때문에 유생들이 요행을 바라는 데에만 급급할 뿐 경사(經史; 경전과 역사)를 배워 익혀, 장구하고 원대한 생각을 하는 자가 있다는 말을 못 들었습니다." 하였다.146)

나세찬은 을사사화 때 추관으로 공을 세워 공신이 되었다.

그때 나세찬 등이 공신록에 수록해 주지 말 것을 청하였다.

대사헌 허자, 대사간 나세찬 등이 아뢰기를,

"신들은 어제 녹공하라시는 하교를 들었는데, 공(功)이 없는데도 공신의 수록을 받게 되면 반드시 후세에 웃음을 살 것이니 하지 마소서." 하였다.

그 후 나세찬은 또 아뢰기를,

"소신이 비록 추국에 참여는 하였지만 터럭만한 공로도 없는데 외람되이 은명을 입어 중한 가자를 제수하셨습니다. 신의 이름을 기록하지 말도록 하소서." 하니 왕이 답하기를,

"10여 일 동안 밤을 무릅쓰고 수고하였는데 어찌 공로가 없다고 하겠는가. 사양하지 말라." 하였다. 이에 [사신]의 말은 다음과 같다.

---

145) 명종실록 14권, 명종 8년 3월 15일 3번째 기사.[사신은 논한다]
146) 중종실록 88권, 중종 33년 8월 12일 1번째 기사.

"대간(나세찬을 말함)은 오늘의 일이 공이라는 것인가, 공이 아니라는 것인가, 공이라면 상을 줌이 당연하니 양사(사헌부, 사간원)가 모두 와서 번거롭게 말할 필요가 없다. 공이 아니라면 간쟁하여 기어이 바로잡았어야 되는 것이다. 허자는 체면상 사양한 것이고"147)라 하였다.

나세찬은 그의 뛰어난 문장력과 정론으로 당시 사림들의 칭찬을 받았다고 한다.

하지만 그가 일종의 특별 시험 격인 탁영시로 관리가 되었고, 또한 명분 없는 일에 추관이 되어 공을 세웠다. 그리고 공신록에 자신의 이름을 수록하지 말라고 거듭 요구한 것은 무슨 뜻인가?

한참 패기가 충천하던 때에 내놓았던 그 정론(正論)은 어디로 가고, 이제 그때보다도 더 더러운 권력 싸움의 와중에서 이도 저도 아닌 그의 어정쩡한 태도를 어떻게 설명해야 할 것인가? 이것이 권력의 참모습이라고나 할까?

송순, 송세형, 나세찬 등의 찬축과 복귀는, 결국 그들이 권력의 변화(문정왕후의 득세)에 따라 움직이면서 겪었던 한 과정에 불과했다.

 * 홍섬의 취중 실수

선조수정실록을 보면, '홍섬의 졸기'에 다음과 같은 글이 있다.

"홍섬이 이조좌랑이 되었을 때, 김안로가 국사를 제멋대로 하는 데 분개하였는데 그의 무리인 허항의 비위를 건드리는 말을 하였기 때문에 무고를 입고 하옥, 고문으로 죽을 지경에 이르다가 흥양현에 유배되었다."148)하였다.

그런데 김안로를 탄핵하는 마당에서 중종은,

147) 명종실록 1권, 명종 즉위년 8월 29일 1번째 기사. 동 9월 15일 9월 16일.[사신은 논한다]
148) 선조수정실록 19권, 선조 18년 2월 1일 3번째 기사.

"홍섬 부자도 허항이 사적인 분노로 죄를 주었는데 홍섬은 평소 경박하여 말할 것도 없지만 허항이 그에게 술을 먹여 취하게 한 다음 속임수로 시론을 물었다가 그 일로 인하여 죄를 주었다."고 하였다.

윤은보도 아뢰기를,

"허항이 홍섬에게 술을 먹여 취하게 한 다음 꾀어 물었습니다."고 하였다. 이어서 성균관 생원 조세우 등이 아뢰기를,

"취중에 우연히 한 말을 가지고 중죄에 처하였습니다."[149] 하였다.

그러나 그 당시의 [실록]은 다르다.

홍섬은 자신이 범죄 사실을 진술한 초사(招辭)에서,

"신(홍섬)이 공무의 일로 참판 허흡(허항의 형)의 집에 가니 허흡이 '오늘 밤은 매우 추우니 술을 한잔 하라' 하여, 신이 큰 잔으로 마시어 취하게 되었습니다. 그 뒤 대사간 허항에게 들려서 만났습니다."라고 하였을 뿐, 허항의 집에서 술을 마셨다는 말을 한 일이 없다.[150]

다음 허항이 임금에게 아뢴 글을 보면,

"홍섬이 사람을 보내어 '만나고 싶다' 하고는 밤이 깊어서야 와서 이야기하였습니다. 신이 처음 보기에는 홍섬에게 술기운이 조금 있는 것 같았는데, 살펴보니 술기운이 없었습니다."[151] 하였다.

홍섬은 취중에 한 말이니 무죄라 하고, 허항은 취하지 않았으니 유죄라 했다. 문제는 허항이 술을 권한 일이 없고 나이 차이도 있고 해서 서로 왕래하며 흉금을 털어놓고 시국을 논의할 처지도 아니었다는 데 있다.

자신이 불리(不利)할 때는 취중 실수라 하고, 허항이 탄핵을 받으니 그가 술을 먹였다 했다. 그리고 세월이 지나자 이제는 김안로의 잘못에 분개하여 한 행동이라고 하였다.

---

149) 중종실록 85권, 중종 32년 10월 27일 4, 7번째 기사.
150) 중종실록 79권, 중종 30년 1월 13일 3번째 기사.
151) 중종 30년 1월 10일 3번째 기사.

[사신]은 이에 대하여 다음과 같이 기록하고 있다.(홍섬은 명종 5년 지사(知事)로서 중종실록 편찬의 주역을 맡았다) 즉

"홍섬은 처음부터 세태에 분개하여 허항의 간사함을 꺾으려는 것은 아니었다. 다만 취중에 망언을 많이 하여 마침내 멀리 귀양 가게 되었으니, 실로 스스로 얻은 것이다."152)라 하였다.

홍섬은 윤원형의 편에서 승승장구하여 명종 15년에 홍문관 대제학이 되었다. 그가 대제학의 체직을 여러 번 아뢰었는데 그때마다 윤원형이 그를 만류하였다.

문정왕후가 승하하자 홍섬(당시 좌찬성)과 육조 당상이 윤원형의 중벌을 청하였다.

그 후 명종이 을사년에 억울하게 죄를 받은 사람을 살펴서 상계하라 하자, 홍섬은 당시 금부당상으로 큰 위엄을 두려워하여 몽롱하게 계달했다 하여 시론의 비난을 받았다.

[사신]이 말하기를,

"홍섬은 착한 사람들을 좋아하지 않아 기묘 사림들을 헐뜯은 일이 있었다. 이제 또 을사의 사화가 만고의 억울한 일이라는 것을 모르지 않으면서도 그 사면을 막아 보려는 계책을 썼다."153)고 하였다.

지난날 술에 취하여 횡설수설하였을 때처럼, 술이라도 한잔 실컷 마시고 속을 후련히 털어놓았으면 차라리 당시 사람들의 박수를 받았으리라.

하여튼 이런 사람도 김안로의 미움을 사서 쫓겨났다고 했다. 그것이 마치 큰 벼슬이나 된 것처럼.

윤개의 일

윤개의 일도 김안로의 죄로 지목하였다. 하지만 그 진상은 다음과 같다.

윤개(尹漑)의 딸이 양제(良娣; 세자궁에 속한 종 3품 내명부의 벼슬)

152) 중종실록 79권, 중종 30년 1월 25일 2번째 기사.[사신은 논한다]
153) 명종실록 31권, 명종 20년 10월 9일 1번째 기사.[사신은 논한다]

에 선정되었다. 그런데 양사(兩司)에서 윤개의 문제점을 들어 그 부당함
을 아뢰니 왕이 윤허하였다.

윤개는 영춘군(세종의 손자, 영해군의 아들)의 사위로, 몰래 경빈 박씨
와 결탁하여 양제 간택에 술수를 썼다고 하였다.[154]

이에 대하여 [사신]은 말하기를,

"김안로가 자신의 외손녀(사위 박춘란의 딸)를 동궁에 들이고자 하여
윤개의 딸과 윤원량(윤원형의 형)의 딸이 들어가는 것을 대간을 시켜 은
밀히 논핵하였다.

심언광이 김안로에게, '듣자하니 박춘란의 딸을 동궁에 들일 것을 의
논했다 하는데 정말인가.' 하고 묻자, 김안로가 변색하여 대답하기를,
'그런 일이 없다. 우리 집은 그런 계획이 없다.' 하고 마침내 하늘의 해
를 두고 맹세하였다."[155]고 하였다.

후일 윤개는 좌의정이 되었다. 그 당시의 기록에 '윤개는 책략이 많고
응변을 잘하였다. 윤원형을 곡진히 섬겨서 작록을 보전하였다.'[156]고 하
였다.


### 다) 중종의 '사람 죽이기'

* 진우(陳宇)의 죽음.

진우는 중종 때, '정언 이승효(李承孝)가 김안로의 뜻에 따라 그를 모
함하여 죽음에 이르게 하였다.' 하고 또 김안로의 아들 '김기(金祺)가
고변하였다'고 한다. 역사책들은 마치 죄 없는 사람을 김안로가 사주하
여 무고로 죽게 한 것처럼 인식되고 있다.[157]

---

154) 중종실록 85권, 중종 32년 5월 15일 3번째, 동년 5월 18일 6번째 기사.
155) 중종실록 86권, 중종 33년 2월 20일 6번째 기사.[사신은 논한다]
156) 명종실록 24권, 명종 13년 5월 29일 2번째 기사.
157) 명종실록 16권, 명종 9년 5월 11일 4번째 기사.

하지만 사실은 그렇지 않다. 그 이유는 다음과 같다.

김안로를 제거하겠다는 중종의 의중을 간파한 조정 중신들은 그의 죄를 될수록 많이 만들어 임금의 환심을 사기에 혈안이 되었다. 그때(김안로를 사사할 때) 윤안인이 아뢰기를,

"진우 등의 일은 모두 김안로가 남의 입을 틀어막는 술책이었는데 그의 아들 김기가 아뢰었습니다." 하니 상감이 이르기를,

"그때에 죄를 준 것은 매우 온편(穩便; 타당하고 원만함)치 못하였다." 는 짧은 말 한마디로 응수하였다. 윤안인이 다시 또 아뢰기를,

"대간을 핍박한 말은 말할 수 없었습니다. 김안로가 품어 키운 사람들이 아직도 대간의 열에 있어(이승효를 가리킴) 인심이 쾌하게 여기지 않습니다.

그때 그 사람이 옥당에 있으면서 (당시 홍문관 정자) 김기와 함께 진우를 죽인 사실을 사람들 모두가 알고 있습니다. 이제 김안로를 정죄하였는데 그 사람이 어찌 간원에 있을 수 있겠습니까." 하였다. 왕이 이르기를,

"옛날 석강(夕講)에서 김기와 이승효 두 사람이 과연 진우의 일을 아뢰었었다."[158] 하고 답변했을 뿐, 그 이상의 말은 일체 언급하지 않았다.

왕이 특히 진우의 일에 관하여 이렇게 침묵을 지킨 것은 나름대로 그 사유가 있었다.

진우에 관련된 사건의 진상은 다음과 같다.

석강에서, 검토관(경연의 벼슬) 김기가 아뢰기를,

"새로 과거에 급제한 유경인(柳敬仁)이 송나라 때 왕방(王昉)의 설(說)을 들어 '지금 우두머리 10여 사람을 제거하면 조정이 저절로 안정될 것이다.' 하였습니다. 그런데 모두 보통으로 여기고 있어, (제가 부득이) 아룁니다." 하였다.

---

158) 중종실록 85권, 중종 32년 10월 27일 4번째 기사.

이어 전경(典經) 이승효가 아뢰기를,

"이 말은 전파된 지 오래입니다. 그가 먹은 마음이 매우 놀랍습니다."
했다.

임금은, "그가 조정을 모함한 일이니 관계가 매우 중요하다."고 말한
뒤, 이 문제를 승지, 사관(史官)들과 상의하였다. 이윽고 양사의 장관을
불러 추국을 명하였다.[159]

진우가 복죄(伏罪)한 내용은 다음과 같다.

"저는 유경인, 한용, 장임중, 이운손, 민기문, 김희년, 정사현 등과 혹
은 한용의 집 혹은 유경인, 민기문의 집에서 항상 모여 상의하기를,

'김안로는 각처에 건축을 하고, 홍언필은 침묵으로 자리를 지키고, 소
세양은 고향에 돌아가 여러 고을의 뇌물을 많이 받았고, 윤임은 권세가
중하여 외척 세도의 조짐이 있고, 심언광은 처음 같지 않고, 허흡은 사
람들에게서 목화를 많이 받는 것을 보았고, 유세림과 김미는 항상 기생
집을 드나들고, 김기는 경박하여 늘 마음속에 나쁘게 여기고 있다.' 하
였습니다. 우리가 뒷날 입신출세하여 조정에 나아가면 언관이 될 수도
있으니, 윤대(輪對; 임금의 질문에 돌아가면서 답변하는 일)에서 아뢰어
제거시키자고 의논했습니다."[160] 하였다.

이에 중종은, "여러 사람의 초사에 모두 '이 모임은 장옥(張玉)에게서
나왔다' 하니 누가 주범이고 종범인지 분변하기 어렵다. 옥당의 의논을
보아도 '장옥, 진우, 유경인 등은 진실로 경중이 없으니 결코 차등을 둘
수 없다. 이들에게는 장 일백에 절도에 위리안치하는 것이 어떤가." 하
였다.

이에 김근사와 김안로가 아뢰기를,

"3인 중에 경중을 나눈다면 역시 경중이 있습니다. 만약 상께서 차등

---

159) 중종실록 79권, 중종 30년 3월 19일 1번째 기사.
160) 중종 30년 3월 20일 5번째 기사.

을 두신다면 장옥은 주범이 될 수 없습니다."고 아뢰어 장옥을 변호하는 데 무게를 두어 아뢰었다. 그래서 왕은 다시 전교하기를,

"홍문관의 뜻은 장, 진, 유, 3인의 죄가 다를 것이 없다고 한다. 그러나 부득이 주종을 나누어 진우와 유경인은 장 일백에 절도 위리안치하고 장옥 이하는 모두 장 일백에 유 삼천리에 처하라."[161] 하였다.

중종은 중신들과 상의하여 바로 그 전날까지도 이처럼 절도 위리안치의 형을 내렸는데, 하루아침 사이에 마음을 바꾸어 그에게 참형을 전교하였다.

"진우는 음흉한 계략을 꾸며 추악한 무리를 선동하고 국가를 공허하게 하려고 획책하여 역모를 도모하려 하였다. 한 사람을 징계함으로써 백 사람을 격려시키노라.

진우는 본율(本律)에서 가벼운 쪽을 따라 참형(斬刑)에만 처하고 장옥, 유경인은 장 일백에 절도 위리안치, 장임중, 한용은 장 일백에 유 삼천리, 김희년, 정사헌, 민기문, 이운손은 모두 장 일백, 도(徒; 징역) 삼 년에 처하노라."[162] 하였다.

진우의 일은 앞의 홍섬의 경우와는 그 성질이 약간 다르다. 이들은 여러 사람들이 자주 모여 일종의 조직 활동을 했다는 데 그 비중이 컸으리라.

이러한 상황에서 검토관이나 정언이 이 일을 알고 있으면서 임금께 고하지 않는 것도 당시의 분위기에서는 체직되어야 할 죄에 속한다. 이들은 직무상 단지 그 사실을 고했을 뿐이고, 누구의 지시나 뜻을 받들어 했다는 말도 억측에 불과하다.

왜 임금이 윤안인의 말에 침묵을 지키고, 엉뚱하게 그 일을 아뢴 사람의 이름만 누구라고 했는지 대개 이해가 된다.

---

161) 중종 30년 3월 22일 4번째 기사.
162) 중종 30년 3월 23일 3번째 기사.

야사를 보면,

"김안로가 민기문, 진우의 명성을 듣고 저의 문하에 들게 하려고 그 아들을 보내 사귀기를 청했으나(진우 등은) 즐겨 영접하지 않았다.

진우가 일찍이 그의 죄악을 배척해 말했더니, 안로가 이로써 원망을 품어 저의 당을 시켜 국정을 비방했다는 죄로 문초하였다.

진우는 성균관에 있을 때 당시 정치의 득실을 논하다가 안로의 뜻을 거슬러서 비방한 죄로 죽음을 당하였다.

진우의 죽음에 대해서 말하는 이들이 그 허물을 김안로에게 돌렸으나, 안로는 실상 알지 못한 일이었다. 진우가 죽자 안로가 크게 놀라면서,

"우리 동배들이 보존하기 어렵겠구나." 하고 탄식하기를 마지않았다.163) 하였다.

후일 진우의 일에 관하여, 참찬관 정유길(鄭惟吉)이 아뢰기를,

"김안로가 권세를 잡고 있을 때, 그의 조정 정사를 어지럽힌 일에 분개하였습니다. 이에 안로가 크게 옥사를 일으켜 그를 죽였습니다."고 하면서, 임금에게 옥사 처리에 관하여 신중할 것을 청하였다.

정유길의 말은 믿을 수가 없다. 그의 인품에 관한 한 대목만 소개하면 아래와 같다.

"정유길은 조금도 옳은 것을 진언하여 잘못을 바로잡지는 않고 아첨하여 (왕의) 총애를 구하는 데만 힘썼으니, 정말 위로는 선조께 부끄럽고 아래로는 후세에 부끄러운 자라고 할 만하다."164) 하였다.

누구의 말이 옳은지는 모르지만 하여튼 김안로는 진우를 죽이자는 청을 아뢴 일이 없다. 그의 아들 김기는 직무상 고변했을 뿐이고 그의 아버지의 사주를 받았는지는 오직 그들 부자(父子)만이 알 수 있는 일이다.

벼슬자리를 얻기 위하여 힘 있는 자의 뜻을 맞추거나 비위에 거슬리

---

163) [연려실 기술 2], pp.470 - 471.
164) 명종실록 28권, 명종 17년 2월 25일 1번째 기사.[사신은 논한다]

는 일을 삼가는 것은 부득이하다 하겠다. 하지만 확실치 않거나 없는 말을 만들어 쓴 글들은 사료로서 가치가 없다.


* 홍우룡, 홍우세의 죽음

홍우룡(홍경주의 아들이다)은 "버릇없는 외척으로서 국상을 당하여(정현왕후, 성종비의 상), 졸곡(卒哭; 삼우제 후의 제사) 안에 궁궐의 시비(侍婢)를 더럽혔다." 하여 추국을 받았다.

홍우세(홍우룡과 사촌)는 심정과 내통하였다 하여 추국을 받았는데 기생첩의 문제로 허항, 김미의 미움을 받아 옥에서 죽었다.165)

후일 윤안인은 아뢰기를,

"신이 오결(吳潔)에게서 들었는데, 홍우룡은 평생 동안 집 밖에서 여자를 범한 일이 없었다 합니다. 김안로가 그를 미워한 것은 자신의 아버지가 조광조의 일을 아뢴 때문입니다. 홍우룡은 성품이 명민하고 유식한 사람입니다. 다만 김안로는 자신의 악이 이미 쌓인 것을 알고 홍경주가 조광조의 일을 아뢰면 자신의 악행도 감출 수 없다고 생각했기 때문입니다."166) 하였다.

조광조가 사사되었을 때, 김안로는 외직(경주부윤)에 있었고 또 김안로는 조광조와 가까운 사이도 아니다. 항차 그가 조광조를 밀고한 홍경주의 아들까지 미워했다는 말은 구실에 불과하다.

실은 홍우룡이 홍빈의 오라버니이기 때문에 (김안로가) 그를 싫어했을 가능성이 있다.

윤안인(윤원형의 당숙으로 김안로의 죄를 만든 사람)의 모함이 이 정도로 앞뒤가 없었다.

---

165) 중종실록 70권, 중종 26년 4월 15일 4번째 기사. 동 71권, 중종 26년 10월 25일 1번째 기사. 동 72권, 중종 26년 12월 4일 2번째 기사.
166) 중종실록 85권, 중종 32년 10월 27일 4번째 기사.

　　남녀관계는 아무도 모르는 일이기 때문에 쉽게 말할 수 없다. 하지만 당시의 벼슬아치들은 그러한 사생활에 관한 일까지도 모두 김안로의 탓으로 덮어씌우려고 하였던 것이다.

　　* 이종익, 심정, 이항 등의 죽음

　　여기서 잠깐, 중종의 인명 존중에 관하여 간단히 알아볼 필요가 있다.

　　중신들은 계속하여 임금에게 '사람 살리기를 좋아하는 임금'이 될 것을 아뢰었다. 하지만 그 일은 중종의 '사람 죽이기'를 경계하는 말이었다.

　　중종 39년 11월 15일, 중종이 죽은 뒤 [사신]은 다음과 같이 논하였다.

　　"중종대왕은 공검 인자하시어 재위 40년 동안 안으로 여색을 즐기는 일이 없었고 밖으로 사냥에 빠진 적도 없었다.

　　상은 인자 유순하나, 결단성이 부족하여 일할 뜻은 있었어도 그 실상이 없었다.

　　인자하고 공검한 것은 천성에서 나왔으나, 우유부단하였다.

　　아랫사람에게 이끌리어 진성군을 죽여 형제간 우애가 이지러졌고,

　　신비(愼妃)를 내치고 박빈을 죽여 부부의 정이 없어졌으며,

　　복성군과 당성위를 죽여 부자간의 은의(恩義)가 어그러졌고,

　　대신을 많이 죽이고 주륙이 잇달아 군신의 은의가 야박해졌으니, 애석하다."167) 하였다.

　　조광조를 사사할 때도 '아닌 밤중에 홍두깨 치듯', 갑작스럽게 행하여졌다.

　　당시 [사신]은 다음과 같이 논하였다.

　　"대간도 조광조를 더 죄주자는 청을 하지 않았는데 문득 이런 분부(조광조를 사사하라는)를 하였으니, 전일에 좌우에서 가까이 모시고 하루에 세 번씩 뵈었으니, 부자처럼 정이 가까웠을 터인데, 하루아침에 변

---

167) 중종실록 105권, 중종 39년 11월 15일 12번째 기사.[사신은 말한다]

이 일어나자 용서 없이 엄하게 다스렸고, 그를 죽인 것도 임금의 결단에서 나왔다.

조금도 가엾고 불쌍히 여기는 마음이 없으니, 전일 도타이(신의가 두텁게) 사랑하던 일에 비하면 마치 두 임금에게서 나온 일 같다.

당시의 언론으로서는 혹 평반(平反; 재심사하여 죄를 경감시키자는 일)하자는 논의가 있었고 심정의 무리도 더욱 심하게 하지는 않을 뜻을 보여 가혹한 의논이 없을 듯하였는데, 아부하는 자들이 위의 뜻을 맞추려고 팔을 걷어붙이고 나서서 날마다 새로운 의론을 내어 반드시 조광조를 죽이게 되었다."168)

한편 팔을 걷어붙이고 아부하는 자들이 중종의 임종 즈음하여 쓴 [사신의 논]을 보면 다음과 같다.

"상이 즉위한 이래 권간(權奸)이 일을 꾸며 조정을 제멋대로 어지럽혀서 골육에까지 화가 미쳤으니 심려가 마침내 병이 된 것은 당연하다.

이미 밝은 예지로 사물을 통촉하지 못하고 간흉에게 권력을 맡겼으며, 또 임금의 대권을 행사하지도 못하고 억지로 따르다가 이것이 쌓여서 고황(膏肓; 불치의 병을 말함)에 병이 들어 끝내 구제할 수 없는 슬픔에 이르게 되었으니, 아! 슬프다 병세가 이와 같은데 어찌 다른 생각이 있겠는가, 옛날의 제왕들도 전위한 사실이 많이 있었다."169)

뒤집어 읽어 보면, 중종은 즉위한 이래 줄곧 권간들과 공범이 되어 정치를 어지럽혔고 그 일로 병이 들어 가장 무능한 군주의 일생을 마쳤다는 뜻이기도 하다. 사실 무능한 군왕일수록 사람을 죽이는 일로 자신의 권력을 유지해 왔으며 그것은 지금도 마찬가지이다.

오죽하면 신하들이 그의 가혹한 형벌을 만류하는 상소를 올렸을까? 예를 들어 영의정 정광필, 좌의정 이행, 우의정 장순손이 아뢰기를,

168) 중종실록 37권, 중종 14년 11월 15일 6번째 기사.
169) 중종실록 105권, 중종 39년 11월 14일 3번째 기사.

"지금의 옥사 가운데 신들의 의견과 다른 것이 매우 많습니다. 이런 것을 보고도 그저 맹종하면서 직위에 있기가 더욱 송구스럽습니다. 체직시켜 주소서,

이종익은 본디 미친 사람이므로 그 인간은 아까울 것이 없으나, 그 처벌이 저렇게까지 중해야 하는지 신들은 이해할 수 없습니다.

심정의 일은 잘못이 있습니다만, 한 가지 일만 잘못일 뿐입니다.

홍우룡의 죄는, 위에서 감면하였으나 처음에 일죄(一罪; 사형죄)로 조율한 것은 이해할 수 없습니다.

이항의 일에 관하여, 모든 장오죄(贓汚罪; 뇌물죄)는 반드시 사실을 조사한 뒤에 죄를 정해야 하는데, 이 역시 이해할 수 없습니다.

홍우세는 착한 사람이 아니고 서울의 기생을 첩으로 삼았고, 더구나 국상 중 고을로 데리고 가서 오래도록 보내지 않았으니 잘못입니다. 그러나 그것이 패상죄(敗常罪)에 이른다는 것은 이해할 수 없습니다.

이찬과 김노의 일은 말 때문에 빚어진 것입니다. 말 때문에 죄를 입은 것은 전에는 없던 일입니다." 하자, 왕이 전교하기를,

"지금은 평시가 아니고 건춘문에 화살을 쏜 때이다. 이런 때 시비를 논하게 되면 교활한 무리들이 반드시 마구 날뛰게 될 것이다. 하물며 국시가 확정되었는데 또 이렇게 논한다면 조정만 혼란시킬 뿐이니, 진정시키는 것만 못하다."[170]는 등의 말로 일축하였다.

좌의정 김근사와 우의정 김안로도 아뢰기를,

"성상(임금)의 살리기 좋아하는 덕에 누가 될까 두렵기 때문에"

"제왕의 죄인을 불쌍히 여겨 돌보는 마음"을 되풀이 강조하면서

"옛사람이 '죄가 의심스러우면 가벼운 쪽을 따르라'고 하였으니 특별히 의논하여 조처하셔야 합니다."[171] 하였다.

---

170) 중종실록 70권, 중종 26년 5월 24일 2번째 기사.
171) 중종실록 78권, 중종 29년 12월 7일 1번째 기사.

김섬, 김만균은 '왕이 김안로를 위해서 심정과 이항을 죄주었다'고 했다. 하지만 윤임이 아뢰기를,

"전에 심정과 이항을 취복하지 않고 사사한 것은 미안한 듯합니다. 그러나 공론을 좇아 쾌단하시는 것은 상께서 재단하시기에 달렸습니다."고 하니, 임금이 이르기를,

"심정과 이항을 겨우 제거하고는 이후에야 무슨 일이 있으랴 생각했는데" 하면서, 왕은 심정과 이항을 제거한 것이 그의 큰 결단인 것처럼 말한 사실을 유념할 필요가 있다.[172]

심정의 죽음과 관련하여 야사에서는 다음과 같은 말을 하였다. 즉

"세상에서 심정은 모두 김안로가 죽였다고 하는데 안로가 과연 <그 일을 만드는데> 유력한 사람인 듯하다.

그러나 그 당시에 죄를 입은 자가 많은데, 홀로 심정만을 중종이 반드시 죽이고 또 그의 아들도 매를 때려 죽였으니, 어찌 안로 혼자 한 짓이랴.

이보다 먼저 국구 윤여필이 울면서 심정에게 말하기를 '동궁 작서의 변이 참혹하오' 하니 심정이 드디어 그 말을 상감께 아뢰어 박씨의 화가 여기서부터 시작된 것이다. 박씨가 죄를 받기 전에 어찌 심정을 참소해서 반드시 죽이려 하지 않았으리요.

김안로의 세력이 형성된 뒤에 박씨 모자의 말을 내어 그가 죽었으므로 세상 사람들이 한갓 박씨의 화가 김안로에게 말미암은 줄만 알고, 심정이 실지로 먼저 말 낸 것을 알지 못하였다.

그러나 이것은 반드시 중종이 항상 심정 죽일 마음을 가지고 있다가 특별히 그 기회를 보아 행한 것이다."[173] 하였다.

다음에서 김안로의 미움을 받아 피해를 입었다고 한 박소, 이언적, 정광필에 대한 사연을 간단히 살펴보려고 한다.

---

172) 중종실록 85권, 중종 32년 10월 27일 5번째 기사.
173) 야언별집, [연려실 기술 2], p.461.

### 라) 박소(朴紹, 1493-1534)의 일

박소는 슬하에 자손이 번성하였다.

선조의 국구인 박응순은 그의 아들이고 [기재잡기]를 쓴 박동량(朴東亮)은 손자이다. 공자 문묘에 배향된 박세채는 박동량의 손자이고 그 자손 중에서 박지원, 박규수 등 유명한 실학자들이 배출되었다. 야사를 보면,

"박소는 참되고 솔직하여 거짓이 없고 표리가 한결같아서 보는 사람이 모두 바른 사람이라고 하였다."(해동야언)

"중종 25년 겨울에 사간 박소가 홀로 김안로의 간사한 죄상을 밝혀서 조종경과 함께 탄핵하려다가 아직 일을 착수하기도 전에 사성(司成; 성균관 종 3품직)으로 옮겼다."(조야첨제) 하였다. 하지만

첫째, 박소가 체직된 사유는 따로 있었다.

박소는 강적(康績)의 당참(堂參; 이조에 바치는 예물), 치부(置簿; 물품출납의 기록) 사건과 관련하여 대간(사헌부와 사간원)의 탄핵을 받아 체직되었다. 당시 박소의 체직을 청한 대간들은 정언 나숙, 집의 윤안인, 헌납 성윤 등이었다.

[실록]을 보면, 정언 나숙(羅淑)이 아뢰기를,

"사간 박소는 정세호와 같이 사인(舍人)이었는데 정세호가 병으로 사진(仕進; 규정된 시간에 출근함)하지 않아 박소가 대신 장무가 되어 강적의 당참전을 전담하였습니다. 지금 정세호가 강적의 일로 조옥(詔獄; 임금의 명으로 조사받는 일)에서 추고받고 있으므로 박소가 미안하게 생각하고 사피하였으나 실은 결코 재직할 수 없는 데도 다시 사피하지 않으니 더욱 체모를 잃었습니다. 체직시키소서."[174] 하였다.

상소를 올린 나숙은 김안로보다 오히려 박소에 가까운 사람이다.

둘째, 박소가 김안로의 조정 복귀를 홀로 반대하려다가 맨 먼저 탄핵

---

174) 중종실록 69권, 중종 25년 11월 21일 1번째 기사. 동 70권 중종 25년 12월 6일
1번째 기사.

되었다고 하지만 그 말도 매우 부적절하다.

　김안로의 복귀를 반대하는 대간의 상소는 중종 25년 6월 13일부터 7월 3일까지 계속되었는데 그 이후에는 이미 그 분위기가 진정되었다. 따라서 박소가 상소를 준비했다는 11월은 아무런 문제가 없는 시기였다.[175]

　셋째, 당시의 [사신]은 박소가 김안로 때문에 병이 나서 죽은 것처럼 말하였다.

　집의 윤안인, 헌납 성윤이 전의 일을 아뢰니, 왕이 조방언, 박소, 조종경을 파직하라고 명하였다. 이와 관련하여 [사신]의 평은 다음과 같다. 즉 "박소와 조종경은 모두 한때 명사였다. 이들은 늘 의론이 있을 때에 '김안로를 복직 서용하는 것은 옳지 않다.'고 하였다.

　그러므로 안로에게 뇌화 부동하는 무리들이 이와 같이 지목하여 끝내는 공론을 막는다고 배척한 것이다.

　박소와 허항은 바로 6촌간이었다.(박소의 할머니가 허항의 고모할머니이다) 박소가 허항을 만나, 안로에게 아첨하여 붙어서 심술을 부린다고 하자 허항이 크게 노하여 그를 힘써 공격하였다.

　허항의 지위가 높아지자 박소가 늘 조정을 헐뜯는다고 하면서 백방으로 위협했다. 박소는 이 때문에 무거운 화를 입을까 염려하여 병이 나서 끝내는 죽고 말았다."[176]

　"박소가 파직되어 남양으로 물러가 있었는데 흉악한 무리들이 그 가까운 데 있는 것을 꺼리므로 드디어 가족을 거느리고 합천으로 돌아갔다. 그곳은 서울에서 9일이 걸리는 거리였다. 할아버지(박동량의 조부; 박소)가 합천에서 5년 만에 돌아가셨다. 아들딸들이 어려서 울음소리가 방에 가득하였다. 큰아버지의 나이 겨우 20세였다."[177]는 기록이 있다.

175) 중종 25년, 6월 11일, 헌부가 김안로의 직첩 환급을 아뢰었을 때. [사신]은 "아, 이제는 늦었다."고 하였다.
176) 중종실록 70권, 중종 25년 12월 6일 1번째 기사.[사신은 논한다]
177) [기재잡기], pp.75 - 77.

중종 21년, 박소는 송천동(宋千同)에 관한 송사로 처벌을 받은 일이
있다. 당시 송자(訟者)로서 박소(한량이었다)는 송천동을 포박하여 장령
황윤중의 집에 데리고 와서 모욕을 주었고, 다시 사헌부로 끌고 가서 온
갖 비열한 말을 다하여 대관들을 타매하였다.[178]

이런 일 등으로 미루어 보면 박소는 결코 유순한 성격의 소유자는 아
니다. 다시 말하여, 어느 누구의 큰소리 따위로 가슴을 조이고 스트레스
를 받아 죽을 정도가 아니라는 뜻이다.

박씨 족보를 보면 "박소가 경상도 합천에 내려가 오로지 학문을 닦으
면서 아들 5형제를 훌륭히 키웠다."고 씌어 있다.[179]

더구나 박소는 유배나 파직을 당한 것이 아니고 그의 품계는 계속 유
지하고 있었다.

정언 허항이 아뢴 바에 의하면, 정언호, 조방언, 조종경, 박소는 한산
(閒散; 직책은 없고 품계는 유지함)된 자들이라 했다.[180]

그럼에도 그가 정말로 허항이 무서워 병으로 죽었다면 사람의 그릇이
어린아이만도 못하리라.

조상을 미화하다가 자칫 그 반대의 결과를 가져올 수 있다. 박소는 시
끄러운 정치판을 떠나 여유 있는 향촌 생활을 만끽하며 여생을 보냈을
수도 있다. 다만 그의 죽음은 누구의 탓도 아니고 그의 짧은 수명이었을
것이다.

### 마) 현자 이언적(李彦迪, 1491-1553)의 일

이언적에 관하여는 따로 장이 있기 때문에 여기서는 김안로와 관련된

---

178) 중종 21년 5월 4일, 동 6일, 동 11일.
179) 최덕교, 이승우, [한국 성씨 대관](서울, 창조사, 1973), p.287.
180) 중종실록 72권, 중종 27년 1월 6일 1번째 기사.

내용만을 소개하겠다.

[실록]에 나오는 '이언적 졸기'를 보면 그가 김안로에게 미움을 받아 파직되어 전리에서 7 - 8년간 살았고, 다시 돌아와 을사사화 때 파직당하였다고 쓰고 있다. 또 야사에서도 그가 김안로의 미움을 받은 예를 구체적으로 열거하고 있다. 즉

"이언적이 밀양부사로서 사간의 부름을 받고 서울에 도착하던 날, 먼저 박소를 찾았다가 지키던 자에 발각되어 탄핵되었다."고 했다. 구절은 앞에서 소개하였다.

이언적이 심언경에게 "만일 이 사람(김안로)이 뜻을 얻으면 반드시 나라 일을 그르칠 것이다. 동궁으로 말하면 온 나라 백성들이 모두 마음으로 기대하는 터인데 하필 안로가 꼭 있어야 편안하단 말이요." 하니 심언광 형제가 소문을 퍼뜨리기를, "이언적이 조정에 있으면 김안로가 들어 올 수 없겠다." 하고 즉시로 이언적을 탄핵, 파면시켰다고 했다.[181]

하지만 [실록]에 기록된 이언적의 파직 시기와 그 사유는 위의 내용과 같지 않다. 그 사연을 소개하면 다음과 같다.

그는 중종 24년 전에(중종 17년) 사평(司評), 이면(李勉)의 친척되는 여자와 함께 잠을 잔 일이 있어 체직되었다.(요즘 말로 남의 처녀와 외도를 한 것이다) 그 일로 남의 종을 첩으로 삼았다는 탄핵을 받았다.[182]

후에 알게 되었지만 이언적에게는 이전인이란 서자가 있었다. 회암(이언적)의 첩은 기생이었는데 처음 이언적에 의하여 이전인을 잉태하고 조윤손의 첩이 되었다. 윤손이 죽자 그 어미가 언적의 아들임을 밝혔다. 그가 강계에 귀양 가 있는 언적에게로 가서 부자의 관계가 되었다.[183]

중종 26년, 사간이 된 지 약 한 달 반이 지난 후, 이언적은 정언 나숙

---

181) 연려실 기술 2, pp.437 - 439.

182) 중종실록 65권, 중종 24년 2월 3일, 2번째 기사.

183) 명종 21년 9월 4일.

과 함께 정언 채무택의 체직을 청하여 왕의 전교가 내려졌다.

채무역이 박운(朴雲; 박원종의 서자)을 논한 것은, 김기(김안로의 아들)가 남몰래 채무역에게 부탁하여 박운을 죄주라고 했다는 말을 들었기 때문이다. 김기의 처가가 평소 박운과 쟁송 사건이 있었다는 것이다.[184]

그런데 그 다음날 사정이 역전(逆轉)되었다.

박운은 이미 그 실정을 자복하여 죄(분경죄; 뇌물 죄)가 정해졌으니, 채무역의 논한 바가 옳았다는 것이 확인되었다.

중종은 전교하기를,

"채무역이 박운의 일을 논한 것은 진실된 것이다. 평상시 대간은 듣고 본 것에 따라 아뢰는 것인데, 도리어 공변(공평하고 정당함)되지 않다고 생각한다면 언로에 크게 해롭고 뒤 폐단 또한 클 것이다. 사간원을 체직하라.", "박운을 정상 참작 없이 법대로 죄주라." 하였다.[185]

사실 박운은 돈이 많았다.

그는 박원종의 유일한 혈육으로 돈을 함부로 썼다. 자세한 것은 이언적편에 있다.

이 일로 홍문관 직제학 허흡 등이 동료를 모략한 이언적의 파직을 청하니 왕이 윤허하였다. 즉

"엎드려 생각건대 이언적은 본래 편벽되고 경박한 사람으로 지난번 언관으로 있을 때 사곡(邪曲; 요사스럽고 편벽함)하게 남의 사주를 받아 동료를 모략하였습니다. 속으로는 사의(邪意)를 품고 있으면서도 밖으로는 다른 일을 칭탁하여, 동료들과 의논한 것이 서로 다른데도 끝내 자기의 뜻을 고집하여 스스로 논박하고 공격하였습니다." 하니 왕이 전교하기를,

"이언적의 일은 범연히 생각하고 아뢰었겠는가. 그 직임만 가는 것이

---

184) 중종실록 70권, 중종 26년 1월 11일, 3번째 기사.[사신은 논한다]
185) 중종 26년 1월 12일 1, 2, 4번째 기사.

옳지 않다면 파직시키라." 하였다.[186]

이언적은 그의 '졸기'에서 말한 대로 '을사사화가 일어나 파직을 당한 것'이 아니다. 그는 을사사화 때 추관으로 후에 공신의 녹을 받았다.

김안로가 제거된 후 조정에 들어온 이언적은 3대에 걸쳐 충성을 다했다.

명종 즉위 후 시작된 윤씨들의 골육상쟁에 끼어들어 그는 윤원형의 우익이 되었다.

하지만 을사사화가 끝나자, 윤원형 당여들은 이언적을 헌신짝처럼 버렸다. 요즘 흔히 말하는 토사구팽(兔死狗烹)이다.

이언적은 문묘에 배향된 18인의 성현 중 한 사람이다. 그가 과연 성리학 분야에 어느 정도 크게 기여했는지는 학자에 따라 의견이 다르다.

그리고 그가 맡은바 그의 직무에 충성을 다하면서 '임금의 살리는 덕'을 강조하였다지만 결과적으로 그것은 형식에 불과하였다.

그의 행동은 그저 평범한 벼슬아치들의 그것과 다름이 없었다. 비첩으로 인한 스캔들, 상소, 탄핵, 체직, 아첨, 패거리 정치, 배신 등으로 점철된 추악한 권력 싸움에서, 그 자신도 한 일원으로 싸우다가 쫓겨난 일은 부인할 수 없는 사실이다.


## 바) 만년재상 정광필(鄭光弼, 1462-1538)의 유배

정광필과 김안로는 같은 훈구 대신에 속한다.

전자는 너그러운 성품으로 인간관계가 원만하고 후자는 아마 강하고 곧은 성품으로 쉽게 타협하지 않는 특성을 갖고 있는 듯하다.

정광필과 김안로의 관계는 중종 19년, 김안로가 유배될 때부터 시작된다.

당시 정광필은 남곤의 편에서 김안로의 유배를 찬성하였다.

김안로가 조광조 사후 새로운 세력으로 등장한 때였다.

---

186) 중종실록 70권, 중종 26년 1월 22일 1번째 기사.

영사 정광필이 아뢰기를,

"전에 조광조 등을 상께서 미리 막지 않았으므로 마침내 크게 실패했으니 이번에 김안로를 비호하시면 안 됩니다."고 하여 그의 유배를 청하였다.

중종 26년, 김안로가 유배에서 풀려 돌아와 관직에 복귀하여 예조판서에 오르자, 정광필이 김안로의 체직을 청하였다.

아마 그 일은 별다른 저의가 없고, 다만 심정, 이항 때부터의 타성으로 직무상 앞장섰을 뿐이라고 변명할 수 있다.

그 일이 역전되어 이제 (김안로의 일로) 정광필 자신이 체직을 청했을 때 다음과 같은 말을 아뢰었다. 즉

"'안로가 죄를 받은 것은 (중종 19년) 신(정광필)이 정부에 있을 때의 일이 아니었습니다만' 옥사가 이렇게까지 될 줄을 신들은 당초에 헤아리지 못했습니다."고 했다.[187]

정광필이 당시 영사(領事)로서 한 말이, 김안로의 유배에 영향을 미친 것은 분명하다. 하지만 자신이 정부에 없었다는 말은, 그 일이 본의가 아니었고 지금은 아무 감정이 없다는 뜻이기도 하다.

정광필은 중종 14년 희락당의 숙부인 김전(金銓)을 극구 칭찬하여 정승으로 추천한 바 있다.[188]

또 중종 26년, 9월 25일 그가 희락당의 체직을 요구하던 바로 한 달 전에 김기(희락당의 장남)를 칭찬하여 문과 시험의 자격을 주도록 도와주었다. 즉 영사 정광필이 아뢰기를,

"신(정광필)도 김기가 글을 강론하는 것을 보았는데, 과연 관통(글을 통달함)하여 잘 강하였습니다. 위(상감)에서도 그러함을 보았으므로 그렇게 하신 것입니다."고 하였다.[189]

---

187) 중종 26년 10월 25일 5번째 기사.
188) 중종실록 37권, 중종 14년 11월 20일 1번째 기사.
189) 중종실록 71권, 중종 26년 9월 25일 1번째 기사.

같은 해 12월, 김안로를 대제학으로 임명할 당시, 중종이 정부 대신과 육조판서들에게 그 의견을 물었을 때, 영의정 정광필 이하 삼공, 육경 모두가 이를 인준해 주었다.

임금이 "시비를 하나로 정해야 하는데 어떻게 해야 옳을지 정부 육조와 논의하라."고 하자, 영의정 정광필 이하 삼공, 육경이 아뢰기를,

"김안로의 권(圈; 요즘 말로 투표수)이 제일 많았기 때문에 함께 의논하여 아뢴 것입니다. 어찌 다시 시비와 훼예(毁譽; 비방과 칭찬)가 있겠습니까. 예조판서를 논할 때와 대제학을 의논하는 것이 각각 뜻이 있는 것으로 별로 다른 뜻이 없습니다." 했다.

왕은, "지금 대신의 의견이 역시 내 뜻과 같다."고 하면서 그를 문형에 임명하였다.[190)]

당시 양반 사회에서 회자하던 말로 '육조판서 6명이 삼정승 중 한 명을 당하지 못하고, 삼정승 세 사람이 대제학 한 사람을 당하지 못한다.'는 말이 있었다 한다. 그만큼 문형은 만인이 부러워하는 자리였다.

이상 정광필의 성품이나 그동안의 행적으로 보아, (정광필과 김안로) 서로가 크게 대립할 만한 사유가 없다. 양자가 그 성격이나 연령상의 차이는 있지만 그런대로 조정 내의 훈신으로 중종 30년간을 공존하여 왔다.

다만 그들의 인간관계나 정치적 입장의 차이는 분명하였다.

잠간 여담(餘談)으로 이들 상호의 차별성을 상상하여 대화록을 만들어 보았다.

김안로:

"대감(정광필), 어떤 일이 있어도 세자는 보호해야 합니다.

지금 중전이 대군을 생산하자, 정부 반대자들이 또다시 정치적 저의(底意)를 가지고 움직이고 있습니다.

송순, 송세형, 나세찬 등 일을 보십시오.

---

190) 중종실록 72권, 중종 26년 12월 19일 2번째 기사.

대감은 이들 불만 세력의 구심점이 되고 있습니다.

지금 윤씨들이 하는 짓을 보면 이들은 틀림없이 세자를 위협할 것입니다.

대감께서 또다시 애매한 태도를 보이시면 정말로 앞으로 세자가 더욱 어려워집니다."

정광필:

"참, 희락당은 별걱정을 다 하십니다.

조정의 일은 누구보다도 나만큼 잘 아는 사람이 없습니다.

희락당은 모르는 게 너무 많아요. 상감은 사람을 믿지 못하는 성격입니다.

경빈 박씨, 조광조, 심정, 이항이 왜 죽은 줄 아십니까?

희락당, 당신은 지금 호랑이 등을 탄 격입니다. 몸조심하세요.

아마도 세자보다도 당신이 먼저 조정에서 쫓겨날 수도 있습니다.

희락당께서 윤씨 말을 했는데 그들은 당신보다 훨씬 유리한 입장에 있습니다. 배후에 중전이 있고 대군이 있습니다. 그리고 정난정이란 여자가 무슨 일을 꾸밀지 모릅니다."

김안로:

"바로 그것이 대감과 제가 다른 점입니다.

저는 호랑이 굴로 들어간다 해도 그 길을 갑니다.

세자를 보호하는 일이라면 무서울 것이 없습니다.

대감처럼 모든 사람이 좋아하는 성품을 사람들은 덕인이라고 칭찬하여 존경합니다. 하지만 저는 매사에 원칙이나 기준을 세우고 이를 실행하는 것을 더 중하게 여깁니다."

정광필:

"하여튼 희락당은 너무 잘났어요.

아무리 원칙이 중요하다 해도 사람들 간의 관계를 무시할 수 없는 것

입니다. 남곤, 심정에 이어 이제는 윤원형 형제와 손을 잡는 것이 순리
이지요."
　김안로:
　"대감 말씀이 과하십니다. 아무리 현실이 그렇다 해도 윤씨들은 타협
할 대상이 아닙니다.
　대감은 타협하시는 일을 너무 내세우고 계시는데, 그 일도 한계가 있
습니다. 나이도 연만(당시 75세)하신데 이제 물러나셔서 편히 쉬시지요."
　대개 이런 내용의 대화가 그들 심중에서 있었으리라 상상하고, 다시
[실록]으로 돌아가겠다.


　* 정광필의 파직
　이번에는 정광필의 눈물이 죄가 되었다.
　눈물은 때로 자애스런 덕인의 따스한 정으로 칭송의 행동이 되기도
하고 또 때로는 거짓과 무고 혹은 역모의 수단으로 오해를 받아 죄를
불러올 때가 있다.

　대사헌 황사우와 대사간 허항이 아뢰기를,
　"정광필은 세력이 궁빈에게 있으면 박씨에게 붙어서 그의 후원자가
되었고, 기묘년 사람들이 다시 서용되리라 생각하고 뒷날 터전을 위하여
구제하는 체 명예를 얻었고, 기묘년 사람들이 패하고 권간(남곤, 심정,
이항 등)이 세력을 얻자 이들에 의지하여 깊이 결탁하였고, 공론이 권간
을 핍박하면 사류를 지목하여 '조광조의 여습이 있으므로 형장을 쓰지
않을 수 없다' 하여 권간에 아첨하고 사림을 모함하였습니다.
　장경왕후가 승하하고 '작서의 변'이 일어났을 때도 박씨를(그녀가 왕
후에 오르는 것을) 막고 죄를 결단한 것(박씨가 범인이라는)이 자신의
공(功)이라 했습니다.

382

외롭고 위태로움을 스스로 알고, 조카 정한룡에게 글을 보내어 '우리 집안이 위태롭다. 귀양 가는 데 그치면 다행이겠다. 내가 너희들을 위하여 죽도록 구제하다가 도리어 외롭고 위태로워졌다.' 하였습니다.

왕이 유생(儒生)들에게 큰 잔치를 베풀어 대접한 것은 문(文)을 숭상하는 큰일인데도, 이를 지적하여 '임금을 악하게 인도한다.' 했으며, 또 위복이 위에 있음은 조정의 복인데도 '눈물을 흘리며 몹시 걱정된다' 하였습니다."191)

이어 그 다음날, 김근사 등이 아뢰기를,

"정광필은 이미 견책받아서 한직이 되었고, 대간이 아뢴 것이 이러하니, 어찌 징계하고 뉘우치지 않겠습니까.

우선 너그러이 용납하는 뜻을 보여 벼슬만 박탈하고 편의대로 살게 하면, 멀리 귀양 보내지 않아도 어찌 서울에 편안히 있겠습니까?" 하였다.

이러한 과정을 거쳐서 정광필에 관한 교서(그의 벼슬만을 박탈하고 외방에 살며 도성에 들어오지 못하게 하는 내용)가 발표되었다.192)

여기서 정광필이 벼슬을 박탈당한 가장 중요한 잘못은,

'임금을 악으로 인도하고, 눈물까지 흘리며 크게 걱정했다.'는 말실수다.

남아일언 중천금(男兒一言 重千金)이란 말이 있다.

중종 13년, 조계상은, '옛일을 사모하면 폐가 있을 것'이란 말 한마디 때문에 조광조로부터 탄핵을 받은 일이 있다.193)

김안로가 쫓겨날 때, '조광조의 여습이 있다'든가 혹은 '그가 하는 짓이 반성의 기미가 없다'는 등의 이유보다는, 이 일은 (정광필의 경우) 훨씬 구체적이고 명분이 있다.

[사신]은 이와 관련하여,

191) 중종 30년 1월 11일 4번째 기사.
192) 중종 30년 1월 12일 3번째 기사. '교서 내용'은 동년 1월 16일 4번째 기사.
193) 중종실록 33권, 중종 13s년 5월 18일 4번째 기사.

"노성하고 숙덕한 정광필로서도 거짓된 비방을 면하지 못하고 마침내 쫓겨났다. 정광필은 중명이 있고 정승을 지냈으므로 (김안로가)제 숨긴 간사함이 아뢰어질까 염려되어 온갖 방법으로 얽어서 이토록 가렸다.(방해하다)"고 했다.[194]

거짓된 비방도 아니고, 숨은 간사함도 없고, 온갖 방법을 얽은 것도 아니지만, 이 정도 [사신]의 악평은 아직은 그 초기 단계에 불과하다.

말하자면 정광필과 김안로의 관계에서 '거짓이다', '숨겼다', '얽어 맺다'는 정도의 언사는 '고운 말'에 속한다는 뜻이다.

* 정광필의 유배: 왕후의 능, 광(갱 구덩이) 안에 돌이 들었던가.

풍수들의 말은 참으로 믿을 수 없다.

우선 왕릉을 옮긴 사례들을 잠깐 살펴보자.

풍수설에 미혹되지 말라는 선조(先朝)의 가르침이 만세의 교훈으로 내려왔다.[195]

하지만 세종대왕의 유교로 왕 자신이 스스로 정했던 헌릉도, 불과 19년이 못 되어 능 자리를 지금의 영능으로 옮겼다.

무덤 속에 수렴(水廉; 무덤 안에 물이 괌)이 들어 삼베옷이 하나도 썩지 않았다고 한다.

인조비 한씨의 묘는 관속에 뱀이 들어 있다고 해서 장사지낸 지 96년 후에 옮겼다.

당시 왕비(인조 비)가 산후병으로 승하하자 왕은 그녀 사후 5개월 후에 발인했다. 왕비의 능을 쓰기 위해 옛 무덤 756기를 옮기고, 상여군 6,770명이 뒤따랐다고 한다.[196] 그렇게 해서 쓴 능을 또 옮긴 것이다.

---

194) 중종 30년 1월 16일 4번째.[사신은 논한다]

195) 영조실록 29권, 영조 7년 3월 29일 1번째 기사.

196) 김호년, [한국의 명당](서울, 동학사, 1989), p.197.

당시의 기록을 보면,

우의정 조문명 등이 장릉(인조와 인열왕후의 능)을 봉심하고 돌아와 아뢰기를,

"신이 이틀 사이에 아홉 마리의 뱀을 눈으로 보았는데 큰 것은 서까래만 하고, 작은 것은 낫자루만 했습니다. 옮겨 모시는 일을 그만둘 수 없습니다."[197] 하였다.

첨단 과학의 시대에 살고 있는 요즘 세상에서도 풍수를 믿는 사람들은 많다. 지금도 대통령이나 국회의원들이 명당을 잘 써서 당선되었다고 믿는 사람들이 있다. 이제 본론으로 돌아가서,

중종 32년 4월, 정언 이문건(李文健)이 희릉(중종비 장경왕후의 능)의 장지에 돌이 있다는 말을 아뢰었다. 이 일 때문에 결국 정광필이 귀양을 가게 된 것이다.

이문건은 이충건(조광조 제자로 남곤 등에게 배척을 받아 고신을 빼앗김. 안처겸의 옥사 때 고문을 받고 귀양길에 죽었음)의 동생이다. 을사사화에 공을 세워 추성 보익공신에 봉하였으니, 그는 분명 김안로의 사람은 아니다.

산릉 때의 <일기(日記)>를 요약하면 대개 다음과 같다.

"앞서 정해 놓은 혈 자리를 5척가량 파 들어가니 큰 돌이 가로놓였는데 그 뿌리가 깊고 멀리 뻗어 마침내 파버릴 수가 없었다.

아래로 굴을 파 보니 돌덩이가 있기는 하지만 위보다 심하지 않았다.

지리에 밝은 조륜이 말하기를, 약 2척가량 아래로 쓴다면 오히려 위 자리보다 좋다고 하였다.

도승지 손중돈이 이 일을 중종에게 아뢰어 왕의 전교로 공사를 완공했다."[198]

197) 영조실록 29권, 영조 7년 3월 23일 2번째 기사.
198) 중종실록 84권, 중종 32년 4월 23일 6번째 기사.

그 일로 영사 김안로가 아뢰기를,

"신은 그때 산직(散職; 직무가 없는 벼슬)에 있다가 뒤에 들었습니다. 풍수들의 아득하고 애매한 말에 이끌리어 능을 옮기는 것은 불가할 듯 하기에 지금까지 아뢰지 않았습니다.

이 일은 매우 중대한 것이어서 저번에 신에게 하문(下問)하실 적에도 함부로 단정하여 아뢰지 못했습니다."[199] 하였다.

아는 것이 병이었다.

자신의 사랑하는 아내요, 앞으로 대통을 이어갈 세자의 어머니 산소에 돌이 있다고 하니 어느 누가 마음이 편안하겠는가.

드디어 왕은 삼공육경을 불러 이 일을 의논하라 하였다. 이들이 당시 의 <일기>를 고찰한 결과 문제가 되는 점은 다음과 같았다.

영의정 김근사, 좌의정 김안로, 우의정 윤은보, 우찬성 심언경, 공조판 서 조윤손, 호조판서 소세양, 병조판서 윤임, 예조판서 윤인경 등이 의논 하기를,

"<일기>를 고찰해 보건대, 당시 석공이 말하기를 '윗면 및 좌우의 돌 부리를 제거할 수 없어서 그대로 두고 삼물(三物; 석회, 가는 모래, 황토 를 섞은 것)을 쌓았다' 하고 또 '당시의 제조 및 낭관이 모두들 이 말이 새어 갈까 몹시 두려워하였으므로 내가(왕이) 오랫동안 입 밖에 내지 않 았다.'고 했습니다.

지금 광은 돌이 깊이 박히고 멀리 뻗어 있습니다.

그러므로 습기가 그대로 쌓이다가 물방울이 되어 흘러내려와 점차 광 안에 차고 물이 고이게 될 것이 뻔합니다.

이런 말이 한번 전파되었으니 듣는 사람 치고 누가 마음이 편하겠습 니까. 뭇사람의 의심은 괴변을 만들고 여러 사람의 말은 쇠도 녹이는 법 입니다. 인심이 의심하고 동요하는 것은 깊이 염려스럽습니다." 하자, 드

---

199) 중종 32년 4월 25일 1번째 기사.

디어 임금이 정원에 명하여,

"능을 옮기는 데 필요한 모든 일을 마련할 것을 해당 부서에 말하라."
하였다.

당시 관상감이 뽑은 글을 보면,

곽박의 <금낭경>에 '돌산에는 장사할 수 없다.'

범월의 <개지편>에 '깨진 돌과 검은 돌은 질병을 주로 하고 객사(客
死)한다.'

채성우의 <지리문정>에 '혈(穴) 안에 검은 돌이 있으면 흉할 것이다.'
하였다.[200]

이 대목에서 역사를 왜곡시킨 주역 [사신]이 어김없이 나타난다. 즉

"김안로가 정광필을 모함하여 죽이려고 날마다 허항을 영의정 한효원
의 집으로 보내어 의논하였으나 그가 듣지 않았으므로 죽이지 못했다.

오랫동안 허물을 잡지 못하다가 이 사건을 중시하여 그의 죄를 만들
고 마땅히 옮겨야 한다고 주장하였다.(좌의정 정광필이 당시 총호사로서
능을 감독했다)"[201]라고 평하였다.

정광필은 도량이 넓고 성품이 원만하여 희락당뿐 아니라 그 누구와도
나쁜 감정을 가질 이유가 없다.

그리고 그의 나이 77세의 고령으로 이제 모든 일을 접고 단지 죽음을
기다리고 있는 처지에 불과하다.(정광필은 중종 33년 12월 6일에 사망함)

김안로는 희능의 일을 알고 있었으면서도 거론하지 않았고, 또 이 문
제는 뒤에 논하겠지만 그의 숙부(당시 예조판서인 김전)가 관련되어 있
어 매우 어려운 입장에 있었다. 또한 허항도 양반으로서 나름대로 기개
와 소신이 있는 선비였으리라 생각된다.

---

200) 중종 32년 4월 25일 2번째 기사.
201) 위의 책.[사신은 논한다]

그런데 어떻게 그런 말을 감히 생각해 낼 수 있었을까. 오히려 이 글을 쓴 [사신]들의 양심이 의심된다.

희능을 옮기는 일이 결정되자 이제 대간에서 그 책임 문제를 거론하기 시작하였다. 이는 조정 대관으로서 당연한 책무였다.

대사헌 박홍린, 대사간 상진, 집의 신영, 사간 임봉, 장령 임필형과 권응창, 지평 채낙과 정대년, 헌납 정희령, 정언 이문건과 허경이 아뢰기를,

"신들이 들으니 장경왕후가 승하한 뒤 세자는 외롭고 약한데, 박씨는 총애를 받고 복성은 장성한 때문에 추종자들이 다른 뜻을 품고 뒤로 박씨를 도와 후일의 출세 기반을 삼았던 것입니다. 그때의 총호사와 산릉도감, 당상, 색랑관 등을 생사를 불문하고 법률에 의거, 죄를 정하소서." 하였다.

홍문관 직제학 정만종, 응교 박세웅, 부응교 조사수, 교리 이원손, 부수찬 정응두, 박사 이승효, 저작 홍춘년, 정자 윤인서가 아뢰기를,

"희능이 안치된 곳은 나쁜 돌이 박혀 있어서 쪼아낸 뒤에야 썼으니 흙이 두꺼운 땅이 아닙니다. 돌이 있는 곳에는 반드시 물기가 있는 것이니 물이 나지 않는 땅도 아닙니다.

당시 박씨는 궁위에서 으뜸가는 총애를 차지하고 있었고 복성군은 이미 장성하여 기회를 엿보아 세자 책봉을 노려서 못 하는 짓이 없었으며, 은밀히 엿보아 슬며시 붙은 자들은 분주히 그의 지시를 받아 무슨 일이든 해 냈습니다." 하였다. 이에 왕이 답하기를,

"아뢴 말이 지당하다. 돌이 있는 땅이라면 토기가 이미 끊어진 곳인데, 돌을 떼어 내고 그대로 썼으니 그 관원들은 죄가 없지 않다. 더구나 박씨를 위하여 그렇게 하였다면 더욱 무도한 일이다."[202] 하였다.

그 이틀 후인 5월 6일 왕은 삼공(영의정, 좌의정, 우의정)을 불러, 금부당상의 조율공사(죄의 경중에 따라 법률을 적용한 일)를 보이며 죄를

[202] 중종실록 85권, 중종 32년 5월 4일 1, 2번째 기사.

정하는 일을 의논하자고 했다.

'의금부의 조율은 다음과 같다. 정광필, 강혼, 유청년, 남곤, 윤세림, 구지신, 조윤, 성담기, 황득정 등은 능지처참하고, 김응기, 김전, 손중돈 등은 장 일백 유 삼천리에 처한다.'[203)

이에 관하여 김안로는,

"죽은 자는 논할 수 없거니와 살아 있는 자(정광필을 말함)는 추신하여 취초하는 것이 옳습니다. 단 연로하고 일찍이 대신을 지냈기 때문에 추신치 않는 것입니다. 하지만 대역(大逆)이라면 역시 그 연로함도 따질 수 없습니다. 대개는 이와 같습니다.(大槪則如是矣)"라 했다.

상이 이르기를,

"정광필의 죄는 어느 정도로 논하는 것이 옳겠는가? 죽은 자는 단지 관직만을 추탈할 뿐이며, 정광필도 동일한 죄로 논하지 못한다면 고신을 빼앗고 먼 지방으로 유배시키는 것이 어떻겠는가?" 하였다.

김근사의 말은 그 말소리가 매우 가늘어서 알아들을 수가 없었다.

성륜이 김근사 등의 말을 가지고 아뢰기를,

"신들은, 정광필은 이미 죽은 자와 같은 예가 아니기 때문에 죄를 더하여 멀리 귀양 보내는 것이 온당할 것으로 여겼는데, 위에서도 그렇게 생각하고 계시므로, 신들은 이미 정해 놓고 하교하신 것이라 생각합니다. 그러한 까닭에 다시 아뢰지 않았습니다."[204) 하였다.

그 뒤에도 대사헌, 대사간 등은 이에 대한 불만을 가지고 아뢰기를,

"정광필, 성담기, 황득정 등을 끌어다가 추신하여 자복을 받아내서 율법에 의하여 죄를 정하소서." 하였고, 또 대간 전원이 아뢰기를,

"역모는 왕법에서 사면될 수 없는데, 일시적으로 너그럽게 용서하였으니, 이미 떳떳한 형을 잃은 것입니다."고 하였다.[205)

---

203) 중종 32년 5월 6일 2번째 기사.
204) 중종 32년 5월 6일 3, 4번째 기사.

그리고 대간은 정광필뿐 아니라 김전(김안로의 숙부)의 친아들도 똑같이 금고하라는 청을 계속 아뢰었다.

대간이 김전의 일을 일곱 번이나 아뢰었으나 윤허하지 않았다.[206]

희락당은 이토록 어려운 입장에 있었기 때문에, 임금이 대신들과 마지막 면대를 전교했을 때 병을 핑계로 나오지 않았다.[207]

이상이 희능 사건에 관련된 [왕조실록]의 중요 내용이다.

그럼에도 불구하고 [사신]은 줄곧 김안로가 정광필을 죽이려 했다는 아무 근거 없는 말을 강조하여 [실록] 하단에 끼워 넣고 있다.

희락당이 대역을 말한 것은 임금이 의금부에 지시한 조율공사에 대한 법률 적용을 지적한 것이다. 그리고 결론에서 막연하게 '대개 이렇다'고 한 것은 희락당이 자신의 숙부도 관련되고 있어서 그 정도로 말할 수밖에 없었던 것이다.

혹은 정광필과 그의 숙부 모두를 용서해 주기를 바라는 뜻일 수도 있다.

후일 인조조 8년에 참찬관 조익(趙翼)이 아뢰기를,

"희능을 옮길 때에 김안로가 정광필을 해치려고 대역죄로 논했는데도 온 조정이 한 사람도 말하지 못하였으니, 이 밖의 시비는 논할 것조차 없습니다."[208] 하였다.

하지만, 조익의 말은 거짓이었다. 대역죄로 논한 것은 임금의 요구에 의하여 의금부에서 한 일이었다. 김안로는 위에서 말한 대로 '대개 이러하다'는 애매한 말로 자신의 난처한 입장을 말했을 뿐이다.

당시 대간이 끊임없이 정광필과 김전에게 죄줄 것을 아뢴 일은 앞에서 언급했다.

그 후 최명길이 아뢰기를,

---

206) 중종 32년 5월 15일 1번째 기사. 동 5월 16일 1번째 기사.
206) 중종 32년 6월 6일 1번째 기사.
207) 중종 32년 6월 8일 1번째 기사.
208) 인조실록 22권, 인조 8년 4월 8일 1번째 기사.

"희능의 고사라는 것은 김안로가 정광필을 모함하여 대역으로 논한 것으로 사형을 면치 못할 뻔하다가 결국은 귀양 갔습니다, 신은 김류가 이런 말을 하는 것을 들은 지 오래입니다."[209] 하였다.

그러나 정작 좌의정 김류는 이를 부인하였다.

"신이 등대하던 날 최명길이 풍수설에 대해 논변한 것 때문에 우연히 희능 때의 일을 인용하였으나, 김안로에 대해서는 언급한 일이 없습니다."[210] 하였다.

헌종 14년 응교 이선(李選)의 상소 가운데에 다음과 같은 내용이 있다.

"일찍이 중종조 때에 문익공, 정광필은 희능 총호사로서 광중에 돌이 있는 것을 보고 즉시 계품을 하고 나서 비로소 대례를 완성하였으니 광필에게 죄가 없음을 알 수 있습니다. 그런데 희능을 옮길 때에 이르러서 간신 김안로가 그것을 죄안으로 삼아 반역죄로 감정하여, 광필은 겨우 죽음을 면하고 유배되었습니다.

만약 군부(임금)가 인성하지 못하였다면 광필의 목숨은 보전되기 어려웠을 것입니다. 그를 논죄할 때에 반드시 안로를 충신이라고 하고 광필을 죄인이라고 하였을 것입니다만, 지금 와서 본다면 과연 안로가 나라를 위한 충성이 있었으며 광필이 나라를 저버린 사람이라고 할 수 있겠습니까."[211] 하였다.

이선은 분명 [실록]을 자세히 읽지 않고 야사만을 읽었거나, 지난번 최명길처럼 잘못된 정보를 들은 것이다.

첫째, 돌이 있는 것을 보고 계품을 한 것이 아니고 돌이 없는 곳에 능을 썼다고 했다. 그런데 돌이 있다는 증언이 나왔고 박씨 때문에 그 일을 감추었다고 했다.

---

209) 인조실록 23권, 인조 8년 7월 27일 1번째 기사.
210) 인조실록 23권, 인조 8년 8월 17일 3번째 기사.
211) 현종실록 22권, 헌종 14년 6월 20일 2번째 기사.

둘째, 반역죄로 감정한 것은 왕명에 의하여 의금부에서 규정한 것이고 김안로는 그 말을 듣고 율이 그렇다는 정도로 답했을 뿐이다.

셋째, 군부의 인성 때문이 아니고 삼공육경과 대간들이 합의해서 그렇게 정한 것이다.

넷째, 그를 논죄할 때에 안로가 충신이라고 한다면 헌종 때도 충신인 것이다. 이 문제는 그 성격상 어떤 임금 때는 충신이고 어떤 임금 때는 역적이 될 수 없다.

명종 때 임권(任權)이 이문건을 공격하는 말을 하면서,

"중종조 때에 김안로가 정광필을 모함하였는데 이문건이 석공의 말을 듣고서 경연 석상에서 아뢰어 드디어 능을 옮겼습니다. 그러나 능침을 옮긴 뒤 무슨 길응이 있었습니까? 상께서 광명정대하시면 사특한 말로 현란시키지 못하는 것입니다."고 하였다.[212]

그것은 상대방을 폄하하기 위한 말이다. 만일 자신이 이문건의 입장이었다 해도 똑같은 행동을 했을 것이다.

풍수설이 아무리 황당하다 해도 옛부터 우리 민족은 그 테두리를 벗어나지 못하고 있는 실정이다. 특히 임금이나 부모의 분묘를 가꾸는 일은 충효의 미덕으로 여겨 왔으며 아무도 이를 무시하지 못한 것이 우리의 현실이다.

## 사) [사신]의 가장 황당한 거짓말

첫째, [사신]은 죄 없는 희락당의 아들(김기)까지도 죄를 조작하여 무함하고 있다.

왕이 '김기에게 다음 회시(문과의 복시; 1차 합격자가 치르는 2차 시험)에 직부하라'는 전교를 내렸던 중종 26년 [사신은 논한다]에 다음과

---

212) 명종실록 9권, 명종 4년 10월 12일 1번째 기사.

같은 말을 했다.

"김기는 어리석고 경망한데다 술에 빠져 당시 세리(勢利)에 빌붙은 자들과 상종하면서 밤을 낮 삼아 술을 마셨다. 결국에는 병을 얻어 그의 아비보다 먼저 죽었다.[213]

그리고 왕이 희락당의 사사에 관한 비망기를 내린 기사의 하단에 또 같은 글을 추가하였다.

"김안로의 큰아들 이름은 김기다. 아비는 인자하지 못하고 아들은 불효하였기 때문에 당시 사람들이 '부자(父子)가 원수 사이'다 하였다. 김기는 사람됨이 경망하고 사특한데다가 독살스럽고 세를 빌어 교만 방자하였다. 술을 잘 마셔 병이 나서 일찍 죽었다. 하늘이 만약 수년 만 더 살게 했더라면 피해를 입은 자가 얼마나 되었을지 모른다. 진우의 일도 실은 김기가 주도한 것이다.

김안로에게는 눈이 멀고 못생긴 딸 하나가 있었다.

안로가 그 딸을 미워하여 죽이려고 굶기면 울부짖으며 밥을 달라고 하여 이웃이 들을까 두려워 못 굶기고,

칼로 찔러 죽이면 시체에 칼자국이 나서 친척들이 살해당한 것을 알게 될까 두려워 못 하였다.

그 흔적을 감추려고 독사를 항아리 속에다 넣고 뚜껑을 덮어서 나오지 못하게 하여 독이 잔뜩 오르게 한 다음 뚜껑을 열고 그 딸로 하여금 항아리에 발을 넣게 하니 한번 물자 그 자리에서 죽었다.

김안로는 속으로는 매우 기뻤으나 겉으로는 슬픈 척하면서 이웃 일가들에게 떠들기를 '내 딸이 변소에 가다가 독사에 물려 죽었다' 하였다.

아, 이런 일을 차마했으니, 무슨 일인들 못하겠는가."[214]고 썼다.

'아, 이런 일을 차마했으니 무슨 일인들 못하겠는가!'가 아니라 반대로

213) 중종실록 72권, 중종 26년 11월 8일 1번째 기사.[사신은 논한다]
214) 중종실록 85권, 중종 32년 10월 27일 7번째 기사.[사신은 논한다]

'아, 이런 모함을 차마했으니 무슨 모함인들 못하겠는가!'이다.

희락당의 아들 김기의 경우,

그는 그날까지 죽지 않았다.

어떻게 살아 있는 자를 두 번(중종 26년과 32년)이나 죽었다 하고 술꾼이요 불효자요 게다가 하늘까지 팔아서 마치 천벌을 받은 사람처럼 써야 했을까?

[사신]을 쓴 그날의 [실록]에 임금이 정원에 비망기를 내렸는데 그중 다음 항목이 있다.

"1, 김안로의 아들이 사대부를 얽어 넣은 일.[지금 사(司)에서 추고하고 있다]"

여기서 추고받고 있는 사람은 김기이고 사대부를 얽어 넣었다는 것은 진우의 일이다.

[실록]에서는 지금 그를 추고하고 있는 중이라는데, 바로 같은 날, 같은 기사의 [사신]은 '그 아비보다 먼저 죽었다'고 했다.[215]

여기서 김기의 행적을 간단히 개관하면 다음과 같다.

김기는 일찍이 생원과에 급제하고 사가독서에 뽑혔다. 그 후 문과 초시에 합격했다가 회강에서 떨어졌는데 전강(殿講; 임금이 친히 차등을 정하는 시험)에서 [사서삼경]을 잘 강하였다.(12명 중 1등)

왕으로부터 회시(복시; 2차 시험)에 직부하도록 허락을 받았는데, 대신들은 특은(特恩)이라 하고 왕은 선례(나윤경, 이진의 예)에 따른 것이라 했다.

영의정 정광필이 의논드리기를,

"김기의 강서(講書)가 제법 분명하였습니다. 따라서 다음 식년 회시에, 분수에 의해 직부하게 한 것은 별로 잘못이 아닌 것 같습니다."[216]고 하

215) 김안로는 슬하에 4남 1녀가 있다. 장남 김기, 2남 김희(연성위, 중종 26년 사망), 3남 김휘(중종 32년 10월 24일 혼인함), 4남 김지(당시 13세), 1녀서 박춘란. 연안 김씨 세사 제1집(서울, 대광정판사, 1982), p.622.

여, 시험 자격을 얻었다.

김기는 중종 28년 문과 시험에서 3등(1등 1인, 2등 2인, 3등 8인)으로 합격했다.

당시 초방(草榜; 초서로 쓴 합격자 명단)을 이미 썼는데 이를 고쳐서 윤원형은 떨어졌다가 뒤에 합격했다.[217]

다음해 11월에 김기는 정시(庭試; 특별 전형)에서 2등을 했는데 그중에는 퇴계 이황과 허항의 이름도 있었다.[218]

그 후 김기는 홍문관 수찬, 사간원 정언으로 중종 32년까지 자신의 임무를 충실히 수행하였다. 그가 수행한 일에 물의를 일으켰다는 기록은 [실록]에 한번도 나타나지 않았다.

다만 박운(박원종의 서자)의 일로 이언적의 상소가 있었으나 그것은 이언적이 잘못 알았던 일이어서 (이언적이) 체직을 당한 일이 있었을 뿐이다.

둘째, [사신]은 사실에 없는 딸을 만들어 극히 해괴한 시나리오를 쓰고 있다.

만일 희락당이 딸이 또 있어서 그토록 잔인하게 죽였다면 왜 [실록]에는 한마디도 언급이 없는가.

[실록]의 내용들을 보면 아주 사소한 가정의 사생활에 관하여, 그리고 거의 풍문에 불과한 경우도 빼놓지 않고 거론하고 기록되어 있다.

그러나 이 일은 딸의 이름도 목격자도 없이 다만 막연히 이웃 일가들에게 '내 딸이 변소에 가다가 독사에게 물려 죽었다.'고 말했다는 풍문뿐이다.

[사신]이 희락당 자신도 아닌데 어떻게 자신의 딸을 죽이려고 마음먹

216) 중종실록 72권, 중종 26년 11월 7일 1번째 기사.
217) 중종실록 78권, 중종 28년 4월 29일 3, 4번째 기사.
218) 중종실록 78권, 중종 29년 11월 1일 3번째 기사.

은 일, 죽이려고 생각한 방법까지 알아냈단 말인가?

그리고 독사 항아리 속에 강제로 발을 넣게 하여 죽이는 방법은 그중에서도 가장 어렵고도 실현 가능성이 없는 방법이다.

하지만 [사신]은 사실 여부에 불구하고 가장 더럽고 잔인한 방법을 소개한 것이다.

도대체 이토록 악의적인 [사신]의 기록을 쓴 사람들은 도대체 누구일까?

[중종실록]은 명종 5년 9월, 춘추관에서 왕의 교지를 받아 다음 인사들이 편수관으로 임명되어 편찬하였다.(희락당의 일과 관련이 있는 사람만 소개하겠음)

감사: 이기(李芑), 정순붕,
지사: 윤개, 상진, 신광한, 정사룡, 최연, 홍섬 등
동지사: 송세형, 김만균, 윤원형, 나세찬

[중종실록]은 중종 말에 희락당을 모함하여 쫓아낸 윤씨 일파가 전담하여, 서둘러 편찬하였다.

그중에서도 편수자의 주관적이고 감정적인 사관 왈(史官 曰; 사신은 논한다)을 너무 남용하여 삽입하였다.

[실록]에 나타난 기록을 근거로 그 [사신]들의 면모를 살펴보자.

이기(李芑, 1476-1552)

[중종실록] 편수의 총재관이다.
[이기의 졸기]에서 발췌한 내용:
이기는 이의무의 아들이다. 그의 아우 이행, 이미(이환)가 모두 경상의

지위에 올랐다. 형제들의 품성이 음흉하여 사람들이 모두 두려워하였다.

나라에 화를 심고 사류를 죽이고 생민을 해쳤다. 그의 졸개들이 나라의 절반을 차지하고 있었다. 그의 조카 이원록이 그의 소행을 뼈아프게 여겨 숙부라고 부르지 않았다고 귀양 보냈다.

그는 끝내 흉측한 몸을 보전하고 있다가 편히 자기 집에서 늙어 죽었다.

이런 사람에게 임금의 은총이 끝까지 쇠하지 않았으므로 나라 사람들이 분개하였다. 모두가 그의 고기를 먹고 그의 가죽을 깔고 자지 못하는 것을 통한하였다. 3일간 정조시(停朝市; 조정과 시정의 일을 쉬게 함)하였다.[219]

그 밖에 [사신]이 쓴 내용:

평생 조그마한 원한만 있어도 역적의 무리로 지목하여 살해하거나 귀양 보냈다. 조정에 사람이 텅 비게 되니, 사람들이 모두 겁을 먹고 그를 두려워하였다.

이기의 평생 소행이 모두 음흉, 잔인하고 탐학 패려한 일뿐이었다.

지금 그는 병이 극히 위중하면서도 입을 열어 말하려 하였다.

그 말은 사람을 형살하는 일이 아니면 임금을 속이고 나라를 망치며 소인을 진용하고 군자를 물리치고 사림의 화를 빚어내는 말일 것이다.

마치 호랑이가 죽으면서도 사람 고기 먹는 것을 잊지 않는 것과 같다.

이기로 말하면 이름이 대신이지 실은 나라의 대적(大賊; 역적 혹은 큰 도적)이다. 당시 입을 가진 사람들은 한결같이 그의 고기를 먹고 싶다고 하였다.[220]

---

219) 명종실록 13권 명종 7년, 4월 28일 4번째 기사.[사신은 논한다]

220) 명종실록 12권, 명종 6년 10월 24일, 5번째 기사. 명종실록 13권, 명종 7년 4월 28일 2번째 기사.

정순붕(鄭順朋, 1484 - 1548)

정순붕은 무고한 사람을 얽어 명류(名流)를 일망타진하였다. 국맥(國脈)을 손상한 그 죄는 이기와 다를 바 없으나, 간사한 해독은 더욱 심하였다.

그는 [실록] 편찬 2년 전에 죽었다.[221]

심연원(沈連源, 1491 - 1558)

명종비의 친할아버지이다.

심연원은 10여 년 동안 정승으로 있으면서 세월만 보냈을 뿐, 건의하여 임금을 보좌한 것이 없다. 성질이 탐욕스러워 보화를 거둬들였으며, 전장(田庄; 논과 밭)이 여러 고을에 널려 있었고, 뇌물 바치는 사람이 그 집 문간에 가득하였다.[222]

신광한(申光漢, 1484 - 1555)

신숙주의 손자이다.

신광한은 성품이 순후하였으며 풍도는 고상하고 학문은 해박하고 문장은 정려하였다. 그러나 일을 처리할 때에는 간혹 치우치거나 막히는 실수가 있어 사람들이 이것을 단점으로 여겼다.

조정에 처하여서는 몸가짐이 청렴하고 신중하였다.

그가 한 일이 사람들의 기대에 차지 않는 것이 많아서 심지어 인색하다는 이름까지 얻었다.[223]

---

221) 명종실록 7권, 명종 3년 4월 21일 3번째 기사.
222) 명종실록 24권, 명종 13년 6월 19일 1번째 기사.

윤원형(尹元衡, ?-1565)

윤원형은 그들 형제의 간계로 희락당을 무함하여 죽였다.

그때는 이미 그의 첩 정난정이 궁중을 무상출입하고 있었다.

사람들은 그가 (문정왕후의 사주를 받아) 동궁에 불을 질렀다고 믿었다. 윤원형은 을사사화를 일으켜 죄 없는 선비와 그 자손들을 잔혹하게 죽였다.

그는 조강지처(희락당의 당질녀)를 살해하고, 그의 형과 조카까지 죽인 패륜아다.

명종 20년 동안 그의 정치는 공포와 혼란, 타락으로 일관하였고, 나라의 형세는 극도로 황폐화되었다. 오죽하면 백성들이 상감보다 도둑 떼의 두목인 '임꺽정'에게 박수를 보냈을까.

윤원형의 범죄는 문정왕후가 죽을 때까지 계속되었다.

드디어 왕후가 죽자, 대간에서 봉서(封書)를 올렸다.

봉서(대사헌 이탁과 대사간 박순 등이 올린)의 내용에,

"전 영의정 윤원형은 영상의 자리에 올라 일국의 정권을 쥐고 임금의 위엄을 빌어 생살여탈(生殺與奪)을 제 마음대로 하였으며 조정의 신하들을 얽어 놓아 성쇠가 그의 입에 달려 있었습니다.

그가 저지른 죄악은 이미 극도에 달하여 머리카락을 뽑아 가며 셀지라도, 이루 셀 수 없고, 온갖 간사한 작태는 이루 다 기록할 수 없습니다.

신들은 우선 만인의 입에 오른 것과 만인의 눈으로 본 것을 뽑아서 전하를 위해 조목별로 진술하겠습니다.

그 죄목은 26가지로 작은 것은 백성을 병들게 하고 정치를 어지럽게 할 만하며, 큰 것은 국가를 패망하게 할 만합니다.

---

223) 명종실록 13권, 명종 7년 1월 7일 3번째 기사. 동년 6월 28일 1번째 기사. 명종실록 19권, 명종 10년 윤 11월 2일 2번째 기사.

신하로서 이 중에 한 가지라도 있으면 하루도 조정에 용납할 수 없는 것인데 원형은 여러 가지를 고루 갖춘 자입니다."라고 하여 유배를 청하였으나, 왕은 이를 윤허하지 않았다.[224)]

윤개, 정사룡, 홍섬, 송세형, 나세찬 등은 앞에서 살펴보았듯이 바로 그 윤원형에 빌붙어 아부한 사람들이다.

윤개는 매번 윤원형에게 편승하였고, 평생의 소행에 한 가지 착한 일도 내세울 것이 없는 사람이었다.[225)]

송세형은 명종이 즉위하자 옛 친구를 배신하고, 윤원형의 심복이 되었다. 윤원형과 내통하기를 하루 두 번씩 하였고, 그를 도와 사람을 죽이는 음모를 다하였다.

정사룡은 정광필의 조카이고, 정유길은 그의 손자다.

정사룡은 3년 동안 형조판서로 있으면서 한 가지 일도 공정하게 한 것이 없고 오직 세리와 뇌물에 따라 처리하였다. 시중의 모리배가 그의 집에 몰려들었으므로 아전과 종들이 침 뱉고 욕하지 않는 자가 없었다.

윤원형이 첩을 아내로 삼자 정사룡도 아내를 버리고 첩을 두었다.[226)]

홍섬과 정유길에 관하여는 앞에서 기술하였다.


이상 [실록] 편찬자 특히 악의적인 [사신]의 기사와 관련이 있는 사람들의 면모를 살펴보았다. 여기에 소개된 글들은 주로 그들의 졸기나 후일 [사신]들의 인물평 등에 나오는 대목을 발췌한 것이다.


희락당은 청아하고 강직한 인물이었다.

그는 빈틈없는 성격으로 완벽성을 지향한 원칙주의자였다.

---

224) 명종실록 32권, 명종 20년 8월 14일 1번째 기사.

225) 명종실록 32권, 명종 21년 3월 22일 1번째 기사.

226) 명종실록 7권, 명종 3년 3월 20일 4번째 기사. 명종실록 14권, 명종 8년 3월 23일 1번째 기사.

그는 누구에게 빌붙거나 권세에 아첨하지 않았으며, 권력을 휘둘러 사람을 함부로 죽인 일도 없다.

자신의 이익을 위하여 원칙 없이 우왕좌왕하지 않았으며, 고변자의 근거 없는 옥사에 추관이 되어 무고한 사람들을 죽게 한 일도 없다.

그에게 죄가 있다면 오직 나약한 세자를 보호하겠다는 신념으로 일관하여, 결국 윤씨들에게 용납되지 못했던 것뿐이다.

불행하게도 인종은 너무 무능하고 일찍 죽었기 때문에 희락당은 그의 업보까지도 자신이 떠안아야 했다.

역사에서 가정이란 무의미하다고 하지만, 만일 인종이 유능한 군주로서 오래도록 선정(善政)을 펼쳐 나갔다면, 그리고 윤씨들의 그 추악한 패거리들이 역사의 뒤안길로 사라져 갔다면, 희락당은 분명 성군(인종)을 위해 희생된 충신이 되었고, 조선의 역사도(명종시대의 쇠퇴기가 아니라) 새로운 재도약의 시대를 맞이하였을 것이다.

· 저자 ·

김재영   •약 력•
　　　　전주고등학교 졸업
　　　　서울대학교 정치학과 졸업
　　　　한국외국어대학교 대학원에서 박사학위 취득
　　　　전북대학교 정치외교학과 교수, 명예교수(현)
　　　　전북일보사 논설위원, 전북대신문사 주간 역임
　　　　전북대학교 사회과학대학 학장, 행정대학원 원장 역임
　　　　한국정치정보학회회장, 한국정치학회 부회장 역임

　　　　•주요논저•
　　　　『한국 정치사회화론』,『정치학 개론』,『현대 정치학』,
　　　　『정치문화와 정치사회화』,『정치변동론』,『정치학의 이해』,
　　　　『환경정치와 환경정책』,『조선인물 뒤집어 읽기』,
　　　　『한국역사인물 뒤집어 읽기』,『한국사상 오디세이』
　　　　외 다수

중종을 움직인
사람들

· 초판 인쇄    2008년 6월 10일
· 초판 발행    2008년 6월 10일

· 지 은 이    김재영
· 펴 낸 이    채종준
· 펴 낸 곳    한국학술정보㈜
　　　　　　경기도 파주시 교하읍 문발리 513-5
　　　　　　파주출판문화정보산업단지
　　　　　　전화  031) 908-3181(대표) · 팩스  031) 908-3189
　　　　　　홈페이지  http://www.kstudy.com
　　　　　　e-mail(출판사업부)  publish@kstudy.com
· 등   록    제일산-115호(2000. 6. 19)
· 가   격    36,000원

ISBN    978-89-534-9289-9  93900 (Paper Book)
　　　　978-89-534-9290-5  98900 (e-Book)